前沿·实务·文摘

证据学论坛

第十八卷

主　编｜李学军
副主编｜刘品新

目　录

卷首白话

聚焦错案

德恒论坛

学术沙龙

实务研究

综述与文摘

卷首 自话

冤案的发现与认定

何家弘

近年来,我国重大冤案的发现主要因循了两条路径:其一是"亡者归来",如湖北佘祥林案(2005)、湖南滕兴善案(2006)和河南赵作海案(2010);其二是"真凶再现",如黑龙江石东玉案(1995)、云南杜培武案(2000)和浙江叔侄冤案(2013)。这些冤案的发生,对于当事人及其家人来说是不幸的,对于国人整体来说也是不幸的,因为每个社会成员都有可能遭遇这种不幸。这些冤案的发现,对于当事人及其家人来说是幸运的,但是对于国人整体来说依然是不幸的,因为它们表明我国还缺乏正常且有效的纠错路径。然而,2013 年 8 月 13 日安徽省蚌埠市于英生杀妻冤案的纠正却在一定程度上显示了认定冤错案件的正常路径。

2013 年 5 月 8 日,最高人民检察院申诉厅邀请几位法学专家(包括笔者)就一起拟抗诉案件(即于英生案)进行论证。几位专家在认真审阅案件材料并询问了解有关情况的基础上,分别发表意见。大家一致认为本案中证明被告人于英生有罪的证据不足,远不能排除他人实施该杀人行为的可能性,并且一致认为最高人民检察院应该提出抗诉,要求最高人民法院决定再审该案。2013 年 8 月 13 日,于英生被法院宣判无罪,理由是"疑罪从无"。这也显示了我国刑事司法的进步。然而,该案当事人的申诉之路也是非常漫长的……

1996 年 12 月 2 日中午,蚌埠市公安局 110 报警指挥中心接到于英生报案称:家中被盗、妻死亡。公安人员随即赶到现场进行勘查。根据现场勘查及调查,侦查人员认为于英生有重大作案嫌疑,十日后对其刑拘。在审讯中于英生供认了杀妻的犯罪事实。12 月 19 日,公安机关宣告破案。1997 年 12 月 24 日,蚌埠市检察院向市中级法院提起公诉。1998 年 4 月 7 日,蚌埠市中院以故意杀人罪判处于英生死缓。于英生上诉。9 月 14 日,安徽省高级法院以原审判决认定于英生故意杀人的部分事实不清,证据不足,裁定撤销原判,发回重审。1999 年 9 月 16 日,蚌埠市中院再次以故意杀人罪判处于英生死缓。于英生再次上诉。2000 年 5 月 15 日,安徽省高院再次认定本案事实不清,证据不足,裁定撤销原判,发回重审。10 月 25 日,蚌埠市中院以故意杀人罪判处于英生无期徒刑。于英生依然上诉。2002 年 7 月 1 日,安徽省高院裁定驳回上诉,维持原判。12 月 8 日,于英生向省高院提出申诉。2004 年 8 月 9 日,安徽省高院驳回于英生的申诉。于英生又向省检察院提出申诉。安徽省检察院经过认真复查,认为本案事实不清,证据不足,应改判被告人无罪。经过反复协商之后,安徽省检察院提请最高人民检察院按照审判监督程序提出抗诉。

就在于英生被宣判无罪的那天,有新闻媒体报道了中央政法委近日发布《关于切实防止冤假错案的规定》的消息。该《规定》针对执法司法中存在的突出问题,重申了依法办案、律师辩护、证据裁判、疑罪从无等原则,而且提出要明确冤假错案的认定标准,明确纠错的启动主体和程序,建立健全冤假错案的责任追究机制。

预防错案很重要,纠正错案更重要。俗话说,“上山容易下山难”。在纠正错案的问题上似乎也可以说:致错容易纠错难。无论警察、检察官、法官是否确有过错,认定错判都是对其工作的否定,甚至会导致其利益的损害或丧失。因此,制造冤案的人往往不愿意认错,其中有些人甚至会想方设法去阻碍。于是,错判的认定就成为申诉人与原办案人员之间的对抗甚至生死搏斗,人们也就遗憾并无奈地看到了像聂树斌案这样的长期拖延的“悬案”。

2013 年 6 月 25 日,王书金强奸杀人案的二审终于又开庭了。在中断六年之后,河北省高级法院在邯郸市中级法院再次审理该案,引起社会的广泛关注。这次审判中的论辩堪称别开生面:作为被指控犯罪的被告人坚持说自己就是凶手,作为指控犯罪的公诉人却坚持说被告人不是凶手。但明眼人都知道,这是“醉翁之意”,是“项庄舞剑”。其实,人们之所以关注这次审判,主要也不在于王书金是否有罪,而在于聂树斌是否有罪。

1994 年 8 月 5 日下午,石家庄市液压件厂女工康某在郊区路边的玉米地内被人强奸杀害。警方根据群众反映的情况抓获犯罪嫌疑人聂树斌,并获得有罪供述。1995 年 3 月 15 日,石家庄市中级人民法院以故意杀人罪判处被告人聂树斌死刑,以强奸罪判处被告人聂树斌有期徒刑 15 年,定罪的主要证据就是被告人的口供。4 月 25 日,河北省高级人民法院做出终审判决,核准死刑。两天后,年仅 21 岁的聂树斌即被执行死刑。

十年之后,在河南被抓获的系列强奸杀人案的被告人王书金供认自己曾经于 1994 年 8 月 5 日在石家庄郊区一路边的玉米地内强奸杀害了一个女青年。他讲述的作案过程和一些细节与康某被强奸杀害案吻合,他后来也对作案现场进行了指认。2007 年年初,王书金被法院一审判处死刑。随后,他以公诉方没有指控其强奸杀害康某为由提出上诉。7 月,河北省高院二审开庭,但一直没有做出判决。

聂树斌的母亲张焕枝本来就不相信自己那个老实巴交的儿子会强奸杀人，得知这一消息后更不断进行申诉。河北省政法委虽然于 2007 年成立专案组进行复查，但是一直也没有给出正式的结论。该案就这样不明不白地拖延至今。

据说，在 6 月 25 日的法庭上，公诉方给出了王书金不是康某案凶手的四个理由。第一，王书金关于被害人尸体特征的供述与康某案实际情况不符。该案中被害人尸体身穿白色背心，颈部压有玉米秸，拿开玉米秸后，可见一件花衬衣缠绕在颈部。王书金没有供述这一细节。第二，王书金关于杀人手段的供述与康某案的实际情况不符。该案中被害人尸体除颈部有花衬衣缠绕外，全身未发现骨折，被害人系窒息死亡；王书金供述的是先掐被害人脖子，后踩胸致被害人当场死亡。第三，王书金关于作案具体时间的供述与康某案实际情况不符。第四，王书金关于被害人身高的供述与被害人实际身高不符。公诉方还称，康某案发生时，王书金正在现场附近的工地打工，对现场周围的环境比较熟悉，而且公安机关进行现场勘查时有不少群众围观。因此，王书金可能当时就知晓了该案的一些具体情况，后来被抓获时便谎称自己是该案的杀人凶手。

王书金究竟是不是康某被强奸杀害一案的真凶？笔者不得而知。根据公诉方提供的情况，我不能肯定说王书金就是真凶，因为本案中确实存在他谎称凶手的可能性——假如他真是一个如此老谋深算之人！然而，根据上述情况，我也不能肯定说王书金就不是真凶，因为真正的罪犯在供述强奸杀人过程时出现上述细节误差也不足为奇——请不要忘记，王书金的供述是在案发十年之后，而且他还实施了另外三起强奸杀人案和两起强奸案，记忆中出现事件纠缠与细节换位等误差是很难避免的！总之，根据现有证据，我既不能肯定王书金就是强奸杀害康某的凶手，也不能肯定王书金就不是强奸杀害康某的凶手。如果做粗略的概率分析，我认为他是真凶的概率应该在 60% 左右。换言之，他是真凶的可能性略高于他不是真凶的可能性。

在我国刑事诉讼中认定被告人有罪的证明标准是“案件事实清楚，证据确实充分”。如果用概率表述，被告人为犯罪实施人的可能性至少应达到 90%。按照“疑罪从无”的无罪推定原则，只要被告人有罪的概率低于 90%，法院就应该判被告人无罪。在本案中，既然王书金是强奸杀害康某之真凶的概率仅为 60%，那么二审法院就应该认定王书金在康某被强奸杀人案中“无罪”。不过，接下来的问题就是：聂树斌案怎么办？有人以为，只要法院不能认定王书金是强奸杀害康某的真凶，聂树斌案就不能翻。对于这种观点，笔者绝难苟同。法院不能肯定王书金是凶手并不等于说法院就能肯定聂树斌是凶手。换言之，王书金无罪并不等于聂树斌有罪。在此，笔者有必要说明认定错判的证明方法和标准。

认定错判有两种证明方法：一种是直接证明法；另一种是间接证明法。所谓直接证明法，就是用证据直接证明被告人没有实施指控的犯罪行为。这主要有两种情况:第一种是原审认定的被害人生还,如我国湖北的佘祥林案和河南的赵作海案;第二种是否定原审认定的主要证据,例如,美国的“无辜者行动”主要就是通过对强奸案或杀人案中的生物物证的重新鉴定来证明错判,包括用 DNA 检验结论来否定原来的血型鉴定结论,也包括用确定性 DNA 检验结论来否定原来的非确定性 DNA 检验结论。所谓间接证明法(主要是反证法),就是通过证明他人实施了指控的犯罪行为来间接地证明原审被告人无罪。这主要有三种情况:第一种是其他案件的嫌疑人或被告人供认自己是原案的真正罪犯,如聂树斌案;第二种是他人检举揭发的材料证明原案另有“真凶”,如黑龙江的石东玉冤案;第三种是在他人处所发现了原案的重要证据,从而认定原判有误,如云南的杜培武冤案。

在运用反证法间接证明错判的情况下,证明他人是“真凶”和证明原案为错判之间存在因果关系。在排除了共同作案可能性的情况下,两个嫌疑人面对同一犯罪指控的概率是此增彼减的。在康某被强奸杀害案中,如果王书金为真凶的概率是60%,那么聂树斌是凶手的概率就是40%。既然王书金那60%的概率都不足以认定其有罪,那么聂树斌这40%的概率就更不足以认定其有罪了。当然,笔者没有直接审查这两起案件中的证据,因此上述概率分析纯属理论探讨。

由于王书金另有五案在身,所以无论能否认定他是康某案真凶,法院判其死刑都是无可厚非的。不过,笔者希望最高法院不要仓促核准死刑,因为王书金的供述毕竟还是聂树斌案再审的“新证据”——尽管已经出现了八年!

冤案纠正难的情况不仅在中国有,外国也有。于是,为了消除或规避来自官方的阻力,一些国家就借助民间力量来发现错案并推动再审,例如,美国纯民间的“无辜者行动”和英国半民间的刑事案件复查委员会。我以为,中国不适宜学习美国那种纯民间的做法,但是可以借鉴英国那种半民间的体制。譬如,我们可以把检察院邀请专家就疑难案件进行论证的做法制度化、规范化,设立半民间性质的“申诉案件复查委员会”,使之更加透明,更加公正,更容易被申诉案件当事人及社会公众所接受。笔者的具体建议如下:

最高人民检察院以及各省市自治区人民检察院的申诉部门成立“申诉案件复查委员会”,对重大或复杂的可能是错判的申诉案件进行独立的复查。该委员会聘请30名至60名品行端正且具有一定社会影响力的法学教授、执业律师、新闻记者、公众代表为兼职复查委员,再为每个复查委员配备2名助理。助理可以由法律院系的研究生和高年级本科生以实习的方式担任。检察院的申诉部门仍然负责受理申诉及案卷管理等日常工作,但每个重大申诉案件的正式审查决定要由五名复查委员组成的复查组作出。复查组在每个案件的复查过程中至少举行一次公开的听证会,并享有调查取证权。如果复查组认为该案可能为错案,便提交再审。如果复查组认为申诉理由不能成立或者不符合启动再审的条件,应作出驳回申诉的裁定并给出具体的理由。当事人对于驳回申诉的裁定享有一次申请复议的权利。复查委员会在接到复议申请之后应另外组成三人复查组进行复议。如果复议结果是维持原裁定,则该裁定为终局决定,该案永不再审。检察院要保障复查委员会的工作条件和经费,包括复查委员及其助理的劳务报酬。最高人民检察院应该与最高人民法院协商,明确规定该复查委员会把案件提交再审的决定就是启动再审的决定。最高人民检察院还可以借鉴仲裁委员会的工作模式,制定"申诉案件复查委员会"的工作细则。

以上是个人浅见,权作引玉之砖。

聚焦 错案

通过证据制度改革预防刑事错案*

吕广伦**

一、刑事错案的成因

从事实认定的角度看,刑事错案既包括对无辜者错误定罪,也包括对事实上有罪者错误地判处无罪。本文主要关注对无辜者错误定罪的情形。

刑事错案的发生是刑事诉讼各环节、诸多诉讼参与者综合作用的产物。侦查人员草率办案,检察官存在确证偏见,律师不负责任,专家不适格,法官(陪审员)不称职,都是导致错案的系统性原因。在理性的诉讼制度下,认定案件事实,必须以证据为基础,因此归根结底,刑事错案都是由于证据收集、审查与运用等方面存在错误所导致的结果。从制度入手分析刑事错案,不难发现,证据制度不完善是导致刑事错案发生的根本原因。这也是国内外学者研究刑事错案问题所得出的一个基本共识。

立足司法实践,从诉讼环节入手分析,引发刑事错案的证据制度问题可以被归纳为以下方面:

(一)侦查取证环节

这方面实践中存在的问题较多,集中体现为非法取证、选择性取证以及错误鉴定。

第一,非法取证。实践中,非法取证可以被分为两种情形:一种是侵权型非法取证,包括采用刑讯逼供等非法方法收集的犯罪嫌疑人、被告人供述和采用暴力、威胁等非法方法收集的证人证言、被害人陈述。此类非法方法收集的证据具有极大的虚假可能性,尤其是刑讯逼供获得的口供通常是导致错案的重要原因。另一

---

* 本文系预防刑事错案国际研讨会(2012 年 8 月)的演讲整理稿。

** 吕广伦:最高人民法院刑三庭副庭长。

种是技术型非法取证，主要是指没有按照法律规定的程序收集证据，如在现场勘查时没有见证人，或者没有在法律规定的地点进行询问，等等。此类违法收集的证据材料在形式上存在缺陷，进而影响到证据来源的可靠性，如果无法补正或者作出合理的解释，那么以之为基础认定的案件事实也可能导致错案。

第二，选择性取证。根据我国刑事诉讼法的规定，侦查人员应当全面、客观地收集证据材料。但一些侦查人员在收集证据的过程中片面关注那些证明犯罪嫌疑人有罪、罪重的证据，忽视或者无视那些可能证明犯罪嫌疑人无罪的证据，这种选择性取证显然违背了上述法律规定的要求。实践中，在被告人缺乏辩护能力，尤其是缺乏律师帮助的情况下，选择性取证所产生的偏见效应很难得到有效地纠正，选择性取证所构筑的证据体系歪曲了事实真相，极易导致错误认定被告人有罪。

第三，错误鉴定。物证作为客观性证据，其自身不能直接证明案件事实，只有经过鉴定、分析之后才能证明特定的事实。尽管鉴定意见通常被称为科学证据，但由于各种主客观的原因，物证的鉴定、分析也可能会出现错误。例如，鉴定的主体不适格、方法不科学、程序不规范等，都可能导致鉴定意见存在错误。在现代诉讼特别依赖物证和鉴定意见等客观性证据的背景下，鉴定意见被赋予较高的证明力，当鉴定意见与其他证据存在矛盾时，通常都认定鉴定意见具有客观性。而一旦鉴定意见出现错误，就可能导致认定的案件事实出现错误。

（二）审查起诉环节

审查起诉作为衔接侦查与审判的中间环节，如果未能依法、规范地进行，也可能导致错案发生。实践中与审查起诉相关问题突出表现为选择性举证和疏于补证。

第一，选择性举证。该问题与侦查阶段的选择性取证相类似，检察机关对侦查机关移送审查起诉的证据材料进行筛选，仅仅向法院移送证明被告人有罪、罪重的证据，不移送那些可能证明被告人无罪的证据，这种选择性举证违背了检察机关的客观公正义务，极有可能导致错案。

第二，疏于补证。由于各方面的原因，侦查机关移送审查起诉的证据材料可能存在各种瑕疵或者缺陷，导致单个证据的资格受到影响，或者整个案件未能达到证据确实、充分的证明标准。对于上述情形，如果检察机关在审查起诉环节未能依法补充完善证据，“带病”移送案件，就可能导致错案发生。

（三）辩护环节

辩护工作富有成效，非常有助于避免错案。辩护工作不力，虽然不能直接导致错案，但却丧失了应有的避免错案的功能。实践中与辩护工作相关的问题突出表现为证据辩护不力和无罪证据难以获取。

第一，证据辩护不力。如果辩护律师对证据制度或者证据分析工作不熟悉，就可能无法发现控方在法庭上出示的证据材料本身或者整个证据体系存在的问题，导致案件存在错案隐患。在被告人缺乏辩护律师帮助的情况下,证据辩护不力的问题就显得更加突出。

第二,无罪证据难以获取。实践中一些错案之所以发生,还在于被告人面对控方提供的不利于自己的证据,在缺乏辩护律师帮助的情况下,难以获取无罪证据。

(四)审判环节

庭审是刑事诉讼的中心环节。如果法官在审判过程中未能认真审查判断证据,未能严格执行法律规定的证明标准,就可能直接导致错案发生。

第一,审查判断证据不严格。证据是认定案件事实的基础,法官通过庭审认定案件事实,必须严格审查判断证据,依法排除非法证据,避免将不真实、不可靠的证据作为定案的根据。如果法官对证据的审查判断不严格,轻信公诉机关提交的证据材料,忽视辩护方的证据辩护理由或无罪辩护,极有可能导致错案。

第二,放松证明标准的要求。证明标准是避免错案发生的重要制度设计。如果法官未能严格贯彻无罪推定原则的要求,放松了刑事案件的证明标准,也极易导致错案。

二、“两个证据规定”对于确保案件质量的重要意义

为了完善刑事证据制度,确保刑事案件尤其是死刑案件的质量,两高三部2010年联合出台了“两个证据规定”。“两个证据规定”是公检法司安五家联合制定,充分吸纳了各单位的意见和建议,是各单位共同努力和协商的结果,体现了公检法司安各单位在证据制度方面的基本共识。立足司法实践,“两个证据规定”使公检法司安各单位及其办案人员对涉案证据的收集、审查、判断都处在同一平台,运用同一个规范,更加有助于强化各单位的协调和配合。在办理刑事案件特别是死刑案件中,严格遵守“两个证据规定”的要求,认真收集、固定、审查、判断和运用证据,是提高公安司法机关办案质量的重要保障。

(一)关于证据裁判原则

《关于办理死刑案件审查判断证据若干问题的规定》(以下简称《办理死刑案件证据规定》)明确规定,“认定案件事实,必须以证据为根据”,明文确立了证据裁判原则。证据裁判原则是刑事诉讼证据制度的重要原则,对于避免刑事错案发生具有重要意义。

从实践中发生的刑事错案来看,基本上都是证据、事实发生了错误。有的案件,作为定案根据的证据并不具备证据资格,是非法取得的证据;有的案件,据以认定案件事实的证据没有达到“确实、充分”的证明标准。在这种情况下,根据这些证据认定了犯罪事实,从而认定被告人有罪,实际上完全违反了证据裁判原则。

为了严格贯彻证据裁判原则,实践中需要把握以下几点:第一,认定案件事实必须以证据为根据,不能仅凭猜测或者其他非理性方法认定犯罪事实;第二,据以

认定案件事实的证据必须具有证据资格，并且经过当庭出示、辨认、质证等法庭调查程序查证属实，被法律所禁止的证据以及未经庭审质证的证据不能作为定案的根据；第三，认定案件事实的证据必须达到法定的证明标准，必须坚持疑罪从无的原则，坚决杜绝有罪推定。在审判活动中坚持证据裁判原则，能够确保法官依据证据认定案件事实，依法排除非法取得的证据，严格遵守对证据的法庭调查程序，按照法定的证明标准认定案件事实。

（二）关于各类证据的审查判断规则

对于刑事法官而言，证据的审查判断是一项法律性、专业性和操作性都很强的工作。刑事诉讼法规定了法定的证据种类，相关司法解释和规范性文件对各类证据的审查判断也作出了一些初步的规定，这些法律规范为法官审查判断证据提供了法律依据方面的指引。不过，在司法实践中，刑事法官从哪些方面入手审查各类证据，如何处理各类证据所存在的问题，此前并无具体的规范。

在已有法律规定的基础上，《办理死刑案件证据规定》认真总结司法实践经验，依据不同的证据种类分别规定了各类证据的审查判断要点，既充分关注了各类证据所涉及的专门性问题，又非常便于实践操作。同时，《办理死刑案件证据规定》明确规定，对于明显违反法律和有关规定取得的证据，例如，经勘验、检查、搜查提取、扣押的物证，没有勘验、检查、搜查提取、扣押的笔录，不能证明物证、书证来源的，不能作为定案的根据；对于证据收集程序、方式存在的瑕疵，例如，收集调取的物证、书证，在相关笔录上没有侦查人员、物品持有人、见证人签名或者物品特征、数量等注明不详的，可以由有关办案人员予以补正或者作出合理解释，否则不能作为定案的根据。此外，《办理死刑案件证据规定》还明确规定了原始证据优先规则、意见证据规则和有限的直接言词证据规则等内容。

《办理死刑案件证据规定》有关证据审查判断规则的系统性规定，尤其是其中的排除性规定，既为刑事法官审查判断证据提供了直接的指导，也为侦查人员和检察人员收集、补充和运用证据提供了明确的提示，有助于从根本上提高侦查取证的水平。

（三）关于证据综合评断规则和证明标准

单个证据证明力的判断、全案证据的综合评断以及刑事案件证明标准的把握，与刑事法官的审判经验密切相关，不过从确保案件质量的角度考虑，上述工作也有必要进行适当的规范。

对于单个证据证明力的判断，《办理死刑案件证据规定》规定，应当结合案件的具体情况，从各证据与待证事实的关联程序、各证据之间的联系等方面进行审查判断；证据之间具有内在联系，共同指向同一待证事实，且能合理排除矛盾的，才能作为定案的根据。同时，《办理死刑案件证据规定》还明确规定了间接证据定案规则、口供补强规则等问题，对在案证据的综合评断提供了方法上的指引。此外，《办理死刑案件证据规定》还对"证据确实、充分"的证明标准进行了细化规定:"一是定罪量刑的事实都有证据证明;二是每一个定案的证据均已经法定程序查证属实;三是证据与证据之间、证据与案件事实之间不存在矛盾或者矛盾得以合理排除;四是共同犯罪中被告人的地位、作用均已查清;五是根据证据认定案件事实的过程符合逻辑和经验规则,由证据得出的结论为唯一结论。"该规定为实践中把握刑事案件的证明标准提供了具体的、可操作的评估标准,更加有助于从根本上确保刑事案件的质量。

(四)关于非法证据排除规则

1996年刑事诉讼法明确规定,"严禁刑讯逼供和以威胁、引诱、欺骗以及其他非法的方法收集证据",但是并未明确非法取证的法律后果和相应的处理程序。为了完善非法证据排除制度,《关于办理刑事案件排除非法证据若干问题的规定》(以下简称《非法证据排除规定》)确立了非法证据的排除规则。

《非法证据排除规定》分为两个部分:一部分是实体性规则,对非法言词证据的内涵和外延进行界定,并规定了相应的法律后果。具体言之,非法言词证据是指采用刑讯逼供等非法手段取得的犯罪嫌疑人、被告人供述和采用暴力、威胁等非法手段取得的证人证言、被害人陈述。经依法确认的非法言词证据,应当予以排除,不能作为定案的根据。另一部分是程序性规则,将有关非法取证的问题纳入诉讼中程序裁判的范畴予以解决。具体言之,非法证据排除需要经过程序启动、初步审查、控方证明、双方质证,法庭处理等步骤。

《非法证据排除规定》对如何排除非法证据规定了具体的操作规程,这在实践中对于避免因为采纳非法证据而导致刑事错案的发生起到了非常重要的作用。

三、新刑事诉讼法对证据制度的改革

我国1996年刑事诉讼法专章规定了证据制度,确立了"重证据,重调查研究,不轻信口供"的基本原则,并且规定仅凭被告人口供不能定案等规则。上述法律规定从立法层面体现了尊重事实真相的精神,同时有助于在实践中避免因刑讯逼供、暴力取证、被告人替人顶罪等可能导致的错案问题。

此次刑事诉讼法修改,吸纳司法实践经验,采纳了"两个证据规定"中的重要内容,在已有规定的基础上完善了证据概念,丰富了证据种类,明确了举证责任,细化了证明标准,完善了非法证据排除规则及配套制度,并且强化了证人、鉴定人出庭和保护等制度。这些有关刑事证据制度的新规定符合司法规律,有助于进一步提高案件质量,从制度上避免刑事错案的发生。

(一)关于证据概念的新规定

新刑事诉讼法对证据的概念进行了修订,将原规定"证明案件真实情况的一切事实,都是证据"修改为"可以用于证明案件事实的材料,都是证据"。这就是理

论上所谓的在证据的概念上放弃了“事实说”,改为采用“材料说”。立足修改后的证据概念,司法实务中应当树立两个重要的理念:

第一,公诉机关在起诉时提交给人民法院的证据,只是“证据材料”或者称为“证据素材”。材料和素材只是诉讼证据的初级形式,这些材料可能并不真实可靠,也可能与待证事实没有关联,甚至可能是采取非法方法所收集的。法官对这些证据材料必须抱有怀疑的态度,否则就可能导致以此为基础认定的案件事实存在错误。许多错案之所以发生,就是由于法官轻信了公诉机关提供的虚假口供、证言甚至物证。

第二,必须强调证据与定案依据的区分,强化法院对证据的调查核实。刑事诉讼法规定:“证据必须经过查证属实,才能作为定案的根据。”法院行使审判权的过程主要就是对证据材料进行调查核实,进而依法予以认证的过程。法官认证活动的结果就是,那些被认为具有客观性、关联性和合法性的证据材料,能够成为定案的根据。因此,从证据到定案根据的演变过程,实际上就是审判活动中对证据的审查判断以及认证的过程。强调证据与定案根据的区分,就是要强化法官对证据的调查核实,特别要充分发挥庭审对证据的质证作用。在审判过程中,法官要认真调查核实证据,避免因错误采纳和判断证据而错误认定事实。

(二)关于证据种类的新规定

我国1979年刑事诉讼法规定了物证、书证、证人证言等六种常见类型的证据,1996年刑事诉讼法根据实践需要增加了视听资料这一新证据种类。根据刑事诉讼中出现的新情况和实践需要,新刑事诉讼法在证据种类中增加规定了辨认笔录、侦查实验笔录和电子数据,将勘验、检查、辨认、侦查实验笔录合并为一类证据,将视听资料和电子数据合并为一类证据,将物证、书证列为两类独立的证据,此外还将鉴定结论修改为鉴定意见,比较妥善地解决了上述证据的归类和证据地位问题。

新刑事诉讼法除了对证据法定种类作出修改完善之外,还规定了行政执法过程获取的证据材料、技术侦查获取的证据材料、强制采集的样本可以作为证据使用。

新刑事诉讼法有关证据种类的新规定,既有助于最大限度地使用实践中可以获得的诉讼证据证明案件事实,又为侦查取证工作提供了具体的指引,同时也规范了刑事诉讼活动中证据材料的使用。结合《办理死刑案件证据规定》中对各类证据审查判断的具体要求,上述新规定有助于最大限度地查明案件事实真相,减少疑案的发生。

(三)关于非法证据排除的新规定

此次刑事诉讼法的修改,吸纳了《非法证据排除规定》的相关内容,专门确立了非法证据排除规则。非法证据排除规则在刑事诉讼法中的确立,能够从制度上进一步遏制刑讯逼供和以其他非法方法收集证据的行为。

第一,关于非法证据排除的主体。新刑事诉讼法规定:“在侦查、审查起诉、审判时发现有应当排除的证据的,应当依法予以排除,不得作为起诉意见、起诉决定和判决的依据。”根据该规定,侦查机关、检察机关和人民法院在相应的诉讼阶段,均有义务排除非法证据,这在实践中有助于督促侦控机关强化合法、规范取证的意识,杜绝非法取证现象发生。

第二,关于非法证据排除的范围。新刑事诉讼法规定:“采用刑讯逼供等非法方法收集的犯罪嫌疑人、被告人供述和采用暴力、威胁等非法方法收集的证人证言、被害人陈述,应当予以排除。收集物证、书证不符合法定程序,可能严重影响司法公正的,应当予以补正或者作出合理解释;不能补正或者作出合理解释的,对该证据应当予以排除。”上述规定反映了新刑事诉讼法对非法言词证据和实物证据的排除标准进行了区分。对于非法言词证据,一概予以排除,即实行绝对的排除;而对于非法实物证据,只有在可能严重影响司法公正,并无法补正或者作出合理解释的情况下,才应当予以排除,即实行裁量的排除。新刑事诉讼法强调排除非法实物证据,有助于督促侦查机关依法取证,进而从根本上杜绝错案发生。

第三,关于非法证据排除的具体程序。新刑事诉讼法吸收了《非法证据排除规定》所确立的非法证据排除程序。该程序主要包括以下几个步骤:(1)程序启动;(2)初步审查;(3)法庭调查;(4)控方证明;(5)法庭处理。

根据该程序设计,当事人申请排除以非法方法收集的证据的,应当提供相关线索或者证据。法庭对被告人及其辩护人提供的线索或材料进行初步审查后,认为可能存在以非法方法收集证据情形的,就应当对证据收集的合法性进行法庭调查。在对证据收集的合法性进行法庭调查的过程中,由人民检察院对证据收集的合法性加以证明。现有证据材料不能证明证据收集合法性的,人民检察院可以提请人民法院通知有关侦查人员或者其他人员出庭说明情况。如果经过法庭审理后,确认或者不能排除以非法方法收集证据情形的,对有关证据应当予以排除。如果人民检察院的证明未达到证据确实、充分的标准,就应当依法排除相应的证据。通过依法排除非法证据,能够促使侦控机关转变过于依赖口供的侦查观念和侦查方式,进而防止错案的发生。

(四)关于证人、鉴定人出庭作证的新规定

证人、鉴定人出庭是实现审判公正和程序正义的根本保障,不仅有助于查明案件真相,而且有助于维护被告人的质证权。新刑事诉讼法立足司法实践,完善了有关证人、鉴定人出庭作证的相关规定。

第一,关于强制证人出庭作证制度。为强化证人出庭的法律约束,新刑事诉讼法规定:“经人民法院通知,证人没有正当理由不出庭作证的,人民法院可以强制其到庭。”该规定强化了证人出庭作证的法律义务,与之相适应,新刑事诉讼法明确了证人无故不出庭或者出庭后拒绝作证的惩罚措施,具体规定为:“证人没有正

当理由拒绝出庭或者出庭后拒绝作证的,予以训诫,情节严重的,经院长批准,处以十日以下的拘留。被处罚人对拘留决定不服的,可以向上一级人民法院申请复议。复议期间不停止执行。”考虑到强制被告人的配偶、父母、子女在法庭上对被告人进行指证不利于家庭关系的维系,新刑事诉讼法规定了强制到庭的例外情形,即对被告人的配偶、父母、子女不适用强制到庭。通过规定强制证人出庭作证制度,有助于当庭对证人证言进行有效的质证,避免因错误采纳书面证言而导致错案。

第二,关于鉴定人出庭制度。鉴定意见通常都涉及案件中的关键性问题,因此是定案的重要根据。为督促鉴定人出庭作证,新刑事诉讼法规定:“对于经人民法院通知,鉴定人拒不出庭作证的情形,该鉴定意见不得作为定案的根据。”可见与证人制度改革相比,新刑事诉讼法对鉴定意见更为彻底地贯彻了直接言词原则的要求。

第三,关于专家辅助人制度。尽管鉴定意见通常被视为科学证据,但实际上也存在出错的可能性,法官必须如同审查证人证言一样严格地审查鉴定意见。为确保当事人对鉴定意见进行有效的质证,进而帮助法官有效地审查鉴定意见,新刑事诉讼法引入了专家辅助人制度,具体规定为:“公诉人、当事人和辩护人、诉讼代理人可以申请法庭通知有专门知识的人出庭,就鉴定人作出的鉴定意见提出意见。上述有专门知识的人出庭作证,适用鉴定人的有关规定。”

(五)关于举证责任的新规定

新刑事诉讼法首次明确了举证责任,规定:“公诉案件中被告人有罪的举证责任由人民检察院承担,自诉案件中被告人有罪的举证责任由自诉人承担。”根据该规定所确立的举证责任分配原则,公诉案件中被告人有罪的事实即犯罪构成事实的举证责任完全属于人民检察院。具体言之,人民检察院既负有提出证据证明犯罪构成事实的责任,也负有说服法官的责任。如果当审判结束时指控的犯罪构成事实仍然真伪不明,法官不能产生被告人有罪的内心确信时,就应当基于疑罪从无的原则依法判决被告人无罪。

在立法上明确人民检察院承担公诉案件的举证责任,可以促使人民检察院认真、严格依法履行公诉职责,有效督促侦查机关搞好侦查取证工作,及时补充完善证据材料,积极开展审判准备工作,切实承担起确保案件质量的法律责任。

(六)关于证明标准的新规定

我国1996年刑事诉讼法规定的证明标准是“证据确实、充分”。为适应司法实践的需要,《办理死刑案件证据规定》对“证据确实、充分”的证明标准作出了细化的解释。新刑事诉讼法部分吸纳了《办理死刑案件证据规定》对证明标准的解释,在立法层面对“证据确实、充分”作出了具体的规定:“证据确实、充分,应当符合以下条件:(一)定罪量刑的事实都有证据证明;(二)据以定案的证据均经法定程序查证属实;(三)综合全案证据,对所认定事实已排除合理怀疑。”

新刑事诉讼法在界定“证据确实、充分”时引入了“排除合理怀疑”这一要求。需要指出的是,排除合理怀疑从本质上讲是一种主观状态,很难量化表示,法官应当基于在案证据来判断是否存在合理的怀疑。这里的“合理怀疑”并非凭空的猜测或推断,而是关注被告人事实上无罪的现实的可能性。综合全案证据,如果证据与证据之间、证据与案件事实之间不存在矛盾或者矛盾得以合理排除;共同犯罪案件中,被告人的地位、作用均已查清;根据证据认定案件事实的过程符合逻辑和经验规则,由证据得出的结论为唯一结论,实际上也就排除了合理怀疑。

在审理刑事案件特别是死刑案件的过程中,必须严把证明标准,防止错案的发生。坚持法定的证明标准,应当杜绝疑罪从轻处理的错误做法。对于认定被告人有罪的证据不确实、不充分的案件,要坚持疑罪从无,依法宣告无罪。相比之下,对于定罪事实清楚,证据确实、充分,但影响量刑事实的证据存有疑问的案件,可以在量刑上留有余地并作出有利于被告人的处理。

四、结语

刑事证据制度是刑事诉讼的基本制度,对确保案件质量、防止错案发生具有重要意义。近年来尤其是两高三部总结实践经验出台“两个证据规定”后,刑事案件的总体质量有了显著提高。最高人民法院收回死刑核准权后,死刑案件的质量也有了制度上的保障。新刑事诉讼法吸收了“两个证据规定”中的重要内容,较为系统地完善了我国的刑事证据制度,为进一步确保案件质量打下了坚实的制度基础。公安司法人员要严格执行新刑事诉讼法有关证据制度的相关规定,以高度的责任心开展各项工作,严把案件的事实关、证据关,从源头上防止错案的发生。

论倾向性证据与刑事错案

——从“围捕前科嫌犯”谈起

J. 史蒂文·贝克特　著*　卞嘉虹　译**

一、概述

本文的研究背景很简单:警察在对刑事案件进行侦查时,往往会先初步调查本案的基本情况,然后回顾过去发生的相似案件,其原因是犯罪嫌疑人常有类似的犯罪前科。一起刑事案件审结后,被告可能被判有罪,也可能被无罪释放,但他始终未曾被遗忘。如果有类似的新案件发生,通过对旧案嫌疑人进行筛查,可能就会使案件得以侦破。譬如,侦查时在待辨认的照片中加入旧案嫌疑人的照片,或者直接传讯有嫌疑的旧案被告,如果其辩解得不到合理解释,那么他就会成为重点嫌疑对象。正如经典电影《北非谍影》中的情节:在影片的最后,拉塞尔少校在机场被枪杀,警方赶到后,队长下令“围捕‘前科嫌犯’”。[1] 但我们应当思考的是,那些“前科嫌犯”会遭遇什么? 如果他们是无辜的呢?

《联邦证据规则》肯定了“其他犯罪”作为证据在刑事诉讼中的证明价值。根据普通法的传统原则,“倾向性证据”——被告过去实施的、除正在指控的犯罪外的其他犯罪事实或相关证据——不能于正在指控的案件中作为证据使用。然而

---

* J. 史蒂文·贝克特:美国伊利诺伊大学厄班纳—香槟分校法学院辩护学教研室主任、“无辜者项目”辩护律师。

** 卞嘉虹:中国人民大学法学院硕士研究生。

〔1〕 本文标题中提到了“围捕前科嫌犯”,这是电影《北非谍影》中的一句经典台词。影片中,警察队长路易斯·雷诺(克劳德·雷恩斯饰)在调查中两次下过这一命令。里克·布莱恩(亨弗莱·鲍嘉饰)为了帮助地下领导人维克多·拉兹洛(保罗·亨里德饰)和他的妻子—伊莉莎·隆德(英格丽·褒曼饰)逃走,在机场枪杀了海因里希·拉塞尔少校(康拉德·维德饰)。当警方赶到案发现场时,雷诺队长命令道:“拉塞尔少校被枪杀,围捕通常嫌犯。”

2012 年 8 月 7 日和 8 日在中国长春举行的“预防刑事错案国际研讨会”上,中国学者和法官在讨论“其他行为”证据的问题时,提出了一个“流氓”的概念,可以称为“流氓证据的可采性规则”。

“倾向性证据排除”规则,在追求民众支持率的选举政治背景下已被逐渐削弱。现行的《联邦证据规则》允许“围捕前科嫌犯”,这就为刑事错案的产生埋下了隐患。

随着20世纪末21世纪初“严打”运动的展开,一系列新的法律的颁布,普通法在刑事证据领域所一贯坚持的原则被逐渐削弱。在过去的35年,也是我作为刑辩律师的35年中,现行法律对“倾向性证据排除”原则的例外规定,已然导致了很多冤假错案。《联邦证据规则》第404条(b)款规定了“倾向性证据排除”原则的例外情形,并且有越来越多的法律规定与这一传统原则相悖。在许多州,追求公众支持率的立法者和政客认为,通过稳定公众对犯罪的恐惧情绪,可以为自己在选举中争得有利之势,为此他们动摇了经过多年实践验证的法律基本原则,违背了普通法的传统价值。而新的“倾向性证据”规则在立法时得到多数通过,这无异于以贬损正义的基本标准为代价来向公众献媚。

伊利诺伊州的“严打”运动造成的刑事错案数全国领先。[1] 而其他州也进行了有关证据规则的相应立法。本文将回顾几起较为典型的刑事错案,通过分析审判过程和相关证据,思考“严打”政策对刑事审判造成了哪些影响、“保证不使无辜者负屈衔冤”是否仍是公众的普遍价值观等问题。

伊利诺伊州的现行证据制度降低了刑事诉讼中控方举证的难度。伊利诺伊州《刑事诉讼法》第115条中的相关条款,带有“严打”政策的色彩,放宽了证据可采性的标准。类似条款还包括:

第115条第7款——“强奸盾牌条款”。[2] 性犯罪被害人过去的性行为、性方面的名声和评价不具有证据能力;1978年生效,截至2011年已多次修订。

第7款第1项——禁止法庭强制对性犯罪被害人进行心理测试;1984年生效。

---

〔1〕“无辜者计划”共列出了301例刑事错案,其中有37例来自伊利诺伊州。参见www.innocenceproject.org。西北大学“刑事错案中心”公布的伊利诺伊州的刑事错案高达136例。参见国家刑事错案档案:www.law.umich.edu/special/ exoneration/Pages/about.aspx。其中,“无辜者计划”所列的主要是经过DNA检测证实被告人无辜的案件,而西北大学则列举了时间跨度更长的案件,最早的案件甚至发生于20世纪初。

〔2〕“强奸盾牌条款”于1978年由美国国会通过,并在《联邦证据规则》第412条中进行了规定:不论其他法律有何规定,有关被害人过去性方面的名声或评价的证据,一律不予采纳。关于被害人过去性方面的证据,即便不是涉及名声或评价的证据,除以下情况外,同样也不能采纳:(1)有关过去性行为的证据是“宪法规定应该采用的”。(2)允许使用在侦查或审查过程中发现的该被告人不是该精液主人的证据,或者该被告人并没有造成控告人所受伤害的证据。(3)该被告人可以提出他自己过去与控告人的性关系的证据。在过去很长一段时间里,美国对待性犯罪案件时,关于被害人过去性行为方面的名声或评价的证据是具有证据能力的,随着女权运动的开展,妇女权益日益受到重视,美国国会和几乎所有州的立法机关都已颁布法律来限制在强奸案件和性侵害案件中使用以前的性行为证据,以加强对被害人的保护。——译者注

第7款第2项——关于性犯罪被害人患有创伤后应激障碍[1]的专家意见具有证据能力;1988年生效,2011年最后一次修订。

第7款第3项——在性犯罪案件中,被告人过去性犯罪的证据具有证据能力;1998年生效,2011年最后一次修订。

第7款第4项——在家庭暴力案件中,被告过去家庭暴力犯罪的证据具有证据能力;2007年生效。

第9款——在偷窃、入室盗窃、抢劫和其他财产相关犯罪中,财产照片具有证据能力;1982年生效,1984年修订。

第10款——强奸案中,13岁以下的未成年被害人或有智力障碍被害人在法庭外的陈述不为传闻规则所排除;1983年生效,2012年最后一次修订。

第10款第1项——目击证人先前不相符的陈述可以作为实质性证据使用;1984年生效。

第10款第2项——如果采纳某陈述"符合公平正义的利益",则该陈述不为传闻法则所排除。(与《联邦证据规则》第807条的规定相似);1984年生效。

第10款第2项a目——不能出庭作证的家庭暴力犯罪被害人,在法庭外的陈述不为传闻规则所排除——同样基于"符合公平正义利益"的考量;2003年生效。

第10款第3项 ——某些以老年人为犯罪对象的犯罪中,特定老年被害人的法庭外陈述不为传闻规则所排除;1999年生效,2011年最后一次修订。

第10款第4项——已故的目击证人在法庭外的陈述不为传闻规则所排除,也

---

〔1〕 创伤后应激障碍(Post-traumatic stress disorder)是人在遭遇或对抗重大压力后,其心理状态产生失调之后遗症。而强奸案被害人很可能患上此类障碍,更准确地说是"强奸创伤综合症"(Rape Trauma Syndrome),这一概念由安娜·沃尔伯特·伯吉斯和林达·霍姆斯特龙在1974年提出。他们在调查中发现,被害人的情绪变化通常会经历两个阶段,即急性期和历时较长的重组期。急性期在遭受强奸后立即开始,一般持续几周,妇女在被害后的最初几小时总表现出恐惧、愤懑、焦虑和紧张,而有些妇女相反,表现出的是明显掩饰自己的感情,冷漠、呆滞、行为迟缓等。在重组期,受害人更是感到困窘、自责,常发生自杀的情况,有些受害人因此精神恍惚,患上精神分裂症。他们将这两个阶段表现出来的上述症状称为强奸创伤综合症。

在美国的审判中,只有在遇到陪审团所不了解的领域时,才能由专家出庭予以说明,而被害人被害后的心理和行为表现,通常认为属于陪审团了解因而能够判断的领域,通常不允许专家越界作出说明,但为什么在强奸案件上却允许专家提供强奸创伤综合症的说明呢?这主要是因为人们对被害人被强奸后的表现存在偏见和误解,认为被害人被强奸后会立即报案并且情绪非常低落等,如果被害人的表现不符合这些特征,她们就会被质疑,这对于被害人而言很不公平,因此由心理专家或精神专家向法庭说明被害人患有此类障碍,才能消除偏见和误解的影响。

美国对于强奸创伤综合症的专家证据的态度,经历了从绝对禁止到有限使用的转变。1984年,加利福尼亚州最高法院在一次判决中对此类专家证言确立了"有限使用"的标准,即只是在出于矫正陪审团的偏见和误解时才允许适用这种证据。调查显示,在采用这一原则的审判中,被告人被定罪的比率为59%,而未采用这一原则的审判中,该比率仅为41%。——译者注

是基于“符合公平正义利益”的考量;1999 年生效,2005 年最后一次修订。

第 10 款第 5 项——在特定的毒品犯罪案件中,特定人关于财产状态,例如车站、学校或其他公共财产的证言不为传闻规则所排除。

第 10 款第 6 项——若谋杀案的被告为防止证人出庭作证而将其杀害,则该证人在法庭外的陈述不为传闻规则所排除(又称为“彼得森例外”);2008 年生效。

第 10 款第 7 项——若被告或他人为被告利益而阻碍证人出庭作证,则该证人在法庭外的陈述不为传闻规则所排除;2009 年生效。

第 11 款——性犯罪案件的未成年被害人出庭作证时可以进行不公开审理;1982 年生效,2011 年最后一次修订。

第 11 款第 1 项——在性犯罪案件的诉讼程序中允许使用“强奸”字眼;1984 年生效,2011 年最后一次修订。

第 12 款——刑事审判中的出庭证人在法庭外进行的辨认结果不为传闻规则所排除;1984 年生效。

第 13 款 ——性犯罪被害人在就诊和治疗过程中对医务人员所作的庭外陈述不为传闻规则所排除;1988 年生效,2011 年最近一次修订。

第 15 款——在毒品案件中,某些情况下可以将实验室报告作为证据使用,而不必现场检测;1994 年生效,2005 年最后一次修订。

第 20 款——家庭暴力或类似案件中,若被告过去曾因对同一被害人实施特定家庭暴力行为被定罪处罚过,则该案的相关情况具有证据能力;1998 年生效。

上述条款都是伊利诺伊州对普通法传统的证据规则进行的改变,而其他州也都制定了类似的证据可采性的新标准。[1]

必须承认的是,这些对传统证据规则的改变都不同程度地侵害了被告人的公平审判权,并增加了造成刑事错案的几率,而其中最严重的莫过于承认被告人其他不良行为或前科犯罪的证据能力。按照普通法的传统原则,被告人其他不良行为或犯罪前科的证据是不具有证据能力的。这一原则的核心理念在于,只能基于能证明被告是否犯下了正在被指控的罪的证据来对他进行审判,而不能基于此罪之

---

〔1〕 例如,参见加利福尼亚州《证据法典》,第 1107 条(关于伴侣间的暴力行为及其影响的专家证言具有证据能力);第 1108 条(性犯罪被告人从前犯过性犯罪的证据具有证据能力);第 1109 条(家庭暴力的被告人曾经有过家庭暴力行为的证据具有证据能力);第 1360 条(虐待儿童案的被害人不受传闻证据规则限制);第 1380 条(虐待老人案的被害人不受传闻证据规则限制)以及第 1390 条(受到不法阻碍而无法出庭的证人出具证言不受传闻证据规则限制)。福罗里达州《证据法典》90 节第 404 条(c)款第(2)项(b)目 1.(猥亵儿童罪的被告人过去猥亵儿童行为的证据具有证据能力);90 节第 404 条(c)款第(2)项(c)目 1.(性犯罪的被告人过去性犯罪的证据具有证据能力);90 节第 803 条第(23)款(性犯罪的未成年被害人不受传闻证据规则限制);以及 90 节第 803 第(24)款(虐待老人案的被害人不受传闻证据规则限制)。

外的证据。那些用以证明他是个“坏人”或者他有犯罪前科的证据，所依据的逻辑是“他品行恶劣，所以肯定犯了被指控的罪”，或者从“他曾有过犯罪前科”推论出他“一定又犯了同样的罪”，这样的逻辑按照普通法的基本理念来看，都是非常荒谬的。

二、《联邦证据规则》第404条(b)项的规定

当然，从逻辑上说，被告其他行为和犯罪前科的证据的确有一定的证明价值。在刑事案件侦查过程中，将通常的嫌疑犯列为怀疑对象也是比较常见的思维方式。然而，这样的思维方式往往伴随着造成错案的风险，现实中有的案件即使有罪证据非常薄弱，相反甚至有着强有力的无罪证据，却因为裁判者持有这种先入为主的偏见造成了冤假错案。被告人犯罪前科的证据对其最为不利，被告因过去犯罪而受到的负面评价尚未恢复，在遭到新的指控时被轻易判定有罪的可能性更大，这一问题不容忽视。由于被告其他不良行为和犯罪前科的证据，很有可能使裁判者作出“习性推论”，[1]从而得出被告具有犯罪倾向的结论，因此对此类证据应当予以排除。

《联邦证据规则》第404条(b)项规定如下：

(1)禁止使用：(某人的)其他犯罪、不法行为或行为的证据被用于证明其品格，以表明其所谓与该品格相符时，不具有证据能力。

(2)可以使用：主要针对刑事案件。如果出于其他目的，如用以证明动机、机会、意图、预备、计划、认识、罪犯同一性、无错误或无意外等时，则具有证据能力。

经刑事案件被告人要求，检察官必须：

(A)在准备使用这些证据时，应当履行合理通知的义务；

(B)在审判前通知；或当法庭基于正当理由免除审前通知义务时，则可以在审判中，就拟于在审判时提出的任何此类证据的一般性质给予合理的通知。

由此可见，《联邦证据规则》并没有绝对禁止采纳“其他行为”证据，而是允许在特定条件下采纳——以证明“动机、机会、意图、预备、计划、认识、罪犯同一性、无错误或无意外等”为目的时。[2] 但是当“其他行为”的证据因符合上述条件而被采纳时，检察官不得基于这些证据进行“习性推论”，或在此基础上提出被告人“品行恶劣”的结论，法庭可以就该证据证明范围的有限性给予陪审团一定的指导。然而必须承认的是，该条中所列的如“罪犯同一性”或者“作案手法”等问题如果得到了证明，就会使人潜意识里相信“是同一个罪犯再次作案了”，因此可见，使

---

[1] 将有关某人品格的证据用以证明其行为与品格相符，通常被称为“习性推论”(Propensity Inference)。——译者注

[2] 《联邦证据规则》第404条(b)款规定的这些例外情况，从逻辑上讲不会造成不当的偏见。

用此类证据对被告造成的偏见几乎无法避免。下面我们来回顾以下几个案例,就会发现这种担忧并非多余。

三、相关案例——采纳“其他行为”证据导致的刑事错案

1. 布洛克案[1]

被告布洛克被指控对一名未成年被害人(D. L)进行性侵犯,但在审判中他曾犯的另一桩性犯罪案件被作为证据出示。根据 D. L 的证词,1983 年 3 月的一天,布洛克对她进行了性侵犯。布洛克假扮警察骗取了她的信任,将她控制住后,就对她实施了侵犯。

而 1983 年春天,就在 D. L 案发地附近,另一名少女 C. N 也遭到了性侵犯,一名警察认为这两起案件出自同一人之手。在布洛克接受 D. L 案审判时,C. N 出具证言,证言显示:在 1983 年 4 月 18 日早上,她正从离 D. L 案发地约 8 个街区的地方返回学校,遇到一个穿着得体、开蓝色汽车的男人,那个男人把她按进车子副驾驶座,先强迫与她进行了肛交,后又进行了性交。

负责这两起案件的西奇警官,安排两名被害人配合警方合成罪犯的素描画像。画像完成后,两名被害人都认为素描画像与对她们实施性侵犯的人极其相像。素描画像刚被派发出去,就有一名警官就指出,罗尼·布洛克长得很像画像中的人。于是布洛克被逮捕,警方安排了包括布洛克在内的一组人让两名被害人进行辨认,两名女孩都确定地指认(二人的指认是单独分开进行的)布洛克就是强奸犯。

布洛克坚称自己是无辜的,并且对法庭采纳其他犯罪的证据提出了抗议。伊利诺伊州上诉法院支持了有罪判决,并认为采信其他犯罪的证据并无不当,理由是该证据在证明罪犯同一性和作案方法上是可以使用的。法庭阐述了普通法上“倾向性证据排除”的原则,以及现行法律对于该原则所做的例外规定:

“与正在审判的案件无关的其他犯罪的证据,通常是不可采的……然而这一原则在特定条件下有所例外,即被告人曾犯其他罪的证据,如果与查明的客观事实有关,而非为证明被告具有犯罪习性,则可以采纳,上述客观事实包括但不限于作案方法、目的、罪犯同一性、动机和无错误。”(参见布洛克案[2])

“作案手法”,作为对普通法“倾向性证据排除”规则的例外,其具有可采性的前提是——能够揭示其他犯罪与被告正被指控的犯罪之间存在实质性的相似。然而在布洛克案中,两起案件存在诸多不同:

“D. L 和 C. N 案并非在所有方面都一致。例如,一个主要的区别是 D. L 遭到的侵犯是肛交,而 C. N 则是阴道性交。此外,两起案件中罪犯所使用的车辆也

---

〔1〕 People v. Bullock 154 Ill. App. 3d 266,507 N. E. 2d 44(Ill. App. 1st Dist. 1987).

〔2〕 Bullock 154 Ill. App. 3d at 269,507 N. E. 2d at 46. (internal citations omitted).

不同。

然而，将两起案件的情况和特点综合起来看，明显具有特殊而鲜明的共同点，极有可能出自同一人之手。其相同点有：(1)两名被害人都是年轻女孩，工作日在上学路上被侵害；(2)两起案件中的罪犯一个佩戴警徽，另一个穿着警察制服，都把自己扮成警察；(3)罪犯都是从车里出来，徒步追赶被害人，抓住她们并强迫她们坐到车子的副驾驶位置；(4)两起案件中，罪犯都持有手枪，尽管使用手枪的方式不同；(5)两名被害人都被载到附近的一个巷子里，始终在副驾驶座位上，只有腰部以下的衣服被脱掉；(6)当罪犯从背后对他们实施性侵犯时，两名被害人都被强迫趴在车上；(7)两起案件发生地仅相距8个街区，且时间间隔只有30天；并且，两名被害人在辨认和庭审中均指认，布洛克是对她们实施性侵犯的人。"(参见布洛克案〔1〕)

而布洛克提出，D. L 和 C. N 案有着本质的不同，并且"倾向性证据"的采纳可能会对他造成不公平的偏见，因此法庭采纳该证据是错误的。但法庭并不认同这一观点，而认为：

"尽管在本案中，罪犯使用的车辆与另案不同，且性行为的具体表现不同，但相比之下，本案与另案在'作案手法'上的相似点是更加显著的。两起案件的相似之处具有鲜明的独特性，例如，后入性交和假扮警察，因而该另案证据证明了'作案手法'，可予采纳。如上文所言，在任何案件中主审法官在证据的可采性上都具有一定的自由裁量权。我们不认为法官存在滥用裁量权的情况。"(参见布洛克案〔2〕)

2. 琼斯案〔3〕

1985年3月9日，琼斯被控强奸并杀害被害人黛布拉·史密斯。庭审中控方出示了被告曾犯的另一起案件——B. B 案作为证据。B. B 报案称5月25日，被告持刀对她进行了强奸，警方于1985年6月4日将被告逮捕。由于预审时B. B 没有出席，琼斯因而获释，但随后，从已掌握的鉴定证据可以确定琼斯的嫌疑，遂警方再次将其控制并进行了讯问。在法庭上他声称自己与史密斯和B. B 发生性关系都是出于双方的自愿，而他之前认罪是警方刑讯逼供的结果。伊利诺伊最高法院驳回了他的上诉，以及他对B. B 案证据可采性的异议：

"被告提出判决有误的另两个理由主要集中在被告所犯的另一起强奸案的证据是否具有可采性的问题上。被告提出：首先，该证据不应当被采纳，因为其并没有反映出任何特有的'作案手法'，不符合法定的可采性条件，而且该证据非但不

---

〔1〕 Bullock 154 Ill. App. 3d at 269 – 270, 507 N. E. 2d at 46 – 47.

〔2〕 People v. Bullock 154 Ill. App. 3d at 271, 507 N. E. 2d at 47.

〔3〕 People v. Jones 156 Ill. 2d 225, 620 N. E. 2d 325 (Ill. 1993).

具有任何证明价值反而会造成不合理的偏见。其次,在审判中,法官对陪审团进行了不当的指导,提示他们另外一起强奸案可视为证明两起案件是共同策划的证据。

法律不承认'因为一个人曾经犯过罪,他犯下被指控的罪的可能性就更大'这一推理。(转引自雷曼案〔1〕)然而,如果被告其他犯罪的证据具有动机、机会、意图、预备、计划、认识、罪犯同一性、无错误或无意外,或者两起案件的设计、作案手法相同等方面的价值,那么就可以采纳。(转引自雷曼案〔2〕)'通常认为,其他犯罪的证据若非为证明被告具有犯该罪倾向,而是证明其他事实,则可以采纳。'(转引自麦克唐纳案〔3〕)

而被告提出另一起强奸案的证据并不符合共同设计理论,有一定道理。'共同设计理论指的是一系列犯罪,而被指控的犯罪是其中的一部分,且被指控的犯罪与其他犯罪必须在事实上有某种程度的一致性。'因为这两起强奸案并非是一个整体的系列犯罪中的部分,而是两个独立的没有关联的犯罪,因此审判庭对陪审团进行的关于两起案件是共同设计的指导是不当的。

然而虽然审判庭对陪审团进行的指导存在不当,但这并不必然会导致撤销原判。其他犯罪的证据若因某项理由应予采纳,那么即使存在不应采纳的理由,也不应影响其可采性。同样的,如果法官在对陪审团进行指导时,就某项证据的可采性进行了一定的说明,即使这些说明中有的是不合理的,然而陪审团所做的有罪裁决仍不可否认。

在本案中,B. B 案的证据被采纳以证明罪犯的'作案手法'是恰当的。由于史密斯案和 B. B 案有诸多相似之处,因此法官在自由裁量权范围内,可以得出如下结论——B. B 案具有一种特有的模式或'标签',而史密斯案与之相似,因而该证据可以证明两起案件的罪犯使用了同样的'作案手法'。这些相似之处有:两起案件的被害人都是单身的、二十八九岁的黑人女孩;两起案件都发生在 1985 年春天的某个周日,大约凌晨 3 点 30 分左右;案发时间相隔不到三个月,并且案发地相距不到两个街区,被告人常年在这个地区居住;两名被害人都在一栋废弃建筑的一楼遭到侵犯,面部受到袭击、被强行扒衣以及两名被害人都被罪犯持刀威胁。

上述这些事实显示了罪犯的独特行为模式,从而在证明罪犯'作案手法'方面具有证明力,因此将该 B. B 案的证据递交陪审团并无不当。且由于被害人 B. B 在辨认中指认出了被告布洛克,该案中罪犯的行为模式自然会被联系到布洛克身上。该证据被采纳是因为其在证明'作案手法'方面的价值,而法庭对陪审团所做

〔1〕 People v. Lehman(1955),5 Ill. 2d 337,342,125 N. E. 2d 506.

〔2〕 Lehman,5 Ill. 2d at 342 - 43,125 N. E. 2d 506.

〔3〕 People v. McDonald(1975),62 Ill. 2d 448,455,343 N. E. 2d 489.

的关于'共同计划'的指导虽然不当但影响不大。"(参见琼斯案[1])

3. 卡顿案[2]

罗纳德·卡顿被指控于同天夜里在北卡罗来纳州伯灵顿城先后犯下两起强奸、盗窃案。他在第一起案件中(被害人为珍妮佛·汤普森)的有罪判决曾被撤销,第二起案件发生后又再次被起诉,两起案件合并审理。在庭审中,他的雇主(被告人在一间饭馆做洗碗工)出庭作证,证明案发当晚,被告工作时穿的衣服与被害人的描述相似。证人承认被告人是一名优秀的雇员,但在控方再次直接询问[3]时,证人说被告经常摸店里的白人服务员,并谈论与性有关的内容。被告对此提出抗议,但没有得到法庭的支持。被告在上诉中提出,这些"其他不良行为"的证据对他造成了不应有的偏见,但被上诉法院驳回:

"被告就职餐厅的经理出庭作证,证明被告——该餐厅的洗碗工,在1984年7月29日案发当晚所穿的服装与罪犯相同或相似。在交叉询问阶段,辩护律师向证人提问道:'先生,您认为罗纳德·卡顿是一位优秀的雇员对吗?'证人回答:'是的。'而在控方进行再次直接询问时,尽管被告提出反对,但经过法庭允许,证人说道:'被告经常骚扰女服务生……摸她们的……肩膀,身体和臀部,而且讲黄色笑话。'该证言证明被告曾向两名白人女服务生谈论与性有关的内容,这两名服务生的年龄分别是18岁和47岁。

被告提出,根据北卡罗莱州《一般法律集》第8条c款第1项,及《联邦证据规则》第404条(a)款第(1)项的规定[4],上述证人证言是不应被采纳的。他进一步提出,即使该证据确实具有一定的证明价值,根据《联邦证据规则》第403条[5]的规定,也应予以排除,因为该证据对被告人造成不公正偏见的危险大大超过其证明价值。但我们不认同此种观点。

---

[1] People v. Jones 156 Ill. 2d at 239 - 240, 620 N. E. 2d 330 - 331.

[2] State v. Cotton 99 N. C. App. 615, 394 S. E. 2d 456(N. C. App. 1990).

[3] 美国刑事诉讼一审程序中,在开场陈述后,由控方举证,控方的证人出庭后,先由起诉方进行直接询问,然后由辩护律师向证人发问,这称作交叉询问。交叉询问之后控方还可以进行再次直接询问,辩护律师也可以再交叉询问,如此反复进行数轮,直到无可再问或没必要再问。辩方的证人出庭时也如此。——译者注

[4] N. C. Gen. Stat. § 8C - 1, Rule 404(a)(1).

[5] 《联邦证据规则》第403条的规定如下:证据虽然具有关联性,但如果可能导致不公正的偏见、争点混淆或误导陪审团的危险大于其证明价值时,或者被认为是不当拖延、费时或不必要的重复举证时,也可以被排除。——译者注

根据《联邦证据规则》第404条(a)款第(1)项[1]的规定,如果证人证言属于‘由被告人提出以证明其相关品格特征的证据,或者由起诉方提出以反驳被告人具有上述相关品格的证据’,那么该项证据则可予采纳。在斯奎尔案[2]中,北卡罗莱州最高法院认为‘相关’即‘具有关联性’,因此该证据可否采纳的关键性因素是‘该品格特征与被指控的犯罪是否有关联性’,也就是说,‘具有此种品格特征比不具有此种品格特征时,被告人实施该种行为的可能性更大还是更小。’因而具有可采性的‘品格证据’必须是‘与被指控的犯罪行为具有关联性’[3]的品格特征。

本案中被告被指控的是两起盗窃、强奸案,他在工作中的表现与上述任何一种犯罪行为都没有关联性。因此,根据《联邦证据规则》第404条(a)款第(1)项,不论是被告用以证明自己是优秀员工的证据,还是控方证明他对女同事有不良行为的证据都不具有可采性。但是,‘由于控方的证据是用于解释或反驳被告人提出的证据,遂法庭允许采纳。’(转引自富尔茨案[4])。因此,我们认为,在初审中,法院即使没有允许控方主动出示该证据以证明被告曾对女同事行为不端,也会允许控方以该证据反驳被告主动提出的证明自己是优秀员工的证据,而后者是于法有据的。

然而,我们接下来要探讨的是,初审法院允许检察官以该证据证明被骚扰的女服务员与本案的被害人种族相同且年龄相仿,这是否超出了该证据的应有限度。被告认为,女服务员的种族和年龄与反驳被告是否为优秀员工之间没有相关性,我们认同这一观点。然而,并非任何证据上的瑕疵,都足以让被告获得重新审判的机会。被告必须能证明该证据瑕疵造成了不公平的偏见,也就是说,需要证明,如果不存在该瑕疵,那么判决结果就有可能截然不同。(根据北卡罗莱州《一般法律集》中的规定[5])

被告提出该瑕疵足以造成不公平的偏见,因为本案被害人与女服务生年龄和种族的相似导致陪审团基于错误推论而做出了有罪裁决,并认为这是‘广泛存在并根深蒂固的,对不同种族的男女间发生性关系的成见’。这一点我们无法赞同。

---

[1] 《联邦证据规则》第404条(a)款(1)项规定如下:“(a)品格证据的一般规定:某人的品格或其品格特征的证据,被用以证明此人在特定场合下从事与其品格或特征相符的行为时,不具有证据能力,除非:被告人的品格——由被告人提出的证明自己有关品格特征的证据,或者为反驳该证据而由检察官提出的被告人不具有上述品格的证据……”

——译者注

[2] 321 N. C. 541,547 - 48,364 S. E. 2d 354,358(1988).

[3] 斯奎尔案,同上注。

[4] State v. Fultz,92 N. C. App. 80,85,373 S. E. 2d 445,448(1988)(quoting State v. Albert,303 N. C. 173,177,277 S. E. 2d 439,441(1981)).

[5] N. C. Gen. Stat. § 15A - 1443(a).

因为首先,在进行辨认时,第一名被害人十分确定地指认出被告为罪犯,在交叉询问中所做的回答也无可指摘。其次,第二名被害人的指认虽然不如前者那么肯定,但也同样是证明被告是罪犯的重要证据。而对于案发时被告所在何处,被告提供的不在场证人证言前后矛盾,且被告最初就此问题对侦查人员所做的供述,与他在法庭上所作的供述也完全不符。除此之外,被告还供述了曾犯的其他两起罪行,分别是1980年袭击一名女性意欲强奸,以及1983年强行闯入他人住宅。综合上述因素以及本案其他信息,可以得出如下结论——采纳女服务生年龄和种族的证据并不会对被告人造成不公正的偏见。即如果不采纳该项证据,并不会导致陪审团作出与现在不同的裁决。因此被告人关于证据瑕疵导致错判的主张不成立。”(参见卡顿案[1])

4. 科多挪威案[2]

科多挪威被控对K. B实施了性侵犯。1987年6月,K. B在自己家中遭到性侵犯。罪犯潜入被害人房中,躺在她身边,被害人醒来时误以为其是自己的男朋友L. L,并喊了一声他的名字。罪犯没有回答,而是用枕套蒙住她的头部,先进行了性交,又进行了肛交,离开前还对被害人说了句“我爱你”。被害人在遭受侵犯过程中,先是仰卧姿势,而后又被翻转身体俯卧在床上。由于K. B存在听觉和视觉障碍,因此只能对罪犯的身高、体重、年龄、种族、头部形状和着装(牛仔裤、圆头靴、系着一条宽腰带,腰带扣很重)进行粗略的描述。

而在1989年1月,曾发生另外一起案件,被害人V. N. O在自己的房间醒来,发现床上坐着一个陌生男子。该男子将枕头压在她头上,两次强迫她进行性交,被害人先是俯卧在床上,后被翻转身体仰卧。根据V. N. O的描述,罪犯当时穿着圆头靴子,系着腰带扣很重的宽腰带。她指认出科多挪威是袭击者,科多挪威对此也供认不讳。

由于两起案件的客观方面极其相似,警方怀疑科多挪威也是K. B案的罪犯。于是提取了他的血液、头发和阴毛样本,与K. B案侦查时收集的证据进行比对。法医分析认为通过将被害人阴道提取物和被告人毛发进行比对,不能排除被告人的嫌疑,虽然这一证据存在不足,但法庭仍予以了采纳。同时,被告人在V. N. O案中的“其他行为”证据也得到了采纳。有罪判决作出后,科多挪威提出上诉,他提出根据蒙大拿州《证据法典》第404条(b)款的规定,“其他行为”证据可能导致不公平的偏见,因此不应予以采纳。而蒙大拿州最高法院认为这一主张是错误的:

---

[1] State v. Cotton 99 N. C. App. at 619 - 621, 394 S. E. 2d at 459 - 459.

[2] State v. Kordonowy 251 Mont. 44, 823 P. 2d 854 (Mont. 1991).

“1. 地方法院采纳其他犯罪或行为的证据是否属于滥用自由裁量权?

被告人科多挪威提出,地方法院采纳 V. N. O 案的证据是错误的。他认为,采纳‘其他犯罪、错误或行为’证据违反了蒙大拿州《证据规则》第 404 条(b)款,以及州判例法的相关规定。

蒙大拿州《证据规则》第 404 条(b)款规定如下:

其他犯罪、不法行为或行为的证据被用于证明其品格,以表明其所谓与该品格相符时,不具有证据能力。但是如果出于其他目的,如用以证明动机、机会、意图、预备、计划、认识、罪犯同一性、无错误或无意外等时,则具有证据能力。

但除此之外,蒙大拿州《证据法典》第 403 条又规定:

证据虽然具有关联性,但如果可能导致不公正的偏见、争点混淆或误导陪审团的危险大于其证明价值时,或者被认为是不当拖延、费时或不必要的重复举证时,也可以被排除。

可以看出,根据蒙大拿州《证据规则》第 404 条(b)款和第 403 条的规定,如果其他犯罪、错误或行为的证据是为证明被告的品格及其行为具有一贯性,或者该证据造成偏见的危险大大超过其证明价值,那么就应禁止采纳。但从第 404 条(b)款的最后一句又可以得出:如果该证据是为了证明罪犯身份的同一性,则可以采纳。

罪犯的同一性通常是指:‘证明其他犯罪与被告正受指控的犯罪,在作案手法上极其相似,以致可以认为是同一人所为。’〔1〕在本案中,我们认为两起强奸案的作案手法非常相似,可以认定都是出自科多挪威之手,因此,V. N. O 的证言符合蒙大拿《证据规则》第 404 条(b)款规定的能证明罪犯同一性的情况。同时,其证言并未违反蒙大拿《证据规则》第 403 条的规定,因为相比于造成偏见的危险,其具有的证明价值更为显著。”(参见科多挪威案〔2〕)

5. 布兰登·李·穆恩案〔3〕

布兰登·李·穆恩被控于 1987 年在被害人家中对其实施了强奸,被害人名叫艾尔·帕索,是德克萨斯州人。案发时罪犯头戴一顶绒线帽,持枪闯入被害人家中作案。被害人协助警方绘制了罪犯的画像,随后在照片辨认中指认穆恩是强奸犯,在面对面列队辨认中也指认出了他。与此同时还有其他两起类似的强奸案件,两名被害人也都指认穆恩是强奸犯。在艾尔·帕索案庭审时,这两名被害人中的一名出庭作证,支持艾尔·帕索的辨认无误,最终穆恩被判有罪。然而,数年后通过

---

〔1〕 麦考密克:《证据学》,1972 年版,第 449 页。

〔2〕 State v. Kordonowy 251 Mont. at 48 -49,823 P. 2d at 857(Mont. 1991).

〔3〕 目前布兰顿·李·穆恩的判决书尚未公布。案件信息来自“无辜者计划”的网站。http://www.innocenceproject. org/Content/Brandon_Moon. php。

对证据进行 DNA 检测分析(1987 年当时的技术水平无法达到),穆恩被证实是无辜的。

6. 文森特·莫托案[1]

文森特·莫托被控于 1985 年强奸了一名费城女子。案发时,两名男性将被害人强行拉入一辆车中,实施强奸后,将半裸的她扔出了车外。几个月后,被害人在街上看到文森特·莫托带着一名女子和一名小孩,遂报警称她看到了其中一名强奸犯。经过审判,莫托被判有罪,后来警方通过对被害人内裤上罪犯遗留的精液进行 DNA 检测,证明莫托实际是无辜的。但从某种程度上说,莫托当时之所以被判有罪,更重要的影响因素是涉及他前女友的另一起犯罪的证据得到了采纳。

上述这些案件的共同之处在于,被告人都是无辜的,却都因为法庭采纳了其他犯罪或不良行为的证据而被判有罪,并被处长期徒刑。这就要求我们必须建立起一套更为严谨的证据规则。在上述案件中造成错案的主要原因有二:首先,《联邦证据规则》规定,"其他不良行为"的证据被采纳后,应基于"优势证据法则"对相互对立的证据进行取舍,根据占优势地位的证据认定案件事实,但很明显,若本不具有可采性的证据被采纳了,它就有可能成为"优势证据",从而影响裁判者的判断,造成错案。另外一个重要原因是目击证人在对罪犯进行辨认时发生了错误,尤其是待证事实的证明仅需达到"排除合理怀疑"的程度,这就极易造成错案。试想一下,如果在某起案件中,法庭错误地采纳了"其他不良行为"的证据,目击者的辨认也同时出现了错误,那么被告人一方既要遭受己方证据优势的削弱,又要面对被害人的错误指认,在这种双重不利的局势下,造成刑事错案的几率更是呈几何增长。

此类案件存在的"审中审"[2]问题同样不可忽视。在审判中,被告也可能会直接提出并举证证明该"其他犯罪"证据本身存在错误、应予排除。在初审前进行听证时,法官会就"其他犯罪"证据的可采性问题听取双方的陈述,此时被告可能提出,即使该证据属于《联邦证据规则》第 404 条(b)项规定的例外情形,但若采纳仍旧可能造成不公正的偏见——陪审团可能受到误导,从而认为被告品行恶劣不值得宽恕、或者被告是惯犯、有犯罪倾向,必定有罪。为解决这一问题,《联邦证据规则》第 403 条进一步规定了相应的衡量标准[3]。但显然该标准更倾向于允许

---

[1] 目前文森特·莫托的判决书尚未公布。案件信息来自"无辜者计划"的网站。http://www.innocenceproject.org/Content/Vincent_Moto.php。

[2] 在被指控的案件审判中,将以往其他犯罪的情况作为证据使用,这就牵涉出该"其他犯罪"本身是否存在错误的问题,因此在审判正在指控的案件时,还可能需要审查该其他犯罪的真实性,这就是"审中审"。——译者注

[3] 《联邦证据规则》第 403 条规定:"证据虽然具有关联性,但如果可能导致不公正的偏见、争点混淆或误导陪审团的危险大于其证明价值时,或者被认为是不当拖延、费时或不必要的重复举证时,也可以被排除。"

采纳此类证据,因此上述“其他犯罪”的证据在实践中得到采纳的可能性很大。

然而,即使“其他犯罪”证据因符合《联邦证据规则》第403条对证明价值的要求而被采纳,被告还可以直接质疑该“其他犯罪”本身的真实性,举证证明该“其他犯罪”的指控本身不实、或者情节显著轻微不构成犯罪,而不应在庭上出示以影响裁判者的判断。

此外,根据《联邦证据规则》第105条的规定[1],法官采纳“其他犯罪”的证据后,可能会就该证据证明范围的有限性对陪审团进行指导,这种指导的作用和效果如何也会成为双方辩论的主题。

四、倾向性证据的可采性

在“严打”运动期间,《联邦证据规则》对证据的要求有所放宽,允许将“其他行为”证据用以证明任何问题,甚至包括证明被告具有犯罪的倾向性。在性犯罪领域,《联邦证据规则》第423条允许采纳任何关于被告性犯罪前科的证据。对于强奸案,警方可以“围捕前科嫌犯”,控方可以在审判中将被告描述为“性捕食者”、“强奸惯犯”,甚至作出诸如“他过去曾经犯过强奸罪,这次是再犯”此类的推论……可见,现行法律已不再恪守普通法的品格证据排除规则,而是打开了品格证据可采的豁口。从伊利诺伊州的诸多判例也可以看出现行法律在“其他犯罪和行为”证据的可采性上的宽松趋势,例如,在家庭暴力犯罪领域,被告过去的家庭暴力证据可以采纳,甚至可以由“被告曾对被害人实施过家暴”而作出“被告是杀害被害人的凶手”的推断。虽然就这些证据可采性要进行审前听证,但审前听证已经演变为一种形式化的东西了。甚至那些能够证明被告无罪的行为证据,也沦为这套新的倾向性规则的组成部分。

《联邦证据规则》第404条(b)款允许采纳某些其他犯罪或行为证据,但严格限制了这些证据的证明范围,明确规定不得用以证明被告具有犯罪倾向。然而即便如此,并无法避免因采纳此类证据而造成刑事错案。若在审判中采纳此类证据,那么必然会造成裁判者对无辜的被告人的潜在偏见,这并非通过限制其证明事项的范围就能杜绝。让我们试想一下,若法庭错误地采纳了此类证据,而被告人却苦于无法举证证明错误的存在,正如前文布洛克、琼斯、卡顿、科多挪威、穆恩以及莫托一样,那么造成错案的可能性会有多大。而刑事错案的产生会大大增加社会风险,同时因给予被错判的当事人以国家赔偿等,所以社会成本也会相应增加。

此外,审判中若采纳了“其他犯罪”的证据,就会出现“审中审”的问题。针对

---

[1] 《联邦证据规则》第105条规定:“如果证据对于一方当事人或对于某一目的具有证据能力,而对于他方当事人或另一目的不具有证据能力,则法庭基于请求,应当将该证据的证明限定在适当的范围内,并将此情形向陪审团作出一定提示。”

作为证据出示的"其他犯罪"本身的任何方面,被告都可以反驳并作相应举证。在实践中甚至出现过极为荒谬的案件,法庭采纳了被告"其他犯罪"的证据用以证明被告具有犯罪倾向,而实际上该证据本身证明的是被告人不具有犯罪倾向。[1]另外,"审中审"往往会增加案件审理的复杂性,比如在正在指控的案件和"其他犯罪"的案件中,证人的辨认都发生了错误,或者被告人对两起案件都予以否认时,这就大大增加了案件的复杂程度。

五、解决方案

要解决现行证据规则导致错案频发的问题,最直接的方法就是绝对禁止采纳以证明犯罪倾向为目的的证据,坚持普通法"倾向性证据排除"的原则,同时仅仅保留《联邦证据规则》第404条(b)款所规定的例外。虽然造成刑事错案的风险仍然存在,但这一风险是合理的、不可避免的,与法官的自由裁量权有关。

此外还有另外一种解决思路,即规定法庭在采纳倾向性证据前,应要求控方提高其他证据的证明力。由于证据可采性问题的特殊性,因而其证明标准与其他待证问题应有所区别,仅仅与其他问题一样以"优势证据法则"为证明标准是远远不够的,应当要求其达到"明晰可信"(a clear and convincing nature)的证明程度。案件中证明被告人有罪的证据越少,对除倾向性证据外的其他证据证明力的要求就越高,以加强对被告人权利的保护力度。

六、结语

在刑事案件中,若法庭采纳了倾向性的证据,产生刑事错案的可能性就会大大提高。而使用"前科嫌犯"一词,本身也是不合理和带有偏见性的。本文通过对几起由"其他犯罪"证据导致的刑事错案进行分析,希望可以为审判者敲响警钟,使审判者意识到只有法院采取了更强有力的措施,实现惩罚犯罪与保护被告权利的平衡,才会使这种不公正的局面得到改善,减少错案的发生。

---

〔1〕 2011年的华德案(People v. Ward 2011 IL 108690(2011))中法庭根据伊利诺伊州《刑事诉讼法》第115条第7款第3项的规定(法条内容见上文,译者注),采纳了被告过去曾受指控的一起强奸案中第二名被害人关于被告有罪的证言,却拒绝采纳该案陪审团裁决认定被告无罪的证据。而华德案后来因原审存在错误而改判无罪。

加拿大错案研究:值得汲取的教训*

杨　诚**

加拿大是世界公认的高水平民主法治国家。但是,在加拿大的司法实践中,也发生过一些错案(特指错误定罪(wrongful convictions)的案件,或称冤案)。据加拿大的志愿者组织"冤案辩护协会"收集的案例,从1959年到2010年的52年中,加拿大至少发生过40余起错案。其中,多数是引起广泛社会关注、民愤极大的谋杀或强奸杀人案件。[1] 在2010年被加拿大广播公司CBC列出的此前约半个世纪发生的12起性质严重的错案中,就有10起是谋杀案。[2] 这些错案不仅对当事人造成了难以弥补的伤害,而且造成了十分严重的社会后果。

本文讨论加拿大的错案问题,介绍并分析加拿大国内对错案问题的研究发现。在过去十年中,除了由各省对有争议的重大错案进行的公开听证调查(public inquiries)所发表的报告、媒体的报道、学者的论文和非政府组织发表的报告以外,加拿大政府还设立了一个由联邦政府和各省两级政府的司法行政部门的代表组成的联合委员会,开展对错案的政策性研究。这个委员会原先起名为"联邦/省/地区检察部门负责人委员会预防错误定罪工作组"。2005年,加拿大司法部发表了由委员会在2004年完成的一份长达165页的《预防司法不公报告》(以下简称《报告一》)[3]。这份报告总结了加拿大发生此类错案的基本原因,并提出了预防错案发生的一系列实际建议。报告提出的观点被上至加拿大最高法院的各级法院在判决中引用,成为判例法的内容,产生了广泛的影响。2011年秋,委员会以"联邦/省/地区检察部门负责人预防错误定罪委员会"名义发表题为《走向正义:预防错

* 本文系预防刑事错案国际研讨会(2012年8月)的演讲整理稿。

** 杨诚:澳门圣若瑟大学国际法讲座教授。

[1] http://www.aidwyc.org/public_html/timeline.html.

[2] 参见CBC2010年报道"Canada's Wrongful Convictions",http://www.cbc.ca/news/canada/story/2009/08/06/f-wrongfully-convicted.html#driskell。

[3] FPT Heads of Prosecutions Committee Working Group, 2004, "Report on the Prevention of Miscarriages of Justice". Ottawa: Department of Justice Canada publication in 2005.

误定罪》的第二份报告(以下简称《报告二》)[1]。《报告二》长达233页,提供了《报告一》发表之后的六年中加拿大司法实践的有关进展情况。这两份报告最集中地反映了加拿大对错案问题的官方立场。

本文第一节说明加拿大错案的基本情况,第二节分析这些错案的主要原因,第三节讨论加拿大预防错案的主要措施。

一、错案基本情况

加拿大两级政府在《报告一》中明确承认,错案的发生是世界性的现象,包括加拿大在内的任何国家都不能完全避免。《报告一》回顾了1986年以后2004年之前加拿大组织的几次重大错案听证调查,分析了被调查的错案发生的原因,提出防止类似错案发生的建议。《报告二》提供了2005~2011年期间进行的错案听证调查结论和其他相关发展情况。但是,也许是已知的错案数量太少,这两份报告都只是提供了错案的个案,也没有提供加拿大错案的统计数字。迄今,加拿大实际上既没有发表过错案的官方统计数据,也没有发表评估错案数量和基本类型的学术论文,所有关于错案的文献都是对个案的分析。

也许,关于错案的实际数量,很难形成完整的统计数据。官方公布的个案数量有限,肯定不能代表全部。从这些错案的类型来看,加拿大已知的错案基本都是杀人案件,少数是强奸或抢劫案件。比如,加拿大最著名的错案有:1991年在Monitoba省定罪、2007年经过公开听证调查得到平反的James Driskell谋杀案,1971年在Nova Scotia省定罪、1983年被省上诉法院改判无罪的Donald Marshall谋杀案,1970年在Saskatchewan省定罪、1997年经DNA检测被改判无罪的David Milgaard强奸谋杀案,1986年在Ontario省被定罪、1995年经DNA检测被改判无罪的Guy Paul Morin谋杀案,1971年在Ontario省被定罪、2009年由省上诉法院撤销原判的Romeo Phillion谋杀案,以及1959年在Ontario省被定罪、2007年由省上诉法院改判无罪的Steven Truscott谋杀案。

这一情况在"9·11"恐怖袭击发生后的十多年来没有改变。多伦多大学教授罗奇(Kent Roach)长期研究错案问题,发表过有关错案的一系列论文。2006年,罗奇和特罗特撰写的"反恐战争中的错案"一文还被翻译成中文在中国发表。[2]文章指出,在以往的反恐行动中已经出现了一些错案,而现在正在进行的反恐战争

---

[1] FPT Heads of Prosecutions Committee Subcommittee on the Prevention of Wrongful Convictions, 2011, "The Path to Justice: Preventing Wrongful Convictions". Ottawa: Department of Justice Canada publication in 2011.

[2] 这篇中文译文发表于陈光中、程味秋、杨诚编《刑事一审程序与人权保障》一书,中国政法大学出版社2006年版,第201~233页。英文原文见:Roach, Kent and Gary Trotter, 2004, "Miscarriage of Justice in the War against Terror", 109 Penn St. L. Rev. 967。

使发生错案的风险进一步增加。但是,论文只分析了数起英国和美国的案例。迄今,笔者尚未见到加拿大发生反恐错案的报道。

罗奇在另一篇论文中指出,加拿大已知的错案有 40 到 70 件,这"可能只是冰山一角",因为这些案件大多数是谋杀或性侵犯案件,比较引人注目。[1]但是,据笔者对加拿大有关报道的分析,加拿大的错案统计即使有黑数,实际发生的错案也不会很多。因为,总的说来,加拿大的法律和刑事诉讼制度是公正的,媒体和社会大众对司法系统的监督是有效的,法官和检察官的职业道德和专业水平也是值得肯定的。

目前,除统计官方公布的案例外,找不到一种更加令人满意的错案统计方法。在美国,有学者发表研究报告,干脆认定错案占全部定罪案件的 0.5% 甚至可能高达2%,并由此推算美国每年发生的错案成千上万,每年有多达5000 至 10000 名被告人被错误定罪判刑。[2]笔者认为,采用这种比例缺乏可以信赖的统计学依据。在加拿大学术界,还没有人提出用这类比例来评估错案的数量规模。

《报告一》以"美国:错误执行(死刑),而不仅是错误定罪"为题,指出美国有因为错案而错误判处及死刑的问题。据报告引述的资料,美国学者在 1987 年发表的一份题为"死刑案件中的司法不公"的研究报告,分析在 1900 ~ 1986 年期间判决的 350 的案件中,有 139 名被判处死刑的人被改判无罪,有的是在行刑之前几小时被取消执行的。[3]就错案的性质或后果而言,令人庆幸的是,在加拿大已知的所有错案中,除一人被判死刑后改判监禁以外,被误判有罪的被告人没有一人被执行死刑。加拿大在 1976 年废除了死刑,从而根本上杜绝了错杀的可能。众所周知,废除死刑的主要理由之一就在于错案不可能完全避免,而死刑可能使错案造成不可弥补的生命损失。2010 年,中国司法部门鉴于聂树斌等死刑错案的惨痛教训,出台了《关于办理死刑案件审查判断证据若干问题的规定》。[4]可以肯定,这一类规定有助于减少死刑错案,但不可能杜绝死刑错案。

---

〔1〕 Roach, Kent, 2011, "Wrongful Convictions in Canada". University of Cincinnati Law Review, at http://papers.ssrn.com/sol3/papers.cfm? abstract_id = 1887889.

〔2〕 Zalman, Marvin, 2012, "Qualitatively Estimating the Incidence of Wrongful Convictions." Criminal Law Bulletin, Vol. 48, Number 2. http://globalwrong.files.wordpress.com/2012/04/qual - estimate - zal - clb - 2012.pdf.

〔3〕 Bedau, Hugo and Michael Radelet, 1987, "Miscarriages of Justice in Potentially Capital Cases". 40 Stanford Law Rev. 21. 引述见《报告一》, FPT Heads of Prosecutions Committee Working Group, 2004, "Report on the Prevention of Miscarriages of Justice". Ottawa: Department of Justice Canada publication in 2005,第 22 页。

〔4〕 最高人民法院、最高人民检察院、公安部、国家安全部、司法部《关于办理死刑案件审查判断证据若干问题的规定》,2010 年 6 月 24 日颁布。http://www.law - lib.com/law/law_view.asp? id = 316882。

即便不执行死刑,一起错案依然会造成严重的后果。加拿大在20世纪50年代末判决的Steven Truscott案就是一个典型案例。1959年,年仅14岁的图斯考特被认定谋杀了同学,并被判处绞刑。此后不久,他被改判终身监禁,留下一条性命。图斯考特坐牢十年后于1969年获得假释,但直到2007年才被改判无罪。2008年,他获得650万加元的冤案赔偿。这起错案几乎消耗了图斯考特的一生,而他也因为连续50年不断洗刷自己的罪名而成为加拿大"知名度最高的冤案受害人"。[1]就金额而言,Saskatchewan省政府在1999年向David Milgaard赔偿1000万加元(约合6000万元人民币)是迄今在加拿大金额最大的单笔冤狱赔偿。

加拿大是一个法治比较完备的民主国家。因此,在历史上,从未发生过类似于中国1966~1976年的"文革"或苏联20世纪30年代的"大清洗"等非常时期人为制造大批冤假错案、践踏法制、滥杀无辜的情形。笔者1990年到加拿大学习,此后二十多年中在媒体和论文中见到的加拿大错案数量有限,重大案件寥寥无几,媒体反复讨论、学者反复研究的重大错案只此几件。同中国这些年披露的错案相比,加拿大的错案问题不是同一个层次的问题。但是,就加拿大官方、媒体和学者发表的比较一致的观点而言,错案不论数量多少,仍然是对加拿大司法公正的严重威胁,是必须加以研究解决的重大问题。

二、错案原因分析

加拿大是一个从官方到民间都十分重视人权保障的国家。加拿大具有英美法系悠久的法治传统。以1982年生效的《加拿大权利和自由宪章》为基础,加拿大拥有一套高度尊重人权的诉讼制度,足以对刑事被告人提供有力的法律保护。加拿大政府提供大量资源确保面向大多数被告人的刑事法律援助。加拿大的法官、检察官和律师中已经形成普遍尊重人权的法律文化,职业道德较强,专业水平较高。加拿大的媒体具有高度独立性和公信力,社会大众拥有监督司法工作的多种渠道。这一切都为实现司法公正提供了条件。

但是,错案仍然可能发生。《报告一》和《报告二》将加拿大产生错案的原因归纳为以下八类:

(1)"一孔之见"(tunnel vision),或称思路单一。在加拿大历次有关错案的听证调查报告中,这都被视为发生错案的主要原因。它是指控方、主要是检察官在办案时片面追求定罪的结果,忽略了检察官履行职务必须做到客观公正的要求。报告指出,导致这一问题的具体因素包括,某些检察官对警方或证人的立场和观点缺

---

[1] 参见The Toronto Star《多伦多星报》2012年5月21日报道"Steven Truscott fights another battle for his life", http://www. thestar. com/news/canada/article/1181724 - steven - truscott - fights - another - battle - for - his - life。

乏独立见解,以及来自舆论和特定利益群体的压力。报告引述听证调查的结论指出,必须清晰区别警方的侦查职能和检察官的检控职能,否则,难以保障公正司法的实现。[1]报告还指出,对于骇人听闻的重大案件,民众会要求迅速破案和迅速起诉,这对警方和检察官造成巨大压力。加拿大学者认为,英国发生若干反恐错案的原因之一,显然也在于控方的思路单一。[2]

(2)指认错误(misidentification by eyewitnesses)。报告认为,目击证人的指认在定案时十分重要,但即使是最诚实的证人也可能错误指认犯罪人,或提供错误的证言。报告引述美国纽约市的"无罪项目"(The Innocence Project)发表的一份资料称,在130件由于采用DNA鉴定而得到纠正的错案中,有101起(78%)是因为目击证人指认错误而导致错判的。加拿大的错案听证调查也发现,证人在警察局和法庭上指认错误是造成错案的基本原因之一。[3]除了证人自身的因素以外,指认错误也与警方或者控方在安排指认时采取的方法不当有关,甚至可能是因为法官当庭给予证人的指示有所偏颇。

(3)不实认罪(false confession)。报告指出,没有犯罪的被告人也会认罪。报告引用美国"无罪项目"的统计称,在上述130件因DNA鉴定获得平反的错案中,有35件(27%)涉及认罪不实。报告认为加拿大因为这种原因而发生的错案的数量可能不及美国,但警察的讯问程序也需要改进,才能减少不实认罪。比如,靠警察做笔录不够可靠,讯问过程应该录音录像。[4]

(4)犯人告密(Jailhouse Informers)。与被告人一起羁押的犯人向当局告密不实,是造成错案的又一个原因。报告引述美国"无罪项目"的统计称,在130件因DNA检测而获得平反的错案中,有21件(16%)与同一囚室中的犯人检举被告人不实有关。报告还指出,在加拿大,重大错案的听证调查也发现这是导致错案的关键因素之一。调查发现,与被告人同一囚室的告密者很不可靠,他们经常会为了私利而谎报案情,欺骗当局。[5]同样,罗奇发表的论文也将囚室犯人告密列为不可靠

---

〔1〕 FPT Heads of Prosecutions Committee Working Group, 2004, "Report on the Prevention of Miscarriages of Justice". Ottawa: Department of Justice Canada publication in 2005,第36页。

〔2〕 Roach, Kent and Gary Trotter, 2004, "Miscarriage of Justice in the War against Terror", 109 Penn St. L. Rev. 967(2004-2005).

〔3〕 FPT Heads of Prosecutions Committee Working Group, 2004, "Report on the Prevention of Miscarriages of Justice". Ottawa: Department of Justice Canada publication in 2005,第42~43页。

〔4〕 FPT Heads of Prosecutions Committee Working Group, 2004, "Report on the Prevention of Miscarriages of Justice". Ottawa: Department of Justice Canada publication in 2005,第58~63页。

〔5〕 FPT Heads of Prosecutions Committee Working Group, 2004, "Report on the Prevention of Miscarriages of Justice". Ottawa: Department of Justice Canada publication in 2005,第75~77页。

的几种证据之一。[1]

(5)技术差错(unreliable scientific evidence)。报告指出，有的科学鉴定技术不够可靠，比如头发的显微分析。而DNA鉴定要可靠得多。报告认为，将DNA作为革命性的鉴定技术，并被用于案件复查，是一大批错案得以平反的关键。[2]

(6)专家失误(faulty expert evidence)。报告指出，包括法医鉴定在内的各种专家证据对确定事实具有重要作用。在法律上，专家证据与普通人的意见不同。一般人的意见不得作为证据被采纳，而专家证据对事实判断有重要意义，因为它是具有特殊知识的人对有技术或专业难度的某些问题提供的说明。正因为如此，有污点的、歪曲性的专家证据是导致错误判决的重要原因。[3]罗奇等学者发表的论文也表达了类似观点。[4]

(7)培训不足(insufficient education)。报告认为，目前对警察、检察官甚至法官的培训还有改进的必要，尤其是需要进行专门的错案预防的培训教育。[5]

(8)其他(others)。报告指出，错案的发生还可能因为其他的原因，比如，控方没有向辩护人披露证据，虽然，这一因素在很大程度上已经成为历史。[6]

如果，在过去半个世纪中加拿大发生错案的原因基本上就是上述八点，那么，可以说，在重大错案的发生原因上，加拿大与中国的情况有很大的不同。在加拿大，造成错案的原因基本上是控方在个人层面和诉讼程序的某些细节上的问题。在中国，由于法制仍然处于转型阶段，错案的发生有着更加深层次的原因。仅从近几年披露的佘祥林、赵作海、聂树斌等社会反响极大的死刑冤案看，人们关注的重点是刑讯逼供、体罚虐待、威胁证人、违法取证、刁难律师、违法办案造成的错案以及背后的制度性原因。今年，中国全面修改刑事诉讼法，将有助于解决这些问题。

三、错案预防措施

2004年，加拿大两级政府的司法行政部门在《报告一》中针对造成错案的原

[1] Raoch, Kent, 2007, "Unreliable Evidence and Wrongful Convictions: The Case for Excluding Tainted Identification Evidence and Jailhouse and Coerced Confessions", 52 Crim. L. Q. 210.

[2] FPT Heads of Prosecutions Committee Working Group, 2004, "Report on the Prevention of Miscarriages of Justice". Ottawa: Department of Justice Canada publication in 2005, 第107~108页。

[3] FPT Heads of Prosecutions Committee Working Group, 2004, "Report on the Prevention of Miscarriages of Justice". Ottawa: Department of Justice Canada publication in 2005, 第115~116页。

[4] Sangha, Bibi, Kent Roach and Robert Moles, 2010, Forensic Investigations and Miscarriages of Justice: The Rhetoric Meets The Reality. Toronto: Irwin Law Inc..

[5] FPT Heads of Prosecutions Committee Working Group, 2004, "Report on the Prevention of Miscarriages of Justice". Ottawa: Department of Justice Canada publication in 2005, 第133~140页。

[6] FPT Heads of Prosecutions Committee Working Group, 2004, "Report on the Prevention of Miscarriages of Justice". Ottawa: Department of Justice Canada publication in 2005, 第152页。

因,提出了一系列预防错案的具体建议。据《报告二》说明,包括加拿大最高法院在内的各级法院的法官在一些判决中引用了《报告一》的观点。《报告一》提出的建议得到加拿大两级政府的司法部长[1]和警察部门首脑的高度赞扬。加拿大警察局长联合会(Canadian Association of Chiefs of Police)还特地发出通知,要求全国各个警察局学习这份报告,并且按照报告提出的建议审查、修改或制定警察局的相关工作规则。加拿大律师协会也认为这些建议是具有实践意义的。[2]

从中加交流的角度,笔者认为,这些建议中尤其值得比较借鉴的有以下几个方面:

第一,为防止"一孔之见",《报告一》建议在起诉政策上要强调检察官的准司法官定位(quasi-judicial role),提醒他们既要考虑有罪、罪重的证据,也要关注无罪、罪轻的证据。在中国,在法律上也规定了侦查机关和检察机关要重视这两个方面的证据,做到全面收集证据。但是,在实践中,控方要真正做到这一点并不容易。为此,《报告一》又建议,一方面,要确保警方和检察官相互独立;另一方面,要加强检察机关的内部制约。《报告一》还建议,不应该反对检察官相互讨论案件的做法,而是要发挥高级检察官的作用。在一名检察官于开庭前完成审查起诉并建议起诉后,可以由另一位检察官负责出庭起诉并对是否起诉提出"第二意见"(second opinion)。[3] 笔者认为,在中国,就预防错案所需要的制度建设而言,需要逐步改变"公检法流水作业"的传统。同时,就案件起诉的内部制约而言,由于实行检察长负责制和检察委员会的制度,中国的检察机关也可以同加拿大分享经验。

第二,为预防目击证人的指认错误,《报告一》建议,对于警察机关,应由一名不负责相关案件的侦查工作、并且不知道谁是犯罪嫌疑人的警官负责排队指认和相片指认,避免侦查人员在指认时向目击证人做出任何暗示。对指认过程要录音录像。检察官在审查起诉时要观看这些录像,以确定证人在指认时的状态。检察官在询问证人时,不应该告诉他指认的结果是否正确。如果只有一名目击证人,检察官在决定起诉时要十分小心。[4]。

第三,为识别不实认罪,《报告一》要求,警察对所有在押的暴力犯罪的嫌疑人进行讯问,必须全程录像。警察和检察官都需要接受培训,以提高对不实认罪的认

---

〔1〕 加拿大省的司法部长一般被按照港式译法翻译成"律政厅厅长"。

〔2〕 《报告二》第 ix ~ x 页。

〔3〕 FPT Heads of Prosecutions Committee Working Group, 2004, "Report on the Prevention of Miscarriages of Justice". Ottawa: Department of Justice Canada publication in 2005,第 i 页。

〔4〕 FPT Heads of Prosecutions Committee Working Group, 2004, "Report on the Prevention of Miscarriages of Justice". Ottawa: Department of Justice Canada publication in 2005,第 ii ~ iii 页。

识,改进讯问技能。[1]《报告二》更要求"所有对犯罪嫌疑人的讯问都应当录音录像。"甚至,对有可能在庭审中受到质疑的证人,也鼓励在讯问时录音录像。[2] 在这一方面,中国的检察机关早已规定讯问犯罪嫌疑人要全程录音录像,2013 年通过的中国刑事诉讼法修正案又规定:"侦查人员在讯问犯罪嫌疑人的时候,可以对讯问过程进行录音录像;对于可能判处无期徒刑或者死刑的,应当对讯问过程进行录音或者录像。录音或者录像应当全程进行,保持完整性。"[3] 笔者相信,随着中国法制的进步,公安机关在侦查讯问过程中将会逐步扩大全程录像的范围。

第四,关于在押犯相互告密,《报告一》建议,警方和检察机关都要认识到这种告密可能导致错案的危险性,并制定政策规定如何有限制地使用这种信息。如果在起诉中要使用告密信息,应该先由一批与本案的办理无关的高级检察官组成委员会进行审批。更有趣的是,《报告一》建议设立在押犯告密登记制度,甚至设立全国联网的登记系统,将每次告密的情况纳入这个系统进行分析。[4] 笔者认为,这很有创意。对有曾经不实举报的劣迹的人,应该记录在案,以便迅速识别。

第五,为进一步发挥 DNA 检测的作用,《报告一》建议,在尊重人权的前提下,扩大 DNA 刑事数据库,并争取设立全国的 DNA 数据库。对警察、检察官和法官应提供如何使用 DNA 证据预防错案的专题培训。同时,应该制定有关程序,使辩护方也能对控方收集的证据材料进行 DNA 检测。[5] 笔者认为,正如佘祥林案件所证明的,尤其是在办理凶杀案件时,DNA 检测对预防错案可以起到关键的作用。上述这些建议值得借鉴。这些建议一旦付诸实施,将大大提高 DNA 证据在刑事诉讼中的作用,对防止错案的发生有重要意义。

第六,为避免因为专家证人的错误而导致错案,《报告一》建议,应培训检察官如何使用和讯问、盘问专家证人,并建立一个全国联网的资料库,向检察官提供有关新技术和专业知识的信息,包括关于新的技术性证据的可靠性的信息。建议还提醒检察官履行加拿大刑事法典第 657 - 3 条规定的义务。[6] 这条法律规定,控

---

〔1〕 FPT Heads of Prosecutions Committee Working Group, 2004, "Report on the Prevention of Miscarriages of Justice". Ottawa: Department of Justice Canada publication in 2005,第 iv 页。

〔2〕 FPT Heads of Prosecutions Committee Subcommittee on the Prevention of Wrongful Convictions, 2011, "The Path to Justice: Preventing Wrongful Convictions". Ottawa: Department of Justice Canada publication in 2011,第 29 页。

〔3〕 修正案第 49 条。

〔4〕 FPT Heads of Prosecutions Committee Working Group, 2004, "Report on the Prevention of Miscarriages of Justice". Ottawa: Department of Justice Canada publication in 2005,第 iv 页。

〔5〕 FPT Heads of Prosecutions Committee Working Group, 2004, "Report on the Prevention of Miscarriages of Justice". Ottawa: Department of Justice Canada publication in 2005,第 v 页。

〔6〕 FPT Heads of Prosecutions Committee Working Group, 2004, "Report on the Prevention of Miscarriages of Justice". Ottawa: Department of Justice Canada publication in 2005,第 vi 页。

辩双方在决定传唤专家证人出庭前,都必须依法向对方提前发出通知并提供专家证言副本。这种要求在开庭前相互披露专家证据的规定值得借鉴,有助于诉讼双方对专家证据的可靠性及时进行审查。此外,《报告二》还建议,应当制定一套专家证人行为准则,以保证专家证据的质量。[1]

四、结语

正如《报告二》指出的,加拿大近几年来在总结错案教训、预防错案发生方面取得了不少进步,但是,“在事实上无罪的人被错误定罪的风险被消除之前,仍不能宣称胜利”。[2]

笔者有幸从事加拿大对华刑事司法交流近二十年,希望此文有助于在错案研究领域同中国学者分享加拿大的经验。同样,就加拿大而言,考虑到与中国日益密切的相互往来和不断增加的华裔人口,也应该研究中国在这一领域的经验教训。加拿大发表的《报告一》和《报告二》都有专章讨论国别比较或国际动向,但是,讨论的对象仅限于美国、英国、澳大利亚和新西兰这四个英美法系国家,对欧洲大陆法系国家和包括中国在内的亚洲国家的情况完全没有涉及。笔者相信,将来有机会向加拿大介绍本次研讨会的交流成果,同那里的同行分享中国的经验。

---

〔1〕 FPT Heads of Prosecutions Committee Subcommittee on the Prevention of Wrongful Convictions, 2011,“The Path to Justice: Preventing Wrongful Convictions”. Ottawa: Department of Justice Canada publication in 2011,第 26 页。

〔2〕 FPT Heads of Prosecutions Committee Subcommittee on the Prevention of Wrongful Convictions, 2011,“The Path to Justice: Preventing Wrongful Convictions”. Ottawa: Department of Justice Canada publication in 2011,第 xii 页。

法国乌特罗案的成因及预防机制研究*

——以预审法官制度改革为视角

肖　军**

在刑事诉讼中,每个国家和地区都不可避免地会出现错案,尤其在侦查阶段就出现错误的案件早已屡见不鲜,如我国的佘祥林案、赵作海案以及法国的乌特罗案。尽管如此,我们还是要想方设法地避免错案的发生,并且从错案中吸取教训,以儆效尤。

例如,我们可以审视法国在经历了乌特罗案后,在错案(尤其是侦查阶段的错案)上建立了哪些预防机制(特别是针对预审法官制度的改革有哪些新的动向),以及理论与实践的最新发展。这或许对我国有所启发,以供司法改革借鉴。

一、乌特罗案(L'affaire d'Outreau)始末

最近,法布西斯·布尔格(Fabrice Burgaud)因被提名为巴黎上诉法院的法官再次进入人们的视线,他就是当年乌特罗案的预审法官(juge d'instruction)。[1]这一"司法灾难"警示了法国各界。

乌特罗位于法国北部——加来海峡大区(Nord-Pas-de-Calais)加来海峡省(Pas-de-Calais)。由于案件的"事实"发生地在此,故该案以"乌特罗案"命名。此案是一起对未成年人(儿童)进行性侵犯的刑事案件,其调查始于2001年。案件的预审法官法布西斯·布尔格对此进行了"周密"的侦查:几个孩子将案件揭发出来并被他们的父母证实,由预审法官聘请的心理专家也肯定了孩子们供述的有效性。于是,许多涉嫌该案的人被拘留并接受进一步地审查。他们中的十八个因羁押法官的"先行羁押"命令而受到监禁,其中一人在监狱中死于误服药物。[2] 2002

---

* 本文系预防刑事错案国际研讨会(2012年8月)的演讲整理稿。

** 肖军:中国人民公安大学2010级博士研究生。

〔1〕"乌特罗案糊涂法官竟获晋升提名",载《欧洲时报》转法新社消息,参见 http://www.oushinet.com/172-1304-58426.xhtml。

〔2〕也有报道称她是服药过量致死,亦有称她是自杀,对此尚存争议。

年9月侦查结束,2003年3月作出起诉裁定,案件交重罪法庭并于2004年5月4日在圣奥梅尔(加来海峡省)重罪法院启动了审判程序。2004年7月2日进行了判决,判处七人无罪,十人有罪。〔1〕 这十人中有六人提出了上诉,上诉审在巴黎重罪法院进行。经过不断地核对证据和心理专家反复地论证之后,巴黎重罪法院认为孩子们撒了谎,这样一来,控方的证据被严重削弱了。于是,在2005年12月1日,法院对六名被起诉者作出了无罪判决,至此也结束了历经五年的法国司法界的"切尔诺贝利"事件。〔2〕

虽然巴黎上诉法院总检察长、司法部长先后道歉,被宣判无罪的人得到了相应的赔偿,甚至连时任共和国总统的希拉克也对此表示遗憾并对这些被害人道歉,但仍然弥补不了这一错案的发生。

在上诉审结束后,国民议会立即决定成立一个调查委员会(commissiond'enquête)对该案进行彻底地调查。2006年1月10日至4月12日,该委员会听取了221个人(包括法官、被告和记者等)超过200小时的陈述,旨在查明乌特罗案中引起司法功能障碍(也许并不只是司法功能障碍,还包括整个政府和社会的功能紊乱)的原因并对司法运作改革提出建议,以避免再次发生类似案件。

二、乌特罗案反映出的问题及成因

2006年6月6日,报告终于完成。长达628页的报告看出了该委员会反思此事的决心和努力,报告主文分为两大部分:第一部分为该事件的详细剖析,包括事件的背景、经过以及反映出来的问题、原因,如羁押时间过长;阻碍辩护权的行使;过高评价(或者说过于信赖)专家意见;法律适用的标准不同;媒体施加的压力过大;等等。第二部分旨在恢复司法信心,其实就是对司法的改革:对拘留制度的改革;加强控方调查的对抗性;限制先行羁押;限制司法职能分开行使;改进专家证人的内外部环境;更好地保护未成年人(儿童)的权益;加强对司法官的管理;加强司法官、媒体的责任感;等等。〔3〕

先来看本案反映出的问题。概言之,从反映出的问题之角度来看,无外乎就是主体因素和非主体因素出现了问题。案件涉及的主体包括司法机关、受审查人、律师、专家、被害人、媒体等;非主体则包括法律制度、环境本身等,但这两点也不是完全分开的。例如,预审法官经验不够、过于自信(轻易相信谎言和假证)、过于信赖

〔1〕 Christiane Besnier:La chronologie de l' affaire d' Outreau, Droit et Cultures, 2008(1), pp. 35 - 42.

〔2〕 例如,该判决认为巴达维·德拉夫妇犯有强奸、性虐待等罪,分别判处他们20年和15年的监禁,而判处他们的邻居大卫·戴尔普兰奎和奥莱丽亚·格莱6年和4年的监禁等。

〔3〕 参见法国国民议会对该案作出的调查报告,2006年6月6日N°3125,具体参见http://www.Assemblee - nationale. fr/12/rap - enq/r3125 - t1. asp。

专家意见并且深受“有罪推定”观念影响,这些主体方面的因素和预审法官的独任制、缺乏对权力的控制和监督等法律制度上的缺陷这一非主体方面的因素不无关系。

而本案在侦查阶段就出现了错误,究其原因,大致可以分为一般原因和特别原因。一般原因是指各国在分析侦查阶段错案时都会发现的普遍原因,法国也不例外;特别原因是指仅存在于法国本土的错案原因。本案发生的一般原因包括:对“无罪推定”观念的藐视、诉讼构造不合理(对抗不明显)、某些程序设计的缺陷(先行羁押的缺陷)、监督机制的不完善、办案人员业务素质不高、辩护权的受限、鉴定结论的不可靠(偏差)、舆论导向的偏离等;特别原因主要就是“预审法官”这一侦查主体的权力过大,由于“预审法官”是法国的特色,所以归为特别原因。两类原因的“结合“共同导致了侦查阶段错案的发生。[1] 分析事物如果从特殊方面下手,似乎能够更好地理解它、把握它。而预审法官在该案中的“戏份”是很重的,以他为突破口进行法国式的侦查阶段之错案原因和对策分析或许能够找到问题的关键。

三、错案预防机制的建立——以预审法官为视角

(一)从理论上思考

无论是过去还是现在对预审法官的争论,也无论是上述的主体因素还是非主体因素聚集的焦点,其实都在一个问题上:如何进行权力建构,也即如何将权力系统重新建立,尤其是预审法官权力的配置问题。因为主体因素中预审法官出现的问题和非主体因素中(整个法律制度)对预审法官的(权力)配置选择相互作用。当然,要想对系统进行重建,必须对权力(pouvoir)这一要素进行解构、剖析;然后对各种权力组成的结构进行重新构建。

通说认为,权力分为立法权、行政权和司法权。每一种权力由不同的机构来行使。孟德斯鸠在著名的《论法的精神》中提到:从事物上的安排(设计)上来说,为了防止滥用权力,必须通过权力制约权力。[2] 也就是说,制约权力必须要靠权力。具体到法国的刑事程序中,通过《刑事诉讼法典》之设计可以看出,权力被分为提起公诉的权力(追诉的权力)、预审的权力、审判的权力,分属的主体为检察官、预审法官、审判法官。虽然检察官和(预审、审判)法官同为“司法官”,只不过前者是“站着的司法官”(magistrat debout/du parquet),而后者是“坐着的司法官”(magistrat du siège),但是,仔细思考一番后会发现,法国的检察官、预审法官之权力未必仅仅是

[1] 刘品新主编:《刑事错案的原因与对策》,中国法制出版社2009年版,第25~53页。

[2] Pour qu'on ne puisse abuser du pouvoir, il faut que, par la disposition des choses, le pouvoir arrête le pouvior.

司法权,因为他们或多或少都会牵扯到侦查权,而侦查权又是一个极具争议的权力,到底是行政权还是司法权尚无定论,所以他们的权力定性自然也待定。

为了更好地分析检察官、预审法官的权力性质,可以以侦查权为依托来厘清。《刑事诉讼法典》中并没有把侦查程序单独列为一卷,这与法国警检一体化有关,该法典在第一卷(提起公诉及预审)的第一编(负责公诉及预审的机关)中将“司法警察”作为一章加以阐述,意图是将“司法警察”归为“负责公诉”的机关,这样就可以把问题简单化——按照司法的被动性——司法警察机关和检察机关作为一个整体“主动”进行公诉,视为行政机关,在此情况下行使的权力为“行政权”。这样一来,由于预审法官既可以“主动”侦查,又可以“被动”裁判,所以他具有“行政权”(指侦查权)和“司法权”(指裁判权)双重属性。孟德斯鸠曾说:司法权如果和行政权合二为一的话,法官就有压迫者的力量。[1] 而法国现在就是这种情形,所以有人称法国的预审法官是“共和国最厉害的人”,自然也是侦查阶段权力最大的人。两种权力的结合使权力得不到很好地监督和制约,一旦滥用,后果无法预料,于是侦查阶段的错误便“应运而生”。

从理论上来说,解决这种缺憾并进行权力重构,理想的途径有两条:要么取消预审法官,要么割裂预审法官行政权和司法权的联系,只赋予其司法权。

对于第一条路,论证的理由是:预审法官完全可以由法官取替,将预审法官审查和监督的权力转移给法官,由法官负责司法审查,同时将其侦查权交给检察官。预审法官侦查的权力转给检察官是因为由预审法官负责的案件不超过10%,似乎没有必要再单独设置一个主体来负责侦查,此其一。其二,事实上,检察官已经习惯于指挥司法警察,并在诉讼中代表追诉一方,天然拥有侦查权,这是由两者之间的关系决定的,法官只负责审查行为的合法性和必要性即可。据一位比较刑事法学教授的调查,预审法官处理的案件比例在过去三十多年里不断下降,使预审法官的重要性受到质疑。而检察官(领导的司法警察)及其助理越来越多地进行调查,所以权力衔接不是问题。

第二个选择,预审法官可以保留,但是他不能再拥有侦查权,只能赋予其审查起诉和监督权。这点可以从上诉法院预审庭的主要职能变迁加以验证——之前的名称为上诉法院控诉庭,负责重罪案件的第二次预审,同时也进行司法审查和监督。而2000年6月15日的法律将这种情况改变了,即预审庭的主要职责是审查和监督,包括对预审法官的司法裁判之上诉作出新的裁判决定(如对先行羁押的上诉应当尽早并不迟于提出后的10日内作出裁判决定),以及对司法警察警官与警员活动的监督。既然预审庭都可以转变职能,为什么预审法官不可以呢?

---

[1] Si elle étoit jointe à la puissance exécutrice, le juge pourroit avoir la force d'un oppresseur.

实际上,无论取消预审法官与否,都是权力的一种博弈、一种再分配的过程。综上来看,预审法官拥有的权力包括侦查权(亲自侦查权和指挥侦查权)、裁判权(公诉审查权和司法审查权),如下图。对于侦查权,都遭到两个选择的摒弃,因为它是导致权力混乱的"元凶",是造成乌特罗案的罪魁祸首,所以缺少主语一致认为应该交由检察官行使,权力由预审法官配置给检察官,而这种"行政权"本身就是由检察官(包括司法警察)固有的,预审法官没有必要干涉,也即选择②。而对于后项权力,取消预审法官派认为交由法官行使,保留预审法官派则认为由其继续行使。不管怎样,"司法权"有且仅有一家能够行使——法院的"独家"权力。只有这样,才能做到权力的合理分配、权力要素形成新的结构、权力系统中的"行政权"和"司法权"不相混淆也互不干预,才能使各主体职能清晰、责任明确,才可进一步遏制错案的发生。

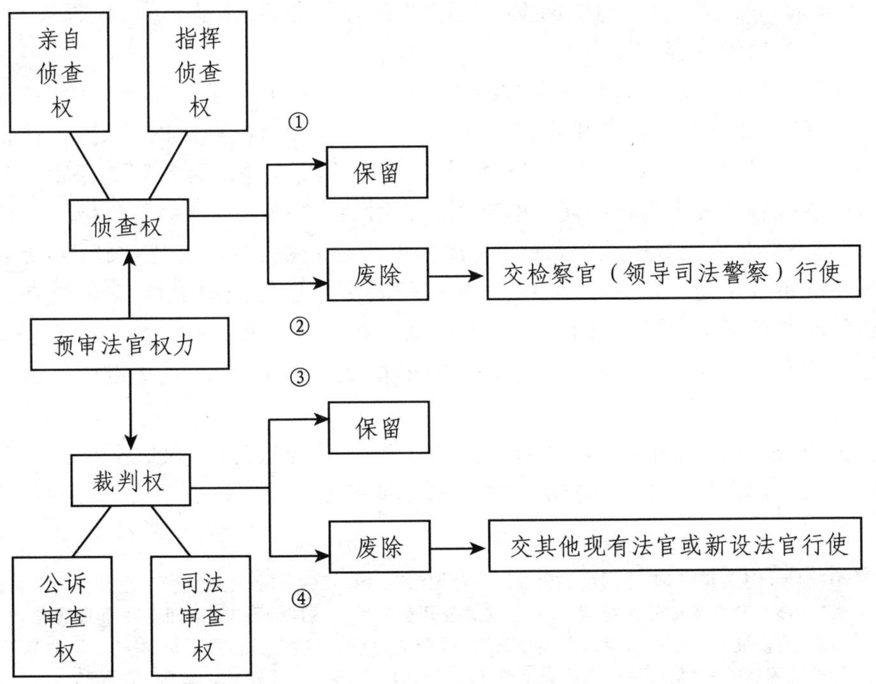

说明:把侦查权的保留与废除、裁判权的保留与废除看成四个"要素"(①、②、③、④)。由图可知有四种情况——A. ①③;B. ①④;C. ②③;D. ②④,即有A、B、C、D四种"结构"。显然,A是法国现行法的做法;B是法国历史上的做法(那时预审法官只有侦查权,无独立的裁判权);C是上述第二条道路;D是上述第一条道路。而这四种结构分别组成了不同的权力"系统"。权力"系统"能否有效运行,既要看"要素",又要看"结构"。要素是活跃的,它的"废除"或"保留"对系统影响很大;而在要素相同的情况下,结构可以决定权力系统的本质。所以在某国司法系统改革时,要素及其组合都是应该考虑的。

(二)从报告里分析

理论上如此,那实际情况是这样吗？法国究竟选择哪条道路呢？实际上,德国和意大利在上个世纪就先后选择了情况 D,这种改革是最彻底的——彻底废除预审法官。然而,正如法国网球公开赛的比赛场地几经波折后仍不会迁出罗兰加洛斯一样,[1]法国人对待历史的态度是不舍弃的。预审法官,这一“拿破仑遗产”,虽然经历了不断的改革,如为了限制预审法官的权力,2000 年 6 月 15 日的法律设置了自由与羁押法官来“分权”,但始终没能将其“侦查权”除去,而是通过“小改”来重新规制其权力,这也正反映了法国人对待事物不会表现出“激进”的特征。所以答案也许会令不少人失望。

仅仅看委员会报告的第二部分之第五项和第六项建议的标题——创建预审合议制(créer la collégialité de l'instruction)、重建(重构)预审庭(refonder la chambre de l'instruction)——就知道法国没有打算取消预审法官,那是否将“侦查权”转让了呢？来看报告内容。

在创建预审合议制之建议中,报告有四个方面的内容:合议制的形成(涉及合议制的优势、合议制的含义和合议制成员的条件等);合议职能的界定(包括自动审查、年度报告等);合议制的模式(委员会组织);调整(修订)预审的秘密性。总的来说该报告论证了合议制建立的理由、实际操作规范和建立后的影响。具体而言,调查委员会成员普遍认为司法官(指预审法官)独自办案会导致错误,所以建议创建预审合议制。预审合议制能够比独任制更好地保证司法真实,能够在合议制成员间交换理由,将错误的风险降到最低。相比于孤军奋战,这种组织(队伍)的合理化和权限的协同化能够在案件分歧的情况下得出更简单、更准确的解决方法。[2]

至于“侦查权”,可以从具体设计上来分析。报告认为,合议庭必须综合考虑侦查方向和对人身自由措施的必要性。对于侦查而言,在涉及对自由的限制之时,

---

〔1〕 2011 年 1 月有消息称:法网可能会迁出罗兰加洛斯,因为其硬件设施明显落后于其他三大满贯赛事(指澳大利亚网球公开赛、温布尔登网球公开赛和美国网球公开赛,这四项赛事是网球界级别最高、规模最大的比赛),所以必须迁新址(候选的包括凡尔赛、戈内斯、马恩等)。然而基于“硬件设施固然很重要,但是历史更为重要,罗兰加洛斯已经成为了法网的象征,它属于法国文化的一部分”之原因,法网最终留在了罗兰加洛斯。不过法国网协和巴黎市政府将会着手对罗兰加洛斯进行扩建改造。参见 2011 年 2 月 14 日新闻联播的文字版,http://news.cntv.cn/program/xwlb/20110214/108790_print.shtml。这不正如法国不舍弃预审法官,而仅仅是对其进行部分改造一样吗?

〔2〕 实际上之前也有这种动向:对于先行羁押,是选择合议制由多名法官共同批准,还是由另一法官单独批准呢?后来选择了单一法官,并因此设置了“自由与羁押法官”。而且即便现在设立合议庭,也不会引发他们(自由与羁押法官和合议庭)之间的矛盾。因为事实上自由与羁押法官的权力被加强了,先行羁押的决定是四名司法官共同作出的(错误率应该更小)。

需要合议;还有某些可以直接发现真实的调查行为,如电子监听等,也得合议。但是,为了实用和效率起见,它不适用于所有案件的侦查,一部分相对简单的案件,没有必要由三名法官组成。例如,由于每个合议庭由三名法官组成,其中有一名协调员,在紧急的情况下,由他作出最后决定即可。再如,其他特定的预审行为,如询问、对质等,在案件不是特别复杂的情况下,由协调员代表合议制中的成员(另外两名预审法官)侦查。也就是说,预审法官(不论是现在的独任制,还是报告中所倡建的合议制)仍然具有一定的侦查权,其权力没有被剔除。

总体而言,该报告对"侦查权"提及得不多,主要放在"裁判权"上,如由合议庭决定的先行羁押必须引入真正的对抗性辩论;不论辩护方(律师)是否提出要求,合议庭必须在公民被监禁三个月后,再次审理有关情形。除此之外,每年年末必须审查公民被监禁的情况以及宣布有关案件的进展;当宣布不起诉裁定时,除了合议之外,还需要进行听证;必须使终结侦查的裁定更加具有对抗性和平衡性。[1] 这使"合议制"成为了"裁判权"是否行使得当的解决方法。这有两种可能性:(1)要么它是一个回避的方法,想避开过多涉及"侦查权"——从字里行间可以看出,对于侦查而言,这种合议制的适用却是个例外。因为只有在少许的一些侦查行为中,需要共同合议。所以,不用说将"侦查权"转移给检察官,即便是在侦查中引入合议制也显得苍白无力。原因在于,只要在"裁判权"中使用合议,对侦查就是最好的控制和监督,没有必要单独在侦查中花费过多的精力,而且在侦查行为中适用合议似乎有点不妥,违背了设立合议制的初衷。(2)要么就是希望用"裁判权"制衡"侦查权"。因为大部分情况下,"侦查权"由一人行使,"裁判权"由三人共同行使,通过三人的合议,可以纠正一人的错误。

概言之,报告建议没有将"侦查权"转让出去,也不想从根本上分离预审法官的"侦查权"与"裁判权",希望维持总的现状,只是通过"合议制"来"微调"一下两种权力。法国人自己也认为,合议制不仅仅是被看作预审法官地位的机制改革,它还是一种文化的改革。这种文化的"烙印"注定了预审法官的命运。也即,这份报告在经过参与人的多番讨论和争辩后,毅然决然地选择了情况 A 作为主流,这也

---

〔1〕 在乌特罗案中,反映了当今普遍存在的做法:预审法官向重罪法庭提出起诉的裁定书几乎全部是共和国检察官起诉书的翻版。在其他案件中,(向违警罪法庭和轻罪法庭)移送起诉裁定书大部分也是起诉书的复制与粘贴。这种做法是不能令人满意的,因为它导致了检察官(立席法官)和预审法官(坐席法官)之间的角色混乱,后者应该是独立的,应该考虑辩方的情况,否则预审法官变成了检察官。这与我国之情况极为相似,一系列的改革并没有从根本上改变我国"侦查中心主义"的现状,即我国仍然奉行的是公、检、法三机关互相配合的工作模式,侦查阶段案件已基本定性,提起公诉和审判阶段的任务只是"走形式",因此侦查阶段的结论很大程度上决定了起诉和审判的结果,所以,一旦形成错案,要想在后续程序中改正则十分困难,侦查阶段实际上是错案形成的"渊源"。

是“结构”的稳定性造成的。所以,上述的根本问题仍然没有解决,即权力的配置不仅没有得到合理、有效的安排,反而在引入合议制的同时权力关系变得更加模糊和混乱了。实际上,立法者还有这样的考虑:一旦将“侦查权”交给检察官(领导的司法警察),虽然合情合理,但实践中涉及某些政要的案件,身为同样受等级制约的“行政官员”,如何开展侦查是个问题,而这反过来说又可能影响司法的独立性。所以将其侦查权保留也不无道理,是不得已而为之。申言之,权力的博弈和再分配的过程,是要素的重新组合过程,组合得好、形成了一定的结构就会对司法系统产生良性的互动作用;否则,司法改革就会履步维艰,难以形成健全的系统。

(三)从法律上来评断

果然,2007 年 3 月 5 日第 2007 - 291 号法律对上述报告作出了反应:除了规定建立预审合议庭以及规定预审中心和预审法官共同审理(管辖)等事项外,还对乌特罗案中错误之处进行了法律上的“反省”:包括对先行羁押的改革、加强对未成年人的保护、强化刑事程序的对抗性等。由此可以看出,这些对策实为乌特罗案所提出,也解释了该法律的名称——“加强刑事诉讼(程序)衡平”(laloi n°2007 - 291 tendant à renforcer l'équilibre de la procédure pénale)的由来。乌特罗案中涉及的问题在该法律中有所体现,尤其是预审法官制度问题,值得分析。[1]

该法的“闪光点”是在某些大审法院建立了预审中心(pôle de l'instruction,与共同审理/管辖配套),以及由此带来的一系列新变化,如管辖权问题:设有预审中心的预审法官对没有设立预审中心的司法区之重罪案件享有专属管辖权。也即,当案件较为严重或复杂时,启动“共同管辖”对其进行侦查。此时,存在预审中心的大审法院院长,或者在法院院长因故不能履行职责时,替代院长的司法官,自案件侦查开始,指定预审法官各自的角色/职责。另外,共和国检察官在其起诉意见书中也可要求院长委派一名或数名预审法官作为负责侦查的预审法官的助手。在侦查程序的任何时候,按照负责侦查的预审法官的要求或者经该法官同意,亦或根据公诉方的请求和当事人的要求,大审法院院长可以委派一名或数名预审法官(共同)审理。如果在没有设立预审中心司法区的预审法官先受理了某起案件并开始侦查,而后发现应该转交给上述有专属管辖权的大审法院的预审法官,为预审中心之利益,他应该告知,随后由预审中心管辖区域内的大审法院院长委派其他的预审法官负责侦查,并指定一名或多名预审法官(共同)审理。在共同审理(管辖)的情况下,所有预审法官在侦查中开展配合,负责侦查的预审法官协调整个程序。他有权将材料提交给自由和羁押法官;按指令自由审查事项;提出侦查终结的意见和作出侦查终结的裁定,并且这种意见和裁定应该由共同审理的多名预审法官签名。同时,法律还表明了建立预审中心后对检察官的影响(检察官如何操作)——

〔1〕 具体可参见 2007 年 3 月 5 日第 2007 - 291 号法律。

如果要求共同审理(管辖),检察官的管辖权之改变;以及针对建立和未建立预审中心的司法区,时效和技术上的处理问题等。[1]

这些由预审中心的设立带来的变化似乎并没有涉及预审法官权力的实质性改变,即两种权力都没有废除,而且都是"形式"上的变革。例如,虽然将某些重罪案件预审的等级提高到设有预审中心的大审法院,并且由多人共同管辖,避免独自预审,但不禁让人产生疑问:即便是共同预审、共同审查,而且有些决定是共同完成的,但是否只是个"幌子",实际上还是主要负责的人说了算?如果他都签了名,其他人甚至是不了解案情的人有可能不签吗?是不是"合作"要多于"对抗"和"制衡"呢?

为了进一步论证法律的衡平性,2007 年法律还将上述报告设计的"合议制"引入,使《刑事诉讼法典》的许多法条随之发生了变化,不仅和上述预审中心的设立相配套(一些涉及管辖权的法条中的"预审法官"改成了"预审中心",如第 52 条、第 85 条、第 706 - 76 条以及 706 - 109 条等),而且还建立了与上述"共同"审理(cosaisine)极其相似的"合议庭"(collégiale)审理(一些法条的"预审法官"改为"预审合议庭",原来由预审法官行使的职权现改为由预审合议庭行使)。具体来说,将现行的《刑事诉讼法典》第 83 条改为:法院院长,或者在法院院长因故不能履行职责时,替代院长的司法官,得为每一案件的侦查指定由三名预审法官组成的预审(合议)庭(collégiale de trois juges d'instruction)行使侦查权,且其中一名职位最高的司法官行使协调法官(juge coordonnateur)职责。为此,可以建立一份轮流表。该合议组织行使本法规定的预审法官各项特权:决定(对嫌疑人)实行审查、对有律师协助的证人实施审查、实行司法监督、向自由和羁押法官提出申请、提出终结侦查意见以及作出终结侦查裁定(如不移送起诉裁定)。这些决定均由该合议庭作出。预审法官的其他职权行为,可以委托合议庭内的一名预审法官完成。至此,法律基本吸收了报告关于预审合议庭设置的基本条款,且有的内容有所增加,如案件适用范围,这也可以说是一个进步。不过,虽然法律提到了侦查权力(比报告多)并作出了设计,希望用"司法权"制衡"行政权",但这种权力的配置未必能够从根本上解决该问题。虽然人数上可能占优,但毕竟是同一主体行使权力,而且一人的错误未必三人能够纠正(因为行使侦查权的一人为"协调员",而他也属于三人中之一,所以,后续的裁判未必能够"拨乱反正"),这样又沦为了形式主义。[2] 这种"新"的方式可能对错案的纠正起到了一定的作用,但是否是最佳的

[1] 施鹏鹏:"法国审前程序的改革及评价——以 2007 年 3 月 5 日的《强化刑事程序平衡法》为中心",载《中国刑事法杂志》2008 年第 7 期。

[2] 这种"合议制"在法国历史上早已存在。如曾经的"轻罪法庭合议庭",虽然决策是由三名法官共同作出,然该合议庭的另两名法官都听从于预审法官,故这种"合议"流于形式。

解决方案还有待进一步的观察。

然而,该法律在其第 30 条却明确指出,该法的第一章(即“建立预审合议制的规定”一章)于 2010 年 1 月 1 日生效,这使本来设计好的“合议制”又往后推迟了几年,立法者是否考虑到改革的“渐进性”?首先建立预审中心并采取“共同审理”的方法进行“试点”,随后才推广“合议制”,毕竟这两者有某种相似性。而且在有了预审中心清单以及预审中心建立了犯罪信息资料库等基础之后,合议制应该能够更有效地运行。实际上,2007 年法律的第 8 条已规定,在建立预审中心并共同审理(管辖)这一措施实行后两年,政府应该向国会提交一份报告,说明预审合议制的准备情况,并对预审中心的功能作总结,表明共同审理的有关信息。这说明预审中心和共同审理确实是合议制的先期工作,为建立合议制打下基础。

不过,就在 2007 年法(该法表示于 2010 年,即 2007 年法颁布的三年后开始实行合议制)颁布的两年后,法律有所变化:2009 年 5 月 12 日第 2009 - 526 号法律第 136 条将“三年”改为“四年”(Le mot “troisième” est remplacé par le mot “quatrième”),即本来还有几个月就应该实行合议制,又往后延期了一年。无独有偶,2010 年 12 月 29 日第 2010 - 1657 号法律第 163 条再次将时间延长——之前的“四年”又改为“七年”(Le mot “quatrième” est remplacé par le mot “septième”),即至少要等到 2014 年才能实行合议制。这是否说明,立法者认为建立合议制的条件仍然不成熟,还需要时间进行揣摩?[1]或者说,是否建立合议制还不一定,即情况不甚明朗?因为这期间可能发生其他变化。[2] 就目前来看,最大的变化就是法国总统的更换:从萨科奇到奥朗德——这种改变是实质意义上的,因为国家执政党(从人民运动联盟为首的右翼政党到左翼社会党)也发生了更迭,而两党的执政理念、方式方法皆有不同,虽就现公布的《刑事诉讼法典》2014 年 1 月 1 日版本来看,届时关于合议制的条款(如上述的第 83 条)确实生效,且 2015 年 1 月 1 日的版本(已公布)未有改变,但新总统的上台增加了许多不确定的因素,而且萨科奇之前在推出新的司法改革方案中试图取消预审法官制度尚未实现,现在又因失去总统豁免权

---

〔1〕 其实,报告中早就指出,一旦建立合议制,必定会要求相应的配套措施能够跟上,这其中就包括建立多个预审中心:建立预审中心以省为单位,每个预审中心由一个或几个(有三名法官组成的)团体(合议庭)构成,以上诉法院的等级和人口标准(50000 人为限)来分配,还必须改进和设立预审联合(公共)秘书处。为这么快地适应这种变革,应该增加预审法官和书记员的数量。参见 ASSEMBLÉE NATIONALE, RAPPORT N°3125, le 6 juin 2006。

〔2〕 这种反复历史上也存在:1985 年法律规定设立“预审合议庭”,其任务是就羁押事由作出裁判,但这一法律未实施就被废止。1987 年法律又设立“先行羁押申请庭”,其采取合议制,然这一改革一开始就被推迟,直至后来又作出了新的规定,即实际上也未实施。参见[法]贝尔纳·布洛克:《法国刑事诉讼法》(原书第 21 版),罗结珍译,中国政法大学出版社 2009 年版,第 403 页。这种“经验”是否会重新回来?2011 年到 2014 年之间会发生什么?2014 年是否真的会实行“合议制”?只有等待时间去揭晓。

极可能因在任期间的非法集资等案件面临预审法官的侦查,加上法国法律的不确定性和易变性等特征,种种因素叠加在一起难免会有新的动作,实施新的改革,所以对于"拿破仑遗产"的命运,我们拭目以待!

总的来看,委员会报告对乌特罗案的反思形成的对策被法律很好地吸收了,尤其是在"加强控方调查的对抗性"、"限制先行羁押"、"更好地保护未成年人(儿童)的权益"以及"建立(预审)合议制"等方面,这是值得肯定的。但是,一方面,报告的其他一些提议并未入法,使错案的预防机制有些不完整;[1]另一方面,即便入法又分两种情况:一是入法的未必就能预防错案的发生(如上述的"预审中心"改革);二是入法的未必就能实施(如上述的预审"合议制"改革),这些情况加起来使得本应该借乌特罗案来推动司法改革的目标无法很好地完成,使其大打折扣。而这恰好印证了某些论断:虽然委员会的出发点毋庸置疑,报告的详细程度也值得赞扬,但是,这个委员会从成立之时就受到非议——无论是从"名称"本身的偏颇,还是从违反权力分立原则、司法平等原则等角度,注定了"此次调查的建议不会被彻底执行,其(法律)影响力不会深远,并且历史使命(责任)和预定目标远远没有完成和达到"之命运。

然而另一方面,基于上述理论、报告和法律的分析,我们知道:法国在保留了情况 A(保留侦查权、裁判权)的基础上对侦查权进行了再次分离,即通过率先建立多个预审中心及配套实施共同审理(管辖)机制来解决预审法官不足的问题,然后通过合议制对预审法官的侦查权进行抗衡。虽然大多数人认为没有解决根本问题,但也算是一种"软处理",一种权力的"微调"。这种解决方法,在法国人眼里看来,比德国和意大利那种彻底"抛弃"的做法要"宽容"得多,[2]而且在配套措施建立之前,不失为一种"折中"的办法。反倒是那种"突进式"的道路,很容易打破原有结构、破坏司法系统,得不偿失。所以,这或多或少也算一种具有法国特色的预防侦查阶段发生错案的对策吧!至于这种对策成功与否,还需检验。

四、错案预防机制的启示

至此,围绕着乌特罗案的讨论以及法律论证似乎告了一个段落。其实之前的刑事诉讼程序也有几个变化,尤其是对待儿童性虐待案件的问题上。特别是自1996年法国宣布打击恋童癖以来,处理过不少对未成年人(儿童)性侵犯的案件,

---

[1] 如乌特罗案的预审法官本身的素质问题,在报告的建议中特别提及预审法官的经验(学校毕业年限)、办案风格(是否有个人主义)、性格(是否特别自信)等,并通过实证研究得出一些结论。如对重要事项作出决定的预审法官至少要有从业五年的工作经验,而本案管辖区的三名预审法官最多的也只有一年半经验。这些就尚未提及。

[2] 而且就目前两国情况来看,废除了预审法官之后的改革也并未达到预期的目标,仍然存有很多问题。

然而该案将这类案件推向了高潮。一方面,这类案件的实物证据是稀缺的,一般只有被害人的证词而无其他证据,所以在侦查中获取有罪的供述极其困难;另一方面,这类案件涉及的主体方方面面,不仅包括预审法官、检察官、司法警察、被害人、律师等主要参与人员,还包括精神病学家、专业人员、(儿童保护的)社会工作者、媒体等,牵扯人员之多是其他类案无法比拟的,事态的严重性也是无法估量的,正因为如此,未成年人(儿童)性侵犯的案件对各级国家机关都是一种挑战和警示。[1] 侦查阶段对无罪推定的漠视、预审法官权力过大(过程的秘密性)、先行羁押的滥用及时间过长、舆论导向的偏离都是(这类)错案发生的原因。对此,无论是论证报告还是法律,都对这些问题进行了全面地剖析并进行了修正,以期避免更多的错案发生。

例如,在预审的对抗性方面(caractère contradictoire),2007 年的法律恢复了公开的对席辩论,并指出预审法官审查的具体程序,如规定律师在场以加强侦查的对抗性、在重罪案件(恐怖活动罪、有组织犯罪)的拘留中引入视频录像等。又如,确定了先前羁押(détention provisoire)的目的(防止潜逃、避免再犯新罪、保全证据等)及其例外性(caractère exceptionnel),即先前羁押不是原则,而是另外,只有满足法律规定的少数情形时才能适用,尽量消除不公正的羁押。

综上所述,乌特罗案及依此建立的预防机制给我们的启示是,要想防止错案,尤其是侦查阶段错案的发生,"管好"主体是关键。分析错案中存在的(侦查)主体及其反映出的问题,通过改革对每个(侦查)主体及其关系并加以完善,建立健全相应的制度和机制,并采取合适的配套措施,适时地调查改进结果,为下一步改革作铺垫,才是上佳选择。具体到本案,在(侦查)主体要素中,预审法官又是核心要素,"控权"和"分权"是总体思想,"对抗"与"监督"则是防止权力滥用、重构权力结构的两大法宝。就对抗而言,它关系到法国刑事程序的总体走向问题。乌特罗案反映出来的不是司法独立问题,而是司法体制问题,即在法国,传统的纠问式诉讼模式仍有痕迹,尤其是预审制度体现出来的浓厚的大陆法系色彩已经不能适应法治国家的法律要求了,转型才是唯一的出路。而从上述加强对席辩论、预审公开等改革来看,似乎要走向对抗制诉讼模式。世界上两大法系的区别越来越不明显,法国法律也面临着"英美化"的趋势,试图将诉讼模式向英美法系模式靠拢,加大控辩双方在侦查阶段的"对抗"便为一例。无论是权力系统内部的权力与权力的博弈,还是权力系统外部的权利(如辩护权)与权力的平衡都是为了更好地解决系统功能问题。至于监督,广义上说,无论是设置自由与羁押法官还是建立共同审理

---

〔1〕 正如法国学者勒内·弗洛里奥所说:在认定儿童或少年们的证明要十分谨慎,特别是在有关性的问题上。谁也不知道,孩子们的所谓天真纯洁,曾使多少无辜的人被判了刑。参见[法]勒内·弗洛里奥:《错案》,赵淑美、张洪竹译,法律出版社 1984 年版,第 12 页。

模式和合议制体系都是为了“监督”预审，不能使独任制的预审法官一人独大，将权力全部揽入，必须分离权力；狭义上说，监督主要是上诉法院预审庭（庭长）的任务，报告中也论证了预审庭（庭长）监督职能的具体问题。也许，立法者认为上诉法院预审庭（庭长）的监督或许可以成为内部监督的最后武器，为了遏制错案从侦查阶段就开始蔓延，必须加大监管力度。这些都是为了防止预审法官“削弱”侦查阶段错案的预防体系功能而设。当然，限于篇幅，本文主要就预审法官这一（侦查）主体进行分析，由此评价其引起错案的原因及治理对策，而这只是“冰山一角”。因为除了这一（侦查）主体之外，司法警察、检察官、受审查人、律师、鉴定人、被害人、媒体等其他（侦查）主体及其相互之间的关系都是值得研究的，这些研究对错案的防治也起到了引导作用，对建立法国式的侦查阶段错案防治体系不无功效。

毋庸置疑，错案导致司法改革（réforme de la justice），司法改革又为预防错案提供了方向，两者相辅相成。不过，法国的司法改革，尤其是预审法官的改革并不是一帆风顺的。“拿破仑遗产”在一定时期起到了重要的作用，然而随着时间的推移，逐渐受到民众的诟病：虽然建立预审法官的目的是保护受审查人、被告人的合法权益，但预审法官既是运动员又是裁判员，权力不分导致滥用，造成了一些错案，尤其是乌特罗案，它将预审法官推上了风口浪尖。法国立法者在乌特罗案之前就注意到了这个问题，自 2000 年起就开始改革：从 2000 年 6 月 15 日第 2000－516 号法律设置了“自由与羁押法官”（le juge des libertés et de la détention）到 2007 年 3 月 5 日第 2007－291 号法律对一些案件（如经济、金融犯罪；恐怖犯罪；有组织犯罪等较为复杂的案件）实行多名预审法官共同管辖制度；从上诉法院预审庭的职能转变到实行预审法官组成的合议庭进行侦查制度，无不体现了立法者对预审法官的总体理念——“要限其权”。由此看来，法国在对待“惩罚犯罪”和“保障人权”的态度上发生了些许转变，这种不再将“发现真实”视为刑事诉讼一切的理念之变迁为预防错案，尤其是侦查阶段的错案提供了可行的指导思想，法律也在这方面进行了不小的努力，这些都是值得学习和借鉴的。

法国司法改革的任务仍然任重而道远。法国司法改革的“反复性”，不失为一种经验。即便如此，其改革总体来说是循序渐进的、阶段性的，所以取得的效果较好。法国法律的“不激进性”导致了改革步伐的缓慢性，而一旦大幅度修改某种制度，似乎会忽略实践中无法较快适应这种情况的可能，反而会出现一些波动，实际上这是法兰西特色无法接受，至少是现在不能够接受的，从建立合议制的条款之生效期一拖再拖可以看出。只有真正地进行调查并经过实证之后的错案预防机制才是适合自己国家的，这恐怕与法国人固有的特性——“自由”和“浪漫”有关吧！

如何预防和减少冤假错案的发生

——“预防刑事错案国际研讨会”会议综述

肖慎明　张小敏*

2012年8月7日至8月8日,“预防刑事错案国际研讨会”在吉林省长春市顺利举行。此次会议由中国人民大学刑事法律科学研究中心和吉林大学法学院共同主办,中国人民大学刑事错案研究中心与吉林大学刑事法律科学研究中心共同承办。此次会议的主题是“完善司法制度,预防刑事错案”,旨在通过比较中外刑事错案的形成原因、翻案过程和救济途径,分析预防刑事错案的可能途径,提出相应对策。

来自我国全国人大内务司法委员会、最高人民法院、最高人民检察院、公安部、司法部等中央机关代表和来自中国人民大学、中国政法大学、北京师范大学、吉林大学、中国人民公安大学、四川大学等高校的一百五十多位大陆地区的学者代表,来自我国香港地区、澳门地区、台湾地区的六位代表,以及来自美国、英国、挪威等国家的十多位代表参加了会议开幕式。在两天的会议中,三十余名实务部门工作人员和学术界专家分八个单元进行主题发言,发言的内容涵盖了刑事错案的司法价值、错案预防的基本理论、错案预防与审判制度改革、错案预防与审查起诉制度改革、错案预防与侦查制度改革、错案预防与证据制度改革、错案预防的相关司法制度等,十六名点评人从不同角度进行点评,其他与会代表也以自由讨论的形式相互交流。现将有关观点综述如下。

一、何谓刑事错案

与会专家均认为,研究刑事错案的预防,必须首先对错案进行合理的界定。但正如吉林大学法学院院长姚建宗教授所说,何谓刑事错案这是个非常难以回答,也几乎没有所谓完全正确答案的问题,因为这个问题既涉及一般社会公众给予本人

---

* 肖慎明:中国人民大学法学院硕士研究生。
张小敏:中国人民大学法学院博士研究生。

和直觉的常识性的情感判断与社会判断，又涉及法律职业人士的专业化和技术化的判断，既涉及作为个体的人的判断，又涉及作为群体的人的判断，法律语境和社会语境交织，政治、经济、文化、社会、道德，宗教与法律，理性因素与非理性因素彼此缠绕，这确实是个非常复杂难解又不得不直面的难题。

中国人民大学刑事错案研究中心主任何家弘教授认为错案可以从不同角度进行界定，如实体意义上的错案和程序意义上的错案，事实认定的错案和法律适用的错案，实质确认的错案和形式表见的错案，有主观过错的错案和无主观过错的错案等。但是在普通民众的心目中，错案就是无辜者遭受了冤屈的案件，就是冤案。诚然，仅就事实认定而言，错案也不都是冤案，因为事实认定错误有两种基本形式：一种是把本来有罪的人错定为无罪，放纵了坏人，可以称之为“错放”；另一种是把本来无罪的人错定为有罪，冤枉了好人，可以称之为“错判”。

最高人民检察院案件管理办公室副主任刘志远认为，只要是处理决定与事实、法律不符的刑事案件，那么都可以称之为刑事错案，不仅包括错误的入罪，就是不该追究的追究了，也包括错误的出罪，也就是该追究的不追究，这应该都属于刑事错案。

北京市怀柔区人民检察院检察长蓝向东认为，在对刑事错案进行界定时，应把握几个要素：一是经过诉讼程序的最终确认，发生了错误认定事实或适用法律的结果；二是错案可以发生在不同的诉讼阶段，包括侦查阶段、批捕阶段、起诉阶段和审判阶段；三是错案的结论除了无罪判决之外，还应包括绝对不起诉、存疑不起诉以及侦查机关或检察机关做撤案处理的情形（嫌疑人死亡情况除外）；四是错案还应包括不应追究刑事责任的人被错误拘捕、羁押的情形；五是错案与侦查人员、检察人员或审判人员的故意或过失行为有关。

除了对错案标准进行界定，部分专家学者还对错案进行了分类，中国人民公安大学法律系的崔敏教授就认为刑事错案有三种不同的形态，包括冤案、假案、其他“错案”。所谓“冤案”，是指颠倒黑白，子虚乌有，或者误信了虚假的证言和不实的证据，将无辜者误指为罪犯的案件。所谓“假案”则是明知被审查人并无被指控的罪行，为了陷害他人，硬要给其强加上某种莫须有的罪名，最后弄假成真，对被审查人作了错误处理的案件。其他“错案”，通常是指适用法律错误，导致对犯有轻罪者定为重罪，对本应判处轻刑者判处了重刑，或者将罪不至死者判处了极刑。

来自中南财经政法大学的杨宗辉教授认为还可以把错案明确的分为两类：一类是不可归责和可原谅的错案，另一类是归责的和不可原谅的错案。前者是指由于办案人员认识能力的有限性、思维的局限性、案件的复杂性和信息的不确定性导致的认定事实和适用法律错误的案件。这类错案是不可避免的，是可以原谅的错案，因为刑事诉讼的每一个环节都有潜在错误产生的可能性。而后者指的是办案人员违反法律的规定采取了不符合刑事诉讼程序规定的取证、举证、质证和认证行为,或认定事实和适用法律错误,造成幅度外处刑,漏罪、漏犯的,认定的主要事实失实错定犯罪性质的,法定从轻、减轻、从重、加重情节未予认定或明显错误认定的等实体性错误导致的错案。这类错案是可以避免的,也是应当归责的。

二、刑事错案发生的原因

刑事错案的发生是各方面因素综合作用的结果,正如全国人民代表大会内务司法委员会委员、中国人民大学刑事法律科学研究中心主任戴玉忠教授所说,刑事错案的发生既涉及一个国家的刑事法律制度的建设,也涉及一个国家的刑事司法体制,还涉及一个国家的刑事司法和执法的理念、观念,也涉及司法人员的素质。本次研讨会期间,与会的专家学者分别从司法理念、司法制度和证据制度等多个角度阐述了各自对刑事错案发生原因的分析。

(一)司法理念层面

维护司法公正,司法理念起着不可替代的作用。违背现代法治本质的司法理念,是导致冤假错案不断发生的根本原因,这已成为刑事错案研究领域的专家学者们的普遍共识。

最高人民法院研究室主任胡云腾认为,司法人员要具备正确的司法理念,要加强司法人员的法律职业教育。不仅要加强知识与技能的教育,还要加强思想政治、司法伦理的教育,正确的司法理念具有特殊意义上的重要性。崔敏教授也认为,办理刑事案件,是一项专业性很强的工作,司法工作人员必须具有基本的法律素养和司法意识,如果让不懂法又不懂证据规则的人去从事司法工作,必然会经常发生“误诊”。

北京师范大学刑事法律科学研究院院长赵秉志教授认为,从内在关系上来看,有罪推定观念的根深蒂固是造成冤假错案最为直接的因素。正是由于无罪推定观念的缺失,侦查人员才会倾向于通过暴力取证、超期羁押的方式去获取能够认定犯罪嫌疑人有罪的证据。

最高人民检察院检察理论研究所博士董坤认为,以口供为中心的传统司法观念的盛行,是错案发生的一大原因,通过数据统计可以发现,刑事错案中的重要关键性证据几乎都涉及被告人的有罪供述。

除了有罪推定和口供中心主义,黑龙江省人民检察院副检察长车承军认为错误的司法理念还体现在人权保障方面。在他看来,目前司法人员的执法观念陈旧,重打击犯罪、轻保障人权,重实体法、轻程序法。而重打击轻人权的执法观念的背后,实质是社会保护和个人自由之间的价值博弈。我国传统思想体现的是重社会利益、轻个人利益的价值取向,在个人利益和社会利益发生冲突时,更多的强调社会保护,体现在刑事司法上,在“错判”和“错放”之间,更注重社会保护,因此,对于侦查违法行为和非法证据容忍度较高,信奉“宁枉勿纵”的司法理念。

（二）司法制度层面

避免冤假错案，完善刑事司法制度是关键。众所周知，合理的刑事司法制度能实现司法机关之间的有效制约，保障犯罪嫌疑人的权利，从而最大限度地减少错案发生的可能性，反之，一个不合理的司法制度则无疑会放纵刑事错案的发生。

最高人民法院司法改革办公室副主任蒋惠岭认为，刑事错案的发生与司法程序中的职权配置问题有着密切的联系。谁是游戏规则的制定者，就决定着游戏公平性的问题。程序中的制约与配合涉及角色的定位。在防止冤假错案方面，程序公正发挥着非常重要的作用。如果我们有完备的程序配置和程序设计制度，那么即使有错案，也是具有一定的程序正当性的错案，而不是低级的完全错误的错案。

关于职权配置问题，最高人民法院审判监督庭副庭长黄永维着重谈到，我国刑事诉讼法规定"人民法院、人民检察院和公安机关进行刑事诉讼，应当分工负责，互相配合，互相制约，以保证准确有效地执行法律"。为了打击犯罪，公检法三机关紧密配合，联手合作，尤其在一些具有重大社会影响的刑事案件中，作为"兄弟单位"的公检法三机关几乎放弃了对彼此之间必要的制约，违反法定程序的行为会得到容忍，非法取得的证据也会得到采纳，于是在公安和检察院阶段的错案，到了法院会一错再错，甚至法院明知有错还将错就错。审判独立并不是不受监督，任何权力都应当受到制约和监督，尤其在当前冤错案件频发以及人民法院的司法能力不足、司法腐败等问题客观存在的情况下，外部监督更是必不可少。

来自四川大学法学院的龙宗智教授从一个综合的视角谈了对司法制度的思考，他认为刑事错案的发生，从制度层面上讲是由于我们没有一个有效的司法审查机制。这体现在以下三点上：第一是有效审判。我们现在的审判主要依赖于书面材料，没有经过有效的法庭审理和质证，有些证据搞不清楚是怎么来的，不能从根源上来防止冤假错案。第二是法院发现非法取证，能不能判无罪的问题。中国的体制是公检法三机关各管一段，互相配合、互相制约，司法的独立、司法的中立、司法的权威还有待建立，所以法院的法官能力比较弱。第三是法院有没有一种纠错的能力。现在是出了问题要纠错也非常困难，因为这涉及各方面的利益问题，也涉及感情问题、关系问题。

针对龙宗智教授谈到的法院缺乏纠错能力，北京师范大学刑事法律科学研究院副院长宋英辉教授认为这跟司法机关的绩效考核制度有着非常密切的关系。现在的一些考核考评指标，都是从从重打击犯罪的角度出发，比如起诉率、定罪率等。这样的后果，一个是容易形成冤假错案，另一个就是形成之后很难纠正冤假错案。

中国政法大学的樊崇义教授认为，由于严格的错案追究、法律监管机制的欠缺，即使司法机关及其工作人员有不法行为的发生也难以掌握和追责。也就是说，相对违规所获的巨大利益，现有的法律根本几乎无法阻挡司法者趋利的冲动和冒险。

中国政法大学的顾永忠教授认为,错案的发生部分缘于司法对律师辩护制度一贯的轻视。长期以来,中国刑事诉讼活动追求的主要目标是恢复被破坏的法律秩序,惩罚犯罪,对保护被告人的合法权益极不重视。这就使某些法官认为律师辩护是为罪犯说话,与惩罚犯罪的目的相悖,因此对律师辩护形成了很深的偏见,从内心排斥律师的辩护意见,不愿听取律师的辩护意见,从而一意孤行地铸造了冤案。例如,在杜培武案中,一审法院的判决书将律师提出的辩护意见斥责为“纯属主观、片面认识推论”而不予采纳。

关于律师辩护制度,《民主与法制》的总编辑刘桂明也认为,刑事错案的预防不能忽略律师的作用,一个律师作用得到充分发挥的案件,一般不太会成为错案。所以要充分发挥律师的作用,保障律师权利的行使,在律师发现错案上给予法律保障和制度保障。

(三)证据制度层面

证据是刑事诉讼的核心和基础,近些年出现的一系列离奇的冤假错案,考验着社会与民众的神经,更将中国刑事诉讼证据制度的重重弊端展露无遗。

这些弊端在车承军副检察长看来,主要体现在刑事证据制度不健全,证据认证规则不完善。他认为,我国刑事诉讼证据立法只是对刑事诉讼证据的概念、种类、收集和审查判断等问题做了原则性规定,但对于证据的搜集、证据的效力、非法证据排除、庭前证据开示、证据出示、证据认证、证据补强等制度缺乏明确的、可操作性、强制性的规定,极易导致证明责任分配及证明标准界限模糊,更主要的是导致了司法实践中对证据的合法性、规范性等问题没有引起足够重视,致使个人主观判断在证据运用过程中作用过大,导致同样证据情况下,侦查部门与刑检部门、批捕与公诉部门、检察院与法院之间在事实认定和证据适用等方面存在认识分歧。新刑事诉讼法中虽对证据制度进行了大幅度的修改,尤其是对证明标准、非法证据排除进行了明确的规定,但仍没有从根本上解决证据制度问题。

北京京都律师事务所主任田文昌律师认为,在形成冤假错案的众多原因中,非法证据的产生和运用是最重要一个原因。虽然新的刑诉法规定了非法证据排除规则,但是由于缺乏相应的保障性条款和实施细则,导致非法证据排除规则在司法实践中容易流于形式。

说到非法证据,就不得不提刑讯逼供。河南省高级人民法院刑一庭庭长李剑非认为,非法证据的取得使有些案件从一开始就走向了错误的方向。几乎每一起刑事错案的背后,都有刑讯逼供,以及伴随而来的持供诱供等非法取证的运用,刑讯逼供几乎成为中国刑事错案的典型特征。

国家行政学院法学部副教授王佳从刑讯逼供和错误辨认的关系这一角度,通过其对19起刑事错案的案情分析,认为这些错案都是办案人员先抓了犯罪嫌疑人,然后让被害人或者证人进行辨认,或者是被害人报案的时候就错误的指证了一个嫌疑人,然后办案人员把这个嫌疑人抓来,抓来以后因为办案人员已经轻信了这个辨认结论,所以带着这种先入为主的思想,进行侦查,然后开始刑讯逼供,这时候的刑讯逼供就成为了印证之前的辨认结论的一个手段,所以在这些案件中办案人员不正当的组织辨认和错误采信辨认结论是导致这些错案的最初起因和主要原因。

除了非法取证,最高人民法院刑三庭副庭长吕广伦认为选择性取证也是导致错案发生的一大原因。根据我国刑事诉讼法的规定,侦查人员应当全面、客观地收集证据材料。但一些侦查人员在收集证据的过程中片面关注那些证明犯罪嫌疑人有罪、重罪的证据,忽视或者无视那些可能证明犯罪嫌疑人无罪的证据,这种选择性取证显然违背了上述法律规定的要求。实践中,在被告人缺乏辩护能力,尤其是缺乏律师帮助的情况下,选择性取证所产生的偏见效应很难得到有效的纠正,选择性取证所构筑的证据体系歪曲了事实真相,极易导致错误认定被告人有罪。

作为证据的鉴定结论在某些案件的定性中可能会起到决定性的作用,但是目前关于鉴定的相关规则却并不完善,从而容易导致错案,这也引起了与会专家学者的充分关注。西南政法大学刑事侦查学院的邹明理教授就认为,刑事错案形成的原因很多,但刑事鉴定活动的错误是造成错案的一个重要原因。所谓鉴定活动的错误,是指在办案过程中运用侦查技术手段、收集技术性证据材料、刑事鉴定程序、刑事鉴定实体(鉴定过程、步骤方法、原理、依据、结果)、鉴定意见的审查与运用等方面的差错而影响侦查、公诉、审判活动导致案件的错误。在物质证据相对强势而科技证据又相对优势的证据原则背景下,鉴定意见类证据已成为刑事案件的证据核心。因此,刑事错案与其错误鉴定活动和鉴定意见有着密切的联系。

司法部司法鉴定管理局局长霍宪丹则从原因的角度分析了错误鉴定的产生,他认为,错误鉴定的成因有主观错误和客观错误,包括:(1)因鉴定所引用的科学原理、定理、规律有误或未经社会认可或行业公认;(2)因使用的科学技术方法(技术程序、技术标准、技术设备和操作规范)达不到本专业当前的基本要求和平均水平或因检验检测方法未经同行公认或适用标准不当(以人机结合度为例);(3)因鉴定人自身条件所限,如专业水平、职业素养、执业经验和鉴定能力达不到本专业的基本要求和平均水平,此外,有的还与某些鉴定对象的复杂性(如精神病鉴定)有关;(4)因检验检测所得结果与其鉴定意见之间存在内在的逻辑错误。

错误证据的产生似乎是不可避免的,但如果有一个合理的证据过滤机制,那么也能最大程度地减少因采信错误证据而导致的冤假错案的发生。但吉林大学法学院的闵春雷教授认为,由于我国目前缺少一套切实可行的证明程序,导致法庭证据调查成为了对侦查取证的全盘认可,证据错误得不到发现和排除,防范错案的程序机制失灵。这主要表现在:定案环节表面化、质证环节形式化、认证环节密闭化、举证环节单一化。

三、预防刑事错案的对策

吉林省高级人民法院院长张文显认为,对错案现象的治理要综合制策,要牢固树立无罪推定的原则,要严禁刑讯逼供,要强化检察机关对审查机关的监督,也要强化审判机关对诉讼环节的其他方面的监督,强化审判监督。就预防刑事错案的对策问题,与会的各位专家学者进行了热烈的讨论。

(一)以理念为引导,树立正确的司法观念

李剑非庭长认为,我们应当通过树立先进的司法理念,设立合理、科学的诉讼制度,来确保或力求作出最合理的裁判,不一定是完全符合真相的裁判,但一定是最合理的裁判,以最大限度地预防错案。

围绕司法理念的确立,专家学者们具体谈到了以下几点:

要注重保障人权。黄永维副庭长认为,人权保障理念是刑事诉讼的科学化、民主化发展到一定程度的产物。人权保障理念要求进行刑事诉讼必须保障人权不被侵犯,违反程序规定、侵犯公民权利的行为必须受到谴责。树立正确的司法理念,就应当扭转重打击轻人权的思想,树立打击犯罪与保护人权并重的思想,办理刑事案件应当实现打击犯罪与保障人权的平衡。

要坚持实体公正与程序公正并重的原则。车承军副检察长认为,只有程序合法,才能保证实体的正确,没有公正的程序,就无法取得客观的实体。要树立文明执法、严格依法办案的意识,把查明案件真相与遵守办案程序联系起来,严格遵守刑事诉讼法的有关规定,坚决杜绝和打击刑讯逼供等非法取证行为,切实保障犯罪嫌疑人、被告人的诉讼权利。

要树立疑罪从无的司法观念。吕广伦副庭长认为,认定案件事实的证据必须达到法定的证明标准,必须坚持疑罪从无理念,坚决杜绝有罪推定。在审判活动中坚持证据裁判原则,能够确保法官依据证据认定案件事实,依法排除非法取得的证据,严格遵守对证据的法庭调查程序,按照法定的证明标准认定案件事实。经调查或补充侦查证据不充分的,或者检察机关不做补充侦查的,应依法作出无罪判决。

要改变重口供的传统观念。樊崇义教授认为,在证据收集的过程中,一定要做到客观全面。既要收集有罪证据,又要收集无罪证据。既要收集口供,也要特别重视收集其他的证据。禁止用刑讯逼供的手段收集证据,刑讯逼供得来的证据应认定是无效证据。

要坚持司法独立和司法中立。赵秉志教授认为,司法独立,可以有效避免司法权受到外来势力的影响。其基本要求是司法权力的行使不受任何外来力量的干涉和影响,既包括外来力量不能主动地干涉裁判权的行使,也包括司法机关自觉抵御

外来干预。而司法中立,则能保证控辩双方力量平衡。在实务中坚持司法中立一方面要求司法机关要超越控辩双方的立场,居中裁判,不偏袒任何一方;另一方面要求在法律的框架下实现审判的公开,给予控辩双方充分的质证辩证的机会,尤其是要保证被告方的权利依法行使,尊重被告方及辩护人依法享有的权利。针对司法中立,杨宗辉教授进一步认为,所谓司法中立也并非仅仅是法律意义上的中立,司法中立应该是包含思维中立、行为中立以及关系中立三个层面的中立。首先,思维中立是司法中立之前提。本源意义上的无罪推定指的是任何人在法院没有以确实、充分的证据证实其有罪以前,应被视为无罪。“被视为无罪”本身就是中立思维的体现。但是由于司法机关不可避免的利益存在,在中立和利己的双重标准下,思维不中立恰恰是导致刑事错案产生的原因之一。其次,绩效中立是司法中立之基础。侦查激励机制、无罪判决率、错案责任机制以及各机关内部对于人员的绩效考核很大程度上影响了司法人员的思维中立,是有效追诉犯罪嫌疑人、实现司法公正的一大障碍。只有当绩效考核机制是过程绩效与结果绩效的统一,并与执法、司法及社会语境相协调,才能够提升执法人员的职业素养与职业效能,进而优化司法系统的整体功能。最后,角色中立是司法中立之保障。角色中立意味着三机关在自己的职权范围内各司其职,在该配合的时候配合,该制约的时候进行有效制约。配合体现在程序上的衔接,制约表现为对司法人员失范行为的一种限制和约束。

(二)以制度为保障,强化法律监督

吉林省人民检察院检察长杨克勤认为,司法制度的完善有助于提升司法水平,预防刑事错案,在这方面,检察机关在批捕起诉、在加强对侦察工作、诉讼活动、审判活动的监督这些环节上担负着重要责任。吉林大学法学院副教授杨波也认为,刑事司法过程是控辩审三方主体间的一个交往过程,是一个主体间的合意的过程,最终达成一个程序性的共识,这种共识体现的是达成过程的正当性。刑事司法程序的这种共识的达成需要完善的制度保障。

围绕司法制度的完善,专家学者们具体谈到了以下几点:

确立以法院开庭审理为中心的刑事司法体制。李剑非庭长认为,以法院开庭审理为中心,要求法官在法庭审理中对于案件能否定案,不能仅以侦查卷宗为准,而要坚持以质证、认证为中心,使一审程序成为真正对抗的程序,保证有争议的证据都能在法庭上进行调查。

完善刑事错案追究制度。宋英辉教授认为,应区分办案人员有过错造成的错案和因客观原因造成的错案,改革错案追究制。如果是因为司法腐败、违法乱纪办错案,那就应该对有关人员进行惩戒。如果是因为案件复杂、认知能力有限等客观原因,则不应追究办案人员的责任,当然这种情况仍应对当事人进行赔偿。

认真贯彻诉讼监督制度。车承军副检察长认为贯彻诉讼监督制度需要做到以下四点:第一,要做好积极立案监督工作。“积极立案监督”是指对公安机关不应当立案而立案的监督。检察机关要积极开展立案监督工作,从源头上预防错案的发生。第二,加强对公安机关程序违法的监督。对公安机关程序违法的监督,既包括在批准逮捕阶段的监督,也包括在审查起诉阶段的监督。作为法律监督机关,检察院有职责有义务对诉讼过程,包括整个侦查行为,实行全程的法律监督。第三,加强对法院的审判活动监督。人民法院在审理刑事案件过程中的一切违反法定程序的行为,都属于刑事审判活动监督的内容。检察院要对法院的裁判结果进行有效监督。对法院的裁判结果明显不当的,要坚决予以抗诉,在错误的裁判尚未生效之前予以纠正,避免错案的发生。第四,加强内部监督。自侦部门在办案时应多与侦查监督、公诉等部门合作和交流,自觉接受侦查监督部门、公诉部门监督,使案件从实体上和程序上把握得更准。要制定检察机关内部监督机制,规范监督程序,明确监督范围、监督时机和监督方式。

完善侦查阶段律师辩护制度。赵秉志教授认为,完善律师全程参与刑事诉讼活动制度对于预防错案是很必要的,其中有两点显得尤为迫切:首先是进一步完善律师在侦查阶段的调查取证权。调查取证权能够使律师积极、准确、高效地为犯罪嫌疑人提供法律帮助,还有助于及时地获取证据证明案件事实,提高诉讼效率,还可以强化控辩双方的激烈对抗,促进刑事追诉的客观真实。其次是确立讯问期间律师在场权。在场律师不仅可以对侦查机关的讯问内容、讯问方式和讯问程序进行监督,防止诱供、骗供、刑讯逼供的发生,还有助于逐步改变侦查人员"口供中心主义"的证据观念,逐渐注重对实物证据的搜集。

(三)以证据为突破口,完善证据制度

中国政法大学副校长张保生教授认为,在法治社会,证据裁判原则使国家司法机关和法官摆脱了反复无常和任性的支配,司法权的行使必须以证据为依据,公民靠证据制度来维护其合法权益。因此,坚持证据裁判原则,完善证据制度,才能准确认定事实,实现司法公正。不受证据规则规制的审判活动无法保证事实认定的准确性,必然会造成"司法不公"。

围绕证据制度的完善,专家学者们具体谈到了以下几点:

确定与完善证据规则。杨波副教授认为,首先要完善非法证据排除规则,运用合法有效的证据证明案件事实,论证诉讼主张,确保共识内容的有效性、准确性;其次要确立并完善传闻证据排除规则,保障被告人与对方证人质证权的实现,同时,该规则亦可确保法官能够准确地作出事实判断,使共识建立在可靠的证据基础之上;最后要确立并完善相关性规则,为共识的形成提供基本的事实标准或依据,也为其他证据规则的适用提供基本前提。

完善侦查阶段的沉默权规则。赵秉志教授认为,某些基层公安机关的确存在各种各样的困难,但是这不是排斥沉默权的理由,与文明、正当的诉讼程序相比,通过增加办案经费、提高侦查技术甚至改变现行的案件侦查规则,进而弥补口供缺失所引起的证据之脆弱都是非常必要的。所以,以“沉默权”代替“如实回答的义务”并不必然带来难以接受的结果,在犯罪嫌疑人、被告人自愿如实陈述的情况下,要求犯罪嫌疑人承担如实回答义务与赋予他沉默权相比,在利用自愿如实陈述破获案件方面并无长处;在犯罪嫌疑人、被告人不愿陈述而沉默的情况下,如实回答义务在提高结案率和定罪率方面,也并不比赋予沉默权更占优势。

建构及完善证据的证明程序。闵春雷教授认为,要解决司法实践中存在的证明程序虚无这一问题,就需要建构及完善证据的证明程序,可以从以下几个方面着手,首先,确立庭前证据开示程序,特别是对于被告人不认罪的案件,应在庭前准备程序中进行证据开示和交换,对于控方收集的被告人无罪、罪轻的证据应向辩护人出示,以保障辩护人的辩护权,同样的,辩方拟作无罪辩护的,亦应将无罪证据告知控方。其次,充分发挥证明责任的程序推进功能,即当辩方提出无罪证据或线索时应由控方排除证据疑点,而不是将说服责任转移给辩方。证明被告人有罪的责任始终由控方承担。再次,完善证人、鉴定人出庭程序,认真对待当事人的诉权。新刑诉法第 187 条关于出庭作证的证人、鉴定人范围有待进一步完善,应弱化法院的职权,注重质证权的保障,只要控辩双方对证人证言、鉴定意见有异议,证人、鉴定人即应当出庭作证。最后,设立交叉询问制度,及时发现虚假证据。为此需要确立反诱导性询问规则及例外,凸显证据的争点,增强抗辩性。

四、刑事错案的救济

正如与会的杨宗辉教授所说,既然错案已经发生了,我们就要防错和纠错,人类进步的过程,就是不断发现错误,纠正错误、改进错误、超越错误的这一过程,那么在刑事案件过程当中,也是如此。针对如何对刑事错案进行救济,与会的中外专家学者分别给出了自己的一些思考。

(一)国内有益的探索

北京市怀柔区人民检察院蓝向东检察长认为,中国历来是比较重视错案的预防和纠正,这里面有两条比较清晰的脉络,其中一条是与诉讼监督为主的法定的错案预防纠错渠道,另一条是以案件复查为主的由司法机关集中开展的刑事案件的治理与纠错。这类集中开展的刑事案件的治理与纠错活动,可以称之为运动式纠错。

国家检察官学院法学副教授郭欣阳则主张建立科学的错案筛选机制,她认为这其中有两个关键性的步骤,一个就是当事人的申诉,另一个是特定的部门去受理和审查这些申诉。在受理和审查部门的设立上各国之间存在区别,其中有三种模式值得我国借鉴:其一是司法机关型,由指定的检察院、法院这些司法机关去受理和审查申诉;其二是独立机构型,在司法系统之外设立专门的单独机构去受理和审查错案的申诉;其三是民间团体型,由民间机构来受理和审查错案的申诉,并且负责代理无辜者提起再审。因此针对我国现行的申冤渠道存在多头、无序、缺乏专业性和权威性的弊端,郭欣阳教授认为有必要借鉴国外经验去重新建构我们国家的错案发现和错案筛选机制,这其中还必须要考虑到程序正当与诉讼效率的平衡问题。

来自国立台湾大学法学院的王兆鹏教授,详细地介绍了我国台湾地区对刑事错案救济的几个途径,即在判决确定之后的救济有两种:第一种是有事实上的错误,则申诉再审;第二种是判决确定后发现法律上的错误,则进行非常上诉。非常上诉是只有在判决确定后发现有法律上的适用错误,或者是证据法则的错误,或者是违反了审判规则的情形下才可以被提起,而且非常上诉也只有检察总长才有资格向最高法院提起。此外王兆鹏教授还简单介绍了 2011 年在台湾成立的冤狱平反协会,这是由其本人和国立台湾大学法学院副院长以及一群律师共同发起的,协会主要有以下目标,首先就是要救援具体的个案,其次是要分析每一个个案错误的原因,再次是要推动防止冤狱的立法和政策,最后就是援助受害人。

(二)国外成功的做法

美国辛辛那提大学法学院教授,同时是美国俄亥俄州冤狱平反研究项目和全球错案研究中心的主任、创始人之一马克·戈德塞(Mark Godsey),详细介绍了美国的“无辜者运动”(Innocent Projects)的兴起、发展、取得的成就及其近些年在全球推广中所面临的问题和挑战。美国从 20 世纪 90 年代中期开始,很多州都建立了“无辜者中心”(Innocence Center),通过“无辜者运动”对可能错判的案件进行复查。从 1989 年到 2009 年,美国各州已经通过 DNA 检验结论发现并纠正了 242 起错判,如果加上非 DNA 检验途径发现的错判,如另案发现真凶或真凶主动认罪,那么错判数量就可达到 500 起。在他看来,无辜者运动不仅仅只是推崇改革的口号,而是要切实地找到错误定罪的根源,研究如何改革现行司法体系来减少这些错判。

在美国,类似“无辜者运动”这样的社会组织还有很多,比如另一个由公民自发参与建立的纠正错案的组织“证明无辜者”(Proving Innocent)。来自美国密歇根州罗亚尔奥克市“证明无辜者”的辩护律师葛丽泰·沙曼(Greta Zalman)认为,“证明无辜者”在美国是一个独特的机构,这个组织不仅努力为那些蒙冤的被告或囚犯平反昭雪,还会通过筹款及开展其他相应的活动来向释放后的无辜人士提供生活上的帮助。另外,“证明无辜者”还有唤醒公众意识的重要使命,让社会更多地了解错案,了解这些无辜者的遭遇,达成共识进而推动司法体系的变革。

作为由民间力量构成的组织运动,美国的“无辜者行动”和“证明无辜者”都遇到了不少问题和挑战。山东大学法学院副教授黄士元认为,中美两国错案成因上略有不同,世情、国情、社情也不同,建立类似于美国“无辜者运动”这样的独立社会机构并不现实,在研究借鉴时应该保持审慎态度。部分与会代表在听取发言后也认为，挪威等国的模式对中国而言，可能更有借鉴意义。

挪威奥斯陆大学法学院公法系教授乌尔夫·斯特利德贝克（Ulf Stridbeck）介绍，挪威在司法系统中建立了相对独立的刑事复审委员会，其有相对完备的工作程序和相对独立的人员构成，在工作中自主决定工作方式，不接受任何部门的指令。英国布里斯托大学"英国无辜者网站"（INUK）执行主任加布·谭（Gabe Tan）也介绍了英国的刑事案件复查委员会，这一机构专门负责调查和宣布冤案。刑事案件复查委员会独立于司法机关，吸收律师、媒体、法官、检察官等多方人士参加，初步过滤案件后觉得证据比较有把握的再移交给司法机关。他们认为，这些独立机构在发现错案方面发挥了很大作用。

"路漫漫其修远兮，吾将上下而求索"，如何预防和减少冤假错案的发生，本次研讨会或许能给予我们启发。

德恒 论坛

刑事技术与错案预防*

罗亚平**

刘品新副教授:欢迎大家来到第八十二期德恒证据学论坛,今天我们请到的是中国人民公安大学罗亚平教授,大家欢迎!罗老师是刑事技术方面的专家,今天她将就刑事技术与错案预防这一主题给大家做讲座。

罗亚平教授:谢谢!刑事技术,在人大法学院通常叫做物证技术,在有些政法类院校叫司法鉴定,在国外通常称之为法庭科学,而在公安系统我们通常使用刑事技术或刑事科学技术这个叫法,这其中有历史发展的原因,刑事技术包含的内容更为广泛一些。我想大家对刑事科学技术领域都不会陌生,很多同学看过福尔摩斯探案集,也都看过美国的CSI,这些影视剧、小说对年轻人的影响非常大,但实际上它们的艺术夸张成分也很大,办案的神秘色彩被渲染的成分比较重。现实状况是,刑事技术这个领域的工作是非常艰苦的,有时也是相当枯燥的。所以,从事这份工作要有耐心、要有责任心,同时还要耐得住寂寞,能够成名成家的人很少,绝大部分的人做的是非常基础和辛苦的工作,但也是非常有意义的工作。

刑事技术工作在预防、打击刑事犯罪,维护社会治安稳定等方面发挥的作用是非常巨大的。刑事技术不仅应用在刑事案件的侦破,而且在集体灾难事故、自然灾害事故的处置过程中,都发挥着相应的作用。如火灾、地震、飞机失事等事件发生后,现场都会出现刑事技术人员的身影,目的就是要查清事件真相,收集证据,对遇难人员的身份进行识别等。从整个社会管理层面来讲,刑事技术是一支非常重要的技术力量。

刑事技术是一门应用型学科,其发展是建立在自然科学发展的基础上,像

---

* 本文系2012年3月14日德恒证据学论坛第81讲整理稿,讲座主持人为中国人民大学法学院刘品新副教授。文字整理:李金钊,中国人民大学法学院硕士研究生。

** 罗亚平:中国人民公安大学教授、博士生导师、中国刑事科学技术协会理事、北京市法学会物证技术学会副会长、全国刑事技术标准化委员会指纹检验分技术委员会委员兼副秘书长。

DNA技术的发展与应用、物证数据库的建立、电子物证检验技术等,都充分说明了这一点。刑事技术在刑事案件侦破过程中的作用更是大家都能体会到的。随着技术的发展,在一些典型大案中,技术作用发挥的是非常经典的。如2008年7月21日发生在昆明的公交车爆炸案的侦破,接触DNA技术发挥了重要作用,不仅及时串并了案件,而且准确地确定了作案人的身份。

和过去传统的办案技术手段相比,现代刑事科学技术呈现一定的发展趋势:过去传统的刑事技术多是依赖于形态类物证,像大家熟悉的指纹、足迹等,而当今不仅利用形态类物证,更利用微观的、肉眼难以观察到的物证。大型精密仪器的引进,使检验物质的量从常量、微量发展到痕量、超痕量。这些微观的东西肉眼是观察不到的,必须借助于仪器。这带来一个新问题,仪器的灵敏度很高,因此对检材样本的要求也很高,现场勘查的时候一定要防止污染。

技术进步体现在方方面面,近二十多年来最为突出的、在刑事案件中起到作用最大的当属法医DNA技术。今天的法医DNA技术能够解决的问题是我们过去想都想不到的。比如说犯罪现场作案人削苹果丢下的苹果皮,戴的头套、面罩、手套等,过去技术人员从这些物品上难以找到能够证明作案人接触过的证据,但是现在借助DNA技术,技术人员可以从这些物证材料中获取很好的DNA信息。按照物质交换原理,只要接触就会发生物质转移,所以现在DNA技术的发展使我们在很多物证检材上都能够提取到非常有效的信息来证明这个过程。

接触DNA技术的出现推动了犯罪现场生物物质的提取与利用。手掌面的皮肤,肉眼看起来非常光滑,但在放大上百倍的显微镜下观察是粗糙的,人体的新陈代谢过程体现在手掌面,就是最外层的角质层皮肤不断地脱落。手掌面皮肤新陈代谢的周期基本是在一个月左右,即一个月左右手掌面皮肤都要换一遍。因此,接触DNA技术主要的物质来源主要是手掌面脱落的皮肤组织。2006年联邦调查局用多光谱成像技术在手印中观测到了皮屑,也就是说,当手接触物品,留下汗液、油脂的同时,也会留下脱落的皮屑。当然,手掌面还会粘附有来自于其他身体部位细胞,因为手经常要去触摸头部、面部,那么头部、面部的皮屑也会发生转移。更为重要的是,有文献报道汗液里面的非细胞核酸成分也可以检测到DNA。这些是接触DNA技术的物质来源。针对现场生物物质的提取技术,技术人员不断探索怎么提取案发现场的DNA,目前已研究出擦拭提取法、胶粘提取法和真空提取法,根据不同的物体、不同的条件采取不同的方法来提取。

2009年,公安部物证鉴定中心的研究团队在国际期刊上发表了DNA的单细胞分离毛细管技术,这个技术为获取案发现场的DNA提供了更好的技术条件。利用激光显微操作平台,可以捕获到单细胞DNA。人体表皮脱落的细胞和口腔上皮脱落细胞的大小、外观形态在显微镜下观察形态是不一样的,有明显差异,因此,利用该技术很容易辨别是口腔脱落的细胞还是皮肤脱落的细胞。这对解决诸如强奸案件受害人身体上咬痕很有意义。随着DNA技术的发展,会不断有新的研究成果出现,可以预计DNA技术未来还会给我们提供更多的信息。

DNA技术在侦查办案过程中发挥着重要的作用,但是仅技术手段的提高还是远远不够的,要想让它充分发挥作用,就一定要有数据库。我们国家DNA数据库建设起步相对较晚,但是发展迅速。到2010年,我国DNA数据库的数据已经达到了700多万,为侦破刑事案件提供了非常有效的手段。除了DNA技术以外,传统的指纹技术一直发挥着重要作用。指纹不是我们这部分讲的重点,仅介绍其数据库,截至2005年年底,我国的指纹数据库是4000多万人,少于美国的5000多万人,远高于600多万人的英国。但是到2010年,指纹数据已经近1个亿。仅就数量而言,我国现在位居第一,但是如按人口比例,英国是非常高的。

DNA在我国侦办命案、强奸案件中发挥的作用非常巨大,但是DNA它还有另外一方面的作用,这个作用目前在我国发挥得不是很大,但是在美国发挥得非常大。美国在DNA技术出现以后,一些法律界认识和专家成立了一个组织,起名"The Innocence Project",翻译过来可以叫"还清白计划",也可以叫"无辜者计划"。这个计划大致的含义是,只要已经被判入狱的犯人,只要提出自己是冤枉的,愿意通过DNA技术来脱罪,这个计划就会帮他们做DNA鉴定。这个计划从1998年开始到现在,发现的错案数据是很惊人的,总共发现289人被错误定罪,其中有17人是死刑。发现被错误定罪后,124起案件找到了真正的作案人。这些错案的发现,靠的就是DNA技术。美国用DNA技术倒查过去的案件,发现错案、纠正错案,2011年发现的人数是273人,2012年3月12日这个数字增长到289人,所以说,DNA技术另一个很重要的功能是帮助纠正过去的错案。

这些数据就是"无辜者计划"对从1989年开始到2010年每一年的统计数据。早期统计到231人被错误定罪时,有科研团队对231案件错判原因进行了分析。他们首先统计了被错误定罪的人种分布问题,被错误定罪的人里面166人是非洲裔,在美国社会犯罪的人群以及被怀疑犯罪的人群可能还是集中在特定的种族里面。对这些错误案件的致错原因分析结果表明,在所有已知的错误定罪案件里,最主要的原因是目击证人的虚假证言,占到75%。虚假证言(虚假也就是不真实)里面最主要的是辨认,其次是白人,亚洲有两人。错案的主要原因除了证人的虚假证言之外,第二位就是法庭科学,也就是我们所说的物证技术、刑事技术。他们做了个统计,用了"unvalided forensic science"这个词,我把它翻译成"未经验证"或者"不合适的法庭科学意见"。不管怎么说,刑事科学鉴定导致错案的比例还是很高的。第三位是虚假供认,还有虚假的认罪陈述,占25%。此外还有线人的问题。

针对这个无辜者运动组织,美国弗吉尼亚法律学院做了一个课题,这个课题2009年完成,他们的报告就是"未经验证的法庭科学证言及错误定罪"。他们针对当时的232起错误定罪的案件,查找哪些有法庭科学的内容,其中156起都含有法庭科学证言,这156起当中有137起有审判的文字材料,那么就对这些文字材料进行研究。在这137起案件里面,强奸案件95起,强奸凶杀33起,凶杀8起,企图谋杀1起。我们可以看到实际上用DNA纠正过去的错案主要针对的是命案和强奸案件,都是恶性的案件,主要原因是这些案件中存在有生物物证,并且办案机关很好地保存保管这些生物物证材料。在这137起有文字资料的案件里面,有82件,约占60%的案件错误使用经验数据或者根本没有经验数据支持,也就是说法庭科学证言存在一些问题。他们研究过程中考虑一个问题,是不是这些法庭科学证言出现问题的多是一些没有经验的人员做出来的呢?他们又对做出证言的专家所处的机构、经验方面进行了调查,发现错案的发生不存在有没有经验这个问题。这82起案件涉及的专家分布在25个州,52个法庭科学实验室及医学检验部门,涉及72名法庭科学检验人员,也就是说和资历的深浅没有关系,是一个均匀分布。他们又对存在问题的案件进行了总结,存在问题比较多地反映在血清学方面,然后是毛发的显微比对,指纹1例,咬痕4例,足迹1例,DNA 3例,声纹1例。

我们国内典型的司法错案大家在网上也都看到很多,像杜培武案、李久明案、佘祥林案、赵作海案等。我们现在看这些案件,之所以办错,最重要的是证据的审核出现了问题。如杜培武案件中的物证,用的是警犬气味鉴别、泥土的鉴定结论、射击残留物的检验等,但是这些鉴定意见的证明力如何?除去口供,其他证据能否形成完整证据链?佘祥林案、赵作海案,关键的证据就是口供;关键的问题就出在尸体的身份没有采用科学的认定方法。

这些错案的发生从证据角度来讲和刑事技术或多或少都有十分密切的联系。曾经也有人做过一个统计,对21起错案进行了统计分析,这21起案件中都存在刑讯逼供,和刑事技术相关的有:将血型鉴定作为证据使用的有6起;对关键物证不鉴定有7起;以足迹鉴定、颅骨复原鉴定、痕迹鉴定、警犬气味鉴定作为定案依据的占3起;还有尸源没有用科学的方法认定,包括佘祥林案、赵作海案等。这21起案件中,发现案件错误的原因:一是真凶出现,原判错误确凿无疑的占14起;二是被害人重新出现占3起。也就是说错案的发现靠真正的作案人、真正的受害人出现占绝大多数。我们国家还没有用DNA技术去检测以往的案件,因为一是现在案件很多没有精力去做这件事,另外一个更重要的原因,很多案件的物证没有严格的保管。说到这一点,我就想到1998年请一个美国的警察到我们学校做讲座的时候,当时他就说我们现在案发现场遇到作案人戴过的帽子、穿过的东西,我们都保护好,包括提取的指纹都保护得非常好,因为随着DNA技术的发展,从这些物品上提取到一个人的DNA肯定是能解决的问题。当时1998年跟我说这个概念的时候我觉得好像遥不可及,但是这个技术很快就突破了,可是如果当时物证没保管好,现在技术手段再高,想重新检查,没有物证就没有检查对象了。所以物证保管也是我们在办案过程中很重要的一个问题。

通过这些我想谈错案的预防、错案的纠正。最近几年,从多普特规则建立起来一直到现在,指纹这个证据的形式在美国的法庭上接受的审核有几十起。2007 年巴尔的摩巡回法院大法官 Susan Monder 在一起死刑案件里面拒绝采纳指纹证据,理由是因为不同案件现场指纹的条件是不一样的,她的原话就是说,指纹鉴定声称绝对可靠,但实际上是主观的、未经测试的、无法核实的检验程序。一直到 2010 年不断地有新的案例出现,在 COMMON WEALTH, vs. Jesus Gambora 案件中,法官说"fingerprint experts be prohibited from expressing the results of their analysis as absolutely establishing identity, or individualizing fingerprints to a particular individual to the exclusion of all others."——指纹专家被禁止来表述他们的分析是绝对确定的,或者把指纹说是某一个特定的人所遗留,而排除所有其他人。这就是这个法官的结论,当然他是针对这起案件里的指纹。这几个案例想给大家说明的就是,我们过去认为非常科学非常好的方法,现在在美国在法庭上它的可采性,采纳它的过程中可以说争议还是特别多的。为什么出现这种情况,原因还是 DNA 技术的影响。

DNA 技术出现,1984 年研究结果报道出来,1985 年用到民事案件,1986 年用到刑事案件,在它最初用到法庭质疑声也是很多的,但是美国在 1990 年时就证明 DNA 这个方法是有效可靠的,FBI 建立了测试及能力验证的指导方针。1992 年,美国就要求如果 DNA 检验结果要拿到法庭上的话,实验室必须要通过盲测的能力验证(在我们实验室认可里面也专门有能力验证),同时要回答相关问题包括污染、降解、统计学数据等。最关键的,美国国家研究委员会(NRC)在 1996 年时表明,DNA 结果在法庭上呈现时要说明在不同人群中两个样本比中的可能性。DNA 结果不像指纹,一个指纹是不是一个人所遗留,是百分之百的,但 DNA 它不是这样,建立在统计学的基础上为 99.99%。DNA 技术这样一种特性,使很多在美国的尤其是律师这个群体考虑我们用的其他学科的准确性和可靠性的问题。我们重点谈错案的预防,还得从技术的角度,思考问题的角度和法学略微有些不太一样。

讲一个美国联邦调查局最经典的一起指纹错案,这起错案也是真正的作案人被找到才发现案子办错了。这个错案使联邦调查局指纹专家声誉扫地,但是通过这个错案我们可以学习到的东西非常多。2004 年 3 月 11 日西班牙马德里发生恐怖爆炸袭击,在 7 点 39 分到 7 点 42 分这三分钟连续发生四枚炸弹爆炸,都是在交通繁华的地方,共造成 191 人死亡,2000 多人受伤。这个现场非常大,西班牙警方现场勘查时发现了一个箱式小货车,里面有一个包裹,还装着一枚没有引爆的爆炸装置,这个和作案人的关联度是非常大的。西班牙警方的调查人员把这个塑料袋提取会警局后,用指纹处理的方法在袋子上显出了很多指纹,当然条件都是很有限的。他们把这些指纹通过国际刑警组织送到了美国联邦调查局,因为美国联邦调查局的指纹库是非常大的。让美国联邦调查局出错的指纹就是这枚编号为 17 的指纹,细节问题就不多讲,就讲讲结果和对错案预防的探讨。联邦调查局有二十多年指纹办案经验的专家把这个指纹输到库里去查询，排在第四的人的指纹（我们知道指纹系统不是说指纹是谁的，而是打分，打分谁最像再来进行排序）在和案发现场指纹进行比对的时候他们标注了15个特征点，标的非常标准，仅仅从形态学角度来看每一个特征所处的位置间隔的线数都没有太大的问题。这样认定了是第四号人之后侦查措施就上了。同时指纹在认定过程中，这个技术人员认定后告诉指纹部负责人员，具有三十多年的指纹鉴定经验指纹部负责主任与技术人员一起看，也认定了。按照工作规则，又交给联邦调查局一个退休的指纹专家，也是非常有经验的指纹专家，他也认定了这个人。之后又根据工作程序，法院指定了一个独立的指纹鉴定专家，也是有二十多年的指纹检验经历，这个人仅用一天时间也把指纹认定了。这样一个认定结果就使得侦查部门对这个嫌疑对象的工作场所和家里开展了秘密搜查，找取证据。被错误认定的是一个律师Mayfield，所以我们通常叫它Mayfield案。之所以被发现认定错了，关键原因是在他被关押14天后西班牙警方找到了恐怖分子的居住地，抓获了恐怖人员，捺印下指纹，西班牙警方比对认定17号指纹是其中一个阿尔及利亚人所遗留下来的。联邦调查局认定是Mayfield的时候把结果通知西班牙警方，西班牙警方拿到样本之后，检验人员认为认定不了。针对这个问题美国指纹专家专门跑到西班牙开会来研究这个案子，最终西班牙警方的指纹鉴定专家说联邦调查局的指纹专家太傲慢了，临走的时候还说这些特征你们都不敢用，说明你们水平不够，你们好好看看吧，这两个指纹百分之百没有问题，非常的肯定。大家可以想象，如果西班牙警方不把阿尔及利亚这个人找到的话，Mayfield就惨了，因为指纹认了没有人帮他洗脱。所以这个案子被发现是错案也是因为真正的作案人被找到。Mayfield被关押了14天赔偿了200万美金，每次我一讲到这个数字大家都特别惊讶，赔偿金额相当高。美国司法部2004年5月24日发表了针对Mayfield案件错误认定的一个认错声明。

这个案子很重要的一点，我们现在都用AFIS系统——指纹自动识别系统，它潜在的危险是什么呢，这个AFIS系统里面的指纹，按照特征的相似程度排序，要找的嫌疑人在库里就排得靠前很容易找到，如果不在库里，它就把最相似的指纹找到，这和我们过去没有指纹库是完全不同的状况。过去办案过程中，老的指纹专家用两三个特征就把案子定了，但现在谁也不敢。那个时候发生案件就围绕受害人的居住地、社会关系找到嫌疑对象比对指纹，范围极其有限，而我们现在案发现场拿到的指纹都是从库里找，指纹鉴定对专家的要求就更高了。我们看一个统计数据，美国一个著名指纹专家在IAI担任质量委员会委员，在他任期14年里面，有30起指纹鉴定的错误案件，除一起以外都是AFIS查取出来的。这是我们给大家提示一下指纹鉴定存在的潜在危险。

在这儿说这个案子很主要的是想跟大家探讨错案的纠正机制，错案发生以后他们是怎么做的，这个是我们应当学习的。我们国家在公开资料上找不到指纹鉴定错误的案例,但实际肯定有,我们错案发生以后尽量都不要去宣传,因为这是不好的事,但我们看美国联邦调查局在错案发生以后有一个错案纠正机制,这个机制使得他们工作要一步一步做下去,从而将案子为什么出错、出错的根本原因是什么进行详细的研究。这是联邦调查局有史以来承认的唯一一例指纹错案,但是确实在他们的工作制度里有这样的制度,一旦错案发生以后要做什么,程序怎么走。错案发生以后他们的程序规定的非常严格,首先办案人员停止鉴定工作,然后对他近两年的案件都要重新进行审核,看是不是因为水平问题造成的。除此以外,美国很重要的就是组织了国际的指纹专家委员会来评估这个案件,对这个案件进行审核,重点审核案件为什么出错,出错的原因是什么,是指纹这个学科产生问题,还是检验鉴定人员产生问题。在6月17日他们发布了国际指纹专家委员会的评估审核报告,8月2日他们又发布了质量保证室,现在我们实验室认可环节里也都建立了质量控制室、质量保证室。联邦调查局的质量保证室就完成了在2005年1月发表的《鉴定错误审查报告》,网上都有报告的原文。鉴定错误审查报告对接受这个案子到鉴定结果的每一个环节认真审核,也是在审核为什么出错。同时他们组织了一个非指纹专家组,法庭科学里面比如说搞DNA的、搞理化的其他专业的专家对指纹这个学科重新进行评估,评估指纹鉴定究竟科学不科学,学科究竟有没有依据,2006年1月非指纹专家组就发布了《指印鉴定的科学基础综述报告》。在他们的报告里面还是认为这个指纹鉴定的错案是由鉴定人员个人造成的,和指纹这个学科没有任何的关系。这个报告很厚,它做了非常细致深入地研究。很关键的一点是,错案发生以后,美国检察长办公室对联邦调查局怎么处置Mayfield案件做了整个调查,这个调查报告非常非常厚,把指纹鉴定的每一个细节及特征点都详详细细的进行分析,然后分析它出错的原因和可能性,进而对联邦调查局指纹专家提出改进意见。在2011年6月份的时候,总检察长办公室又发布了联邦调查局就调查报告中的意见建议的修正所做的汇报,也就是说5年时间,科研完成的怎么样,提的建议执行得效果。在2011年6月份发布的这个报告里边,对当时提的十多条的建议联邦调查局的具体做法一条一条地进行分析。

我们说,这样整个的纠错机制就很好地促进了指纹这个学科的发展。举个简单的例子,2011年6月份的报告第一章第二章对联邦调查局针对建议都做了哪些工作进行了详细列举,最终得出结果:“We believe that the FBI Laboratory must continue to address these issues to avoid future errors, improve the reliability and accuracy of the latent fingerprint discipline as a whole, and ensure public confidence in the results of its examination. We believe that full implementation of our recommendations will help the FBI Laboratory in this effort.”他们认为联邦调查局的实验室还必须继续强调这些问题,避免未来再出错,那么这个纠错机制是怎样呢?通过纠正这起案子要预防将来再犯类似的错误,同时改善指纹这个学科的可靠性

和精确度,找回公众对检验结果的信心。这个报告里面对联邦调查局整个工作也是一个肯定。当时建议里面有十多条,我就列举几条,一个是指纹鉴定缺少基础数据支持,指纹鉴定过程缺少透明度,不能很好描述错误率。联邦调查局在这几年里面做了大量的科研工作,包括经检验的指纹特征稳定性研究,拍照片获取指纹,捺印获取指纹,活体采集获取指纹,然后第一阶段在一个皮肤新陈代谢周期里(30-45天)反复观察指纹变化,第二阶段使用同一人在不同年代捺印的指纹观察指纹稳定性。关于指纹稳定性他们做了大量研究,这起案件大家认为这个阿尔及利亚人和这个律师的指纹太相像了,所以他们开始开展特征点特定性的研究。因为双胞胎指纹是最为相近的,所以他们同时展开了对双胞胎指纹的研究。他们收集了148对同卵双胞胎和双卵双胞胎的指纹,对他们的纹型和亚纹型进行分析,同时检验双胞胎指纹纹型和普通人群的关系,最终的结论是:同卵双胞胎指纹纹型的相似度远高于异卵双胞胎,双胞胎指纹无特定的规律,双胞胎与普通人的指纹纹型类似。同时他们还开展对现场指纹质量度量的研究,他们专门研发了一套软件,通过不同色彩的区域的标记,给予不同的分值,从而使计算机软件系统能够辨别现场指纹的质量分值是多少,这也是很好的研究。同时他们研究变形指纹特征变化,这是通过研究者使用的工具,把指纹捺印在玻璃上时相机拍照记录,同时计算机获取压力大小数据,也就是说这是一个录像采集的过程,你要选择你的压力值,它就刚好用这个压力值获取指纹,然后可以详尽的分析不同压力特征下压力的变化,包括汗孔,轻度中度重度接触的时候汗孔压力变化。指纹鉴定的这起错案作为典型案例来讲,其中一个原因是他们的纠错机制建立的非常好,另一个是由于这个纠错机制促进了这个学科的发展,提出了建议就必须改,他们把这些建议都吸纳之后再去改进,从而促进了这个学科很好的发展。

也正是因为DNA鉴定使美国发现这么多错案之后,美国国家科学院2006年组织了一批专家对美国的法庭科学状况进行研究。研究了三年于2009年发布了报告《加强美国法庭科学——未来之路》,整个报告中认为在法庭科学各个学科里,目前最好、最科学的检测技术就是DNA技术,认为除了DNA技术以外其他各个学科都存在科学研究的不足,美国著名法官有如下评论:“法庭科学各学科在证实其结论的正确性和可靠性,以及在建立可测量的不确定度方面,存在科学研究的缺失。”

DNA技术让我们回过头来看我们过去用的技术,存在的问题就比较多。2009年报告中的最终总结,说明了美国的法庭科学制度,无论在实践方面还是研究方面都存在严重的问题,这是他们研究的出的结论,他们希望有一个国家级的领导团队来促进和引导整个学科的发展,同时提出来要有大量资金往法庭科学投入,才能保证这个学科的发展,这是这个报告很重要的一个方面。

从刑事技术角度来讲,预防错案的发生一是要加强对各种检验方法的可靠性和有效性的研究,实际上和前面谈的道理是一样的。另外就是一定要建立起来一个严格的科学的纠错机制,我们现在的做法是:错案发生后大家都捂着盖着谁都不让知道,保护声誉,没有把原因探讨出来别人就无法借鉴,无法促进学科的进一步发展。所以我说,从刑事技术这个角度,在我们办案过程中,我们在引导侦查提供证据的时候尽量避免出错,从而避免错案的发生。另外要建立很好的纠错机制,制度建立起来之后,一旦错案发生大家必须严格执行,这样能够进一步促进我们学科的良性发展。当然我们说像美国用 DNA 来纠正错案是一个非常好的模型,但是在我们国家目前来讲难度还是比较大的。

刘品新副教授:特别感谢罗老师,是刚才我们听到了一个信息量非常大的,理论与实践结合非常充分的讲座,特别结论给我们非常多的启发。我觉得罗老师最后的结论给我的印象特别像美国哈佛大学的一个法学院教授的总结,那位教授说,错案其实并不是一件特别不好的事情,它是我们改革司法的一个窗口,是我们推动司法进步的一个很好的资源。我们在法学院学习的时候,很多学生愿意讨论司法改革,讨论一些这样的问题。比如说今天的《刑事诉讼法》的修改,还有第 73 条的问题,但是很多同学和老师会犯一个错误,就是会在讨论制度这方面走得很远,走得很深,而没有考虑制度背后的东西,没有考虑从交叉学科,从科学对司法的影响来推动司法的进步,我想罗老师应该给我们做了很好的一个展示。好,下面有请我们院刘晓丹老师给做点评,刘老师也是大家非常熟悉的我们院物证技术的专家,现在有请她发言。

刘晓丹老师:非常高兴罗老师今天给我们做这个刑事技术与错案预防的讲座,我也在这个讲座当中受益匪浅。我们教研室也开了物证技术的课,但是由于我们培养方向以及课时的原因,我们其实没有讲那么细,所以今天罗老师给我们讲到 DNA 技术的一些作用,尤其是 DNA 技术现在最新的发展,比如说接触技术、单细胞提取技术等,这些都是我们在课堂上不会讲到的,这对于我们了解 DNA 技术的最新发展是非常有意义的。另外罗老师为我们讲了国内外的一些案例,我们会发现在这些国内国外的错案发生过程中其实有很多共同的地方。罗老师刚才讲到了关于弗吉尼亚大学做的一个错案的统计研究,我也看到了这篇文章,通过罗老师的讲解我发现中外刑事技术有关的错案方面有些共同的地方。首先,错案的原因主要是目击证人证言的错误,我们发现国外这方面的错误是由于把错误的辨认、被害人的陈述作为一个很重要的定案根据,在我们国家罗老师举的这四个例子里也是除了口供之外,被害人的陈述、辨认起了非常重要的作用。其次,就是跟我们今天讲到的有关的法庭科学专家意见,或者是鉴定结论中出现的错误,它们也有共同之处,比如说弗吉尼亚大学做的无辜者计划当中,这些案件都发生在 20 世纪 80 年代,那么它的法庭科学专家证言主要就集中在传统的几个检验项目,比如说血清学的检验、毛发比对、咬痕、鞋印、土壤的检验。我发现我们国家这些错案有很多也是十几年前发生的到现在才发现的案件,那么它在法庭科学或者我们说鉴定结论方面出现的错误,也都出现在传统的这些鉴定结论方面。我们知道传统的物证技术有它的一些缺陷,当然我觉得这是由于科学技术发展的一个阶段性的原因,但也是导致错案的一个原因。这也给我们一个很好的启示,在纠正错案过程中有很多原因,其中一个很重要的就是鉴定结论,或者说科学证据或专家证言这方面。无论从国内到国外,律师、当事人、法官都认识到刑事技术所产生的证据在刑事案件中发挥的作用非常大,但是我们说技术是一把"双刃剑",就像手术刀能治病也能杀人,技术也是一样的,它可以在案件中起着强有力的作用,比如说 DNA 技术的应用,但是如果是错误的话也可能导致误导,比如说罗老师讲到的一些指纹鉴定的问题。那么指纹证据在 DNA 证据之前是证据之王,很多人都相信它有百分之百的准确性,但是事实证明指纹在现场常常是残缺或模糊的,又因为它不是用数学模型来表达,鉴定人的经验起着很重要的作用,如果一旦检验鉴定出现错误,会对案件产生很大的误导。但是由法官或者国外的陪审团来直接分析鉴定结论是不是正确确实存在非常大的问题,因为他们不懂得专业技术。而且现在科学技术发展得很快,某些专家也只是某学科的专家也不是通才。所以我觉得从刑事技术与错案预防角度来说,除了从制度层面或者从审判的证据的采纳采信方面来考虑的话,就刑事技术本身来说我们可以从学科的基础问题是否得到了解决,还有实验室的管理,专家是否得到了很好的培训,以及他主观方面一些因素,比如说职业道德等方面来考虑。这些都影响到证据的正确与否,或者说鉴定结论最终能不能得到采信。罗老师也讲到了美国有专门的跟刑事技术有关的案件的纠错机制,我觉得这个机制很值得我们国家借鉴,也就是说错案发生是很正常的,当然我们说有一些属于必然性,有一些属于是偶然性的问题,比如说专家个人的问题但不论是从个体的成长到社会的发展都是在试错过程中不断进步的,所以说我觉得这个讲座非常有意义的原因就是,让我们认识到我们要通过错案推动司法的进步,通过错案研究认识到刑事技术在错案纠正过程中会发挥的作用。所以尽管人大法学院学生跟公安大学学生从研究角度会有一些区别,比较关注于一些比如说证据的运用的问题,但是我们不应该忽视在证据产生的起始阶段,刑事技术在发展过程中对错案的纠正和预防发挥的重大作用。所以我认为这一块我们也不应该缺失,应该多了解这方面的内容。

刘品新副教授:谢谢晓丹老师!今天晚上这个机会非常难得,大家就趁着这个机会向罗老师提专业的或非专业的问题吧?

问题一:对于 DNA 数据库和指纹数据库,我想了解公安机关是通过什么方式收集数据,收集的对象是什么?我听了讲座之后很担心自己指纹被录入进去,万一一不小心被比对相似度排到了第一就麻烦了。这个数据库是如何更新的?因为数据库不可能是不变的,有人死亡或移民,数据库如果不更新数据就会越来越多,检索效率越来越慢,那么这些冗余的数据怎么处理?

回答:你不用担心你的样本会被公安机关收集,因为公安机关在收集样本的时候是有严格规定的,只要不违法乱纪,你的样本就获取不到。比如说你家被盗之后,勘查人员到你家现场勘察完以后一定要获取你的指纹,因为要把现场你的指纹排除掉,但是这些指纹都是不允许入库的。指纹数据库从早期建人工档案库的时候,就有严格的规定,只有违法的人员才被获取他的样本。

关于数据更新的问题,指纹系统是在20世纪70年代开始研究开始建立的,当把纸质档案往计算机系统输的时候突然发现这个人算起来要活一百多岁了。这个档案销毁不销毁经过很多人很慎重的研究,为什么呢?因为这些档案有的时候价值还是挺大的,当做一些基础性研究的时候这个档案价值就很大。针对目前指纹数据库,要解决的问题是什么呢?一个就是随着数据越来越多怎么提高数据的查准率的问题,关于这个问题,可以说技术在不断地更新。目前指纹库多是百万人级的库,现在正在研究千万人级库的数据储存,关于储存的技术还有查询识别的技术,全球这个领域的专家都不断地进行改进和研究,所以这个你不用担心,存得再多技术都可以给它解决。

问题二:刚才您给的数据,分析原因,我们发现每个案件不是只有刑讯逼供的错误,还有刑事技术上的错误,我可不可以这样理解,刑讯逼供并不是最重要的,之所以造成错案,更重要的原因是因为刑事技术的问题?这样说可能不得当,换一种说法,就是说如果我们刑事技术的方法操作都得当,那么不管是否刑讯逼供也不大容易出现错案?

回答:我理解你的问题,但是如果说把刑事技术作为错案发生的最主要的原因,可能就有点过激了。为什么这样说?其实我们列举和技术相关的虽然有几个栏目,但是它在案件中发生的比例不是特别大。刑事技术在案件中首先第一个是指引方向的问题,很多情况下侦查方向确定跟刑事技术有关系;第二个作用是提供证据,一旦鉴定意见得出了,对办案的引导作用是非常大的。但是很多情况下,并不是刑事技术在引导着刑讯逼供的产生,国外75%是虚假的证言,受害人或和他有关的证人会给侦查一个错误的导向。很多案件的侦查方向在侦查过程中是靠侦查方式来获取的,即调查、了解、访问。并不是在每个现场都能找到很好的物证材料,现场找不到留下的人体证据就得不到信息。当然,技术一旦出错对侦查影响非常大。

刘品新:谢谢罗老师,关于这个问题我有一点想法,国外有很多探讨和交流,一种观点就是刑事技术绝对不是制造错案的主要因素,应该把它当做预防刑事错案和纠正刑事错案最好的手段,其他的方法达不到这个作用。至于什么是造成刑事错案的主要原因呢?中美主流学者认为,美国是辨认,错误辨认是最重要的,中国是刑讯逼供。所以中美预防错案的着力点不一样,我们为什么最近几年一直在讨论刑讯逼供,是因为它造成了错案,不仅仅是为了保护人权。其他同学还有什么问题?

问题三:老师您好,我想问两个问题,一个关于技术,看美国影视剧中指纹技术非常高超,但是据我所知很多指纹是提取不到的,比如一个案子中信封上的残缺指纹就提取不到,请问指纹提取技术怎么通过研发或引进提高?另外一个问题关于办案人员,我们现在很多案子到现场却不侦查,存在用短期培训方式培养侦查技术人员的情况,请问能满足侦查需要吗?

回答:因为时间关系不能介绍很多技术问题,只告诉你一个概念,指纹研究人员这么多年一直在提升指纹显现的水平,非常多的先进的方法,刚才你说信封上的指纹毫无疑问我们可以显现,但是有些疑难客体,比如尸体皮肤上、钱币上,这跟载体有很大关系。显现指纹的方法非常多,目前也很先进,但有一个问题是普及程度不够,刚才你也提到派出所人员勘查现场的问题。我们国家刑事案件非常多,需要勘查的现场数量非常大,2006 年公安部提出了现场勘查的工作目标,但是到目前根本做不到,因为基层现场勘查人员远远不够。基层现场勘查人员多的一年勘查现场案件数 600 多起,少则也在 300 多起,现有的勘查警力远远达不到完成所有案件现场勘查。现在需要勘查的不光是刑事案件,警方只要接报案就必须到现场,因为你不知道是事件还是刑事案件。因为没有足够训练有素的人员,很多地方让派出所的干警去勘查,这个大家一定要理解,基层的干警非常非常不容易。

问题四之一:罗老师您好!我想问问刚才那个数据库的问题,指纹数据库美国 5000 多万总的库,刚才您的图表中列出项目除了包括犯罪人员、现场,还有个其他栏目,其中其他是指?

回答:其他栏数字很高,大家能猜到是什么吗?这是美国特有的,其他国家都没有。“9 · 11”事件后美国要求每个进入美国国境的人留下左右手食指的指纹,从“9 · 11”事件以后它的数量急剧上升,都是其他国家人的指纹。

问题四之二:还有一个问题,咱们传说三代身份证据说有指纹存储卡,所有人的指纹都要录入身份证,这样公安机关不是所有指纹都有了吗?

回答:但是身份证录入不是十个手指,仅仅是左右手食指,仅两枚。

问题五之一:刚才第一个同学问的问题我也很感兴趣,现在案件办理过程中,经常出现 DNA 提取到了,但是 DNA 库很小,存不了那么多,有过前科记录的人员才能入库,为什么不扩大库呢?

回答:DNA 库的建立,英美国家 1994 年就建立了,他们建立时都要通过立法,立法允许获取什么人的样本才可以获取,我们国家目前在这一块儿没有严格的规定,没有立法规定,所以我们还是只提取违法人员的 DNA 数据。我们国家在立法的规定上一直没有跟上,所以我们是尽力获取特定人群的生物样本,但要合乎规定。

问题五之二:还有一个问题,在同一种载体上可能提取到细胞也可能提取不到,为什么?

回答:因为每个人手掌面皮肤细胞脱落的状况不一样,同时你在接触这个物品的时候用力的大小不一样,所以有些地方提取到,有些提取不到。和多种因素有关,自身状态、遗留客体条件、接触施力方式等。

刘品新副教授:刚才问问题的是我们一线的检察官,所以他的问题还是挺专业的,其实他提出一个大家都挺感兴趣的问题,是不是对中国所有人都提取 DNA 建立 DNA 数据库,罗老师讲到国外很多国家像加拿大美国都是有立法的,中国其实有很多学者认为应该可以做,但也有很多人反对,其实从摘除你的犯罪嫌疑、维护你的权益,还有从威慑犯罪、预防犯罪的角度来说呢这个立法还是很有必要。还有别的同学有问题吗?

问题六:我想问一下罗老师,我国现行立法,关于 DNA 证据和指纹证据如果它们相冲突的时候它们法律效力是怎么样的?鉴于您刚才说指纹证据可能有错误。我看到美国有判例说 DNA 证据证明力高于其他的证据。

回答:这两个技术手段得出的意见作为证据来使用都没有问题,还没有遇到在一个案子里这个认了那个否了,如果说这两个意见证据存在矛盾,就要通过其他方面来审核了,重点是检材的来源问题。从证据的角度而言,指纹鉴定意见、DNA 鉴定意见不存在谁高于谁的问题。

刘品新副教授:我补充一点,刚才提问的是德恒律师事务所的王刚律师,比较特殊是他刚从美国回来的,他把一个美国的问题放到中国来问,美国是以法庭为中心的,并不存在侦查中心的情况,所有证据都在法庭上展示,这样有可能出现他说的 DNA 证据和指纹证据相矛盾的情况。在中国可能在前面就要排查,像这种关键性证据有问题肯定要查明是哪些方面出了问题,在中国法律中国法庭中很难出现你说的这种问题。

刘品新副教授:今天罗老师给我们做了非常好的讲座,虽然我们来的人不是特别多,但是都是对这个非常感兴趣、也都是从头到尾一直在很认真听,也收获了很多我们以前讲座上得不到的东西,我们最后再次感谢罗老师!希望罗老师以后还能过来,因为今天罗老师讲座是 2012 年德恒证据学论坛系列的第一讲,2012 年德恒论坛最大特点就是以刑事错案和证据为中心的。好,感谢大家!感谢罗老师!

通过技术实现正义*

——聚焦美国定罪后DNA检验立法

李奋飞**

非常感谢，感谢品新教授给我的邀请，也感谢钱列阳律师亲临现场，一会儿给我们学生专门做点评，也感谢我们在座的各位同学能专门抽出时间来共同关心这个话题。应该说这个话题，我关注它也是很偶然的。在国内的时候我也了解了很多冤假错案的纠错，也特别关心过一些错案的纠错过程。我统计了一下这几年来纠正冤假错案的方式，90%以上的都是靠两种方式：一个是被害人复活，另一个是真凶落网。那么有的案件即使是真凶落网了也没有纠正，比如说最典型的是聂树斌案件。我们在座的各位也看到了，最近聂树斌案件在两会期间也有代表提出来。一个案件，八年都过去了，真凶落网了依然得不到纠正。有很多人做比喻说，抗日战争都结束了为什么一个错案都纠正不了。那么河北方面给出的解释是说这个案子牵涉的人比较多，牵涉的面比较广，还需要进一步地调查。当时我只是有这样一种感觉，觉得我们这种纠错模式有些问题。

但如果不是在国外访学期间我偶然看到一份报纸，刚好提到了奥斯伯纳，他的官司打到最高法院，最高法院以5∶4做出判决。后来我说这样一个问题居然打官司打到联邦最高法院，看来值得关注。于是我就开始关注美国定罪后如何通过DNA测试来清洗冤狱这样一个做法。所以我想回来以后给各位汇报这样一个成果，也不一定都是正确的。我今天讲的话题，是通过技术实现正义，因为在通过技术的背后其实可能不纯粹是技术，如果只有技术的话，那我们今天这个话就没法讲了，我们今天这个讲座的意义就不大了。我们可能更多的是看这样一个技术怎么样在很多案件中运用，这里面肯定是有权力的支撑。其实也可以说是通过权力实现正义。

---

* 本文系2013年3月28日德恒证据学论坛第92讲整理稿，讲座主持人为中国人民大学法学院刘品新副教授。文字整理：丁雪彤，中国人民大学法学院硕士研究生。

** 李奋飞：中国人民大学法学院副教授，硕士生导师。

我今天讲的内容大体上涉及这样几个方面:第一点,错案的发生为什么是不可避免的,这个我想简单地讲一下。第二点,为什么有些错案是必须要给予纠正的,哪些错案是必须给予纠正的,我的结论是冤案,必须给予纠正,不应该有任何例外任何原则。第三点,我们如何来保证错案的纠正不依赖于这种小概率事件,当然在美国,它也有依赖小概率事件纠错的情况,但是它更重要的是通过这种高新技术——DNA 被认为有着举世无双的证明能力——来清洗冤狱的。到现在为止,我查到已经有 303 起通过 DNA 清洗的冤狱。那么这个数字是不是已经过时了,因为它日日新月月新,它几乎不停地在变化。第四点,我们探讨一下,DNA 洗冤能不能“洋为中用”,引入中国会面临什么样的障碍。第五点,我想提醒各位,包括自己对 DNA 证据的证据价值有一个清醒的认识,不能把 DNA 这个证据的价值评估得过高。我主要是围绕这样几个方面来讨论。

一、错案发生不可避免的原因

那么第一个问题就是,为什么错案总是不可避免。大家都知道在过去,美国 1989 年第一起通过 DNA 清洗冤狱这个案子出来之前,很多人对美国的司法制度有一种盲目的乐观,他们认为在这种对抗制体制下是不会出现冤假错案的。事实上不是这样,一起又一起冤假错案被曝光。我们中国的这个司法体制,出现冤案应该说也是不可避免的。到底哪个国家的冤案多,我无法作出评论。尽管目前美国通过 DNA 测试清洗出来的冤狱比较多,但是很难说美国的冤狱就比中国多。如果我们中国引入这样一个制度的话,那么是不是我们也有很多冤假错案被曝光出来? 这个很难说。但是无论是哪一个体制下,无论是古今中外,到现在都发现了很多错案,英国也好,德国也好,加拿大也好,台湾地区也好,都出现了很多冤假错案。我们有的同学在课堂上曾经听过我讲课,那么他可能听到过关于诉讼认识的局限性方面的探讨。

我觉得在诉讼中出现认识上的障碍,认识上的错误,他大体上有这么几个方面的原因。

(1)是我们人的认识能力的限制,这个是毫无疑问的,不用多说。过去没有 DNA,在很久以前,连指纹鉴定都没有。那么 DNA 运用也就是 20 世纪 90 年代左右,开始在法庭科学上加以运用。那么在这之前,DNA 的技术我们还没有掌握,而现在掌握了,我们认为很多案子是错的。但是当时我们之所以定他的罪,我们是认为这个案子我们的认识是正确的,所以这和人的认识能力是有关系的。人的认识能力在日新月异不断地发展,那么以后的认识能力会逐步地提高,这是毫无疑问的,但是无论如何提高,总有一些局限性。

(2)是我们认识的手段是有局限性的,我们认识事物,认识这个案件,我们是靠证据,而证据的取得、保存、评估,这里面都充满了高度的个人性,就带有很大的主观色彩。这里面要特别提到证人的作证问题。美国这个冤案里面有很多专家作了分析,大概有75%以上是目击证人识别错误。为什么目击证人他所亲身感受到的事实会提供一个错误的认识?这里面当然有多方面的原因。有的时候是证人认识能力的问题,比如说他的视力不太好,当时光线比较弱。还有的是比如说高度紧张,还有的是记忆力比较差,还有的时候是表达能力比较差。更多的情况是警方的不当暗示。有的时候当证人无法做出识别,无法做出一个准确的判断的时候,很犹豫,但是警方就反复提醒他:你仔细看看是不是他,你再仔细看一看,当时他穿什么颜色的衣服?是黄色的还是什么颜色的?是他吗?有的时候这种不当的暗示,证人就可能就增加他的信心。甚至有的警察就明确告诉证人,凶手我们已经抓住了,就在里面,你好好辨别一下,看看是哪一个。其实这种暗示都是不当的,实际上应该告诉证人的是:这里面这些人不一定是真凶,可能在里面,也可能不在里面,这样的暗示才是正常的,但是警方的过于热心有的时候可能把案子办错了。光证人这一项就存在很多问题。还有20%以上的,甚至有人说25%是虚假供述。嫌疑人作虚假供述,这个就更常见了。他为了保护自己,保护自己的亲人,有的时候还受到警方的威胁的询问策略的影响,疲劳审讯的影响,甚至有的有刑讯,那么他作出了非自愿的供述,有的是虚假的供述。导致冤假错案有很多原因,在取得证据的过程中容易把这种主观因素加入进去。还有我们说其他的比如鉴定。鉴定出现问题也是很多的。过去都认为法医学都是科学,其实科学也容易出问题。这里面很多误判也是因为法庭科学出了问题。有的是故意造假,有的是证据保管不善等诸多原因,特别像DNA鉴定,比较敏感。越敏感越可能导致证据保管的不慎,进而作出错误的鉴定结论。所以,这个认识的手段是有限的。

(3)认识的时间是有限制的。我们不可能让这个诉讼活动一直被认识,你必须在一定的期限内作出结论,所以也影响了人的认识能力的发挥。所以一个案件能够一直拖着不判等到新技术出来以后再判,但是我们不允许这样做。你必须在一定的期限内给出结论,这就限制了我们的认识能力。还有很多很多的原因导致人对案件的认识可能是错误的。最典型的错误就是要么是冤枉了无辜,要么是放纵了真凶。辛普森案件到底是不是错放呢,现在还有不同的看法。但是我在美国问一些人,他们说很有可能是错放了,很多很多的人都认为是错放了。那错放当然也是错判,但是美国人仍然认为这个判决是公正的,因为它的程序是公正的。

二、错案应当得到纠正

虽然我们说人类的认识是有局限性的,认识难以避免是要发生错误的,但是不是所有的错误都要予以纠正,所以我们要回到第二个话题上:有些错误我们可以容忍。什么样的错误可以容忍呢?我举几个例子我们大家就清楚了。比如说像云南的李昌逵案件,在我看来就是可以容忍的。不一定都要有错必纠。但是当时在那个背景下,如果谁提出有错必纠的话可能又被骂得狗血淋头。我们知道李昌逵是被指控杀死了两个人,还对同村的一个女孩实施了强奸,手段很残忍,把一个八九岁的孩子给摔死,那么这个案子一审判死刑,二审改判死缓,改判死缓以后媒体一曝光,网民不答应。社会的压力,媒体的压力结果导致我们的法院又发动再审,给他改判死刑立即执行。像这样的案件在西方世界看来是不可接受的,很难想象的。你想辛普森案件,他一旦陪审团宣告他无罪就永远无罪,不可能再启动一种机制再宣告他有罪。像这样的错误,错了就错了,我们想每天都有那么多犯罪分子逃之夭夭,甚至有很多贪官携着公款逃到国外去了,都没有抓到,这社会也没有乱。

但是换另外一种情况,如果一个人被冤枉了,我们觉得不管什么时候发现,都要给他纠正,不管时间过了多少年,不管这个人是不是已经被执行死刑,都要给他纠正,为什么?因为与错放相比,冤枉无辜是人间最大的非正义。当然我们说把真凶给他放走,这也是非正义,但是最大的非正义不在于此。冤枉无辜不单放纵了真凶,更重要的是他冤枉了一个根本没有任何过错的人,这对他个人,对他的家庭都会产生非常深入的影响。那么像聂树斌案件,我每次看到他的母亲趴到他的坟头上哭泣的那个场景,我心如刀绞可能有一点夸张,但是我作为局外人,每次我看到这个照片心里都有很痛的那种感觉。我们要推己及人的话,假如是我们的孩子被错杀了,或者说家人认为是被错杀了,现在看来非常有可能是错杀了,那么他的家人会对这个司法制度产生深深的绝望,会对这个国家产生深深的不满乃至怨恨。我觉得她能容忍这么多年,没有造成任何的社会危害,都已经非常了不起了。像这种冤枉无辜的情况,无论什么时候发现都要给予纠正,而且我们要想尽一切办法去尽可能地纠正冤案。

但为什么纠正冤案相对来说更困难?在我们国家,前一种错判还更容易纠正,后一种错判相对来说更难纠正?前一种错判我们知道,只要媒体一呼吁,我们的法院都坐不住了,都启动再审程序了。最典型的是刘勇案件。刘勇一审判死刑,二审改判死缓,然后后来舆论的报道,网民不答应,结果最高法院亲自提审改判刘勇死刑立即执行。你想想一个国家的最高法院亲手把一个生效的裁判给改了,而且是加重处理,自己主动去加重,这个在全世界可以说不多见的。那么相比来说后一种,这种冤枉无辜的情况的纠正就更困难,因为这里面涉及到太多的人,有的时候涉及两级甚至更多级的公安、司法机关,涉及很多人的位置,涉及很多人的前途,甚至一旦被追究责任,有些人可能都要因此遭受刑事追诉。最典型的像佘祥林案件,我们都知道,佘祥林那个案子,他妻子回来以后,后来办案的警察被双规了,其中有一个警察挺不住压力,上吊自杀了,当然后来其他的警察也就没有再追究。

所以我认为像这种冤案,国家要尽可能地纠正,要想尽一切办法,在目前的背景下,有这样的技术条件,我们要想办法去利用这样的技术条件。所以我觉得冤假错案最典型的是冤案,我们需要给予关注,需要给予纠正。所以接下来我们再评析美国这个 DNA 技术,我们就有了根据,我们拿着这个就可以分析它们。为什么有些案件不做 DNA 测试是违反正当程序的呢?这是我要讨论的第二点。当然这些话题都比较大,需要更长的时间。像刘勇这个案件后来实际上最高法院很受伤。我认为一个刘勇案件,一个李昌逵案件,这两个案件都让我们的司法很受伤,大大减损我们司法的权威性。杀两个人,毁坏了我们最高法院的形象,毁坏了我们司法的形象,是得不偿失的。我认为这两个人活下来对于这个国家这个时候已经没有太大的危害了。这是我们要讲的第二点。

三、美国的 DNA 技术在纠正错案中的适用

1. DNA 技术在实践中的应用

第三点是我们今天主要讨论的话题,就是美国通过 DNA 技术来纠正冤狱的问题。刚才我说了中国纠正冤狱纠正错案往往靠小概率事件。那么在美国我也找了一些案例,其实也有这种小概率的成分,如果不是一些偶然因素的出现,可能也纠正不了。所以人有的时候是靠能力,有的时候则是靠运气。我们人生何尝不是这样呢?对不对?你说哪一天你当了省委书记了,纯粹是因为你的能力吗?可能是,但也可能不完全是,那这里面也肯定充满了运气在里面的。那么美国也有这种通过碰运气结果纠正冤狱的例子,最典型的就是中央公园慢跑案。有一个女白领,下班以后到中央公园去跑步,因为我当时在纽约的时候也住在中央公园附近,我也经常跑步,很多美国人都在这里散步,锻炼身体,环境非常好。为什么在公园里面会发生凶案,因为你不去的话没有这个感受,我的家离中央公园很近,我的业余活动有一部分是在中央公园里面度过的,有的地方是森林,很茂密,一眼看不到人,所以有时候里面真发生凶案的话半年可能都不来一个人。所以一个人选择走这样的地方是比较危险的,它有些地方都是封起来的。那么刚好那天晚上她出事了,她被人给重伤然后又强奸。结果警方找不到真凶,但是找到了五个黑人,实际上他是被冤枉的。找到这五个人,说他们跟这个案子有关。经过几十个小时的询问,这几个人交待了,后来加上了目击证人的识别。其实这个女的当时被打昏了,她的识别能力是很有限的。然后陪审团就宣布这五个人有罪。在他们服刑大概到第 12 年的时候,因为真凶在监狱里面两次跟他们碰面,其中还跟他们五个人中的一个人打过架,可是当时这个真凶其实已经知道他们五个是替他顶包的,但是当时他没有勇气站出来。大概 12 年以后他们又再次在狱中相逢和他,相逢了以后看到这五个人原来都是小年轻,都是小孩,有的还是未成年呢,而此时都有的头发都已经白了,因为在监狱里对一个人的摧残是非常严重的。这个时候他良心发现,于是他就主动自首说自己是那个案子的真凶,后来经过 DNA 检测果然就是他。那么这里面如果不是这个人主动站出来,可能这个冤案也未必能纠正,这里面也有偶然的因素,但

是更多的是通过无辜者计划,这些无辜者保护组织,他们积极地参与,组织教授、律师、同学对于一些案子的审查,推动冤狱的清洗。

2. 美国各州对DNA技术的立法

在300多个案件里面都有这个无辜者保护组织,其中有100多起都是直接参与的,他们做出了巨大的贡献。这些人的推动对美国的立法当然产生了深刻的影响,在2000年以前,美国只有三个州有定罪后的DNA测试这样的立法,一个是纽约州,一个是新泽西州,另外一个州我不是很确切,但是纽约州是比较早的,1993年就有立法。由于冤案的曝光,给很多州施加了很大的压力。在2000年前后,由于联邦政府中有议院进行提案要求这方面的立法。大概在2004年的时候美国有一个无辜者保护法案被公布。我们知道美国是联邦制的国家,联邦的法律对各州不一定适用,但是会有影响。因此在2000年前后各州的立法如火如荼,大概在2000~2004年之间有30多个州都有了立法,都作出了规定。到今天,我从美国回来的时候查到的资料是46个州,现在我又查,已经有49个州通过了立法。这个数字是不是精准的,会不会我今天晚上一查,50个州都通过了,我不知道,但是到现在为止至少是49个州都通过了立法。那么现在30几个州都有通过DNA清洗出冤狱的例子。那么按理说联邦也有立法了,49个州都有立法了,那么好像通过DNA测试清洗冤狱的这个问题就已经不大了。

其实在我看来远远不是,这个路还很长。虽然立法有了,但是在这个权利的实现之路上我觉得还有很长的路要走,因为我们看到很多的案例,是被告人被定罪以后他提出申请,结果法院给他否决了。为什么?我们知道联邦的立法相对来说比较引领潮流,比较先进,但是各州的做法都不太一样。比如说涉及了这样的问题:什么样的案件可以申请?各州都不一样,有的州是只允许死刑案件才可以申请,有的州是重罪案件可以申请,还有的州是所有的案件都可以申请。这个不同的州说法不一样,但联邦法律规定都可以。第二点,一个人如果认罪了,他可不可以提出申请?那么很多州是你如果当时认罪了,那你不可以再提出申请了。我们知道有些认罪是虚假的,但是联邦说无论是不是认罪,他都有这个权利,都可以提出申请。现在很多州,如果你认罪了,你提出申请,就往往不会给你这个权利。

最典型的一个案例就是上次我们讲的一个阿拉斯加的一个男子,他叫奥斯伯纳,他选择了认罪。再加上他的律师在当初审判的时候,有一种策略上的考虑,当时做了DNA测试,但是当时的DNA技术比较差,它这个错误率实际上很高,不是很精准。被定罪以后奥斯伯纳不服,尽管他认罪了,但是他认为当时的认罪是虚假的,他想重新申请,特别是他在监狱里了解到这种DNA技术的发展已经和以前有明显的改进,他就想申请重新测试。这个申请通常要向看门人,就是检察官来申请,因为这些证据基本上都是检察官来掌握的,如果检察官不同意的话那你就要诉讼到法院,或者寻求定罪后的相应的救济。但是这个检察官和法院都不同意,后来他上诉了在州这个层面也没有得到支持,他就以宪法权利受到侵犯为理由,把官司打到联邦。我们知道如果宪法权利受到侵犯的话,那么你可以在联邦进行诉讼。联邦第九巡回法院支持了他的主张,但是这个案子检察官仍然不接受这个意见。然后又接着上诉,上诉的结果是最高法院以 5∶4 做出判决,否决了主张,认为定罪后 DNA 测试的权利不属于宪法权利,就否决了他。现在还有一些州的犯人试图用立法获得这个权利,比如德克萨斯州有一个人,他被指控杀了他的女友和他的两个孩子,但是这个人一直不认罪。当时他的律师有一种策略性的考虑,没有申请做 DNA 测试,因为她担心如果做 DNA 测试,很有可能对他不利,因为美国是对抗制的,检察官也不会主动说给你做,那不可能。并且检察官也没做。可是他现在提出要做 DNA 测试。在州这个层面上给否了,后来打官司也打到联邦,也打到联邦最高法院,联邦最高法院认为,如果他在州无法行使这项权利,他可一通过联邦的民权法案,通过这个系统来主张自己的权利,但是也没有直接支持他的这个申请。

3. 美国 DNA 技术实践应用存在的障碍

现在有立法了仍然还有许多问题需要解决。比如说 DNA 证据,怎么保存? 因为如果你取的这个 DNA 检材没有很好保存的话时间久了可能就不具备检测的条件了。这个刘老师是专家,怎么保存,保存的条件都很严格。那么法律上 DNA 检材如何保存,有的州对这个这么重要的问题就没有做出明确的规定,并且,提出这个申请经费谁来承担? 我们知道在美国做一个 DNA 鉴定大概需要 5000 美元左右。那么对有些人来说 5000 美元可能不是问题,但是对于一些贫穷的被告人可能就构成问题。但各州的做法不一样,有的州要求你预先交这个费用,有的州就说如果你申请成功了,鉴定结论对你有利,那这个钱政府给你承担,如果不利,你个人承担,这样做还是比较人性化的,政府首先给你承担下来,结果对你有利了,你就不用承担了,对你不利,那你要承担这个费用,这个也有道理。还有的就是你提出申请,如果结果对你不利,不单是你要承担这个费用,还要对你制裁,给你增加 60 天的刑期,有的甚至以藐视法庭罪被判三年监禁,就是防止这种没有来由的、无理由的或者干扰诉讼的滥用权利的申请。有的人纯粹是为了消耗你的资源,纯粹是为了诉讼拖延,想缓几天再执行死刑。有的是死刑犯,有的是不想死,想缓一缓,那么总是有一些制裁,当然有些州没有。

那么更难的在哪呢? 还不在这个经费上。更难的在于这个诉讼它很复杂,如果没有得到律师帮助的话,你一个人被羁押这么久,并且这些人往往都是穷人,这些被冤枉的人 70% 以上都是有颜色的人,都是有色人种,而且大多数都是穷人。这些人文化程度往往也不高,他们要想行使这个复杂的权利,非常非常困难,依赖律师帮助。我们说如果这是一个宪法权利的话,就涉及政府给你免费提供律师的问题,如果不是,有的州给你提供律师,有的州不给你提供律师,不请律师或者请不起律师,这官司就打不起。所以无辜者保护计划里收到很多信,但是有些人就没有行使这个权利。当然这个社会组织也给很多人作了免费的代理,也承担了申请费用,甚至有些律师为了维护当事人的权利,律师替他付费,甚至也有免费代理的这种情况。所以这里面也是个问题,如果不是宪法权利,那么获得律师帮助的权利也就相应地没有宪法权利的支撑。

那么申请程序更难的在哪呢?最难的是,如果检察官同意——当然现在检察官由于客观义务,通常都会同意,有的时候这个检察官的独立性比较强,因此检察官就可能同意了。那么如果检察官不同意诉讼的话,作为申请人,需要向法庭证明做这个鉴定会和之前得出一个不一样的结论。如果有这个鉴定,这个人就不会被起诉或者说不会被定罪。这个就很困难。你要说服法官,说服陪审团,说这个结论一旦做出我可能就是无辜的,我就不会被起诉,不会被定罪,因为一个人一旦被起诉,首先是由一种成见在里面,其次是一个人能够被定罪,我们知道,定罪的标准很高,排除合理怀疑,通常是有很充分的证据,有的时候是压倒性的证据,所以你要说服法庭接受你的主张往往是非常困难的。所以你看尽管立法上现在已经规定了,49 个州也规定了,联邦也做出规定,但是被告人行使这个权利,有的时候并不是那么畅通无阻,仍然面临一些困难,仍然有一些问题需要研究。

再比如说这个人他的申请被驳回了,或者说鉴定结果对他不利,那么申请人可不可以再申请?有的州就允许因为你鉴定的结果可能和我鉴定的结果不一样,你的水平高,我的水平低,我鉴定不出来你鉴定出来了。这里面还有一个中立性问题。像那个实验室的申请。我看到有材料说美国的很多实验室,甚至会主观、故意造假,都不是误差、失误,不是这个,故意造假都有!有很多人都受到了刑事追诉,受到了处理,有的是被开除,如果你鉴定的结果对我不利,那是不是我这个权利到此为止了?如果还不服,可不可以再申请?有的州就允许,有的州就不同意。有很多问题需要去研究。看起来就是个简单的权利问题,不就是个权利吗?所以上次我们讲的时候很多人就说那不就是实事求是吗,该给他纠正给他纠正了吗?没那么简单。我们实事求是,但是美国人不讲实事求是,他讲权利,他讲那个权利有没有根据,你能不能说服他不是说你凭哪个领导人一拍脑袋,这个鉴定,那个不鉴定,不是这样的。这是从美国的做法上来看他取得了一些进展,至少已经清洗出三百多个冤狱,那么他们累计的服刑年限是 3600 多年,平均下来也就是这些被冤枉的人平均在监狱里服刑了 13 年之久,大概是 13 年半。想想,摊到任何一个人身上都受不了。所以我觉得这个权利非常值得关注。

四、DNA 技术纠错能否"洋为中用"

我们如果有一种国际化的眼光,它山之石可以攻玉,那么接下来我们就回到我们的土地上。我们遨游世界我们到其他地方去学习,目的实际上还是想改造我们实践中的一些做法。艾青所说的:"为什么我们眼里含满泪水？是因为我对这片土地爱的深沉。"为什么我们关注美国,不是说我们崇洋媚外,不是说美国的做法都一定好,事实上美国的很多做法我也不赞同,那是因为我们实践中有些地方也需要参考别人的做法,特别是在现在。如果说我们在价值理念上我们没有办法接受的话,那么在技术方面我们完全可以学习。刘老师也知道,现在我们 DNA 技术并不比美国差。甚至有些方面我们还比他先进,那么在这种情况下,技术上我们已经具备了,我们能不能通过技术实现正义就看我们法律上能不能给予支撑,那么现行法有没有规定一个人被定罪以后,尤其是判决生效以后,申请 DNA 测试的权利呢？法律上是没有明确规定的。

这个问题好像还得不到我们立法的关注。我们知道这些年来我们立法主要关注的是这么几个问题:律师会见难问题——这些年问题基本上得到了解决,应该说比以前有所改善。还有刑讯逼供问题,那么这次刑诉法也用了大量的刑诉资源给予规制。超期羁押问题,这次刑诉法都有体现。但是像这样的问题,我们的立法似乎还关注不到,社会也不敏感,我们的社会往往对什么人敏感呢？就是当有一个人被冤枉了,媒体一曝光,这个时候我们稍微敏感一点,但是还有很多人可能都在监狱里面苦苦等待,得不到媒体的曝光,没有充分的证据证明他是被冤枉的。对这样的人我们的关注还不够,也关注不到。从我们的再审制度设计来看,我们当然也有明确的规定,如果有新的证据,我们也是可以启动再审程序的。问题在于,什么叫做新的证据？这个新的证据怎么来？假如说聂树斌这个案件当时公安机关如果工作做得细致的话,搜集了一些犯罪现场的证据,假如说当时能够做一些搜集保管工作的话,那么里面会有一些检材到现在还可以用的,像头发,保管的时间都很长。这个头发能保管很多年,它就可以做 DNA 测试,那当时我们的公安收集的细不细,有没有这样的材料？如果有,这个时候能不能给他的家人申请做一个 DNA 测试？因为现在这个 DNA 技术不光可以是给他本人做测试,如果他有近亲,他还可以做家族的这种测试,也可以做这种 DNA 比对,现在仍然有这个条件。如果有这样的证据还保存的话,当然我相信经过这么多年,法律也没有要求是不是保存、保存多久,我相信可能已经没有这样的证据来做 DNA 测试了。假如有,给不给他鉴定？我很担心。如果没有鉴定的话,哪来新证据呢？对不对？问题在于像聂树斌案件,当他的母亲向河北高院要判决书的时候,河北高院都不给她判决书,后来还是一个神秘的人给她寄过去判决书。当时没有判决书法院不立案,有了判决书法院还不立案,连判决书都不给你,若你申请 DNA 测试能给你做吗？法律上如果没有明确这个权利的话,你想行使这个权利是非常困难的。

所以有一天有一个学者说实现这个权利不一定立法,我当时很不赞同,我认为有没有立法完全不一样。有了立法还不一定能保障呢,如果没有立法,法律上没有这个权利,那更难。就像我们现在侦查阶段律师有没有调查取证权,这个问题就有争议,法律上没有明确规定侦查阶段可以调查取证。但是你要从相应的条文规定来看,这个还有争议。所以我觉得,如果我们在法律上给他明确下来这个权利,比如说有个人定罪以后,至少在两年内你可以提出申请。当然也不可以无限期的,你说十年以后,二十年以后,还可以申请。我们可不可以设定一个时限?两年内提出申请DNA测试。可是不一定所有的案件都涉及DNA,但是有的是有条件的,像杀人、像强奸这样的案件是可以提出申请的。当然现在很多案件在定罪之前都已经做DNA测试了,像强奸案件,杀人案件,很多都已经做了,但是之前的,特别是20世纪90年代之前的案件,当时恐怕大部分案件都没有做,像佘祥林案件。那么现在,如果还有条件的话,能不能给人家这个机会?给他提出DNA申请的这个权利,行不行?当然这个如果要给的话,面临的问题是什么?面临的问题会不会一个又一个,一个又一个冤假错案给予曝光,以至于我们的司法会不停地遭受质疑、批判?是不是会让我们的执政者都会感觉不安全或者如坐针毡?这肯定是法律之外的一种障碍,但是冤枉无辜是最大的非正义。

从这个角度来讲还是能纠正就给纠正。除了立法上保障这个权利以外,对证据的保管我觉得要予以明确。比如说到现在我们无论是刑诉法还是司法解释都没有明确这个问题。所以说一个人被定罪以后、判决生效以后,关于他的证据,保存多久?我觉得最好的是,这个人的刑期如果还在执行的话,就应该一直保存。如果这个人应该服刑,就应该一直保存。但是有些被执行死刑的人,他的判决,如果错的话,不保存也不行恐怕,那这样的案件保存多久也需要明确。当然这个权利怎么设计,程序怎么设计,这个带有主观性,但是问题是客观存在的。问题是我们如何把DNA这个技术给引入到法庭审判的过程中?刚才刘老师讲,他已经发现有相应的案例,生效判决以后有DNA测试。但是在这之前我也发动了我的检索能力找了很多。在北大的网站上找了很多。其中有20多份判决里面都涉及DNA,但都是在定罪之前的。没有一起是生效判决以后的。那么我昨天晚上还找到一个案件,一审是定强奸还有一个伤害,后来二审发回来以后把强奸罪以事实不清证据不足为理由给改判无罪了。由于这个强奸案件涉及DNA检材但是没有做DNA测试,所以法官就认为这个案子,这么重要的证据没有,这个证据链条是不确定的,于是这个案子就改判无罪了。那么这个人出来以后,公安又给他戴上手铐,说又重新追究这个强奸罪的责任了。上级检察院已经抗诉了,这个案子就是个再审案件,但是检察院没有给他启动做DNA测试。如果律师提出给他做DNA测试,我们的法院给不给?在这样的一种条件下,你这个证据保存的好好的,完全可以做,做不做?那么现在这个案子媒体没有继续跟进,我也没有进一步了解。我觉得可能这个要做的话很容易确定他是不是犯罪人。

所以说这个DNA实现正义,我认为在很多案件中确实实现了,有些案子还很困难,但是应该看到它的功绩。那么在50%的案件中,不单清洗了冤狱,而且找到了真凶。这个效果非常明显,不单把这个人的冤狱给清洗了,而且真凶也找到了。很多真凶在社会上又实施了新的犯罪。所以我认为我们可以考虑把这个技术通过程序引入到我们的法律审判过程中,引入到我们的再审程序中。这是我对DNA技术的一个认识。我认为可以洋为中用。

五、DNA技术的局限性

最后一个话题我是想谈谈DNA鉴定它的局限性。刘老师他们可能对DNA技术掌握得更多、更充分。从我个人的理解来看,DNA技术涉及了和我们诉讼法结合比较紧密的一些话题。有些案件也很典型,就是其他的证据不充分,只有一个DNA鉴定,那么这个案子能不能定的问题。DNA鉴定被认为是具有超高证据能力的一个证据,甚至有的人封它为证据之王。过去认为口供是证据之王,现在认为DNA是证据之王,没有哪一种证据证明力能够超过DNA。这个认识不能说没有道理。从现在DNA技术的发展来看,应该说这个评价也不为过,过去如果说DNA技术有很大的误差,现在是精准率很高,而且对检材的要求也越来越低,不像原来要有大量的检材,现在头皮屑都可以做,毛发、甚至你喝水的杯子、你咬的苹果,这都可以做DNA测试。所以只要有微量的生物检材都可以做DNA测试,这个技术确实是同过去相比不可同日而语了。但是,是不是说它的证明力就不应该遭受质疑,是不是就是至高无上的,是不是说有这样一个证据就足够了?

关于DNA证据当然我们说它也会出错,在保管的过程中会出现所谓的污染的问题,还有的是由于操作、技术还有我们的仪器各种原因都可能使这个误差增大,或者说出现一些错误的鉴定。此外,以后人的生殖技术不断在提高,很多人喜欢要双胞胎、三胞胎,像这种同卵的做DNA测试可能就很难查出来,在加拿大就出现过这样的案件。有一个强奸案件通过DNA比对,就找到了他的哥哥,他哥哥不承认,因为他弟弟是同卵的双胞胎,他俩的DNA图谱和现场发现的DNA图谱都是吻合的,但这说明不了什么,那两个人都不认罪,又不能刑讯逼供,后来法庭把两个人都放了。因为你判其中一个人,这个错误概率是50%,所以后来两个人都放掉了。我们中国也发生过这样的情况,就是兄弟俩在两个地方都干了坏事,都强奸了。其中的哥哥是被指控了四起,他认了其中三起,其中有一起他不认。当时这DNA测试就是他,他不认,后来他的弟弟在别的地方也犯强奸罪,也被抓了,后来他弟弟交待那个事是他干的,他俩是同卵的双胞胎,所以像这种情况下DNA就无能为力了。

还有一些案件DNA也是无能为力的,比如说强奸案件里面涉及违背妇女意志,那么这个人承认我和她发生性关系,但是她是自愿的。在这种情况下你有DNA又如何?你做不了什么,所以像这种情况被告人如果申请,在美国,法官是不会同意的,因为法官认为这样的案件做了DNA鉴定也没有什么意义,是不会同意的。这个在我们这儿也一样,你无法来测她的自愿性的问题。DNA 的作用是有限的,不能把它捧到至高无上的这种境地。那么有的案件没有其他证据,只有 DNA 检测能不能定案?我举个例子,这也是个真实的案例。甲跟乙做生意。甲跟乙说,你带着现金来,我给你找一个门面房。这个乙就按照他说的带着现金过去了。去了以后,人间蒸发了,他的家人找不到他。家人就和甲联系说你有没有见我哥哥?这个人说我没见。但是因为他是最后接触这个人的,所以公安就很怀疑他。公安就到他家里去,就发现他墙上有血迹。经过检测,因为找不到这个人——但同弟弟的 DNA 图谱有相似。后来公安就对他进行突审,他就交待了,说到他家以后他用凳子把他砸死的,砸死了以后把他碎尸,用锅给蒸了以后扔到河里去了。公安费了很大的劲把这个人的残渣给找到了。做 DNA 比对以后就是他,就是这个被害人。但是事隔一段时间以后,当检察官提讯他的时候他说,人是在我家死的不假,确实是在我家死的,但是不是我杀的,是他在我家磕死的,是他自己不小心摔死的,摔死了以后我怕承担责任,我就把他给碎了。那么到底他这个口供哪个是真、哪个是假?作为法官有时候很难判断。假如说这个案子,口供我们不用,就光是 DNA 检测,这个只能证明这个人来过他家,在他家死掉了,这样的案件能定还是不能定?

有的案件可能就没有其他证据,或者说有的强奸案件,被告人不认,被害人也无法指认,因为被害人睡着了,他趁被害人睡着的时候把被害人给强奸了,被害人没法指认。那么这个案件有 DNA 检测能够对上,能不能定?按我们刑事诉讼法的规定呢,只有口供没有其他证据不能定案,没有口供,但其他证据充分确实可以定案。但是如果我们换一句话说,只有 DNA 鉴定,这个鉴定结论又是可以给他归罪的,没有其他证据可不可以定案?当然无论如何 DNA 鉴定有它独特的价值,但是也不能把它捧得过高,要对它有一定的认识。特别是有些案件我们想栽赃一个人的时候,一个生物系的学生就可以做到:把你的 DNA 检材给你扔到现场,有的时候可以迷惑公安机关的不一定是很高明的做法。我们知道在安徽有一个案件。这个被告人强奸了以后就把邻居的衬衫扔到现场,就这样一个简单的动作就唬住了我们公安,结果那个人被冤枉了八年。如果把你吸的烟头扔到现场,你喝水的杯子扔到现场怎么办?所以对 DNA 鉴定要有一定的认识,我觉得可能以后对警察要加强这方面的培训。否则他可能就缺乏这个知识,怎么去搜集,怎么去固定,怎么去保存。时间关系,我围绕这个话题就先讲这么多。谢谢大家!

■现场互动

刘品新副教授点评:好,感谢奋飞教授精彩的发言。我一直认为奋飞教授是一个比较有正义感的人,他在法学院做的好多事情都让人感觉到来自底层的一种正义。这个话怎么说呢?就是其实我在美国访学期间也遇到过他们的冤错案件,感触特别深的是美国的法学教授在给非法学的本科的学生上法学概论这样的课的时候,有一个教授讲的全是冤错案件。他通过冤错案件讲各种各样的法律制度。当时我觉得很惊讶,为什么没学过法律的学生要给他们讲这些东西,讲完以后他们还会不会上法律的研究生。我问他们的时候他们说为什么呢?为什么不会呢?他们说法律是一个关于正义的学问,真正的正义就是这样的正义,当然我知道他们很多人通过学了这门课以后,后来去了法学院。

在这个课堂上我学到了一个词就是“底层的正义”,就是错案反映出来的,不正义的问题,实际上都是穷人的或者弱势群体的问题,看起来是司法不公平,但是绝大多数的这些问题都发生在美国的黑人身上,像中国的聂树斌这样的人身上。你要是非常有权有势的,比如说李双江的孩子的事情我觉得不会出现这样的情况。而关注这类人的冤错案件的难度,我们知道在今天全世界的很多国家除了中国大陆都有类似无辜者这样的运动,而且现在有这样一个专门网站,就像透明国际的标志的网站正在建各个国家冤错案件,而唯独在中国却很难推行,我们也曾经想在人大搞这个无辜者的机构,但是未批准。我们要开一个关于冤错案件的国际研讨会,去年经过很大努力开成了,但是不能在北京开,在六环开都不行,后来经过很多波折,跑到了吉林长春去开的,还是在一个封闭的,单纯的检察官学院里开的。开会的过程当中就是关注这个问题进而发现中国的正义问题,底层的正义存在的问题很多,究竟是不是比美国多不好说,但是中国要做这样的事情非常的困难,尤其是像奋飞老师说要进行制度上的建设几乎是难于登天的。

最近我有个感受就是新的民事诉讼法修改以后检察机关可以对民事的机关进行抗诉,这是个很小的修改,不涉及刑事。刑事的这个审判监督我觉得没什么,基本上没改,民事的这个改了之后发现了很大的变化就是向最高检察院和各个检察院进行民事申诉的特别多。这个我以最高检为例,现在据说最高检的东区所在的地方都给堵死了,所以现在有一个变化就是现在他们把西区腾空专门设立上访中心。以此类推,很多地方检察院也想把他们的接待上访的地方,申诉的地方建在跟他们的办案大楼不在一个地方,就是类似于北京的六环以外的这样一个地方。这是现在的一个小情况。就是告诉我们在中国要关注这种底层正义,要推动制度建设是非常难的,难于登天。当时反映的情况问题特别多,我们在人大开刑事错案诊所的课的时候,经常是收到到大量的面谈或者寄信的材料,但是基本上没有很多力量。不仅没有,而且制度好像把这些路都给堵死了。美国的教授还可以带着学生去调查,还可以去申诉,中国现在《民事诉讼法》规定除了律师以外其他人还不能做代理人,你更别说调查了。

我们接触什么案子可能马上就有相应的反应。比如我们上节课接到了一个来自人大的同学的冤错案件,我觉得还是有很多的压力。就是人大门口的同学,他们家里的冤错案件,那个同学是很有影响的,他的最大的举动是在天安门前裸跪。那个案子是不是冤案我们不好说,但是我们看到很多材料确实感觉有冤情。但是制度建设非常难。好在奋飞老师给我们大体提出了一个方向,从技术的角度来进行建设。希望他的建议或者希望他的努力能够化成一点点的进步。我自己不奢望建立一种 DNA 检测冤案的制度,至少你要把纠正民事错案和刑事错案的审判监督程序给改一改。至少把这种大量,很恶性的,影响太大的,像聂树斌,像呼克吉勒图这些案件早一点昭雪真相,早一点处理出来。接下来我们把这个问题交给钱列阳老师给我们启发思维,谢谢您!

钱列阳律师点评:谢谢!很荣幸来参加这个活动。我真的是上了一课。我觉得奋飞把这个 DNA 这个事情在美国研究得这么透,而且用这么简练的语言把它给归纳总结出来,我作为一个同行,我干了这么多年律师我觉得实际上是不是可以这样看:产生错案,发现错案,纠正错案,这是一个竹子的三节。发生错案,原因是侦查技术、诉讼制度、个人的因素、整个的生产力的发展、科学技术的发展没达到这个程度。总体来讲,在人类文明的进程中,实际的错案远远高于我们看到的、知道的,这就像海面上漂浮的冰山,我们看到的只是一个白尖,但不是全部,80% 是在海面之下的。所以,香港一句名言"法庭从来不是搞清客观事实的地方",因为它要搞清的是法律事实,所以如果用客观事实和法律事实作为参照和比较,那么冤假错案真的是多了去了。

但是我们实际上今天追求的仍然是法律事实,是程序正义,换言之辛普森他其实真的杀了人,但是法律事实是他没有杀,程序上没有错误,这样的案子就不叫错案。所以我们首先要明确错案的概念定义,它是一个跟客观事实的比较呢?还是追求的是一个法律事实上的一个错案?但是人类文明的脚步在往前走,生产力技术的发展是尽可能地把错案压缩到最低,这是一个努力方向但绝对不可能没有。那包公时代,两个女人抢一个婴儿,没有 DNA 技术,怎么鉴定?那包公就让这两个人一个拽胳膊一个拽腿在那拽,孩子哇哇哭,最后谁先松手的谁是亲妈。因为真正心疼的恰恰是那个松手的,那是亲妈。所以以这样的方式来验证,这也是当时的生产力技术下的一种辨别手段。所以我觉得大家作为法律人,会发现由于生产力各方面技术的局限,产生错案是正常的,是必然的,只是多少而已。

第二个阶段,发现错案。发现错案就是今天奋飞老师所讲到的,由于有了 DNA 技术,我们发现错案的能力又往上长了一截。我们将来还会有别的技术,我们发现错案的能力又会长第二节,会不断地增加。这方面能力的增加,科学技术是第一生产力,它会有的。同时我们的诉讼制度会越来越完善,也会有助于发现错案。难在第三阶段,纠正错案。在美国,DNA 技术出来了,这么多个州通过了,这么多案件给纠正了,哪个警官自杀了?哪个法官下台了?哪个公诉人公诉错了因此而自己入狱了?没有。错了就是错了,纠正错误就可以。难在我们中国。聂树斌案,现在傻瓜都知道不是聂树斌杀的人了,已经到了这个程度了,纠不过来是人为的因素。是因为每个案子的纠正都与每一个相关人员的切身利益挂钩。所以,错案追究制度,什么错案赔偿制度,末位淘汰制度,所有这一切,他当初设立这个制度是为了鼓励司法环节的每一个人员的工作积极性,但实际它产生更大的负面影响是一旦错了,必然抱残守缺,死不认错。经常被告人就跟我们律师讲,那个警察就指着他的鼻子说:“如果我把你抓错了我就要脱衣服。所以你错了就是错了,对了也是错了,我绝对不能让你对了,因为不然我就脱衣服。”我们这样的一种机制就可以解释河北聂树斌案件改不过来,原因就在于如果今天改了错案了,产生冤假错案的人今天都在河北的台上,当那些“长”,职务坐到更高,以至于跟他们的切身利益紧紧挂钩,他当初就是因为这个案件立了功,他才提拔上去的。如今证明这是冤案了,那他怎么办?所以当每个人面对的是天平的一边是公平正义良心,另一边是切身利益的时候,前者从来没有赢过,每个人都要从自己利益的角度出发,所以所有的这些人都知道聂树斌错杀了,但是人们看法相同,说法不同。我们作为案外的人当然是黑是黑,白是白,而他必须是考虑自身的利益,假做真时真亦假。必须以这样的方式来掩盖客观事实,因为他的利益在里头。所以我们今天纠错机制的短板是我们整个司法体系这个木桶的短板,原因就在于跟个人利益的紧紧挂钩。

我前年到美国费城,检察官告诉我他办公诉案件的成功率是60%,也就是说有40%公诉的案件是被法院定为无罪,我差点说那你还坐这个位子呢,要在中国早就被拿掉了!他说我就认为他有罪,那是我的看法,即便下台了我也认为他有罪,我没有控诉错。法官有法官的看法,他认为无罪那我有什么办法?但他自己的前途、自己的职位、自己的各方面利益并没有因此受到影响,所以这种公事公办私事私办是一个非常健康的体制。而我们今天,包括正在审理的案件,人已经抓了这么长时间了,如果判无罪,检察院要承担国家赔偿的责任,公诉人审查起诉阶段工作不力,只要检察院你把他逮捕了,所有这些公诉人,这些批捕的人都要受到影响。这样把这些所有的利益都紧紧地绑在一起以后我们的纠错机制基本就形同虚设。

所以我认为现在这样的一种司法体制下,如果说继续大量地运用DNA技术去继续发现各种错误,完全贯彻到我们今天的案件中来,我们一定会发现我们的错案远远超过美国的错案。而这些错案一旦暴露出来,聂树斌这样的案子不会少于十个二十个,这样的错案多了去了,只是看到了几个,媒体报道出来的屈指可数,那么又怎么办?所以我觉得中国的领导人也好,各级法院的法官们也好,他们心知肚明,他们办的案子中其实有问题的案子会有多少比例?有的案子是判的时候就知道是错的但也要这么判,因为法外因素的干预,因为上级领导的打招呼,产生错误的时候就已经挡不住了,所以这一切都是因为跟个人利益紧紧挂钩,没有公事公办的结果。所以这就是我们今天看到的奋飞教授把DNA技术给引进来,但在中国今天的司法实践领域你推不下去,你推下去有多少人的乌纱帽受影响,你一下揭出20个聂树斌来,那还了得?所以一定是什么?一定是在官场上打着左蹦灯往右拐,一定是在打住你。可喜的是,在美国这样的技术能够迅速运用到司法实践中,有错就改。我们跟美国的差异不在发现错误的能力上,而在纠正错误的能力上。好,谢谢大家。

刘品新副教授点评:好,谢谢钱律师。钱律师发言完了以后我不知道大家什么感想。我的感觉很清楚,就是在美国学法律,如果大家学美国的刑事错案,学相关的案子、故事,你会越来越愿意学法律,觉得搞法律有意义能够实现正义。但是听完钱律师讲完以后呢,在中国学,你会发现我们上的课白上了。而且以后工作的时候也尽可能用不到那些东西。就会觉得说那是另外一种感觉,我不知道大家怎么看,请大家有问题提问,谢谢大家。我们按照惯例有五个提问的机会,提问的同学这一次是有何老师亲笔签名的赠书,以前的都是盖章的赠书,这次正好我们何老师过来了,就亲笔签上了。

问题一:老师好,我是证据学教研室的王馨沁,您之前所说的设立了DNA申请鉴定以后,包括我们之前也研究了美国的刑事错案问题,这种审查是形式审查还是实质审查呢?另外对案件认定到什么程度才能认为是错案呢?我之前研究美国的案件,通常是要求几个要件:比如不认罪,服刑了多少年。看上去像是一种形式上的审查,我想问的是如果说将来这种制度能够引入我国,我们是否要采取一种实质审查的标准呢?如果采用的话,证明到什么程度才可以呢?谢谢老师。

回答:这个问题非常好,你说的这个证明标准是实质审查还是形式审查,我没有在具体的文献上看到,但是各州的作法都不太一样,有的是以主体加以限制,即不在某种范围内根本就不可能得到申请。我在美国这么长时间,根本就没有看到像在中国法院前的当事人的“行为艺术”,我想他们可能很多都靠其他的救济机制解决了。我看到他们的文化可能与我们不同,在我们国家,如果一个人被冤枉了,有一天被纠正了,看到媒体采访时的状态和很多美国人都是不一样的,在美国我看到,很多人案件被纠正后很开心,而我们通常是哭天抹地。特别是在枪杀案中,很多母亲都很顽强,我想应该是文化的原因。我觉得除了你前面说的形式标准以外,还应当设立实质标准,在美国就是优势证据标准。不知道我的回答你是否满意。

问题二:李老师您好,我想问在美国这种DNA申请获得准许的比例大概是多少?有没有没有法院自由裁量权的范围,即应当的部分。第三个问题是,由钱律师刚刚也指出这种DNA纠错技术的引入,会带来很多的问题,因为错案追究会涉及很多人的切身利益,那么老师您认为我们是应当引入这种机制,还是在错案的预防和纠正上下更多的工夫。

回答(李奋飞副教授):我认为预防错案比救济错案更重要,就好比一个人最好还是预防癌症而不是得了癌症以后去截肢,这些年我们刑事诉讼法也一直在朝这个方向做。比如说,我们防止刑讯逼供,保证律师会见权,这些都是为了最大限度的防止冤假错案的出现。至于你说的比例,我还没有看到具体的资料,但是各州的情况不同,有的州难一些,有的州容易一些。主要原因是有的州比较开放,而有的州比较保守。像纽约州1993年就已经通过,检察官们都很支持。目前我还没有看到关于这方面的统计的比例。

回答(刘品新副教授):关于预防冤错案件我想说说我的看法,我认为目前我国在预防冤错案件上没有什么进步,比如具体制度的变化,律师能不能有实质性的辩护,再加上目前我国的定罪主要以人证为主,物证的具体制度都不够明确,像是物证的保管问题,不仅是在定罪之前,也包括定罪之后,这些基础的制度都没有,又怎么谈得上预防冤假错案问题呢。

问题三:第一个问题想问李老师,DNA技术引入的必要性有吗?第二个问题是想问一下钱律师,在美国是如何保障法官、检察官有效作为,积极作为的,如果我们把错案追责制度取消了,我们又如何能保障法官、检察官履行自己的职责呢?谢谢。

回答(李奋飞副教授):我认为有必要引入,现在我再进一步解释它的必要性,因为我们国家目前再审的纠错机制发挥的不好,主要原因是无法通过新证据来启动再审,而新证据又主要是依赖于新技术,因为存在检材,但是不通过新技术就不可能发现错案的来源。如果没有立法上规定,那么如钱律师所说,那些存在利益牵绊的检察官法官是不会主动启动鉴定程序的。法律上必须给予犯罪嫌疑人这样的权利,他们的利益才可能得到保障,如果立法上没有规定,仅靠他们的自觉或者良心发现,那是很小概率的事件。

回答(钱列阳律师):佘祥林案件其实大家都忽视了一个重要的问题,就是那个警官自杀问题。由于这个警官自杀,其他警官就没有再被追究责任,这件事叫严格依法办事吗?这是一个警官制造的冤假错案吗?还是拿他当了替罪羊。是不是应当查清楚是那几个人应当承担刑讯逼供罪的刑事责任。而且我注意到这个自杀警官的追悼会搞得非常隆重,没有再追究任何人的责任,这就是所谓的不要打击干警的工作积极性。对警察而言打击犯罪是他的权利,但是保护无辜、洗清冤枉也是他的义务。但是实践中检察官都把打击犯罪作为第一,甚至作为了唯一目的。这样司法机关都睁一只眼闭一只眼,只要没有打成冤假错案,都对刑讯逼供认可,就是为了保障干警的工作积极性,这说明我们的干警工作中是凭热情,而不是凭他的职业天性。职业检察官,法官都不是凭积极性来鼓励工作,而是凭借工作的职业行为,我们没有建立起这样一种职业机制,还是凭借积极性来鼓励干警工作,有积极性的话大家多干一些,没积极性少干一些。这就使得领导通常把切身利益放在首位,包括破案率,命案必破。能不能破案是一个自然规律的事件,所有的执法理念上我们还是保留了革命战争年代的遗传基因,到今天的法治社会中,仍然没有以一个职业法律人的方式来运作案件。

同样的美国辛普森案件,警察为了给辛普森这样一个真正的罪犯定罪,不惜用在袜子上倒血这样一个假证,但是这却反映的是职业素养和它的不可抑制的打击犯罪的积极性,这也同样存在在美国,所有的这一切不仅仅是案件纠错与不纠错问题,而是背后所隐藏的在根本上的管理理念问题,这是一个可以写博士论文的很大的问题。

问题四:关于聂树彬这个案子,我质疑的是对于河北省高院的案子,难道没有更高的机关去制约它,要求它必须要查这个案子吗?

回答(钱列阳律师):聂树彬案件中所涉及的面,人数可能比我们想象的还要多,而这个东西是远远超出法律以外的东西。所以今天我们学法律,是二维空间即纸和笔,而在中国办理一件案件是三维空间,甚至是四维空间。在今天中国案件的审理过程中,法律的成分只是一部分,仅仅是特定情形下的产物。就像一座冰山一样,法律仅仅是冰上露出的白尖,而大部分的其他原因都隐藏在冰山之下。所以这就是所说的大案讲政治,中案讲影响,小案讲法律。所以这种说法对于我们这些从事实务的人来说,真的是很对,农民工因为偷了一辆自行车被逮住了,一定依法办事,但是对大人物就不一样了。所以我总是说,我们走出学校,读书的结束是学习的开始,从二维空间走向三维空间,像一棵大树,我们现在仅仅看到的是它的花和果,没有看到它的根有多深,一旦进入社会,我们就了解到大树而不是像我们现在这样的花和果,还有它的深根。

回答(李奋飞副教授):我再从法律层面对此进行补充,从法律上说,最高法院是有权再审和提审的。

刘品新副教授:今天的讲座是我们对冤错案件反思的开始,为讲座鼓掌,今天提问的同学都将获得何老师的赠书。感谢同学们的参与,谢谢。

传承法治文明*

——从台湾刑事制度变革谈起

陈文琪**

李老师、刘处长还有各位同学，大家午安！我们台湾[1]是说午安。那么很高兴有这个机会，到人民大学。事实上这是我第三次来人民大学，前两次是以采访的性质来的。这一次刚好在北京有公务，所以就利用一个短暂的时间，跟李老师这边的接触有一点匆忙。我很高兴有这个机会可以走进校园跟各位同学见面。其实今天这个议题的设计也不是特别严谨，就是想把台湾那边的检察制度、刑事诉讼制度跟大家做一个介绍跟交流。因为我自己比较早就接触了两岸事物，机会比较多，那我接触的人或事比较多。从这几年来我自己在大陆对法学方面的变革发展有一些观察，所以我也提出来自己的一些心得体会，其实就是一个交流，所以我把今天的题目定为传承法制文明，然后从台湾的角度，从台湾的检察制度的变革谈起。

我从传承法制文明讲起好了。因为我们是检察系统的，所以我们跟这边高检也有一些交流。高检的孙谦孙副检察长第一次到台湾的时候，他在台湾就留下这样的一个题字：传承法制文明。我想一个国家它的法制位阶最高当然是宪法，宪法标志着一个国家的价值理念和它的基本的组织架构的一个设计规范，所以从宪法可以彰显出它的一个法制文明程度，那在这下面也有要提到的，是诉讼法。刑事诉讼法我们一般也称为小宪法。它也是我们在衡量法制文明的一个指标，就是刑事诉讼法的规范。我们知道去年大陆的法制的大事就是刑事诉讼法的修法，这部法我们给予高度的肯定。在刑事诉讼的运作下，检察制度就是一直围绕着刑事制度的实践或者变革交互发展的运用。所以我今天就会从检察制度和刑事诉讼的制度切入。先给大家介绍一下台湾制度的发展。当然跟大陆在对照或比较，会发现两

---

* 本文系 2013 年 4 月 17 日德恒证据学论坛第 93 讲整理稿，讲座主持人为中国人民大学法学院李奋飞副教授。文字整理：刘盈格，中国人民大学法学院硕士研究生。

** 陈文琪：台湾地区“法务部”国际及两岸法律司司长。

〔1〕“我国台湾地区”。为保持该讲演稿风格及对讲演者的尊重，全文皆以“台湾”贯之。——编者注。

者之间有相同之处也有它不同之处。

一、台湾概况

在进入主题之前,我先进行一段广告,就是台湾的概况:面积3.6万平方公里,人口2300多万,外汇存底居于世界第四,GNP是人均两万多美元,因为台湾是经济和外贸导向的,它主要的活动或者政府的支撑还是在经贸活动,它是排在世界第27位的经济体。如果以竞争力来说,根据几个单位的评比,有不同的评量的标准,我们居于第7位和第13位。现在同各国的旅游交流,有一百三十多个国家对台湾地区是免签的,所以在往来上相对地比较便利。这个是我们的司法大厦,在台北。这个是古迹,这是在日本占据台湾时代建筑的,一直到现在还在使用。这个大楼有什么重要性呢?除了古迹之外,它是我们"司法权"运作的一个中心。我们的司法权包括四个项目:审判权、检察权、解释权和惩戒权。解释权就是宪法解释,在台湾我们有大法官,大法官是负责事件的解释权。惩戒权就是对于公务员的惩戒。所以我们司法权的内容包括四项,是审判、检察、解释和惩戒,刚好它们都在这栋楼里面。当然不是全部,但主要都在这栋楼里面。

二、台湾检察制度的源起

接下来我就给大家介绍一下台湾检察制度的源起。检察制度的建立是刑事诉讼迈向法制化现代化的指标,是一个里程碑。在台湾这一块土地,我们因为历史的因素,曾经经历过不同政权的统治,所以检察制度随着不同时代的政经环境有不同的发展、演变和延续。台湾人民的检察经验最早是1896年。那时是日本统治的时期,在明治29年颁行了一个台湾总统府法院条例,所以出现了检察官管制,跟人民的生活有了关系。如果从1896年算起到现在应该是一百一十多年,所以我们的检察制度在台湾是运行了已经超过了一个世纪。我们现在在台湾实施的检察制度,事实上是清朝的那一套延续下来,溯及到1906年的清末。当时清末有五大臣出洋去考察,就是要引进外国法律,比较了大陆法系、英美法系,采用哪一个好。最后总体评估我们是采用了大陆法系的体制。它是一个具有国家主义倾向的集权主义色彩比较浓的制度。所以从清光绪32年,1906年的时候大理院有一个大理院审判编制法中,规定大理院以下的审判厅局要设检察官。1907年的时候就正式设了一个大理院官制作为最高的终审机关,配合设置了一个总检察厅作为最高的检察机关,所以从1906年或1907年算起,也是超过一个世纪了。我们现在在台湾所实施的事实上就是清末的这一套制度。前期台湾被日本统治,在"二战"之后的1945年跟1949年由于日本战败把台湾再回归到中国。国民政府在1945~1949年期间接收台湾就完成两个法制的融合。事实上在融合的过程中并没有发生太大的困难,因为日本的法制也是延续欧陆的那一套,我们清末的法制也是源自于欧陆的,这也是体系或者基本的体制官制的建制或者说检察院的运作并没有太大差异,所以融合得还算不错,非常的好。如果说要跟大陆这边比较,因为大陆这边最早的现代法制也是从清末一套制度沿革下来,当然中间经过一些变革,所以说两岸的法律是同源分流,后来因为两边的政治体制不一样,就是分流发展,但是这两套制度是并存的。

三、两岸检察机关的简要对比

所以给各位看一下两边的检察机关,大陆这边的是一府二院,行政是国务院,司法是法院,还有检察权是在检察院。宪法规定,大陆检察院它是一个法律的监督机关,在台湾我们是五权分立,行政、立法、司法、考试、监察。以检察来讲,它在组织的配置上是在行政权下面,我们最高的行政机关是"行政院","行政院"下面有各部会。检察组织是放在"法务部",但是我们在定性上认为检察权属于司法权,但是我们这边跟大陆不一样的是我们的检察权没有入宪,你们的检察权是宪法明文规定的,我们透过大法官的视线,相当于司法位阶这样的一个确认了检察权是司法权。在大陆这边是四级二审制,大陆的检察院有层级,还有专业的检察院,军事检察院跟铁路运输检察院这个比较特殊,这是在台湾没有的。台湾是三级三审。我们目前"最高法院检察署"是最上级的,中间比较来讲相当于上诉审。它是第二级的,上诉审是高等法院监察署。因为辖区的关系,它设有分署,在各县市有地方法院检察署,这是最基层的。我们只有一个专业的检察署,而且是成立不久,在2008 年才成立的智力财产权的专业的检察署,就是你们这边讲的知识产权,目前只有这一个专业的检察署。

四、台湾地区检察官来源

检察官的来源,我们的考试制度是必须要通过司法考试。我们在法律专业的考试由两种,律师是单独考的,法官和检察官是合并考的,是司法特考。你要当法官检察官就必须要通过司法特考,在台湾那边司法特考是一个比较难的考试,每年的录取率只有 3% 左右,而且在近十几年来我们的高校的入学考试,文法科,法律在近十年来都一直位居第一志愿,所以在进大学的时候就难了,大学毕业要再进行一个考试。

所以在我们那边有种说法,法律人是社会的精英,司法官是精英中的精英,但是有的时候精英中的精英不见得会把事情做得比较好。因此通过考试之后必须受训两年,我们分有四阶段的课程,两年训练完成才算是取得合格的司法官的资格。

五、台湾地区检察官的职能

就检察官来讲,检察官的职能是规定在"法院组织法",大家大致可以了解,检察官从整个刑事诉讼的开端侦查,侦查阶段、审讯阶段,一直到判决确定的执行阶段都有参与,所以说检察机关是刑事诉讼全程的参与者。所以我们一直说,刑事诉讼制度的设计和法律的规定一定要考量到检察官,不能忽略,只从审判的角度去看,事实上检察业务接触的最多,所以很多刑事诉讼的改革都跟检察官有关,从侦查公诉,甚至我们还有双轨,就是自诉的制度。但是检察官他是协助自诉,必要的时候担当自诉,这样的在书上比较少。还有一个比较特别的,跟大陆的不一样可能就是确定判决的执行也是由检察官来执行。

(一)侦查阶段检察官的职能

我们看一下侦查阶段,侦查阶段这边跟大陆不一样的是,大陆大部分刑事案件的侦查都是由公安来负责,检察院只负责职务犯罪和国家工作人员,单就职务犯罪这一部分,而在台湾是所有的刑事犯罪都有检察官来侦查,检察官是唯一的侦查主体,而不是双轨制的双侦查主体。对于警察是指挥、监督的关系,我们有“刑事诉讼法”,还有一个比较特别的,是“调度司法警察条例”,我们可以指挥调度他们。透过这两个“法律”规定,检察官是指挥侦查,那当然事实上不可能所有案件的调查都是由检察官亲力亲为,所以我们很多司法警察做了第一线检查后报请检察官做一个审核。同样的,检察官和司法警察官同样都处在侦查的阶段,但是角色是有区分的。比如说发生群众暴力的事件,可能我们都是由警察先去做现场的治安的维护,如果有现行犯滋扰的话,警察去做第一线的处理,做初步的侦讯,然后再由检察官去作补充。

检察官并不是取代警察去做治安维护,而是社会秩序维持的这样一个角色,主要是去掌握整个案件,居于一个主导的地位,台湾司法警察的系统是多元的,除了传统的警察之外,我们另外“法务部”所属下面有调查局,我们检察署里面自己配置的人员,还有检察事务官,他们都是在做司法警察这样的工作。其他像宪兵属于“国防部”的,刑事案件的侦办也是接受检察官的指挥,其他的行政机关,譬如说边防、海巡、海防,我们有海巡署、移民署,对于刑事案件的侦办,他们也是扮演这司法警察这样一个角色,接受检察官的指挥监督。比较特别的是,我们在最高法院检察署,本来它是居于一个上级指导监督的地位。

我们在1956年“法院组织法”修法特别设置了一个特侦组,如果各位有注意台湾的新闻的话或许会看到特侦组办案报道,很特别的是,都是关于知名人士的,因为它侦办的案件是局限在少量,但层级高、影响重大的案件,层级基本上是部会首长部级以上的,如果是军职为将级以上的,这些人员涉案的话就由特侦组来侦办。还有一个全台湾地区的,它影响层面比较大,像在台湾,几乎每年都有大大小小的选举。如果是全台湾地区的选举的案件就由特侦组来侦办。其他涉及贪渎、经济犯罪、危害秩序的如果情况严重,检察总长可以视个案来指定由特侦组来侦办。这是一个比较特别的地方。所以大陆这边看新闻就会知道,这个比例相当多。

（二）审判阶段检察官的职能

接下来进入了审判阶段，在台湾是独占公诉，检察官是唯一的公诉人。所以案件经过通常是依程序起诉的，检察官要到法庭上进行公诉，去论告，并且发挥他的举证责任，在法庭上做攻防。所以这也是检察官法定的职责，也是在整个刑事诉讼体制所建构的一个公平法院的概念，我们要求检察官要到法庭上去履行法律规定的当事人的职责角色，所以在法庭上我们看到的是审、检、辩三角的关系，是不可缺少的。我们在最近二十年来刑事诉讼体制的改革有很多的变化，刑事诉讼的制度包括有证据的问题、有侦查的问题、有起诉审判制度，这些全方位的调整，待会也可以给各位做个介绍。现在我们看到两岸在刑事诉讼改革方面都有借鉴英美法的当事人主意的倾向，当然最明显的表现在法庭对抗的交互询问的采信。事实上，这种倾向和变革大陆启动得比较早，但是台湾特别是在 2003 年以后，我们启动的动作比较大。所以相关的配套措施的建立速度比较快，在法制化方面比较快，也许做得比较到位，至于优劣怎么样没有绝对的。

（三）执行阶段检察官的职能

那么最后到了执行阶段刑事诉讼法明文的规定就是由检察官来指挥案件的执行，包括死刑的执行。跟大陆不一样，就是说现在的死刑的审核权复核权收归高法，台湾是由检察官来执行，包括自由刑、徒刑、财产刑，甚至还有一些役刑处分，也即役课、劳务来替代这些，都是由检察官来决定和执行的。

六、近二十年来台湾刑事诉讼制度的变革

（一）几项变革

那接下来我再跟各位提一下近二十年来台湾刑事诉讼制度的变革。从 1982 年开始，在侦讯中，辩护人可以全程在场，接着特别明显的是几次强制处分权的变革，以前检察官有完整的强制处分权包括有羁押权，还有通讯监察和搜索。

1. 通讯监察的变革

通讯监察就是大陆这边讲的技术侦查的问题。监听、搜索、通讯监察，都是检察官自己决定了，但是现在就是基于人权保障的思想，采欧美的令状主义，变成检察官必须向法院去申请，由法院来核票，签发羁押票、监听票、搜索票。这当然会冲击到检察官原有的侦查作为，就是以前习惯的侦查作为。但是逐年变革之后，现在是普遍被接受的，大家基本上也认为这个方向是比较好的。这是主要的一个变革。

2. 羁押权的变革

当然有一些改革并非是我们自愿的、我们主动的，有时候是因为案件的诱发是被动的，被改革，比如说为什么羁押权或者搜索权会被拿掉？因为检察官积极办案，办了一些大人物。我们知道，办了一些政治人物、知名人物的话，他们相对的反扑的势力就会比较大。所以有几次的变革是因为这样的因素，遭到了一些反致，这

些权限就被拿掉,就是把你办案的工具给拿掉了。我想这个在其他国家也常见,像我到法国去参访的时候,他们原先的预审法官有羁押的权限,后来他们也办了一些政治人物或者什么,引起了一些反扑,他们预审法官的羁押决定权也被拿掉,另外又设了一个专门审核,那个羁押法官就是审核羁押的。所以会有这种情况发生。但是整体的大方向的掌握其实基本上还是比较正面的,不管它启动的原因是怎么样的。

3. 司法民主化

从 1982 年开始,一直到现在,我们现在正在进行的是基于一个司法的民主化,能够让人民参与司法的程序,透过他们的亲见亲闻,来了解司法的运作。因为有一些人民对司法采取一种不信任的态度,如果是比较民主的方式,让人民参与到这个过程,也许对司法的公信力和信赖度的提升是有帮助的,在 2010 年以后我们做的是人民官审制,但是这还是会有一些争议,现在还没有在定案之中。

(二)主要变革内容

1. 检察官丧失了部分强制处分权

所以刚才的几项改革,我把它归纳整理了一下,这二十年来主要的变革是检察官丧失了部分的强制处分权。我们目前的检察官所保有的强制处分权像传唤、拘提、逮捕、交保、拒保、责付,这一些还保留在检察官的手上,或者是限制他出境或者限制他出居所。这些还是由检察官直接可以做的,所以怎么搜索、扣押、羁押还有通讯监察这些就是采令状主义了。

2. 从职权主义到改良式的当事人进行主义

从职权主义到改良式的当事人进行主义,最主要的变革就是加强检察官的法庭活动和他的举证责任。

3. 从被告人的人权保障到被害人的保护

从被告的人权保障到被害人的保护,因为像刚才讲的,侦查中可以选任辩护人或者对检察官的侦讯要录音录影,基本上这是对于被告人权、辩护权或是防御权的维护,但是有时候也有这样的声音就是说,被告的保护太多了,但是你们没有看到另外一个案件受害者。所以我们现在说从被告的人权保障到被害人的保护,我们希望强化被害人主体的地位。在诉讼上也可以透过被害人参与表达意见,让他的意见能够在整个案件审理过程中被考量到。当然,在诉讼程序外,我们还有被害人补偿的制度,有被害人法律协助这一些措施来加强对他们的权益的保障。

4. 检察官的公义角色

还有检察官的公义角色,有人写利益的益,我比较喜欢写正义的义。公义角色在我们的刑事诉讼法第二条就明白地揭示,检察官在侦查、处理案件的时候,对于被告有利不利的事项要一并兼顾。本来检察官站在控诉者的角色,他只要挑被告不利的就可以,但是基于政府律师的角色,代表政府执行公权力这样的角色,对被告有利不利的事项都要一并注意。譬如说家庭事件,或者说在一些经济犯罪案件,他们也会担任一个申请人的角色,就是说对于经济犯罪公司负责人把公司掏空了而他本身是董事长,要是把他羁押了公司就没有办法营运,我们会作为一个申请人的角色,选定、指定公司的管理人或者让他们再重组董事会,就是让他们公司可以营运。这都是在办案之外所附带的一些角色,当然表现得比较直接的就是宽严并济的刑事政策,这一点跟大陆所讲的宽严相济的刑事政策其实是一致的。

5. 转向措施

在现在诉讼设计上有一些转向措施。在这样的转向措施里,检察官就扮演了很多的角色,而且往往这样的操作下有一些是检察官在个案中发挥的一些创意,得到了很好的效果。我们跟大陆不同,我们的少年事件是没有进入通常的刑事程序的,在大陆这边还是有检察院会处理,但是我们没有,而是走另外一套程序。但是在侦查审判执行阶段,都有不同的转向措施,简单来讲就是,如果一个案件,它比较轻微的话,尽量不要让它进入诉讼程序。如果进入诉讼程序的话,最好不要让他入监服刑,所以在侦查阶段能转的我们就转出去,审判阶段同样在转,一直到执行、判决确定了,如果可以转的话,我们还是让它转出去,尽量不要让他入监服刑,基于这样的一个理念,所以在各个阶段的转向作为,检察官也都有参与。这是我们在做社会服务,我们在侦查阶段可以缓起诉、附条件。你去做义务劳动,这个轻微的案件我就不起诉了。在判决确定前我们也有做社会劳动。比如说一些轻微案件,符合条件我就给你异行处分,就像易科罚金,本来可以用罚金来取代徒刑,我现在用劳动来取代罚金跟徒刑。后来我们发现得到很好的效果。其实义务劳动的人他本身得到的教化的效果也很大。

(三)两岸刑事诉讼制度比较

1. 大陆刑事诉讼法的修法

我想这二十年来,台湾形式制度的变化很大,大陆也在变,特别是去年刑事诉讼的修法,跨了很大的一步。我们也看了修法的内容,大体上我们都给予非常高度的肯定,我们也有邀请大陆的学者到台湾来跟我们介绍新的刑事诉讼法的内容。我就引用了北京市宋英辉教授这一次修法归纳出来的几个重点的原则。我觉得这个跟国际间的刑事思潮的潮流借鉴接轨了。当然这中间还有一些细部的事项,比如说在证据制度上做了一些强化,特别强调辩护制度,还有一些强制措施的作为也比较注重程序的规范跟人权的保障。侦查的措施也是一样。审判程序一直到后面的特别程序中关于少年的部分,还有犯罪财产的没收查扣。这些规定、事项我们也感到非常的佩服,进步了很大。所以两边在发展的方向上是相同的。这个步调是有快有慢的,但是基本上大家所看到的问题和思考的一个方向其实是相距不远的。我们在讲,看一个国家、一个社会,它的法制文明的进步是看它怎么去面对问题跟处理问题,所以没有谁比谁好。

2. 关于冤假错案等现象促进的改革

大陆这边发生了冤假错案的问题,台湾那边也有。从2005年到2006年大陆就出现了几起冤假错案,比如说赵作海那件案子,死者又跑出来了,显然就是有问题,说明这个案子判错了。再早期大陆几起冤假错案,当时有关部门的检讨态度或许不是令人民满意的,当然这次我看在刑事诉讼修法也提到了面对过去的冤假错案,将来怎么去办案,一些思考点也纳入这次的刑事诉讼的修法当中。但有一些问题未必非常地凸显,也未必反映在制度上。当然如果一个社会比较愿意去面对,比较愿意文明办案的话,它就会制度化地处理问题。台湾也一样,台湾最近有一个著名的冤假错案,我不知道各位有没有在媒体上看到,江国庆的案子,当初是军事审判的。后来我们认为是抓到一个疑似真凶。现在认定他是冤枉的,但他已经被执行死刑了,没有办法恢复。还有一起案子,我们抓到了一个以为是真凶的人,起诉了一审判十八年,前几天上诉到二审判无罪。又是一个问号。我们将来怎么办——捉住真凶越来越困难了。但是这又留下了一个问题:本来我们要解决冤案,但我们实在不愿意看到另外一个冤案。现在摆在眼前的是上诉审,认定这又是一个。所以这是我们台湾要面对的一个问题。另外一个很著名的,苏建和案,是死刑的问题。拖了二十年,最后是无罪确定。其实在百姓的心中还是有很多的问号。但是如果当初的调查取证做得不周全的话,这种不利不应该由被告承担。这是台湾的一个问题。就像我刚才说,有许多的时候其实我们是被动的。曾经有一个案子,嫌疑人认为他受了委屈,在警察带出去查案的过程中,经过一座桥他就跳河自杀死了。这样的事件促成了我们在"刑事诉讼法"上规定,辩护人在侦查过程中、侦讯中可以全程在场。就是说避免了侦讯过程中刑讯逼供的问题,促成了辩护人在场的这样一个制度。之后又有侦讯录音,全程录音录影,其实也是基于这样,有的案件处理得不够理想,促成了"法律"的修改,还有笔录的阅览问题,其实直接地讲我们马英九先生曾经也被起诉特别费的案件,他经历过这个过程,他对笔录制作的翔实也特别重视,所以他在电脑笔录的应用、笔录的阅览的设置也是因为在个案处理过程中反映出来的问题,我们要解决,因为有问题也不是很严重的事,就是看你怎么去面对问题,那我想两岸之间在刑案的处理上也可以相互学习。

3. 关于死刑

譬如说现在对死刑的问题,大陆方面也很重视,在2007年的高法收回死刑复核权之后,高检相对应地成立了一个复核的检查工作办公室。在前年,就是2011年的下半年,这个办公室提升为一个厅,死刑复核检查工作厅,我想这也代表大陆对于死刑复核的一个重视程度。高检正式设立了一个机构。百姓对它有期待,对于检察官的角色,传统民间还是包青天,但是我们知道包青天的办案是不规范的,他刑囚逼供、越界办案、讯问、司法行政集于一身、审判侦查不分,这都是不合规范的。那为什么在民间还是符合百姓的期待？其实我们把它抽离出来,这中间是有什么元素在里面？我自己整理了一下，就是他不过想要把案件查清楚。我们现在要规范地去谈他是对抗强势，关怀弱势，体恤人民的感受。这个在现在也是一样适用的。当然现在我们讲检察官的角色，在台湾的制度，检察官是司法官，他是侦查主体也是公诉主体，我们也是法律的监督者，我们对下要监督司法警察，他的侦查作为的合法性，对法院我们要监督他审判程序的合法性跟裁判的正确，他们判得不好的话我们是要上诉的。这也是一种法律监督，当然还讲到是公义代表人的角色。这些身份、角色所回应的其实也是人民的感受。

七、大陆的检察制度

（一）检察院的角色转变的期待

大陆的检察制度，当然有它发展的背景跟特色，这是贴在国家检察院的照片和文字，这是你们的东西。在大陆的体制下，公检法权利的大小不同，当然我认为谈到"大公安、小法院、可有可无检察院"这个俗话也好，当然公安独大有它的时代和社会背景，环境一直在变。我想一个做法是对法律监督者这样一个角度的切入。法律监督者对公安职能的监督，是不是可以发生一些质变。对于将来的发展，我们期待现在大陆的警检关系能够变成检检关系。我想从法制化发展大概是一个趋势吧，新修订的刑诉法已经把人权保障跨了一大步。将来在操作这样的标准的时候怎么落实是很重要的。如果去改变公安检察审判他们的隶属关系，我想这还需要一段时间，需要未来的法制人才肩负起这个重任。像我们最近就看到了上个月某省市区政法委兼公安厅的厅长。我们不晓得你们是怎样看待……是不是已经开始在发生一些转变，是不是意味着公安，它的权利可以去凌驾法院或者检察系统。这个我只看到一个表象。

（二）大陆法学的发展

另外我自己在两岸的接触中，我还是看到了大陆的发展。从两方面讲，一个也是司法人员的专业化跟职业化，还有现在法学发展的现代化跟国际化。

1. 专业化和职业化

那大陆近来进行的检察改革的重点在人事改革。改革的重点在人员的专业化跟职业化。专业化就是法律本科生之间的。职业化就是司法考试。我记得我2006年第一次来大陆的时候去朝阳区人民检察院采访，那个时候检察院的本科生的比例是46%，不到一半。这还是朝阳区。其他的省市可能就不及这个数字了。后来到2009年之后，发展得很快，几年之间发生了很大的变化，大概70%。这是快速的、很明显的一个进步了。另外2002年开始，大陆开始实施司法考试，这个对能力的提升也是非常有效益的，提升了司法跟法律专业的素质。在职业化、专业化，除了本科生这个人才的培养之外，另外一个就是行政权和司法权的区别，待会我们可以再提到。

2. 现代化和国际化

另外一个法学发展的现代化跟国际化,这是一个非常大的进步。1949 年之后的前三十年,在大陆是重理工而轻文法,而且那时候还排斥了一些法科,当然后来又经过了“文革”,法学院关闭了,法院检察院也关闭了。在改革开放之后,发生了一些转向。所以一个多元的学习是好的,而且改革开放毕竟提供了一些社会条件,社会科学有利发展的条件,所以法学院又陆续地兴起了,那么现在有六百多所,是非常庞大的一个法律市场。我想这个发展的过程是法制,制度的“制”,将来变成法治,治理的“治”,这就是说“刀到水”的一个发展的过程。大陆的法律人口应该是在百万以上,现在在检察院法院、还有律师界包括学界的人口已达百万以上,整体的法律素养和学术的深度和广度不断地在发展。我想在这么庞大的百万人口当中一定会有一些杰出人士可以带领大陆法制文明的一个走向。学界的发展的主要特征是法律人口比较多,著作多,关注面广,而且国际交流多。这一块相对来讲大陆发展条件是比台湾好,机会也比较多。除了基本的欧洲的法学、英美的法学,基本的德国、日本、意大利和法国,等等,大陆腾出更多的时间去关注俄罗斯、比利时、葡萄牙、西班牙、印度、马来西亚和哈萨克,相对的这一块,台湾的广度或许就不足于大陆。再加上大陆的市场大,出版著作多,我觉得是相加、相乘的效应就出来了。像人大在 2010 年庆祝 60 年的法学交流的活动,我觉得对大陆的发展都是十分重要的,所以我自己在观察的过程中会注意,也引起了我们一些关注和借鉴。

(三)大陆法学学习途径

我自己看到大陆在学习的过程中,有几个途径。国际公约,当然,本来国际公约也是法律,它是一个法律规范,所以大陆在引进的时候非常地直接,而且快速。另外就是从先进的国家,再次就是港澳台地区,尤其是台湾地区,相比于港澳,我想可能会更容易,或许更符合大陆的环境,因为我们在两岸交流后,我说两岸交流是穿透式的过程,不是单向的,是互相影响的,台湾影响大陆,大陆也在影响台湾,都在发生一些变化。虽然两岸的体制还是不一样,特别是在学界。学界交流更早,可能在 20 世纪 80 年代就开始起步了。台湾的法制过程也是不断地引进外国的东西,而且它还保留了本土化的特征,因为在台湾产生了之后它变成了自己的东西,所以台湾在引进的过程中会经过引进、消化、研究、创新、本土化自己的内存。这在台湾是本地可以用的东西。这是一种过程。它之外的东西就可以在两岸交流的时候彼此参考。

(四)从法制到法治转变的期待

接着就谈到发展到一定的阶段程度就一定会从法制到法治。我这里引用陈长文先生一句话,他去年在北京做过演讲。他也提到法制是躯壳,法治是灵魂,如果光有法制这个躯壳是不够的,那法律的灵魂是普世的流传的基本原则来进行治理,来实现公平正义,所以在这个躯体里面必须要灌注丰富的法治的灵魂才能有生命力。所以我们也希望大陆这边发展得很好,大陆的未来不是靠广告的专利,也不是靠船坚炮利,而是要靠法治。我想国内、国际上法治文明是不可或缺的。

在十八大的报告中,时任胡锦涛总书记也提到很多法治的重要性,当然在这个过程中会有分歧跟融合的过程。台湾也走过这一段路,我们在进入民主法治的阶段,也经过一段阵痛。在这个过程中我们要思考我们的司法扮演怎样一个角色?那这样的一个思维是出于我们不能再完全仰赖人治,仰赖一个人物他位份的高低,或仰赖一个品格,而是期待一个制度化法治的深化,让司法能够独立。能够守法、守分,不敢任意的滥权,这才是一个法治文明要达到的一个目标。

接下来习近平主席也在多次的讲话提到,特别在去年在施宪 30 周年的讲话也表示出对于宪法的崇高的重要性。我想最重要的是一切不能违反宪法和法律的行为。他在今年的一个会议中提到法治,他特别点出了司法的问题,现在司法的问题你要回应民众的不是只有一个公正公开,还要确保司法的独立性。特别是,处罚权利的行使要能够独立公正地行使,就是回应民众的一个要求。

我最近也看了北大的陈瑞华教授也有提到,怎样强化司法的独立性。或许在实务上,它能够去保障审判跟决定是一致的,因为现在有一些案件是可以先去审然后判,有一些人判但是不审,这就是一个很基本的合议庭,它能够去负这个责任,当然相关的司法行政的管理跟司法裁判权怎么样去做一个合理的指引,机关首长对行政权的负责,审判权交给专业的法官,如果要做到这点,很重要的就是到底由谁来审判?这又回到人才的培育的问题,就是将来怎样选举好的法官,合适的人来担任审判的角色。但是我觉得大家都意识到这一点,我也是有所期待。

同样的法学家江平先生,他也是提到司法的独立同司法体制的改革的关系,不具体提司法的独立而只去提司法的公正审判是不够的。我想从几位的发言,大概的方向都是一致的。

最后,两岸交流和互动有益于实际文化因素的交流,有特别强的一个连接。我也看到两岸法律人才其实都有一个很好的学习和培养的过程,将来都可以发挥作用,希望我们能进入到一个民主法治自由开放的社会,一方面它比较有助于社会科学的发展。另一方面我们也希望从法制的制度到治理,这也应该是大家共同的努力的方向。我就做以上的一个报告,请各位多多指教。

■现场互动

李奋飞教授点评:谢谢陈司长,陈司长用了非常简短的语言带我们领略了台湾和大陆检察制度和司法制度还有法治等我们非常关注的问题,应该说讲得深入浅出,她讲的一些话题我们都非常关注,比如说我们刑诉法的修改还有台湾的检察制度变革。

我印象非常深刻的是陈司长刚才提到司法考试是 3% 的通过率,当时我记得我们2002年首届司法考试通过率是7%。我们好多学生都吓晕了。7%？老师这怎么考,100个人里面有7个,93个人都要倒下来,当时都觉得太难了。这些年我们司法考试的通过率在逐渐地提高,现在可能达到30%了。因为我们面临的问题是中西部有些检察院法院如果过严的话很多人都进入不了检察院法院。还有我们还有人才流失的问题比较复杂。

其实陈司长讲的话题里面,刚才讲到冤案,我也有很多话要讲。我们那个赵作海案件,最近还有个浙江叔侄冤案,我们讲错案的纠正都是靠被害人回家,亡人复活,还有真凶落网这样的小概率事件。当然这样的小概率事件纠正冤案有的时候是一个奇迹,不是每个案件都能遇到的。我也在思考,究竟用什么样的方式来纠正错案,毕竟错案对司法影响太大,尤其是对当事人的影响,对我们司法公信力的伤害太大。希望一会陈司长也可以讲一下台湾纠正错案都有哪些举措。当然时间关系我不能说太多,接下来由刘怀印博士专门做评议。刘怀印博士在河南省检察院担任处长,他有二十三年司法实务经历,理论实践都非常丰富。有请刘博士评议!

刘怀印博士点评:尊敬的陈司长,还有各位老师、各位师弟师妹,今天非常荣幸有机会到咱们母校聆听来自海峡对岸的老师给咱们做讲座。当然首先我要感谢奋飞教授给我提供这个机会。我是今天中午12点半从唐山参加最高检察院一个会议后过来的,我一听有陈司长过来讲座,很想来学习了解。刚才听到陈司长的讲座确实觉得不虚此行。刚才陈司长提的问题,我就谈谈我听课的感受。用简单的话说,就是很感叹,这是第一个词,第二个词是很感慨,当然第三个词就是很感谢了。

怎么说感叹呢？我常年在基层检察院,在县一级的检察院工作十年,后来又在市一级的检察院工作十年,再后来才到省级检察院,所以说从事实务的时间长,对外交流的机会少,基本上是这样的。刚才听了陈司长这个讲解,对陈司长的法学实践素养非常佩服,对陈司长的专业素养确实感叹不已,也从她的讲座中对台湾地区的检察官肃然起敬。我想在座的师弟师妹都有同感,咱们开阔了视野。最后提一点感受。从刚才陈司长讲课中关于对台湾地区检察制度的改革以及检察官考试方式还有职责的介绍,我们了解到台湾地区的检察制度的起源,实际上跟咱们大陆是同一根藤上的。目前咱们的司法考试,刚才陈司长谈到了台湾和咱们大陆的一些区别,台湾是律师的考试,咱们是法官检察官的考试,通过率不高,是一种精英化的考试,咱们大陆关于检察官准入制度实际上我是体会特别深的。我刚大学毕业到检察院不久很快就开始司法考试了。刚开始设置题目也是要慢慢地走精英化的道理。现在咱们这个检察院法院有很多在岗的工作人员,没有考司法考试,而且他们都是基层司法工作的中坚力量,有些工作十几年了,但是没有这个资格就没有职权,办案就不好弄,所以说要解决这一部分人,下面反应比较强烈,涉及面太大,情况千差万别,所以根据基层的,至少在前几年,刚才你说3%这个数,我印象中刚开始前几年就是6%、7%左右,经过下面的呼吁达到10%左右,现在30%我也感到很吃惊,逐步上升。通过陈司长的讲解我们大家也知道了两岸之间关于检察官的准入制度一些情况。另外陈司长给我们讲到台湾地区刑事诉讼制度改革的重点和发展的现状,也使我了解到台湾地区的检察制度的发展演变情况,关于对大陆法制发展的观察也提出了咱们自己的制度。往往认识自己不容易,研究自己不好研究,这确实是提供了一个新视角。我们的一些缺陷、弊端还有司法权的不独立以及现在司法改革的问题,不是视而不见、也不是文过饰非,刚才陈司长讲的时候我有很深的体会。像咱们冤假错案内部的情况我们非常清楚,咱们对内为什么会造成这种冤假错案?是权力部门、党委、人大?毕竟这个领导体制管理不一样,而且司法机关非常注意追究这些问题。我曾经和一些学者交流过这么一个认识:任何一个冤假错案,我们好多人就是追究责任,完善制度,从专业的角度缺乏深入的认识。台湾地区的冤假错案和美国的冤假错案和西欧的冤假错案、大陆的冤假错案肯定是不一样的。但是也有一些共同性的东西。这个事情就不多说了,我就谈谈感受。但是我想说的是实际上咱们大陆对这些问题非常重视,很想去解决。我有个证据给大伙介绍一下,就是关于怎样解决保证审判权、检察权能够依法独立行使,中央政治局层面正在研究一个文件,这个文件正在讨论,名字就是《关于保证人民法院依法行使审判权、人民检察院依法行使检察权的决定》。当然现在因为还在讨论,写的是建议。大家看法治的过程中中央是下了很大的工夫的。咱们两岸关于向法治推进的共同的努力方向是相同的,发展的路径是有差异的。这就是关于听到陈司长的讲座的感叹部分。总之陈先生的讲座我和师弟师妹们都丰富了知识,确实是扩大了信息量,另外也开阔了视野,获得了启迪,也对我们海峡对岸检察官的高素质感叹不已。这是关于感叹。

第二点谈谈感慨。我刚刚边听课边记录,陈司长谈到两岸的制度有差异,但是追求建立法治文明的目标是相同的,在这个过程中咱们也是相互融合、相互借鉴的,各方都在走向法治,从刀制到水治。我对这番话的感受是走向法治梦想,实现民族复兴这话说的看上去很高,实际上咱们心里都有一个梦,而且咱们国家实际上都是聚集每一个人,每一个普通百姓的梦想用这个词来凝聚,就是走向法治实现复兴。所以我们有共同努力追求的方向,有相互借鉴的优点,这也正是让我感慨的原因。咱们大家知道,大陆现在的刑事法律制度也是起源于清末,同时受到土地革命时期的根据地的司法创设的影响,但是主题还是核心建设时期移植前苏联的法律,特别是在改革开放的时候吸收了当代世界法治文明最先进的部分。两岸的刑事司法制度有一些差别,不管是检察院法院还是五权,各有千秋,总体而言,同根同源。咱们二十年来,大陆刑事司法改革,我个人的感受是波澜壮阔,惊心动魄。单就刑事诉讼制度为例,作为规范刑事诉讼活动的基本法律,1979 年制定的刑事诉讼法也和当年台湾的职权主义差不多,咱们称之为超职权主义,也是受苏联的影响。到 1996 年全国人大四次会议进行修改时,已经引入了当事人主义的成分,对咱们的庭审制度进行改造。但是我们实务界体会很深:改造得不很成功。就像一个跳高运动员,标杆有点高了,只能从下面钻,都是这样。2012年的修改是对诉讼法二十多年来整个的改革的成果的集中展示。这个修改主要是循序渐进以及根据当前的国情和阶段性特征,又要进步又不能盲目超越,在处理好惩罚犯罪与保障人权的方面怎样解决当前的突出问题,比如刑讯逼供和暴力取证、律师会见难阅卷难还有取证难这些问题。这次修改我用一首打油诗介绍一下:保障人权最为先,强制措施更完善。证据制度漏洞补,更加重视辩护权。技术侦查有新法,侦诉审执都建全。层次保护更有力,公正效率两得兼。司法资源合理配,检察监督更规范。诉讼制度更和谐,与时俱进出新篇。当然这次修改也有不尽如人意之处,在此我就不再多说了。总之实现中国梦要使法治梦想成真,任重而道远。我觉得办任何一件事情不能靠一厢情愿的浪漫主义,但是几经波折慢慢会显影定型,逐步梦想成真。法治之路一样是曲折的,但是可以期待。我们作为师弟师妹都有一份担当,这是关于感慨的认识。

最后让我们用热烈的掌声再次感谢陈文琪老师给我们精彩的讲座!

李奋飞副教授点评:怀印处长的评价说出了很多我想说却没有能说出来的话,他用非常朴实的语言把陈司长的报告概括得很精准,这与他长期的司法经历有直接关系的——爱钻研,办事非常认真,非常踏实。从他身上要学习的不光是学问,更多的是为人处事。时间关系我对你的评议就这么多,我们看看我们的嘉宾有没有要问的。

尹宝虎副主任点评:我简单讲几句。今天有幸听到陈文琪司长这么精彩的讲座。我觉得讲得特别好,我也很有感触。几十年来中国的法治建设应该说跟中国法学会有着密切的联系,本身也是全国法律界的组织。最开始咱们大陆提出依法治国,建设法治国家也是中国法学会最先提出来的,然后被宪法收录。法学会下面有五十多个研究会,民法刑法婚姻法家庭法还有监狱法、劳动法等,总共有五十多个。人大是个专家荟萃的地方,李老师肯定也是在证据法、刑诉法研究会里面很卓越的专家。我自己在中国法学会的对外联络部,主要是做对外法律交流的。大陆法治每次变革发展的一个特点就是把世界各国各地区包括港澳台的相关方面进行研究,先翻译过来,好好研究人家怎么做,我们可以怎么做,总体上港台地区、西欧、北美法治上是比我们先进、缜密的。所以这些年外来的经验对于我们的法治发展起到了非常好的作用。当然在交流过程中我们也会注意到另外的一些情况。比如说我曾经带团到英国去,到英国的镇上,同时也参观他们的法院,我自己曾经翻译过英国的警察证据法,就是警察怎么办案之类,介绍给我们大陆的机关,要讲证据,要讲程序,人权是如此的复杂如此受制于各种权利的制衡,我们不能随心所欲。当然也有一些不同的情况。比如我们到英国去看,街上两个人发生争执,在他们那里算是轻罪,也要到法院去。法官有一个判决,很简易的,就完了。如果他给了他一巴掌,两个人打起来了,在他们那里就算重罪。那么重罪有的就需要律师了,然后就要有陪审团了。然后我就设想到,他们是法治很深入的国家,不光老百姓法治的意识非常强,凡事想到规则,凡事去打官司,同时他也是把整个司法的门槛压得非常低。所以一般的争议,不管是民事还是刑事,都是走司法的渠道。而我们大陆这么大一个国家,没有那么多的司法资源,也没有那么多人来做这个事情。应该说好多事情有公安做,这些事情我们治安处罚条例就规定了。打一巴掌,甚至是流血冲突,除非当事人告,家里人去跪一下,求一下或者认个错就解决了。有些就是公安机关就解决了。所以从这里看到,我们的公安部门承担了英国那样的好多本来应该由法官、检察官、律师的责任,他一个人就全做了。一方面,显得这个做法没有那么规范,人权保障没有那么完善。另一方面,这是在发展过程中的迫不得已。资源薄弱。但现在好多了,活力上升了,有钱了。当你有钱的时候,你的制度设计就可以更加完善,就不能那么随心所欲,更多的事情不是一个人说了算,更多的是要到法庭去弄清楚。所以说这个跟整个社会经济的发展还是有关系的,当然,事情有另外一面。我们公安机关习惯自己说了算,这个事情我办。然后一个新的制度让他去找法官、让他去搞证据、让他把视听资料交出来,这个过程中我们法学会起到了很大的作用。我们遇到的最大的阻力首先是公安机关,他觉得这一下子限制了他们很大的权力。他会觉得这个案子侦破不了怎么办?我们压力那么大。但是我们给他规定进去了,实际上效果还是非常好的。公安总体的印象就是承载了好多的职责,但是真正进入到司法环境中是谁的权力就是谁的权力,你公安机关做到这里也就到此为止。检察院进入司法程序之后检察院的权力大于公安机关,它站在法律监督的立场。

李奋飞副教授点评:接下来我们可以有五位同学提问。请五位同学进行归纳性的提问不要过多展开了。陈司长时间比较宝贵。

问题一:各位老师好。我想问一个问题就是当看到江国庆案。想请陈司长介绍一下台湾的死刑制度和它的发展趋势。

回答:我们现在死刑制度的政策是逐步废除死刑,具体就是要慎刑,就是法官在判决的时候要有一个裁量权,同时有一个配套制度。但是在亚洲国家,对于死刑还是很难废除,因为每次调查还是有很大部分赞成死刑。但是实际上我们在做实证调查——有死刑和没有死刑对社会治安的好坏——并没有什么大的影响。在亚洲人民的心里,像日本韩国都一样,民众还是认为要有死刑存在。另外一个很大的比例来自于被害人。也就是说,如果说保障人权,那些被杀害的死者的人权谁来照顾?这个配套制度就是教育,对于生命权的教育,这样废除死刑才有可能。还有一个配套制度是被害人家属一方,我们现在推动的是修复式的。就是我们要通过被害人对加害人的原谅来包容。但是这个过程需要有一些教育或者社工帮助,不要让这个怨恨再继续下去。另外,就是国家对被害人可以给予一些补偿,因为犯案人经常是社会阶层较低的人,赔偿能力有限。那么怎么样避免冤假错案呢?每个国家和地区环境因素不一样,在台湾多为办案技巧上的问题或者说你搜证不完整,可能是经验上的问题。另外难免在警察或者相关执法人员因为急于破案造成一些冤假错案。

问题二:陈司长您好,我想问您一个问题,是关于同性性侵害案件的问题。我想问一下台湾地区发生同性性侵害在实务界怎么处理?谢谢!

问题三:陈司长您好,我想问的问题是台湾地区检察官的权力比我们的大,角色比我们多,如何克服角色冲突的挑战?

问题四:老师您好,我想请问您的问题是在研究之前邱毅的案件中我们发现了非常上诉这个制度,但是非常上诉被驳回了。我们看到非常上诉这个理由在法条里面只是讲认为法律有错误。而且非常上诉是由最高法院检察署的检察总长提起的。我要请问这个理由具体操作方面有什么条件。谢谢!

问题五:司长我想请问如何保障个体检察官在避免长官意志独裁上面有没有什么机制,如何避免封闭不上诉这种情况发生?

回答:我简单回答一下。性侵害案件我不知道在座两位知不知道,10%的发生率。和其他案件比的话可能比例是低的。同性的会更低,可能是个案的。就是说全面统计来讲,它并不成为一个类型的类案。我们还是主要看同性之间是不是构成性侵,是不是违背他本人的意愿,在加上身体的接触、插入,就组成了刑罚的要件。

另外就是检察官的不同的角色。确实,台湾检察官不但权力大,而且他要扮演的角色也多。有时候看似冲突,实际上我们觉得还好。他要控诉犯罪、举证加害人,可是他也要保障他的人权,要照顾他的利益,那基本上侦查和公诉的冲突是不大的。因为本来就是要起诉犯罪,然后也要在法院维护你当时侦查的成果。另外在公义的角色,这又带到宽严相济的刑事政策。我们自己在实务中多重地扮演各种角色,我们自己倒是没有意识到这之间有太大的冲突。但是他又回到了大陆法系的检察官的职权角色,他带有执行国家公义的色彩,和英美法系单纯的检察官是一个行政官,站在当事人角度的透视角色是不同的。所以我们并没有感觉到太多的冲突。

关于死刑案的非常上诉,它不是因为非常上诉而启动审判,而是因为再审。非常上诉限于判决违背法例,即使之前是判有罪的,可是他在审判过程中判决违背法例,这不被认为有这个因素,所以他的非常上诉一直没有办法成功。后来他是因为再审,因为有新的证据出现,他可以去延伸一些新的事实,因为这个因素重启审判,在此审判程序就回归了。才有后来这个结果,他是再审问题。

对于检察官怎么样独立、不受干涉。我们检察官在办案,结案——不管是起诉还是不起诉——都是他个人决定的。所以行政体系有上令下从,检察体系也有上令下从，但是检察体系不做内部的制约是不可能的。所以我们有检察一体的制度。检察一体就是为了防止长官的恣意或者滥权或者对诉讼的指挥作用，我们是采用一个比较公开的方式，如果长官有意见——其实在绝大多数情形长官并不专权，他只是基于自己的经验来给你一些指导的方向。要是你思路不周，他会给你纠正，都是一种善意、正面的指导，所以我们是采取比较透明的方式，我们先沟通，如果承办检察官还是坚持，长官会把他的意见书面写下来。如果承办检察官还认为自己是对的而不接受的话，我们的法院组织法赋予长官职务承继权，把你的案件移给其他检察官来办或者把这个案件自己承继下来处理。所以一切都是可以检视的。

李奋飞副教授：感谢陈司长为我们做的精彩的报告，为我们解答了很多问题！

检察技术工作当前的机遇与挑战*

——从检察技术在职务犯罪侦查中的运用谈起

幸　生**

首先感谢咱们人大法学院给我提供了这么难得的机会。应该说这是我第一次走上大学讲坛，跟同学们面对面地交流。机会的确非常难得。再是感谢李教授刚才详细的介绍，我都有点受宠若惊了。确实，从检察机关技术工作发展来讲，这些年应该说经历了很多的困难，同时也取得了很多显著的成绩。所以我想今天借这个机会，跟我们职务犯罪侦查硕士班——这是全称，是我们高检院和人大联合培养的——把检察技术工作向大家做个介绍。今年刑事诉讼法修改颁布以后，对整个诉讼活动提出了新的要求。刚才讲了一下可能时间比较紧，我有些东西就不展开了，快速地过一下，稍微留一点时间，看看大家还有什么问题，咱们可以交流交流。那么今天我讲三个方面吧。一是检察技术信息工作面临的形势；二是我们高检院指定这个《十二五科技强检规划纲要》，这个规划纲要是指导我们检察机关未来五年整个科技工作发展的一个纲领性文件；三是检察技术工作的简单概述、介绍。

一、检察技术信息工作面临的形势

从党的十七大提出科教兴国的战略——应该说这是我们党作出的重大的战略决策，特别是去年国民经济和社会发展十二五规划更是将科学技术特别是信息化建设提升到国家发展的战略高度，也为我们检察机关实施科技强检提供了历史机遇。检察机关的整个科技工作现在都在我们这一部门，刚才前面同学们可能看到了，我们这个单位名称很复杂，检察技术信息研究中心——实际上是我们原来最高检察院几个部门职能的合并。其中一个是我们最高检察院的技术局，一个是我们

---

* 本文系2012年12月19日德恒证据学论坛第89讲整理稿，讲座主持人为中国人民大学法学院刘品新副教授。文字整理：丁雪彤，中国人民大学法学院硕士研究生。

** 幸生：最高人民检察院司法鉴定中心主任、检察技术信息研究中心副主任。

最高检察院的信息化办公室，再一个就是我们最高人民检察院的检察技术研究所。改革以后，将这些单位的职能合并，所以从名称上来体现我们的职能，因此叫起来可能很复杂——检察技术信息。从我们目前担负的职能看，重点是两大项，一个是我们全国检察机关整体的信息化，从规划到建设到软件的研发，都在我们这个部门；再一个就是我们讲的检察技术。检察技术主要包括这么几大职能：首先，按照我们刑诉法规定的现场勘验、检验鉴定；其次，作为检察机关、法律监督机关，还有一个对证据的审查；再次，我们这个技术部门也是承担了对于我们整个诉讼活动当中涉及的技术性证据的审查；最后，就是为我们整个业务工作提供科技支撑、提供技术协助。

刑诉法颁布以后我们感觉有这么几个特点：一是法律条文更加趋于完善、具体、有可操作性；二是内容表述上的提高；三是诉讼参与人的权利进一步扩大，是诉讼民主的充分体现；四是法律监督这种机制进一步得到加强。诉讼法的这个修改对检察工作、包括对检察技术和我们信息工作都提出了新要求、新的挑战。刑诉法关于这一块我们归纳了一下，一个是关于它证据种类的变化，鉴定人出庭，同步录音录像，这都是和我们的检察技术息息相关的。运作证据来讲，首先证明案件事实的材料都是证据，这次刑诉法已经做了明确的规定。同时要求证据必须经过查证属实才能作为定案的依据。证据种类也发生了变化。与今年刑诉法修改前相比，一个是数量发生变化，再一个就是提法上发生了变化。过去是七种，修改后是八种。包括对书证、物证做了分开，原来叫鉴定结论，现在叫鉴定意见，增加了电子数据。

鉴定结论改为鉴定意见的调整不仅仅是文字上的修改，更重要的，过去大家对鉴定结论更加关注，往往鉴定结论直接关系到定案的结果，因此过去的鉴定结论法官往往都予以采信。而鉴定结论，由于它受人的知识的限制、设备条件的限制、包括检材环境的影响，可能会出现偏差甚至会出现错误。因此过去对鉴定结论往往是多次鉴定，重复鉴定，反复鉴定，或者是久鉴不绝、久拖不绝。所以现在新的刑诉法要求对鉴定结论的修改，也是对鉴定结论属性的一个回归。也就是说鉴定的意见要经过查证属实，甚至可以提出质疑，需要在法庭上经过辩论，查证以后才能作为定案依据。所以我们讲这两个字的改变有着本质的意义。同时对鉴定人出庭也作了明确规定。公诉人、辩护人、当事人如果对鉴定意见有异议的，人民法院认为有必要出庭的，鉴定人应当出庭。经过人民法院通知，鉴定人不出庭的，其鉴定意见不得作为定案的依据。我们12月初在吉林长春举办了全国检察技术部门技术处长的培训班。在这个培训班上我们专门组织了一次模拟法庭的演示。而且我们是请了何家弘教授为我们这次模拟演示进行点评。这一块，从鉴定人出庭，我们感觉也是我们下一步检察机关面临的一个比较严峻的挑战，也就是说鉴定人，你的能力再高，你的技术水平再高，你的设备再先进，如果说你得出的意见在法庭上无法说服法官、无法说服大家,可能你这个鉴定意见就很难被采信。所以下一步,特别是明年刑诉法实施以后作为检察机关的鉴定人出庭可以说是我们一个比较大的挑战。在这方面过去的整体能力上不是这么高,或者说在应对上、准备上也不是那么充分,因此我们现在正在抓紧培训,以便提高检察机关鉴定人出庭能力。

同时证据又增加了电子数据。我们说当前这是我们特别是在职务犯罪侦查当中,可以说每个案件都会涉及。比如说我们最常见的手机、电脑、U 盘等。通过这些电子的媒介来发现或者获取侦查线索,为侦查提供方便。作为高检院来讲,电子数据发展一直就是超前的。刚刚和几位教授还讲这个,当然我们高检院司法鉴定中心的电子数据的建设也得到了人民大学法学院的大力支持。从当年进行规划、论证、设计,以及后续办的许多案件,也离不开我们人大法学院给予的帮助。此外,这次刑诉法对证据,物证进行了修改,同时对于证据的采信也作出了明确的要求,也就是说收集物证书证不符合法律程序可能严重影响到司法公正的,应当予以补正或者作出合理解释,不能补正或者作出合理解释的应当对该证据予以排除。这个就是我们前两年两院作出的关于非法证据排除的规定的进一步从法律层面的一个深化。

此外,同步录音录像。同录工作,大家应该知道,也是在人民检察院最先实施的。2005 年年底检察机关针对当时职务犯罪侦查工作当中存在的这样那样有刑讯逼供、有非法取证等等的这些现象,党组织,特别是时任检察长贾春旺率先在我们检察机关强力推进对于讯问犯罪嫌疑人实施全程同步录音录像,这个是在检察机关率先做起来的,目的就是通过这种方式,第一,来规范我们的执法行为;第二,保护我们的检察干警。往往我们讲,我们通过录像的这种方式恐怕对过去的行为有一种规范,不能再有侵犯人权的做法。此外,如果嫌疑人当庭翻供,我们也有录像证据作为证据出示,保护干警。所以 2005 年年底部署,2006 年全面推行,我们搞减员提出“三全”,就是全程、全部、全案。所以借鉴检察机关对职务犯罪侦查,这次刑诉法也把同步录音录像写入刑诉法,规定侦查人员在讯问犯罪嫌疑人的时候可以进行同步录音录像。那么对于什么情况必须进行录音录像呢?就是可能判处无期徒刑、死刑的案件或者其他重大犯罪案件,应当对讯问过程进行录音录像。目的就是要通过录像,而且同时要求全程,目的是要保证它的完整性。这项工作我们今年也同反贪总局作了大量工作。同录工作已经写入诉讼法,特别是下一步,讯问犯罪嫌疑人,要在看守所进行,所以我们会同反贪总局专门就此项工作进行了调研,同时我们也进一步修改和完善了全程同步录音录像的建设规范,在指导我们全系统、全国在建设同步录音录像这种设施的时候有标准可依,有规范可以遵循。另外就是这次诉讼法,增加了技术侦查的措施,这个我就不展开讲了。

那么关于检察机关科技强检,应该说历届党组对科技强检工作予以高度重视,特别是这些年,也取得了显著的成绩。一个是我们检察技术整体的队伍方面,在人员上，有6000多人，鉴定人有4500多人，其中全国检察机关的鉴定机构有317个。我们整个实验室建设，按照法律规定，就是全国人大常委会2005年颁布的关于司法鉴定管理问题决定，也要求从事司法鉴定的实验室，要通过国家实验室认可。所以这几年我们检察机关把实验室建设也摆在一个重要位置。有7个省级院获得国家实验室认可，也叫CINAS认可。地市级有八个。总体讲十五六个单位在这几年通过是比较快的。通过CINAS认可整体工作还是比较难，从整体的规划设计、到运行、专家评审，这个前前后后需要两到三年的时间。所以我们根据整个中央司法改革整体部署、加快推进。办案情况整体就是这样，那么信息化应该说成绩也是非常显著的。这些年，我们全国有接近100%的检察院联入了检察专网，也是接近100%的检察院建成了局域网。20个省实现了全网的覆盖。我们联入专网分支节点，分支专网就是我们人民检察院所承担的检索检察，包括看守所、监狱、劳改场所，作为我们内部来讲，是我们整个全网分支，因此接近60%都联入我们的检察专网。当然总体上看，应该说我们检察机关的科技工作还是处于初级阶段，跟公安机关相比，应该说我们还是落后的，包括我们技术条件也不够满足全部工作的需要，特别是技术装备，技术水平总体不高。我们的应用水平也比较弱，也存在一些问题，比如说各自为政，条块分割，重复开发，多头管理等。我们很难形成这种资源的共享，包括我们完整的管理体系应该说还尚未完全形成，包括规范化管理的水平还有待进一步提高，特别是我们的人才短缺。刚才两位教授也讲了，今天是我们和同学们面对面的交流，当然我们也欢迎同学们毕业以后如果有志向，也可以为我们检察事业贡献我们自己的力量。

二、高检院的《十二五科技强检规划》

1. 确立“四统一”原则

现在科技发展非常迅猛。我们在整体工作中，科技的作用越来越突出。检察工作依赖于科技的迫切需求也越来越强，特别是我们职务犯罪侦查。恐怕完全按照过去那种传统的办案模式，案件是很难突破的。为此，高检院部署了十二五时期的科技强检的规划。那么这个规划就是我们整个检察机关未来五年整体科技发展的纲领性文件，也是指导性文件。这里面我们基本思路就是立足于提高法律监督。检察机关最核心的职能就是法律监督。同时要提高执法公信力，确定以它为中心。同时我们的重点就是要提高整个科技的应用能力、应用水平，包括我们网络基础建设、保密、电子检务。这里面特别提出了“四统一”。这四统一原则是我们现任最高人民检察院检察长曹建明同志提出的，就是我们检察机关的细化工作，要按照统一规划、统一标准、统一设计、统一实施，这么一个原则来进行建设和推进。包括我们整个科技工作是如何实施战略转型、如何来发挥科技工作对检察工作的支撑，推动、引领作用，推动我们整个检察工作的科技发展。这个十二五规划确立的五个大方面。重点就是发展战略性基础性的要更加突出,科技基础的建设这五年要基本完成,体系要基本完善。

同时手段广泛应用于各项检察工作,支撑检察工作的科学发展。同时要提升我们的管理意识,用政策来保障我们稳步推进。同时我们在规划中也确立了十个重点领域,比如执法管理机制的创新的科技支撑、职务犯罪侦查的科技支撑、侦查监督工作的科技支撑、公诉工作、检索民刑控告预防,包括检察队伍建设,这都是我们当前检察工作当中的重中之重,也是我们当前的主要业务。那么围绕主要业务怎么来通过科技手段来提供平台,起到支撑、引领、推动的作用?比如说这个执法创新,现在我们正在进行一个整体的办案机制改革。去年高检院成立了案件管理部门,专门向过去检察机关的办案模式、办案方式作了重大的改革,由我们案件管理部门进行统一的受案,统一进口、统一出口。过去是由各个部门自己分散。比如说职务犯罪侦查部门也好,还是侦监也好、还是公诉也好等都是如此。那么现在我们所有的案件都要通过案件管理部门,这个也是检察机关整个机制工作的重大改革。像职务犯罪侦查工作、侦监,提升侦查监督,就批捕权上提一级的改革,这个也是为了强化我们检察机关对职务犯罪案件的侦查。刑事案件就是同级检察机关,公安机关移送过来,同级检察院就批捕。为了加强我们内部的监督制约,职务犯罪我们在检察机关内部是上提一级的。公诉,包括检索,民刑,控告申诉,就是解决人民群众上访难,申诉难的问题。同时建立 12309 的举报电话。再一个就是职务犯罪预防,建立行贿犯罪档案的查询。这个是前年正式开通以后,在全国企业反响非常大。

2. 确立十个重点项目

这个就是我们检察机关自身的业务,一个是实验室建设,另一个是检察技术研究和应用,最后就是检察队伍的建设等。我们科技强检确立了十个重点项目。其中围绕这十个项目我们有六个系统工程,平台建设、软件系统、数据中心、安全保密、视频会议等。围绕这十个项目我们还有这么六个重点工程要建设。这个当前从整体我们在工作部署上一个是前面讲的围绕检察机关最核心的法律监督职能,强化自身监督、强化队伍监督的总要求,一个是贯彻十二五检察工作——就是我们人民检察院十二五期间有个检察工作规划,同时高检院还制定了十二五科技强检规划,刚才前面介绍的。以法律监督能力和执法公信力为中心,以全面提升科技应用能力为重点,坚定不移地贯彻实施科技强检战略。检察机关科技强检也是这些年高检院党组站在战略的高度提出来的,所以要求我们坚定不移地进行下去。同时也是按照前面介绍的四个统一细化建设,实际上也包括了检察机关的四统一,实现我们整个检察系统的三步走,和检察技术一题两议的工作思路,来完成五个体系建设。这个三步走,具体面议就是夯实基础,拓展领域、提升层次。这三步因为我前边讲了,检察机关整体还比较薄弱,所以我们在十二五期间,重点在整体工作推进上，基本上按照这三步来把我们整个检察科技，包括检察技术推进上一个新台阶，一个新层次。一题两议就是说我们要抓国家司法体制改革，特别是国家在司法体制改革中的司法建议体制改革，我们要抓住这个有利时机。

以我们检察技术全面深入应用到执法办案为主体，因为这一块大家都是侦查，硕士班的同学，特别是职务犯罪侦查，从过去的来讲检察机关科技应用水平还不是很高。所以我们现在着力于把科技工作与我们整个业务工作，包括职务犯罪侦查工作相融合，真正融入到办案、业务工作的第一线。同时我们以实验室建设，以技术工作来保证我们检察技术在我们整个业务工作当中的作用发挥。五个体系，平台体系，信息化应用体系，办案辅助体系，安全保护体系，科技标准体系，这也是我们这五年重点抓的工作。

三、检察技术的概述

1. 检察技术的概念和职能

第三个就是我想介绍一下我们检察技术，刚才李教授专门介绍的这个检察技术。检察技术实际上从概念上讲与我们刑事技术包括现在讲的法庭科学从本质上没有明显的区别。当年我们在论证名称的时候，实际上为什么加以“检察”，它跟咱们讲的刑事技术、物证技术有什么本质区别？实际上同法医、文检等它是一样的，唯独检察机关有一项技术方面的业务工作是其他部门所没有的，就是我们的司法会计。因为司法会计是围绕着当年检察机关承担、查办经济犯罪需要所设立的。所以为了与公安的刑事技术区别，在 20 世纪 80 年代末期就我们检察机关技术工作刚刚起步的时候确立了这么一个名称叫检察技术。从职务上来讲，它就是配合我们整个业务工作，通过运用科技手段依法收集证据，审查证据，鉴别证据，以查明案件事实。

刚刚我前面介绍了，有这么几个职能：第一，是勘验检查，勘验检查就是刑诉法规定的，当然勘验检查当中我们还包含有技术协助，其实除了勘验检查以外，我们其他一项就是技术协助。第二，就是我们常说的司法鉴定、检验鉴定。第三，就是文证审查，我们说叫技术性材料审查，当然过去我们叫文证审查。现在看来这个叫法不准确，所以我们针对今年新刑诉法的修改，我们提出叫技术型材料审查，也就是说我们证据材料当中涉及运用科技手段，你比如说鉴定意见，勘验笔录等等，这些东西需要我们公诉或者侦监部门他们在审查证据时需要运用专门知识、解决专门性技术问题的时候，我们来提供审查意见。勘验检查，包括电子证据，技术协助，同步录音录像。同步录音录像主要是协助，也就是协助我们反贪部门在讯问犯罪嫌疑人时实施录像工作。那么在我们检察机关内部还提出一个是审录分离、看管分离的要求。目的也是要加强自己内部自身的监督，也就是说讯问人员要和录制人员不是一个人，如果是一拨人或者同一个人所取得的录音录像资料的真实性也会受到质疑。所以技术部门在承担同步录音录像的方面,任务也非常重。

那么检验鉴定就是我们常说的人民检察院司法鉴定机构取得鉴定资格的人,前提是必须要取得鉴定资格,运用科学技术手段或者专门知识对于办案过程中涉及的物证或专门性技术问题进行检测、鉴别和判断,并提出检验包括鉴定意见的一项专门性活动。这次刑诉法对证据的审查包括鉴定意见的审查其中很重要的一方面就是程序性审查。程序性审查的其中一个内容就是要看你的资格怎么样、你有没有这个能力、你是不是具备出具这样意见的条件、你的鉴定机构有没有这方面的资质、你有没有这方面的设备、你采用的标准是否科学、准确,等等。所以作为司法鉴定来讲,当前按照中央司法体制改革的要求,特别是从2005年全国人大的这个决定,现在各个部门都在规范,一会儿我也会简单介绍一下我们国家司法鉴定体制改革的一些相关内容。现在从规范来讲,检察机关也好,公安机关也好,国家安全机关也好,包括社会鉴定机构、中介,我们叫社会鉴定机构,实质上是司法部管的社会鉴定机构,从这些条线、部门都在进行司法鉴定的规范行为管理。那么检察机关的鉴定机构鉴定人员实行两级管理。高检院负责高检院自身省级检察院鉴定管理,省级院负责下一级所辖的地市和区县鉴定管理部门。内容有这么几项:机构、人的资格的登记、审核、延续、变更、注销、复议、名册编制与公告、监督与处罚。这个是按照中央司法体之改革的要求,现在鉴定机构的人员管理实行部门管理与备案制度相结合的方式,所以作为条件,公安机关也好,检察机关也好,国家安全机关管理本系统建立鉴定机构,经过登记核准以后报司法行政机关去备案。这是我们目前的管理体制和运行模式。

2. 检察技术的分类

前面讲到进行证据审查,这个主要还是通过审查来发现我们整个诉讼活动当中证据的可靠性、科学性,特别是包括需要移送起诉,不论是起诉机关还是移送机关,还是其他相关机关所做的鉴定意见,它们所涉及的技术性证据材料都要进行审查,凡是证据的都要经过查证属实。我们现在目前设置的检察技术专业有这么几类:法医病理学、法医临床、法医精神病、法医物证也就是我们常说的DNA、还有法医毒物,这是法医按照这个法律规定设置的,目前管理的三大类就全了,此外我们还有微量物证、痕迹检验、电子证据、文件检验、声像资料包括视听技术、司法会计还有心理测试。当然心理测试目前还不能单独当作证据使用。我们主要还是为侦查工作提供侦查方向。作为技术部门,作为提供技术协助的主体,在侦查过程当中开展心理测试。比如检察机关没有涉及知识产权,实际上目前我们在办理职务犯罪案件中很多却都会涉及文物鉴定、珠宝鉴定、资产评估。比如说,我们在职务犯罪侦查过程中收集到的肯定会涉及一些价格屏蔽、包括手表、文物等这些专门的鉴定,目前检察机关自己承担不了,所以这个还需要委托到相关有鉴定资质的部门进行鉴定。

3. 司法鉴定管理体制

在这我简单介绍一下司法鉴定管理体制。因为这一块作为我们检察机关来讲从事检察技术工作是这些年主要推动的一项工作。那么司法鉴定管理体制主要是按照中央整个司法体制改革的整体部署,从 1997 年以前应该说我们国家的司法鉴定机构,当时实际上不叫司法鉴定机构,那时候鉴定机构还主要存在于公检法机关,这是 1997 年以前。1996 年这个刑事诉讼法做了一次修改。1996 年刑事诉讼法修改了第 120 条规定涉及医学鉴定的需要经省政府制定的人民医院进行鉴定。从那个时候起就很多医院相继建立起相应的司法鉴定机构,从事医学鉴定,伤情鉴定,包括司法精神病的鉴定等。那么这个第 120 条,从 1997 年,后来陆续,应该说那个时候司法鉴定机构也比较繁杂,特别是受利益驱动出现多头鉴定、重复坚定、久鉴不绝、虚假鉴定问题非常突出。人民群众从上层、从全国人大等的反映都非常强烈。在那个时候,有些案件打官司不是打官司,是打鉴定,完全是靠鉴定来决定这个官司的走向甚至决定案件的结果。

连续多年全国人大开会的时候,就是我们每年 3 月开会,人大代表,包括政协委员联名提案,就是呼吁,要对我们国家的司法鉴定体制做一些改革。2004 年中央在司法体制改革和工作机制改革问题总体要求当中对司法鉴定体制改革提出了一个明确的要求。首先是建立统一的司法鉴定管理体制。过去我们这个还是比较分散的,各自为政,按照司法改革的要求,国家要建设统一的司法鉴定管理体制。根据侦查工作需要,公安、安全、检察机关可以保留必要的鉴定机构,因为我们整个诉讼制度的设计,作为鉴定来讲,它是侦查的一个环节,从我们整个诉讼法,是这么摆布的,因为它是为侦查工作需要提供了服务的。所以公安、安全、检察机关可以保留。为什么要有检察机关呢?因为检察机关有个职务犯罪侦查。我们大家现在培养的方向就是这个。职务犯罪侦查作为法律规定,是检察院行使法律监督的一项很重要的内容,所以把检察机关的司法鉴定机构予以保留。因为这个工作我一直在参与,最早检察机关的司法鉴定在人大早期论证的时候也是想同法院一样作为取消的项目,因为当时也有不同的意见和看法。首先取消人民法院鉴定机构的设置,也就是说法官作为中立你不能既裁判你又参与案件的实体。那么检察机关当时也有一种看法就是作为国家公诉,代表国家的国家公诉人,那么你再从事鉴定,存在问题。但是由于我们检察机关有职务犯罪侦查,所以也把这块留下了,这是确定的范围。同时也明确提出要求只能为侦查工作提供服务,不得面向社会提供服务。为什么有这么一条就是过去无论公安机关、检察机关,特别是人民法院,司法鉴定机构它不仅服务于自身的业务,同时它还可能为社会服务。因为那个时候我们整体的管理不是很规范,特别是不许经商办企业规定出台之前,我们那时政法机关也好,国家机关也好包括企事业单位也好都在为社会提供服务。所以法律规定明确你们保留的这些不得提供社会服务。那么人民法院司法行政机关不再保留鉴定机构,这个明确了,已经取消了。这个是我们整个中央确定的司法鉴定体制改革的总要求、总目标和总任务。

对此刚才讲了21号文件是2004年年底,随即第二年2月实际上就是不到三个月的时间,全国人大常委会就颁布了关于司法鉴定问题的管理决定。这里面有几个特点,第一是明确了管理对象,管理对象就是法医,刚才我前边讲了五个大方面,法医病理、法医临床、法医毒物、法医精神病等;物证,物证就是包括我们文检、痕检这些;以及声像资料三大类,声像资料又包括电子数据,实际上我们今年刑诉法修改所涉及的电子数据在2005年全国人大出台关于司法鉴定管理问题决定的时候已经做了相应的铺垫。因为信息化、网络技术发展太快,现在我们所有的日常生活离不开网络技术和信息化技术,包括政法机关办案也离不开运用相关的技术来解决案件当中的专门性问题。第二就是明确了管理的主体,司法行政部门。第三就是规定了条件,刚刚我讲的,特别强调鉴定人要有鉴定人资格,鉴定机构的资格条件。第四就是规定鉴定的范围。第五实际上全国人大决定也提出了鉴定人的责任义务,特别是出庭问题。当时是作出了原则性的规定,但是这些年还不是很多,特别是有些公安机关需要出庭,就出一个说明,带有公安行政章的说明。那么这次法律的修改恐怕今后这种说明在法庭上效力是受到质疑的。为此,2005年2月决定出台以后,2007年中央政法委又对司法鉴定体制改革进行了专题调研。经过两年的实践,不仅当时我们国家司法鉴定工作当中存在老问题没有解决,反而又出现了一些新的问题,所以2007年中央政法委组织专门进行调研,就是检查了解我们司法机关、司法行政部门在落实贯彻全国人大决定当中的情况和问题。

检查的结果不是很理想,所以专门有一个报告向中央领导作了汇报。当时中央领导提出就是司法鉴定耗时长是不行的,国家要建立几个权威的实验室来解决诉讼当中的专门问题,所以我想可能会在我们行业内提出实验室。因为你们现在可能还没有完全接触过这个工作。现在从事司法鉴定领域的,大家一听到这个实验室,就会疑惑这个实验室到底从哪来的?实际上就是从那个时候来的。就是光去靠市场来推动司法鉴定工作可能会走向市场化、商品化,不可能根本解决我们在司法鉴定当中存在的问题,所以需要有国家级、要有国家投入的这种实验室来解决这种专门性问题。那么针对这个问题中央政法委也专门出台了政策规定,也就是我们讲的2号文件。这里面就规定了司法鉴定管理模式。同时规定了国家鉴定机构要起到主导作用。那么前面讲到因为人大决定公安、检察、国家安全鉴定机构不得为社会提供服务。但事实上如果完全脱离为社会提供服务,恐怕我们整个诉讼就无法推进了。因为整个鉴定的基础主体还是在公检法这几个机关,所以文件也作了一个相应调整,要求这些机关要在我们整个司法鉴定过程当中还是要起到主导作用,同时明确地提出了国家要组织国家级司法鉴定机构的遴选。包括它的条件、方式、组织、程序等。

我想大家也清楚我们是2008年搞的这个项目，是2009年公布的，就是我们国家首批国家级的鉴定机构是个单位，用中央领导的话讲，叫国家队，按照我们打球的方式，十家国家级成员组成了国家队，剩下的省一级就是各省的省队。这个国家级有这么十个单位，一个是我们高检院，另一个是北京市国家安全局，安全部当时把北京市国家安全局作为他们的建设重点，放在北京市安全局。司法部的司法鉴定研究所、公安部、中国政法大学、北京市公安局、中山大学、上海市公安局、西南政法以及广东省公安厅。也就是说公安四家，司法行政四家，检察一家，安全一家，总共十家。同时中央领导同志也对十个国家级进一步提出更高要求，国家级的司法鉴定机构有三最，拥有最高的技术水平，最具公信力的专业技术人才，最完善、严格管理的程序制度，否则司法公正将成为一纸空文，提出三最也是对我们十家未来建设发展提出一个目标。检察机关应该说高检院党组历来高度重视检察技术，包括司法鉴定工作。曹建明检察长也指出检察机关司法鉴定是检察权的重要组成部分，关系到科技强检，关系到检察机关法律监督能力的发挥，所以把我们整个检察机关的技术工作包括司法鉴定工作摆到很重要的位置，也提出很高的要求。高检院领导也十分重视我们高检院自身的建设和发展。院领导，曹建明检察长亲自带领院党组到我们司法鉴定中心视察，体现了党组对我们建设发展的关心、关爱。这个是视察的过程。

我再给大家简单介绍一下高检院司法鉴定中心，我们这个是从2006年开始论证，2007年规划，2008年建设，刚才我讲到了我们实验室建设过程当中也得到了人民大学法学院的大力支持。特别是在理论上，政策上给我们提供了很多帮助，包括在我们学科实验室的建设上，也给了我们具体的一些指导，同时我们在整个自身标准规范上，人民大学法学院也提供了具体的帮助，帮助我们审查、把关。在2010年10月我们高检院被遴选为国家级鉴定机构，实际上揭牌是去年1月，日期给搞错了，10月是我们获得称号，然后揭牌是去年1月。那么我们现在通过国家CINAS认可的专业达到7个，检验鉴定项目，就是可以做的项目是54个，包括电子数据，同时我们专门引进这方面专门人才，建立起电子证据的检验体系，制定相应的规则。同时我们在社会上有自己的工作站，能够进行分析、恢复、获取数据。这些人才都是电子证据专业的，也办了一些案件，这些年包括有些案件也非常典型。比如说，一个法官受贿案件通过我们的数据恢复直接得到了相应的数据，比如说，像这句话“那你给我5万元”、“怎么办”等。这些虽然他自己把它销毁掉了，但是通过我们数据恢复，可以把它原始的记录全部调出来，这个就非常直观了，可以提供给办案部门。下面这个案子也是比较典型，我们公安派出所登记户口也是更改日期，因为这个当时嫌疑人在发案的时候不满15岁，通过这个修改，他调到15岁以下，免予刑事起诉。像这些都是我们在办案当中真实的案例。

此外就是文检。目前文检包括笔迹、印刷文件、污损变造文件、文件制成材料检验、文件制成时间等,也引进了目前国际上比较先进的设备。目前高检院的司法鉴定中心整体设备投入大概是7000多万元。目前我们用房比较紧张,当然高检院对这项工作很重视,因为司法鉴定就高检院这一家,所以党组很重视,最近正在申请立项,单独建房,进一步发展。像这个案子,就非常典型。这个案件通过多光谱文检仪对发票进行检验。我们肉眼所见的是3800元,实际上这个发票真实金额是328元,但是通过贪污人他去修改,从肉眼看不出来,一看3800元,因为这种发票非常多,可能最后累积下来几百张,贪污了几十万元。就拿这个案件来讲,通过我们多光谱显现出它实际上真实的金额是328元,他改成了3800元。这里就通过我们科技手段来查实、证实犯罪,这个效果非常显著。还有一些文检的比对仪,这个主要提供线索、方向、缩小范围、提高效率,特别是固定证据、鉴别证据。此外还有声像、语音,通过语音我们也是办了很多案件,主要是我们在职务犯罪侦查时,行贿人往往会记录下来受贿人的录音,那么是不是他说的,他说的什么内容?因为有时候他说的比较隐蔽,有时候声音效果很难分辨,同时你还要确定是不是同一人,进行同一认定,所以在这个方面,我们声纹资料鉴定也发挥了很重要的作用,所以今年也办了大量的案件。包括声音的识别、对录音带录相带光盘声音,包括进行降噪、恢复、同一认定。此外我们还有通过视听技术进行照相录像等。包括模糊图像处理,有时候可能现场提取图像非常模糊,甚至无法识别,那么通过专业设备进行模糊处理,就是一个比较典型的做法。左边这个图像基本上无法辨认,右边经过处理以后,基本上能够看清。通过数字压缩、放大,对图像当中车牌、招牌、数字、文字、符号等都可以进行处理。同时我们还有一个图像测量,现场恢复,图像测量,这个主要是通过镜头来进行测量。

还有就是声像资料、司法会计。司法会计应该说在反贪工作中有十分重要的作用,这些年我们司法会计围绕这个职务犯罪侦查,查办了大量的案件。特别是一些贪污案件,银行账目往来,通过司法会计,会计知识来确定他的贪污的性质,贪污的金额等。比如说我们铁路检察部门查办的一个涉案金额达90亿元的,我们也是积全国力量,抽调人员,进行司法会计鉴定,也取得了很好的效果。心理测试主要是通过心理学和生理学,结合计算机技术对嫌疑人、证人进行心理分析和判断,提供侦查线索,帮助判断侦查方向。这关键取决于我们题目的设计,顺序的编排,因此心理测试的结论不能单独作为证据使用,但是可以帮助审查判断证据、言辞证据,实际上我们嫌疑人也好、证人也好,不仅要为他们的言辞证据提供心理确认,也要为侦查人员提供心理确认。

最后就是法医。检察机关法医跟我们公安机关还有所不同。公安机关负责的主要是刑事案件现场,伤害案件、死亡案件。检察机关法医是对公安机关移送过来的法医学检验报告进行审查,法医死因的鉴定要进行审查;同时我们自身还负责一部分,也就是人民检察院对于非正常死亡的法医案件需要检察机关法医自行进行现场勘验,自行进行尸体解剖。还有一类就是当前敏感案件,目前有很多案件因为比较敏感,很容易引发社会舆论的关注,引发网络的炒作,这种情况下有时候也需要检察院来进行介入或者来承担解决死亡原因的问题。比如说我们嫌疑人在派出所讯问过程中突然死亡,社会公众、当事人家属显然需要公安机关集体回避,这时候也需要检察机关法医来进行死亡原因的鉴定,查出真实的原因。所以我们在检察机关法医工作这些年,一个是在案件办理,特别是维护国家稳定,也发挥了重要作用。今年我带着他们办了数起网上已经炒得无法消化的案件。比如说同学们可能知道那年哈尔滨警察六人致死案,斗殴致死,当时恐怕就非常难灭火了,所以检察机关派出专家队伍,最后圆满解决,家属也非常认可。再如像今年 9 月天津有一个幼儿死在校车上,也是我们去检验的,就是十一前也是炒得沸沸扬扬,不到三岁的一个幼儿在校车上死亡。检察机关法医应该说有着他特殊的身份和地位,所以这些年也处理了很多,像躲猫猫、睡觉死、喝水死等诸如此类的案件。当然我们还有毒物,一般我们解决非正常死亡问题。非正常死亡首先我们要进行毒物排查,就是看看他有没有中毒。所以我们通过高检院司法鉴定中心毒物检验专业的检验,也引进了很多设备,包括各种光谱仪等,投了很多钱。这样我就不再展开讲了,因为时间也不早了,好不好? 大家很辛苦,看看大家有什么问题,咱们可以交流交流。

■现场互动

李学军教授点评:刚才咱们幸生主任首先解释了什么是检察技术,其实之前好多人都不大明白检察技术是什么。坦白地说,没听幸主任介绍之前我也对检察技术的概念理解是很狭隘的。刚才给我们介绍以后我们就明白了,幸生主任可以说是全方位、多视角地介绍了检察技术与我们检查的各项业务之间的密切程度,使我们对它有了一个深刻的理解。而且最后又结合我们检察技术当中的重要组成部分、司法鉴定的各项具体业务的情况给我们作了简要介绍。我觉得大家跟我一样,应该是收获非常大的。现在幸主任坐在跟前。如果在刚才的学习过程当中咱们还有什么不明白的,可以向幸主任求教一下。

问题一:主任您好! 我可能有三四个问题求教您。第一个问题是技侦方面,可能有点涉密,我就是想问一下技侦工作现在在检察系统的整体的部署情况以及你对技侦工作在以后的职侦工作中可能发挥的作用有多大的期待。第二个是现在在检察系统推进的同步录音录像在实际工作中达到了什么样的效果,为了杜绝刑讯逼供取证这项问题上,达到了几成作用,尤其是你们在检察院自己的办案场所里面,我想听一个您的介绍。第三个就是你刚才提到有一个案件管理改革说统一受案,我想了解一下改革的初衷是怎样的。因为我觉得可能在公安那有一个统一受案可能相对于检察院来说要合理一点。检察这个侦查工作,包括渎职侦查、反贪侦查,统一受案可能我不大理解,希望主任您介绍一下。

回答:问题都提得很好很深,这些问题也都不是我分管。我试答,看看你能不能满意。首先技侦工作是这样,从法律规定,技术侦查有明确的界定,新刑诉法对技术侦查有明确的规定,技术侦查是由国家安全和公安机关实施,那么检察机关现在做的,实际上对技侦工作是有严格的界定的。当然你让我展开讲,我不是很熟悉,它有代号你比如说密录密取,我们现在检察机关在职务犯罪侦查当中运用的技术实际上与技侦工作是有区别的。我们讲的像侦查技术,不是技术侦查,它是有区别的。那么侦查技术呢?比如说我运用视听技术手段确定一个在公共场合没有涉及个人隐私的录像,那么它肯定和公安、国家安全运用的技术侦查是不同的,那个是要经过严格的审批手续。比如说密录密取,在你完全不知道的情况下,检察机关可以行使这种方式,但是我们需要检察机关,因为法律有明文规定重大职务犯罪案件允许使用技术侦查,可是实施部门是由公安和国家安全来进行的,这是一个问题。

第二个问题,同样,我刚才介绍的时候也讲了,整个同步录音录像起源是从检察机关职务犯罪侦查开始的,正因为有了这么多年的实践这次才写入了法律。因为我们技术部门是按照我们高检院当时自己内部的规定,审录分离。审录分离是指讯问人员不能承担具体的记录。刚才我讲到了,如果是同一个人或者同一批人承担记录可能外界会对你所记录下来的资料提出疑问。所以我们自己内部从强化监督的角度也进行了分离,叫审录分离。审,是由职务犯罪侦查人员进行审。录,是由检察机关技术人员进行录制。这样达到相互制约的目的。那么从整体效果看,五六年了,从起步开始,开始我们整个设备基础不是特别好,毕竟你同步录音录像要有录像头,有录像机,有相应的存储设备等。所以那个时候我们是分了几步,第一步是在大中城市有条件地方先推行,然后没有条件的地方先可以搞录音,到几年以后我们这些年检察机关搞两房建设。两房建设就是办案用房和技术用房,这个也是纳入整个国家整体的建设规划,应该说我们在两房建设的时候,同步建设我们的办案中心,并且一并把同步录音录像按照标准规范的这种要求进行建设,效果是不错的。

当然这里边,同录工作还存在一些问题,我这些年一直也在处理。包括今年在调研的时候我们也发现,实际上有些案件还很难做到全程、全部,也就是说可能有些案件它有可能以后会突破录像这个问题。第三个就是案件管理。案件管理是我们整个管理模式的一项重大改革。简单地讲就是统一归口。由我们高检院,目前是案件管理办公室,也是个厅级单位,来统一受理六七类,包括出具文书都是它来统一,受理以后它根据案件的情况进行分案,比如说职务犯罪侦查,渎职的分在渎职类,检索分在检索一类,它的好处就是有利于我们整个信息化的管理,我刚才也提到,曹建明检察长提出四统一,目前正在紧锣密鼓,我们整个系统的软件试运行。很快我估计明年一月,就是说所有进出口要通过整个信息化来管理,这个有利于我们整体工作发展。我不知道这几个问题回答得行不行。

问题二:幸主任您好！我有一个问题,就是您刚才提到2008年中央政法委发布了一个关于司法鉴定管理体制的那个意见,然后您提到一句话就是,国家鉴定机构要起到主导作用,我对这句话不太理解。我在想这个主导作用到底是在鉴定意见作出市场方面主要是依靠公检法机关进行鉴定呢还是说在鉴定的规程、标准上,社会鉴定机构要以公检法机关为主导,还是说在法庭上,法官采信鉴定意见的时候比较容易采信公检法的证据?

回答:好。因为刚才受时间限制没有完全展开讲。我介绍的司法鉴定体制改革的时候我是按照时间脉络介绍的。2005年全国人大包括2004年年底中央司法鉴定体制改革也有明确要求,2005年出台法律规定也有明确要求。实际上按照这个要求,公安、检察中主体还是公安。实际上公安机关,因为它是从新中国成立以后,特别是六七十年代大力发展地。因为公安科技可能更迫切更需要技术。现在我们讲命案必破,没有科技手段它根本破不了。所以我们国家的整个物证技术也好、刑事技术也好,还是法庭科学也好,发源地都是从公安机关,这是咱们实事求是讲这个事。那么主体是它们,我们国家的资源,那么按照法律规定,按照中央的规定,的确就是那两年我们遇到了很多比较疑难的案件,因为刚才讲了主要在公安、在检察,因此很多疑难案件需要科技手段、先进设备。

刚才你们也看到我们那个实验室。当然我们那个实验室跟公安比,还有很大的差距,他们比我们还要先进得多。他们的先进程度你们都很难想象,否则的话我们很多大案都破不了。那么这块如果完全靠社会鉴定机构,因为这里面有一块改革的定位问题,当然我想我们大学这个鉴定机构应该是不错的。刚才你们看到了包括国家级,包括人民大学,包括徐教授在的时候,你们办得很多也是全国知名案件,但是恰恰我们当时的社会鉴定,民间社会鉴定有很多是个人出资。当时规定是50万元,几个人,有个场所就可以成为鉴定机构了。所以这个带来的问题就是,有很多专门性技术人才解决不了的,中间出现了一些问题,所以中央政法委在出台这个政策的时候就提出公检法,因为主要资源在于你们,要发挥主导作用,是这个意思,不是说这个主导作用影响鉴定结论的使用,不是这个意思,就是你要把你的资源、把你的设备为整个国家司法鉴定总体来服务的,我不知道这个问题我讲明白了没有。

问题三:幸主任我有个问题,您刚刚提到说人民检察院认为鉴定人有必要出庭的话就应当出庭,否则证据、鉴定意见就不能作为证据使用。那么我的问题是,如果鉴定人确有理由实在没办法到庭,因为他不像证人有强制到庭的义务,如果他实在有原因没法到庭,那么就需要重新鉴定,那么像有些生物检材是有一定保存期限的,那如果当检察机关面对鉴定人没办法到庭,然后生物建材又过了保存期限的情况应该怎么处理?

回答:好,法律规定的好像是你没有特殊的理由,没有正当理由。你要是有正当理由,也是允许的。就是你没有正当理由不到庭,这个鉴定意见不能作为定案的依据或者予以排除。所以我想,刚才你提的问题,恐怕走到重新鉴定的可能性应该是不大的,比如说刚才你说的生物检材,它有没有鉴定的条件。如果说因为他有正当理由没有出庭恐怕内部是可以调整的,不会说因为他不出庭这个证据就不能采信,需要重新鉴定,重新鉴定又不具备检验的条件了。瑕疵,这个需要重新鉴定。比如说经过法庭质证,现在是这样,作为这次刑诉法鉴定人出庭不仅检察机关代表国家公诉人,诉方鉴定人要出庭,辩方可以聘请专家证人,对你提出质疑,所以我们这个请何老师去点评,就是说辩方有一批专家的证人就是要挑你鉴定意见的瑕疵,挑毛病。而且往往因为你是在明处,他在暗处,挑的问题都非常刁钻。并且我们设计,我们有意识设计的就是几大类可能是我们现在司法实践中存在的,比如说笔误的问题,笔误问题经常出现。那么由于笔误导致你的公信力能不能最后作为定案的依据。再比如说我们可能就有些专业性问题,有些专业性问题可能就是你的知识不具备。你比如说医学问题。因为医学问题太繁杂,所以刚刚我前边也讲到了鉴定人出庭当然也可能检察机关要好得多,公安机关就更麻烦,总量太大了。你可能要接受法庭的质疑,而且这种质疑你恐怕就是要在最短的时间,最精练的语言,你要说服法官、说服听众、说服人民陪审员。你得让他明白你的结论、你的依据是什么,你要讲得很清楚才行。否则的话你可能前面做了很多工作,最后都是徒劳的。

问题四:幸主任您好,我想问一个关于同录的问题。第一个是同录它是属于证据分类中的哪一个,视听资料呢还是供述。第二个问题是,同录是否会随案移送,而且它是否会向辩方开示,如果同录跟笔录发生冲突的时候谁优先?

回答:这个问题目前我们总局正在研究。第一个问题,它是不是作为证据。实际上这个问题现在说法不一致,咱们不说这次刑诉法,从我们自己而言,就是我们自己过去内部掌握的,我们是作为内部工作资料,应该说从同步录音录像,它的客观性真实性讲,它应该是作为证据的,这个没有问题,它的真实性比我们的笔录应该还准确。因为这个笔录恐怕还有遗漏,同录就是整个办案过程都把它录下来了。但是目前现在对这个问题,首先,它可能是方方面面,就我们现在完全把同录资料作为证据同等对待可能现在还不具备条件,当然这是我的理解,这个解释也不一定准确。所以我们过去是把它作为内部资料。

如果作为证据不仅要随案移送,恐怕还要按照案件档案的规定进行管理。比如说我有些案件,我需要长期保存,甚至有些可能是无期限地保存,有的可能 20 年或者 15 年等。所以同录资料现在是不是作为证据,有关部门正在论证。至少目前它可能作为证据的条件还不具备。但是从它属性上来讲,如果说它和笔录在同一时间发生冲突,那是应该以同录为主。同时目前随案移送这个问题可能高检院总局,也在研究相关的规定呢。因为特别是咱们职务犯罪案件侦查、讯问犯罪嫌疑人,有些内容是不能公开的,甚至他可能讲得是与本案无关的内容。这个在我们内部规定中也有要求,就是如果需要同步录音录像资料到法庭进行展示的话,那么相关、与案件无关的这些内容要进行技术处理。就是这样。

问题五:幸主任您好,我想问一下,刑诉法修改以后规定:鉴定人应当出庭作证。另外还规定了当事人有权聘请有专门知识的人出庭作证,我们知道在以前的司法实践中鉴定人出庭的情况很少,那么背后的原因也有很多,我就想问一下今后检察部门的出庭将来能走到一个什么样的高度?还有就是检察部门有没有对鉴定人的出庭技巧作一些培训?

另外我还想问一下您刚才提到检察机关的业务组成里面有一部分叫做文证审查,然后您在文证审查里提到了会对鉴定意见进行审查,我就想问一下对文证审查这个部分的审查属于一个什么环节呢。因为在2005年决定出台之后,好像已经没有复核程序了,它属于一个内部的环节,那这个程序是不是也是一个内核?那它的程序上的地位何在?您提到的十佳法律鉴定机构,我想问的就是国家在解决多头鉴定时曾经提出过,级别高的高于级别低的,可能就是想通过级别性来解决这个问题,但是关于这个处理方式有很多的异议,比如说会集中在某些级别高的鉴定机构,它的公信力到底何在,那么我想问您对这个问题是什么看法?

回答:这样一共四个问题,培训对于高检院这个问题已经纳入了优先的议程,我们这次在我们的培训班上组织模拟法庭,我认为效果不错,看看何老师评价如何,因为是他点评的。包括我们准备,设计题目,实际的抗辩,因为我们这个整个的组成都是真实的。法官是我们省高院的法官,还有审判长。公诉就是我们省检察院的公诉科,律师也是我们省检察院的,因为他们本身就做过律师,后来当了公诉人。从效果看,他们反应也很好,有些问题他们都没有涉及,包括法官。涉及鉴定人出庭,可能有很多程序。虽然最高法院1月1日施行,他们也在做相应的准备,应当出台一个指导意见。比如说鉴定人的站位,包括鉴定人的着装,我为什么提鉴定人的着装呢,因为作为诉方的鉴定人,特别是检察机关也好,公安机关也好,作为鉴定人还是代表公权力的。很多问题还需要深层次的研究,那么你的着装恐怕就是代表你的身份,因为我们人民检察院有我们自己的着装。比如说我代表诉方,我作为鉴定人出庭,类似这样的问题有很多需要研究。所以检察机关,特别是作为技术主管部门,管理司法鉴定机构,已经把这个问题摆在非常重要的位置上,重点是在这,不仅是培训,我们可能还要准备相应的实战。这些年我们检察机关搞的公诉大赛,大家也可以通过电视看到,的确通过这种形式把我们整个检察机关的公诉人提高一个新的水平。这是你的问题,不知道你满意不满意。

实际上司法体制的改革没有现成的经验,没有现成的模式,都是在不断地推进,那么司法鉴定体制的改革也是这个问题。从整体设计,咱们可能原来想的很好,后续的没有跟上。比如说国家级鉴定机构的地位和身份问题,如果说与第一级的鉴定机构或者普通级的鉴定机构是什么样的关系,从整体上看,国家级鉴定机构它首先是有一个标准的,也就说要对它进行考核,对它的资格要进行认证,那么在我们国内来讲也是投入比较大,起码资金投入大吧,恐怕一个设备就不止五十万元。其次技术力量相对比较集中,专业水平的设计上也不错。所以从总体上看设计国家级的目标上看,国家队实际上是最高水平。

后续还应当出台相应的法律规定,来保障它的地位、法律结果、效果。但是这些工作还在推进,还没有出台。所以比如说,单就国家级和国家级之间出现争议,法官怎么采信,就是类似的配套措施没有出来,这是一个。

第二个你讲的是文证审查,这个我们叫习惯了,现在按照法律规定应当叫做技术性文件审查,这个和我们司法机关内部的审查不是一个概念,我们司法机构搞的是附则,现在我们检察机关规定:从事司法鉴定必须要两人以上,就是要保证它的准确性。但是我们所说的技术性审查,主要是解决整个诉讼活动中涉及的专门性问题,比如说你在代表国家追诉犯罪,现在法律有规定,检察机关有举证责任,要证明证据的真实性,检察机关有过错了就要赔偿,当然这里面涉及很多的证据问题,检察机关都可以审查。唯独涉及专门性问题,他就要求助于我们给予它专门知识的审查。像轻重伤的标准,符不符合,到底伤口有多大,够不够轻伤、重伤,能不能批捕,和我们内部的审查不是一个概念。那么我们现在的审查是从法律内,是有法律效力的。当然随着改革的深入,包括鉴定人出庭,有些工作在实践中就能发现它的弊端,可能还要公用化。

李学军教授评议:其实我想同学们还有很多问题,因为幸生主任这么丰富的经验,从事着这么高端的工作,但是时间是有限的,我们没有机会再继续问。我们打算下学期给同学们开职务犯罪侦查技能的时候,再请幸生主任来交流一下,给我们讲上一两次的课。所以职侦班二年级的同学是有再一次和老师接触的机会的,咱们的互动环节结束,接下来就是咱们品新老师对今天的讲座发表看法。现在就有请品新老师。

刘品新副教授评议:谢谢幸生主任,我和李老师的感受相似,幸主任今天给我们高屋建瓴地讲了什么叫做检察系统研究工作,检察技术、信息、研究,您讲的是三个部门的结合,通过您讲我觉得确实有密切的关系,核心的恐怕是检察技术。但是检察技术现在面临技术转型,或者新的检察技术的出现,最重要的是虽然咱们高检现在建的很好,但是还处在研究状态,需要推进。应当与实务结合,而不应当单纯地研究。我觉得今天幸主任给我们指明了方向,既是我们检察系统的方向,也是我们职侦班同学学习的方向,不知道大家有没有注意到我们职侦班同学的背景都很特殊,基本上都没有学法律的,特别是第二年几乎都没有学完,为什么会这样,我认为特别需要一些其他背景,特别是自然科学背景的人来从事侦查工作。就是说把职务侦查和技术结合起来,把技术运用到职务侦查当中去,做的最好的部门就是我们最高检的检察技术研究中心,这是我们职侦班同学的方向,做好了可以把这个词合起来。今天是一个良好的开头,幸主任给我们指明了方向,我相信今后我们会有进一步地机会和幸主任进行交流。最后再总结一下,今天的讲座从专业以外来评价的话,是一个非常难得的讲座,今天我们请到了一个专家型的技术官员,也请到了一个干部型的专家,他讲的问题实际上我们不是太熟悉,但是给我们的启发特别大,谢谢幸主任。

李学军教授:最后我还要说,按照我们以往的惯例,今天参与互动的同学会获得何老师的书,由幸主任发到这五名同学手上,谢谢。

电子取证是技术、艺术还是科学*

——那些年我们一起做过的案件

邹锦沛**

大家好！首先，有翻译在这里，大家就知道我的普通话不太好，我的普通话是和徐菲博士学的，所以讲得好是她的功劳，讲得不好也是她的问题。没关系，那些年我们一起做过很多的案件，等一会我跟大家讲一下。主要我希望可以跟大家讨论一下我们取证的问题——是一个技术问题呢？还是艺术？还是科学？

一、香港大学咨询保安及密码学研究中心简介

香港大学你们去过吗？有机会来看一看，刘老师之前来过。孙中山是我们的校友。不过他好像没有毕业。我们在香港资讯保安及密码学研究中心。从1998年开始，差不多有十多年了。我们的主任是徐继光，我们的研究组的研究生很多女生都是从国内来的，有山东、有成都的。男生都是香港的，不知道为什么我们的研究生都是国内来的。还有一些MBA，他们工作得很辛苦，所以他们很快就能毕业。我们的团队有好几个博士生，很多都毕业了，关老师是其中一个，还有几位老师和研究生，这就是我们的团队。我们研究的主要方向是数字取证还有一些网上调查的工具。我们很多学生都不是全日制学生，有警察、海关、检察官、还有廉政公署的人，以及心理学家、网络技术安保人员。这些学生主要是大陆的，有一部分是香港的。我们的项目从1998年开始，有数字证据搜索工具、一些关于检测系统、网络犯罪模式的研究以及手机取证的研究。我们在2005年的时候推出DESK（数字证据搜索工具），2006年的时候推出了网线监察系统，两年前我们又推出了拍卖网站监察系统，还有就是今年的研究：网盘监控系统。

---

* 本文系2013年6月30日德恒证据学论坛第94讲整理稿，讲座主持人为中国人民大学法学院朱梦妮同学。文字整理：刘盈格，中国人民大学法学院硕士研究生。

** 邹锦沛：香港大学计算机科学系副教授、香港大学资讯保安及密码学研究中心副主任。

二、那些年我们一起做过的案件

好了,这里有几个案子我想跟大家谈一谈,就是和我的几个学生,罗警官、关警官等办过的案子。

(一)“古惑天王”案件

第一个案子是“古惑天王”案。一个疑犯被海关警察逮捕,因为他使用点对点软件 BitTorrent 分享一个受知识产权保护的电影。在大陆你们用什么分享?电子邮件?电子文库?我也有用。我们很多香港人用 BT。这个疑犯的电脑被检查。从他的电脑里面查获了所有网络访问日志。但是有一些问题。第一个问题是有没有证据证明他有犯罪行为?他的犯罪行为就是分享受版权保护的电影。第二个就是我们香港的要求,要排除合理怀疑。首先我们来看证据是否足够。我们要问海关的警察,证据够不够了?不够的话我们就要继续取证。这个案子在我们香港叫做 BT 案例,听他们说是第一个刑事案,以前都是一些涉及版权的民事案件,而这个是刑事案件。但是刑事案件的要求不一样——排除合理怀疑,这个在香港是最基本的要求。2005 年 1 月 12 日,“古惑天王”被捕。2005 年 10 月 24 日有了第一个裁决——罪名成立。还有 2007 年 5 月 18 日的终审判决,依然是罪名成立。那么香港海关是怎么做这件案子呢?开始的时候,他们去香港一些论坛,香港特区海关官员巡查香港论坛的时候看到“古惑天王”在分享电影。他分享了三部基本上没有人看的电影。海关警察将发布的信息,图片以及种子文件下载到光盘,激活了这三个种子文件,结果三个电影被下载到海关警察的电脑里面,当然最后的问题是这三部电影是不是侵权呢?怎么样能证明这是侵权呢?观看电影后发现基本上就是版权人的电影。那么怎样从电脑网络中找出这个“古惑天王”呢?很简单,基本上就是用 IP 地址查找。于是通过源 IP 地址找到了疑犯的 ISP。你家里就连接着 ISP——网络服务运营商,基本上一个特定的时候就是指向着某一个用户。如果海关去找这个 ISP,那么就会知道这个 IP 地址基本上是在古惑天王的家里用,海关就可以去获取嫌疑犯的订阅详情。就是说从 ISP 可以找到古惑天王的地址,从这个地址找他。于是业务人员以及电子取证人员对扣押的电脑进行搜查,然后电脑被送往海关电子取证实验室进行检测。所以,第一个问题:怎样从 BT 里面找 IP 地址出来?这个很基础的技术问题,不用我讲,有兴趣可以问刘老师和徐菲,他们会告诉你怎么找的。这个比较简单。第二个问题是警察怎么找到古惑天王。我们看看 BT,BT 是这样的。有一个人有一个文档 A,基本上协调者会有所有客户的名单,另外一个人要一个文档 A,在 BT 里面怎么分享呢?他们从协调者那里问谁有文档 A?他们之间分享,就像电子邮件一样。基本上都是点到点的分享,他们之间你发给我我发给你。有一个特性就是所有的客户端都是没有分别的!那么谁是“古惑天王”?还有另外一个问题:“古惑天王”做错了什么?他将电影分享给我们,他是一个好人。他的问题是违反了香港的版权法第118条“在未获得版权所有者的授权情况下,如果一个人分发后影响版权所有人的利益”。但问题是版权法中规定的“分发”的要求是第一个分发者。如果你是第二个,那么就很难证明你是一个分发者。第二个人是下载而不是上传。所以我们通常找第一个的原因就是因为他的行为是“分发”。而下载者在香港不承担刑事责任,而是民事,所以电影的版权所有人可能会找你,但是在这个刑事案件,这个海关就只找这个第一个分发者。下面我们来看BT客户端。这里面显示很多人都有完整的电影。哪一个是“古惑天王”?谁是第一个?之前我们说过,在一个点对点网络中,所有客户端都是没有分别的。我们在网上调查,基本上很多人都是100%下载完毕这些电影,这表示他在分享,所以谁是第一个?我们的第一个问题:怎样定位“古惑天王”?为什么我们首先要找第一个上传的人?我们回头看法律,现在法律问题变成了技术问题。法律让我们找分发者,即找第一个上传的人。调查当然是一门艺术,不过这不是我们要做的。调查没有什么特定的方法,那么科学在哪里呢?就是我们技术上的网络法证,这个就可以证明“古惑天王”是犯罪的,他触犯了版权法。这个就是关博士的论文,我们用贝叶斯网络模型做的,电脑里面有什么证据。案例中一共找到18份电子证据,就好像通常我们去勘察谋杀案要找凶器一样。那么我们就到BT的电脑里面找证据。你们可以看关博士的论文,基于案例报道的数字证据,计算有效的机会是92%。11和18找不到,所以出来的不是100%。当然还有其他的证据。这是第一个案例。第二个问题要谈的是我们的一个工具——网线监察系统,用来检索、分析和报告任何在互联网上面使用BT技术涉嫌侵权进行任何IP产权活动。它会做出报告。这个系统在2007年开始用,现在还在用。这个是系统的架构,很简单,我们从互联网里面发现了一些种子,这些种子在系统里面,我们会分析然后出报告,有一些可能是侵权的行为。主要是协调者之类,和BT客户端差不多。这个主要是个工具,没有什么科学性。这个系统里面有一些规则。有一个人提供种子,完整的电影,规则是(种子的数量=1)和(种子的位置=香港),有一个问题是——什么是错误率?如果系统出现警报,这个人真的是一个犯罪人的机率有多大?如果这个算出来时50%就不好了。而且在香港找出一个人很麻烦。那么什么是错误率?

我们做了一个数学模型,基本上看种子的数量和时间——“古惑天王”从这里开始,什么时候有第二次、第三次、第四次复制呢?我们得到了一个数学模型。通过实验验证,现象和我们的数学模型差不多。我们就可以据此进行分析、预测。这个错误率可以很小。

(二)“儿童色情材料”案件

第二个案件是“儿童色情材料”案件,是关于时间的案件。很简单的一个案件,有一个嫌疑犯被捕,并被控告犯了“持有儿童色情物品”罪。香港持有色情物品不是犯罪，但持有儿童色情物品就是犯罪了。好，在嫌疑犯的家里发现两个硬盘储存儿童色情物品。一个硬盘上有一个儿童色情视频，另外一个硬盘上有两个儿童色情视频，里面有三个。第一个里面我们看到有一个 Mpg 文件，有一个是 Avi 文件，第三个里面有一个 Mpg 文件。这个就是他们的时间信息，创建时间、修改时间和访问时间。这个案子里面主要是这三个证据。两个是 Mpg 文件，一个是 Avi 文件，主要是它们的时间点。硬盘 1 和硬盘 2 中的 Lolita - 1。Mpg 是一样的，两个硬盘中的修改时间相同。这三个文件的内容是一样的，但是格式有两个。问题是我们可不可以从这些时间里面推论一下有什么事情发生？因为我们要拿去法庭，检察官要问他做了什么，所以就需要时间点的鉴定。这里就是罗警官的论文，也就是说从这些给出的时间信息做一个犯罪现场重构，重新将这个硬盘发生过的事情推论出来。这个论文我们已经提交法庭很多次了。但我觉得法官没有看我们的论文，但是我们给他的是一个展示。这个是一个很基础的问题，大家有兴趣可以去阅读论文。我们有中文版，在警察杂志发表。2 号硬盘中只有一个 Mpg 格式的 Lolita - 1，它的创建时间是 2011 年 6 月 12 日 23 点 15 分，最后修改时间是 2011 年 6 月 13 日 0 点 45 分，访问时间和创建时间一样。第一个问题，创建时间和访问时间一样，最后修改时间在这之后，我们可以推论什么呢？嫌疑犯说他没有用过电子邮箱下载文件。他说他从互联网上下载这个文件，2011 年 6 月 12 日晚上 11 点开始下载，凌晨 45 分下载完。这不是复制的，因为时间很长，本地复制不用这么多时间，所以应该是从网上下载下来的文件。再看 1 号硬盘，里面有个 Lolita - 1. mpg，跟这个是一样的。它的创建时间是 6 月 16 日，而 2 号硬盘的是 6 月 12 日，创建时间不一样。修改时间是一样的，这个说明什么？这个是复制的。嫌疑犯从网上下载这个 Lolita - 1. mpg 在 2 号硬盘，再从 2 号硬盘复制到 1 号硬盘。这个是复制的，是 Lolita - 1 在 2011 年 6 月 16 日从 2 号硬盘复制到 1 号硬盘中的。那 Avi 的又是怎么出来的？这个是 6 月 26 日创建，修改时间也一样。那么发生了什么？Mpg 格式向 Avi 格式转换的过程。所以是 Avi 文件在 6 月 26 日的时候转换为 Mpg 了。那么法律是怎样规定的呢？儿童色情物品管理条例第三条规定，任何人拥有儿童色情物品属于犯罪，并处以下判决：罚款 100 万元并坐牢 5 年或者罚款 50 万元并坐牢两年。细节就不讲了，香港的法律要求比较严。对于嫌疑犯，我们认为他的行为就是下载、复制并且转换。那么科学在哪里？我们提出的是被告人的问题。被告人通常会称自己什么都不知道，怎么办？他说这两个硬盘中只有三个儿童色情物品，但是他在两个硬盘中共有超过 1 万个色情视频文件被发现。他的辩护是，其他文件时间久远，这个是在搜索的时候不小心下载的，他并不知道它们的存在，视频文件并没有被打开。香港的法律没有做出规定，但是被告人可以说他不知道。但是他为什么不知道？他要证明他不知道，他说他没有打开看过。如果他真的不知道，有多大的几率他会不知道呢？我们做了一个概率分析。这个是我们的数学模型,用来反击被告意外下载非法材料的辩护。就是 k 个儿童色情照片被下载的概率有多少。为什么要讨论这个?就是因为香港有几个案例,2010 年 DCCC968 和 2013 年 DCCC32。就是很多图像文件中有几个有问题,好像这个案件中只有 84 个有问题。968 号案件是 3 万个文件中的 195 个视频有问题,比例很小。这个就是我们做出来的概率模型,对于两个真实案例在两种情况下,儿童色情文件被下载是无意的和随机的行为,概率是 2.5% ~8%。这个概率做出来有多大用途我不知道,我只知道是有这个机会的。还有就是我们在做调查的时候有一个员工离开,在他的电脑里面找到了很多,他是无意的和随机的机会有多大是可以算出来的。

(三)数码相机 SD 卡案例

第三个案例就是数码相机 SD 卡案例。SD 卡就是照片的问题了,很有趣。有一个人,X 先生将他前女友 G 小姐扣留,要她拍一些不雅的照片。有个很重要的事情,相机里面有不同时期的照片,一些是 2006 年 1 月,一些是 2006 年 10 月。里面有一些照片是 2005 年 1 月的。第一个问题怎么把已经删除的照片从 SD 卡中找出来?基本上所有的工具都在这了。通常很多学生的 SD 卡出现问题都会找我。受害人说这些照片是在 2007 年照的,但是照片显示的时间是 2005 年。问题是他们在 2006 年 12 月分开,如果是 2007 年拍的那当然是有问题的,但是如果是 2005 年拍的那就没有问题。2007 年 1 月,受害人说这些照片是她的前男友逼她拍的,他们 2006 年就分手了。2007 年 1 月 28 日警察逮捕了 X 先生,并且扣押数码相机一台,发现了里面很多的裸照。从照片来看,是受害人在说谎还是相机有问题呢?这个是几年前的案子了,一个问题是我们没有工具可以解决相机设置的时间问题。我们再看裸照所在的 SD 卡的分区——要知道一个 SD 卡里面有很多个分区——看看该分区的时间是什么。另外一个,我们观察发现相机中重设的时间是 2005 年 1 月,所以如果相机没电了,所照的照片都会变成 2005 年 1 月。于是我们就做了大量的测试,使用统计数值来衡量文件时间和第一个扇区之间的关系。我们的统计表明它们的关系很一致,但如果差异太大,时间可能就有问题。我们的结论并不是终局性的,但是可以有一些推论:(1)可以推测不雅照不可能拍摄于 2005 年 1 月;(2)不雅照创建时间晚于 2006 年 10 月。(不雅照拍摄于 2005 年和不雅照拍摄于 2007 年,一个是相机反映的,另一个是被害人提供的时间)我们的结论不可以说这是 2007 年的,但我们可以推论是 2006 年 10 月之后。他可能是分手之前拍的,也有可能是分手之后拍的,但这个不是我们的问题,这个是法官的问题。法官怎样认为是他的决定。这个就是我们的第三个案件。这个主要就是看时间和扇区的关系。

(四)陈冠希艳照门案件

最后一个案子——之前我谈过的——陈冠希的案件。我们来看看数据泄露的问题,案件发生在2008年1月。陈冠希你们知道吧？开始的时候是1月27日,一张关于陈冠希和Guillian的照片被贴在香港论坛上。2008年1月28日,一张关于陈冠希和Bobo的照片被贴在许多论坛上。1月29日,5张关于张柏芝和Guillian的照片被贴在论坛上。2月2日在Elite电脑维修店里面,4名男子和2名女子被逮捕。Sze先生在2月4日被捕。那么Elite电脑维修店和Sze先生是怎么找出来的？这个是一些调查的问题,调查的问题我们不谈。另外一个很重要的人是奇拿,很多她们的照片都是奇拿发布出来的。2月6日到2月9日,400多张照片被奇拿发布出来。那么奇拿是谁？这些照片又是怎样传上网络的等一些其他的问题就出现了。通常我们第一个要解决的问题是照片来自谁？陈冠希。那么又有两个问题,谁是第一个从陈冠希那里拿到照片的人？谁是第一个将陈冠希的照片发布到网络上的人？当然拍照的人一定是陈冠希啊。这两个都是数据泄露的问题。我们看看这个案件的案例分析。一开始是陈冠希的电脑出了问题,然后他把电脑拿到电脑维修店维修,电脑里面有那些照片。维修的时候,电脑要做一个Back up。通常店员会看一看。然后Back up的复制件里面就有陈冠希的照片了。所以这就是开始的时候的第一份复制件,这都没有问题。但是在做完Back up之后就找来他的同事一起看,先是两个人看过,然后很多人看过。后来Tse先生去另外一个地方跟另外的人一起看这些照片。然后别人就会说:“我可以拷一份吗?”通常都是这样的。所以这又有了一份复制件。后来这个人又拿给朋友看,朋友又要求拷贝一份,于是最后就有了很多份复制件。所以基本上整个数据泄露是很简单的。陈冠希拿他的电脑去修理,维修人员看到了陈冠希的照片,然后就拿给他的朋友看,他的朋友又给其他朋友看,都有过复制行为。这就是第一个数据泄露。第二个是奇拿的泄露。奇拿应该是他们其中一个“朋友”,这个是很简单的推论。通过数据分发的过程分析,我们知道第一个将陈冠希的照片放到网络上的人就是奇拿,所以警察之后就找的他。但是后来发现找不到。现在我们来看这一次数据泄露,陈冠希的文件在这,第一个拷贝照片的人找得到。好,我们再来看第二个复制行为,就是网络上复制件是怎么出来的。奇拿是从网上分享的。我们之前讲的第一个案例,就是IP地址。为什么IP地址找不到奇拿？因为奇拿的分享行为也是点到点,但不是用的BT,他用的是Foxy。Foxy跟你们的电子邮箱差不多,都是文件搜索,搜索出来以后就下载。他的方法是这样的。Foxy有很多服务,第一个你要连接到Foxy,就要连接到搜索,然后搜索就会返回到客户端,你就会连接到不同的客户端。然后你就在这个网络中了。怎样搜索呢？你将你要找的东西输入进去,你就会看到所有名称有关键词的文件都在这里。他的下载就是用这个Gnutella2协议,Query就会问客户端,这些外客户端再去问客户端,如果他有,他会说我有。不管有没有,他都会将Query放出去。下载很简单,可以就基于HTTP下载文件。那么就出现了一些问题:这些客户端是相同的！你不可能知道谁是第一个,谁是第二个,跟BT是一样的,如果有两个下载完全的客户端的话,是分不清先后的。我们怎么办?数据泄露和文件共享。BT里面我们看过怎么样找出第一个。我们之前讲过,从点对点网络中的文件分布我们可以推论。但问题是第一个人是谁?我们只能这么说,在开始的时候,在截止时间,就是没有增加的阶段,我们是可以找出第一个是谁的。离开这个缓慢增长期后我们是不可能找到第一个分享者是谁的。所以一些很简单的问题是,点对点网络中,人少的情况下我们可以找得到第一个播种人,如果人多的话我们就找不到了。有没有点对点数据泄露的工具呢?现在还没有。我们可不可以知道这些数据泄露的程度?也不知道,所以就没有办法了。我们对于点对点数据泄露的研究刚刚开始。所以我们发现第一个上传者的规则是这样的,在连续监察中,如果大量关于特定名字的查询被识别,并且大量查询名来自同一个IP地址,那么此IP地址就是第一个上传者。但是这些我们还在做研究,而且还没有做完。

三、总结

基本上我就讨论这三个问题,技术上的问题现在一些研究都在做,电子法证调查主要是艺术方面,我觉得一些科学性的东西他们也用,但是不多。我们最终希望更多的科学性能出现在法庭上。我们是计算机为科学家取证;我们为法庭服务;因此我们用科学。谢谢各位!

■现场互动

朱梦妮同学:非常谢谢邹教授用这么生动的案例来讨论关于电子取证是技术、艺术还是科学这个问题,下面我们请关博士对这个问题谈谈您的看法。谢谢您!

关煜群博士点评:其实我想说的邹教授已经说过了,有些证据是否和相关证据有关,如果把一个案件放到法庭上,法官他会怎么看这个证据?这些证据足够吗?就是刚刚你们看到的证据,它们足够去经营有关的罪行吗?所以每一起案件我们在面对科技性问题之外还要面对法庭的运筹,有关范例方面,我们找到的证据是否足够方面,我觉得我们还有很多地方需要更多努力。谢谢!

朱梦妮同学:谢谢关博士!下面我们请刘老师对这个问题也谈谈您的看法!谢谢老师!

刘品新副教授点评:我简单说一下。这是邹教授提出的一个非常重要的问题,就是今天的电子取证究竟怎样看待犯罪,实际上是个基础问题。我觉得从中国的司法实践、我国的大陆法系来看,如果在调查过程中进行电子取证,这些一线的工作人员好像是在从事艺术工作,和弹钢琴差不多,必须非常艺术地制定出调查计划,很快地锁定目标,完成一项工作。第二个角度是从鉴定或者从出庭作证还有其他的法庭活动来看,它是科学,当然电子取证是有科学基础的,一些科学理论还不是特别成熟,需要像关博士这样的专家把概率引进,也需要把中国所说的痕迹的理论,还有其他系统的理论引进。第三个就是从开发者的角度来说,它特别像一门技术。我们可以在科学和艺术的指导下更多地推动它的应用,这个是我的结论。

朱梦妮同学:谢谢刘老师!现在又到了我们德恒证据学论坛的惯例,就是现场的同学可以对着关老师、邹老师、刘老师进行现场提问,然后我们会赠送何老师的签名书给大家,请大家踊跃提问、机会难得!

问题一:老师您好!我这有两个问题。第一个是案例二,我不明白最后他辩护说这个文件是无意中下载下来的,没有看过?但是您最后设计了一个数学模型,算概率。我想问最后法官是根据您这个理论采纳的排除合理怀疑,还是通过其他方式认定其他电子证据,比如说从时间上看什么的?法庭最后认定的标准是按您的理论认定的还是有其他理论相互认定的?第二个问题是案例一。判断这个人是第一个分发者、上传到网络上去的,还有很多个客户端都是相同的,那么这些客户端都是上传还是下载?就是分发者只有一个人还是有很多个人?你是怎么把它选出来的?还是说其他人都是下载?

邹锦沛教授回答:第一个问题是转换的问题,为什么他都不知道?他转换的时候是有好多文件在同一时间转换的,所以他什么都不知道。可能有 5 个、6 个、7 个文件,所以他就说我也不知道。怎么判的我也不知道,因为还没判。还有一些其他证据,主要是三个文件的问题。所以就整个案件来讲这只是一个部分。第二个关博士来说,怎么样判断他是第一个?

关煜群博士回答:好。如果我们是一个调查人员,发现了一个点对点的网络,不论它是 Foxy 还是什么。如果 Foxy 有很多人在下载,没有办法把他找出来。所以我们点对点在香港的调查方向不易把他找出来。我们只能在缓慢增长期内把他找出来。其实今天早上我也看过 BT 网络运作方式的资料,如果他是第一个上传者,当然我们做计算机司法鉴定,我们只能鉴定这个计算机是否之前用来犯案。至于计算机的管理人是如何操作,这不是针对计算机的调查,而是传统的调查。如果我现在说关于计算机司法鉴定,我们用来鉴定这个电脑就是用来犯案的工具,还是计算机所有者的操作是犯罪?我们可以证明这个电脑就是为唯一的罪犯通过互联网去遵行技术行为。有关这个 BT 我们只能证明上传到电脑是因为有五个步骤,这五个步骤有十八个证据。就是说如果你是第一个上传到电脑的人,这五个步骤一定有。所以我们看第一个步骤有什么电子证据在电脑里面。法警没有在进门的时候看见他真的在犯案,所以我从这些痕迹发现他之前有没有做过这些行为,我们发现有 18 个计算机痕迹。我只是负责这个案子的司法鉴定工作,我不能把它全都找出来,我找到 16 个。但是这个案件最后到了终审庭最高法庭,终审庭的法官都是维持原判。谢谢!

问题二:邹老师好,我提一个技术上的问题,在你的案例二里面,从 2 号硬盘一个Mpg的视频资料转到1号硬盘,访问时间为什么会形成在6月13日？他如果没有访问过,怎么会有这个时间呢？

邹锦沛教授回答:这个问题很有趣。后来他们发觉有的时候他们用Windows7,它的访问时间通常都是无效的。这个要改,于是他在不同的时间这两个硬盘连接到不同的Windows。Windows7里面访问时间不改。这就会有影响,如果他的两个硬盘,他在不同的时间用不同的Windows连接的话,里面文件的最后访问时间出来可能会没有用。

问题三:老师您好！是这样的,因为我们大学生我们经常会使用一个PT的分享方式,和BT很类似。比如说我的电脑里有一部电影,我的电影上传是制作一个种子,发上去,然后通过下载这个种子,从我的电脑里面去下载这个电影。电影是不会上传到网络和服务器上的,而是跟在我的电脑里的。像这种会不会构成侵权呢？

关煜群博士回答:你刚刚说的这个运作跟BT差不多,其实BT也没有上传这一部电影到网上去,你即使用BT的电脑程序,分流档案,它是一个很小的档案,你这个档案就是一个文字档,它是很小的,他这个电影的名字是什么,这个电影的位置在哪——就是第一个上传人电脑之内的,另外就是这个电影不同的范围,它把它分开不同的段落,它就是一个文字档,很小,我们把这个文字档放到讨论区、QQ、微信之类的,其他人看到这个分流档案,他就可以把它下载下来。然后就可以从你的电脑之内下载电影,所以你问我在现在会不会构成一个侵权的刑事罪行,会。

问题三追加提问:像这种,比如说我从另一个地方下载电影之后,而且保持着最开始的种子文件,后来如果第三人再来下载的话,有可能从源文件人那里下载,也有可能从我这边上传上去,那么我作为一个下载者,同时又变成了一个上传者,这个也会侵权吗？

关煜群博士回答:第一,如果你是第一个上传的人,你一定就是我们司法的对象,因为在你的电脑之内一定有整套的电影,但是你还要用它做一个分流的档案,把它放在讨论区。你想把这个电影分享,意图非常明显。你已经有了这个电影,你还要把它放在讨论区。你说的情况就是如果我是第二个,第三个下载的同时,我还要把这个档案的某部分分给其他电脑,我的档案也许是,也许不是。但是我们要证明他是有意图。如果你是第一个上传人,你一定做过这五个步骤,如果你没有够五个步骤,你就是一个下载者。下载者究竟有没有刑事责任呢？你现在怎么做能把你这些档案分享给其他人。如果你知道你怎么做,除了下载以外,我也把相关这些东西分享给其他人,我也知道这是侵权的行为,按照香港的版权条例来说,对,你是有刑事责任的。但是如果我做了这个调查,问你,你知不知道,你说你不知道,我只是用这个软件,它怎么运作我不知道,那么我们就不能让你负刑事责任。

邹锦沛教授:什么都不知道。

刘品新副教授回答:这个在国内也有争议。这个也是他们研究的前沿问题,就是侵权怎么免责。现在确实好多侵权都涉及到,稍微聪明点的说法就成为你的避风港,很难定。

关煜群博士回答:其实我们有另外一个情况就是你下载了有关的分流档案和电影,但是分流档案,之前你可能是从香港下载来的,但是之后你放到内地一些讨论区,是你自己放的,这个情况我们也做了一些研究。构成这种情况应不应该有刑事责任呢?我们想,和之前情况差不多,我们也做这个调查,我们要找这个人,问他。因为他没有做过这五个步骤,他分流档案是从香港讨论区下载到电脑里,然后就下载有关电影,他有了这个电影和分流档案,又发到内地的讨论区,给其他人下载。在香港如果他有这个意图,知道他有意想把自己在电脑之内的侵权的电影分享给其他人,应该就是有刑事责任的。但是他没有五个步骤,我们不能证明这个,除非我们问他,你知不知道?我知道。你是不是有意这么做?我是有意这么做的。除非是这样,否则我们就是计算机证据不足,我们只能从其他方面调查,拿传统证据,但是就单纯的计算机证据来说,不能,因为在点对点这种情况,我们毕竟需要五个步骤,而他没有第一个步骤。

问题三追加:所以说计算机取证就是看概率,没有一个确定的,证明这个人行为的概率?

关煜群博士回答:不。现在来说,计算机司法鉴定我们暂时不能证明人的行为,只是机器的行为。计算机司法鉴定和传统的司法鉴定不一样,有一个稳定的范围。

问题四:您好!我的问题和技术没有什么关系,和电子取证有关。很多企业做反垄断,电脑需要做关键词搜索。所以我想问一下有没有通用的比较方便的一些搜索的工具?第二个就是我们有时候会删除东西,然后需要恢复,可能不一定全都要恢复,就是在他删掉的东西里面做搜索,这部分有没有相关的工具?

邹锦沛教授回答:你说的应该是一些 E-Discovery 的工具。我觉得国内国外都有很多这方面的工具。还有关于 E-Discovery 刘老师在几年前写过一本书,我也看过一部分。

刘品新副教授回答:这个问题其实比较小,你的两个问题都是肯定的。这方面搜索工具有很多很多。

问题四追加:那么从执法者角度来讲,哪一个会更好?

刘品新副教授回答:这个问题没有答案。就是看文件,不同的文件有相应的软件。

问题四追加:我们现在都是和文字有关的。

刘品新副教授回答:那么几乎是任何一个软件都可以。第二个你说的删除了的那些文件,也有很多可以选,而且是既可以把它恢复之后再搜索,也可以不恢复就搜索。

问题四追加:可是现在不是国内的一个产品就可以适合于所有的跨国公司。我们现在做的工作接近于调查机构。如果一个调查机构随便去选工具,我认为你说得对。但是调查机构会有一个倾向性的选择,大的、国际的调查机构选择的通行的软件有没有呢?如果说我们现在学生用的东西和国际机构用的东西是一样的,那就没有问题了。但你显然是说学生用的,或者随机选的,中国这些软件拿出来以后不是所有调查机构会通行的,那么问题的关键是有没有调查机构公认的答案?还是说公认的就是学生用的?

刘品新副教授回答:你刚才问的是工具,现在说的是方法。方法现在是有通用的,工具方面没有任何一个机构或者行业规定必须使用哪个工具。另外我的回答不是随便说的,因为我还是鉴定机构的鉴定人,从这个角度来说我不是从纯学理角度出发的。

问题五:有一个问题特别想知道,就是第一个上传的人有五个步骤,这五个步骤有十八个痕迹。谁制造了这五个步骤和十八个痕迹?另外这个人是不是找另外一个鉴定人,他认为只有十六个痕迹就可以证明他是第一个人,他做出来的结果就是他百分之百就是第一个人,是不是效果更好?

关煜群博士回答:这个问题问得非常好。什么人定这五个步骤呢?第一,我今天说的 BT 的案件其实是几年前的,现在一定有很多新的手段开发出来。为什么我会说五个步骤?我是从上传人的角度出发的,科技型调查的不同的地方就是你可以把有关的罪行重新做一次。如果你说我把一些新存的档案从 BT 的网络分发出去,明天不是 BT 了,可能是云服务,把不同的档案,或是有关网络上的犯罪,利用云方面来做。我们做这个调查,不同在于,如果是传统的罪行,比如谋杀,你不可以真的去亲眼看看是怎么做的。但是科技型的调查,我们可以在相同环境之下,把一个档案上传到 BT 以后,如果我是第一个上传的人,我需要做什么工作才可以把这个档案分享到 BT 上面。所以你刚刚的问题就是定这五个步骤的人就是我。

邹锦沛教授回答:我要补充一下。基本上我们都要把这些课题写成论文。这些论文有好几个专家在看,他们也觉得这是对的。其他人都在看,有问题就是有问题了,所以基本上都遵从了。根据道伯特规则的同行评议,这是可以的。所以为什么说找出十六个就是十六个?比方专家我问你同一个问题,你怎么办?专家不单自己说是专家,其他人也认为他是专家,他应用的科学理论我们基本上可以证明。

关煜群博士回答:我想说,如果步骤方面,实验是我做的,这五个步骤有十八个计算机或者电子证据,我们在香港从事计算机司法鉴定的人,都同意这些电子证据。

问题五追加:那遇到一个比您水平更高的人,他发现其实这个有 26 个痕迹,那这个结果会降低啊?

关煜群博士回答:对,同意。其实就是传统的方式怎么样,电子证据也是怎么样。你看看指纹,现在我们指纹有很多点的,之前没有这么多点。但是当科技越来越好的时候,他们就发现人还有其他的东西会有影响,就会有一个发展的过程。这就是这个问题,你说得对。问题是这十八个是不是全部的证据?可能有一个电脑知识比我们所有人都好的人。他说不是18个,是30个才对。最大的问题就是,现在关老师在内地、香港、美国研究这个问题,这个电脑的司法者要鉴定,在这个案件中,我找到五个,我这个结论就是这个结论,没有问题。之后我做第二个案件我找不到五个,我找到三个,第三个案件我找到一个,也是一样的。所以现在的电脑司法鉴定就是没有一个标准,不论你找什么进去,找多少个进去,在同一个案件,你的结论没有人质疑,你是专家嘛,你说什么是什么,所以我们应该有一个标准。就这个BT案件,我们找到18个证据,我们发表论文然后问不同的计算机鉴定人,他们同意吗?会有更多吗?在哪里?问题就是,如果真的有另外一个案件,我就找到两个就可以了。所以这个就是有关我们要做的推动计算机司法鉴定的努力。谢谢!

朱梦妮同学:谢谢各位同学!其实证据从神证、人证走向物证这个时代之后,科学技术在我们的司法活动、法官裁案中会越来越具有举足轻重的地位。但是从另外一个方面来说,我们的取证、举证、质证,包括认证这一系列的路径和策略都是一门艺术。所以可能因为这个原因,在美国,法学被划为艺术的门下。今天邹老师、关老师给我们讲了一堂非常生动的讲座,告诉我们其实我们学习法律是在学习技术、学习科学、学习艺术。让我们谢谢各位老师,谢谢大家!下面就是刚才提问的同学可以获得何老师的亲笔签名书,请邹老师和关老师帮我们发一下!

学术 沙龙

试论行政诉讼上证明模式的分野与应用路径

毕玉谦*

一、对行政诉讼证明模式的基本解析

在诉讼上，对于待证事实应当根据证据加以证明。证明的模式主要有两种类型：其一为严格的证明，其二为自由的证明。就概念的起源上而言，严格证明与自由的证明均产生于德国诉讼法上的理论学说，这两种类型的证明模式是从立证的角度能否划分为严格的客观法则的限制加以区别所取得的。在学理上，所谓严格证明指的是基于客观的证明法则（如证据法等）而进行的证明；所谓自由证明指的是涉及程序形式的证明，并未直接设定其客观法则，而是委由裁判者的裁量对此所进行的证明。因此，就不同的证明对象而言，对于严格事实应经严格的证明，而对于自由事实，则经自由的证明便可满足其内在的要求。在严格证明与自由证明之间，并不因其证明事实的不同而有不同的证明方法，并且其性质和机能也有相应的差异。〔1〕 有学者指出，这种区分主要表现在，对于诉讼客体的证明，应当适用严格的客观法则，所谓诉讼客体指的是犯罪事实存否的问题（Sohuldfrape）以及涉及刑罚权范围的问题（Straffrape）；而涉及其他事实的证明应当交由裁判者来裁量〔2〕。从概念上来划分严格证明与自由证明，主要依据的是具有证据能力的证据，在公判庭上经由合法的证据调查程序所取得的证据为严格证明，而相对欠缺严格证明条件的全部或一部分所进行的证明称为自由证明〔3〕。可见，严格证明主要涉及当法院在对证据进行评价之前由立法就相关证据资料的证据能力或证据资格的规定

---

* 毕玉谦：中国政法大学教授，博士生导师。

〔1〕 参见陈朴生：《刑事证据法》，三民书局 1985 年版，第 177 页。

〔2〕 参见陈朴生：《刑事证据法》，三民书局 1985 年版，第 177 页。

〔3〕 参见黄朝义："严格证明与自由证明"，载《〈刑事证据法则之新发展〉——黄东熊教授七秩祝寿论文集》，学林文化事业有限公司 2003 年版，第 83 页。

性,它是通过对程序的规划与设计从而赋予证据适格性所具有的法律效果,实质上体现的是对法官在司法上所享有自由裁量权的限制,以此划定了法官在证据资料或证据方法范围内享有自由心证权力的范围与界限。相较而言,自由证明体现的是立法者赋予法官在法定的证据资料或证据方法之外以及法定证据调查程序之外仍享有广泛的、充分的自由裁量权,也就是说,采用何种证据资料或者证据方法对有关案件事实或与案件事实相关的事项进行证明和探知,完全由法官据情裁量、酌定。

严格证明与自由证明的划分是现代社会条件下的产物,它是大陆法系理论法学在借鉴英美法系注重程序正义基础上为寻求司法公正与效率所作出的努力的一部分,它有利于克服传统意义上的自由心证主义,并且为现代意义上的自由心证主义创设了严谨、科学的前提条件,因此,严格证明是以证据能力或者证据的适格性建设为根本目的,从而为自由心证主义的运用范围划定了法定意义上的领域和空间。证据资格限制与否以及限制的范围与程度大小决定着自由证明的运用空间与领域。可以说,严格证明以外凡仍需要进行诉讼证明的事实或有关事项均属于自由证明的范畴。

在理论上将诉讼证明划分为严格证明与自由证明以及对这两种类型的证明模式进行深入研究和探讨对于大陆法系更具现实意义。这是因为,大陆法系在传统习惯上实行法院职权主义基础上的自由心证主义,法官能够采用何种证据资料或者证据方式以及采用何种证据调查程序来对证据进行自由评价已形成内心确信,立法上一般不作限制或者很少加以限制,几乎完全授权法官据情定夺,缺乏相应的证据规则加以制衡。从传统观念上来讲,在民事诉讼中原则上不存在对证据能力的限制。通说和司法判例也不否认传闻证据的证据能力,只是在一些情形下,这类证据的证明力较低,需要结合其他证据能力一并作为认定案件事实的根据。相较而言,陪审团审理方式对英美法系国家具有传统性、文化性和宪政性等特殊意义和价值。在陪审团审理方式条件下,对证据的评价和事实认定由未经严格法律训练的陪审团成员来承担,法官仅负责对法律的适用。有关证据的适格性问题及证据规则的制定主要是针对陪审团成员以及这种审判方式的,因此,无论是在理论上还是在法律上,将诉讼证明划分为严格证明与自由证明对于英美法系诉讼程序所产生的意义和价值远不如大陆法系。可以说,严格证明理论学说在大陆法系的产生与发展,是大陆法系借鉴英美法系审判方式一些核心要素的产物,而这种认识是建立在大陆法系有关国家对其传统审判方式赋予法官过多自由裁量权而产生某种担忧的基础之上的,即人类的自然个性在某些方面不可避免地会产生一些先天性的缺陷,使这种诉讼模式难免不令人产生偏颇之虞。因此,在某种意义上,对于大陆法系所产生的这种严格证明理论学说,可以被视为系英美法系正当程序革命对于大陆法系审判方式的波及和影响。

行政诉讼涉及的案件在性质、类型上的差异巨大,远非民事诉讼或者刑事诉讼所能比肩,有些案件侧重于实行职权探知主义,有些案件则侧重于实行辩论主义,还有的一些案件则二者兼而有之。因此,在不同类型的案件所涉及的诉讼程序上,究竟是采用严格证明还是自由证明,其所显现的重心、倾斜度各有不同。行政诉讼中的撤销诉讼和有关公益维护的诉讼系采行职权(探知)调查主义,当事人原则上不负主张责任和主观证明责任,而由法院负调查事实真相的义务,其所追求的为实质真实,因此不受当事人自认的拘束,也不无争执的适用,即使当事人未主张的事实,法院也可自行调查而作为裁判的基础〔1〕。例如,根据我国台湾地区“行政诉讼法”第136条的立法说明,行政诉讼的撤销诉讼及其他维护公益的诉讼,系适用职权调查主义,当事人因此并无主观证明责任,仅负客观证明责任,而在与公益维护无关的案件中,如同民事诉讼那样,当事人仍负提出证据的主观证明责任,这类诉讼如公法上的不当得利返还请求、行政契约的缔约过失损害赔偿请求或其他与公益维护无重大关联的公法财产争议案件等,这些案件要求当事人对于作为裁判基础的事实负主观证明责任。〔2〕 可见,行政诉讼案件大体上可划分为撤销诉讼等涉及公益维护有关的诉讼与无关公益维护的诉讼两种类型。前者以自由证明为主,而后者则应采用相应的严格证明与自由证明模式相结合的模式。

二、严格证明在行政诉讼上的应用范围与效果

在行政诉讼上,严格证明是指根据行政诉讼法规定的证据(资料)或证据方法经法律规定的证据调查程序所进行的证明。例如,有学者指出,行政诉讼上的证据是指行政法院得以认定事实的真伪、获得特别法规知识或经验法则内容的一切资料的总称〔3〕。也就是行政法院审理诉讼事件认定事实所依据的资料(Beweis, Beweisstoff),如证人的证言、鉴定人的鉴定意见、文书的内容、物件的属性等均属证据〔4〕。

在行政诉讼上,严格证明的内容主要包括其应用范围与效果。

(一)严格证明在行政诉讼上的应用范围

严格证明在行政诉讼上的应用范围主要包括以下内容:

1. 行政诉讼中一般意义上的证明对象所涉及的实体性事实

行政诉讼系法院对政府依法行政并作出具体行政行为所实行的法律上的监

〔1〕 参见张文郁:《权利与救济——以行政诉讼为中心》,元照出版有限公司2005年版,第234页。

〔2〕 参见张文郁:《权利与救济——以行政诉讼为中心》,元照出版有限公司2005年版,第258页。

〔3〕 参见陈计男:《行政诉讼法释论》,三民书局2000年版,第441页。转引自林胜鹞:《行政诉讼法》,三民书局股份有限公司2005年版,第347页。

〔4〕 吴庚:《行政争讼法论》,三民书局2005年版,第171页。转引自林胜鹞:《行政诉讼法》,三民书局股份有限公司2005年版,第347页。

督，或称司法审查。它是对行政机关依据行政程序法作出具体行政行为所进行的具有司法性质的监督。然而，尽管行政程序法是以“程序”为名，但行政程序法并非程序法，而属实体法，例如，台湾地区“行政程序法”所规定内容系由行政机关对其行政行为所应遵守的程序，也就是行政程序法主要在于确定人民与国家机关之间垂直的法律关系，而并非公法争议解决的程序，因此，行政程序法基本上是实体法，仅有少部分属于程序法〔1〕。行政诉讼上的实体性事实，是指由相关实体法规范所规定的并由行政机关在作出行政决定所依据的事实以及法院在行政诉讼中应当查明的事实。也就是说，行政诉讼中的实体性事实主要来源于行政程序中所涉及的实体性事实。这些实体性事实包括主体事实、行为事实、结果事实和情节事实等。其中，主体事实是涉及主体是否具备法律上所要求的资格，是否为该主体作出行为等事实；行为事实是指主体是否实施了为法律所肯定或否定行为的事实；结果事实是指主体的行为是否造成了具有法律后果的事实以及产生某种法律后果的事实；情节事实是指有关主体的行为是否符合有关法律所规定的特定情节的事实。

在行政诉讼上所使用的“事实”这一概念，与民事诉讼上所使用的“事实”的概念，在原则上并无不同〔2〕。这种事实是指所有属于被适用的法规范(Rechtssactzc)的要件及构成法官三段论法小前提的事实，是具体的，依据空间及时间所特定的，过去及现在的外在世界及人类精神生活的情形及状态，而使客观的法律变成法律效果的有关要件〔3〕。与刑事诉讼和民事诉讼通常将已发生的过去事实作为证明和审理对象所不同的是，在行政诉讼上，因行政实体法上存在无数以未来的事实作为构成要件，并赋予一定的法律效果，即所谓的“预测”(Prognose)。这种未来的“事实”，现实并未实现，严格而言，并非事实，但立法者将其规定为诉讼法上的“事实”，也是法院要形成确信的对象〔4〕。

行政诉讼中一般意义上的证明对象包括具体行政行为合法性的事实和被诉抽象行政行为合法性的事实，其中包括：

(1)被诉具体行政行为合法性的实体性事实，它包括：第一，被诉具体行政行为是否存在的事实；第二，涉及被告行政机关的行政主体资格和权限的事实；第三，有关行政机关作出某一具体行政行为所依据的事实；第四，有关行政机关被诉具体行政行为是否符合法定程序的事实；第五，具体行政行为所依据法律规范的事实；第六，行政相对人的行为受到行政机关的对待或处理是否符合法定条件的事实；第七，被诉具体行政行为作出时，其目的是否具有正当性的事实；第八，行政机关作出

〔1〕 参见李惠宗：《行政程序法要义》，五南图书出版公司2002年版，第60页。

〔2〕 Vgl. Ule, Verwaltungsprozessrecht, 13. Aufl. , 1987, § 49 Ⅱ1, S. 270.

〔3〕 Vgl. Rosenberg/Schwab/Gottwald, Zivilprozessrecht, 15. Auf. , 1993, §113 Ⅰ1, S. 645.

〔4〕 Vgl. Davin, in : a. a. O. (Anm. 16), § 108, Rn. 12.

的被诉具体行政行为与特定的案件事实、情节和性质是否相适应的事实。

(2)被诉抽象行政行为合法性的实体性事实。根据我国行政复议法的有关规定,行政法规和规章以外的抽象行政行为所涉及的实体性事实包括:第一,有关行政机关是否享有制定该抽象行政行为职权的事实;第二,制定该抽象行政行为的程序是否符合相关法律规定的事实;第三,抽象行政行为的适用范围及效力如何的事实。

2. 特定行政案件中的证明对象所涉及的实体性事实

主要有如下几类:

(1)行政许可实体性事实,主要包括:第一,提出行政许可的申请人是否符合颁发该行政许可的条件和标准的事实;第二,在有关行政机关作出行政许可决定后,被许可人是否能够按照许可申请和法律规定实施行政许可的事实;第三,被许可人是否能够依法履行开发利用自然资源义务或者利用公共资源义务的事实;第四,被许可人是否能够按照国家规定的服务标准、资费标准和相关条件,向用户提供安全、方便、稳定和价格合理服务以及是否履行普遍服务义务的事实;第五,对被许可人直接关系公共安全、人身健康、生命财产安全的重要设备、设施,设计、建造、安装和使用是否已建立相应的自检制度,其重要设备、设施是否存在安全隐患的事实。

(2)行政强制措施的实体性事实。作为行政强制措施的实体性事实是行政相对人有应当被采取行政强制措施的案件事实,在个案中,这种案件事实体现的是符合有关法律规定的相应条件。

(3)行政处罚实体性事实。主要包括:第一,行政违法行为所构成的要件事实;第二,行政违法行为所表现的情节事实。这些情节事实主要包括:其一,主动消除或者减轻违法行为危害后果的事实;其二,受他人胁迫有违法行为的事实;其三,在配合行政机关查处违法行为过程中有立功表现的事实;其四,其他依法应当从轻或者减轻行政处罚的事实。另外,对于违法行为轻微并及时纠正,且没有造成危害后果的事实,不予行政处罚。再则,在行政处罚程序中,有关具体行政行为的适当性也应被列入证明对象的范围。

(4)行政裁决的实体性事实,主要包括:第一,违法事实;第二,权属事实;第三,损害事实。

(5)行政赔偿的实体性事实(要件事实)。

(6)行政复议中的实体性事实。

3. 与主要事实有关的间接事实

在行政诉讼中,因这部分事实与主要事实有关,属于形成主要事实的原因事实,将其作为证明对象时,考虑到行政诉讼的性质主要涉及对政府公权力的司法审查,与民事诉讼的性质存在较大差异,故应以采用严格证明为必要条件。

有关证据能力的"证据排除法则"在行政程序法上基本上也有其适用的必要性,这是基于法治国家的法理,即"国家应守法",人民纵有违法行为,国家的公权力主体也不得"故意"以违犯刑事法的方式(犯罪),来对付人民的违法行为。与刑事处罚相比较,行政程序虽然不采行刑事诉讼的严格证据主义,而采用优势证据原则,但仍有"证据排除法则"的问题,例如,为追查企业逃漏税,所进行的违法搜索账册或违法监听,其所取得的证据,应否认其具有证据能力。对此,为贯彻"国家守法"的法治观念,行政机关如明知该资料来源"不合法"(故意违反刑事法),应拒绝直接使用,否则似有鼓励违法之嫌〔1〕。

我国台湾地区"行政诉讼法"在原则上采行处分权主义,仅在例外情形下,才赋予职权主义色彩。例如,程序基于当事人的声明而开始、当事人得合意停止诉讼程序、撤回诉讼、和解终结诉讼、就诉讼标的作出舍弃或者认诺、裁判不得逾越当事人声明的范围等,均属于处分权主义的范畴〔2〕。

作为行政诉讼的理念之一是,对于违法的行政处分,给予人民权利救济,并谋求行政的适当,维持行政法秩序,以实现社会正义的终极目标,也就是通过对争讼的裁断,保障行政的合法性,同时对于人民权利所遭受行政权的侵害谋求救济〔3〕。对于行政诉讼,一般认为其涉及公益,且基于依法行政原则,所要求的为实质的真实,故大多主张行政诉讼应采行职权探知主义。也即,由于行政诉讼除了为保护人民的权利之外,兼具有确保行政活动适法性的目的,且在多数情形下,各种与诉讼有关的事实、证据及其他有关资料往往存在于享有公权力的行政机关之手,对此采行职权探知主义具有监督行政活动的适法性与矫正双方当事人不对等地位的作用,即贯彻武器平等原则〔4〕。为此,我国台湾地区"行政诉讼法"也采行职权探知主义的立法原则。例如,法院应依职权调查事实关系,不受当事人主张的拘束,至于撤销诉讼或者为维护公益,应依职权调查证据,对于撤销诉讼或者为维护公益,关于当事人自认的事实,法院仍应调查其他必要的证据〔5〕。

有学者认为,行政程序应没有如同刑事诉讼程序上因"毒树之果原则"而产生的第二层证据即"毒果"问题。因行政程序并像刑事诉讼程序那样要求"直接审理主义",故只要有法定职权的人员所进行的非故意违法所收集的证据资料,均有证

---

〔1〕 参见李惠宗:《行政程序法要义》,五南图书出版公司 2002 年版,第 210 页。

〔2〕 参见刘宗德、彭风至:"行政诉讼制度",载翁岳生编:《行政法》(下册),中国法制出版社 2009 年版,第 1399 ~ 1400 页。

〔3〕 参见陈清秀:《行政诉讼法》,翰芦图书出版有限公司 2001 年版,第 51 页。

〔4〕 参见刘宗德、彭风至:"行政诉讼制度",载翁岳生编:《行政法》(下册),中国法制出版社 2009 年版,第 1400 ~ 1401 页。

〔5〕 参见刘宗德、彭风至:"行政诉讼制度",载翁岳生编:《行政法》(下册),中国法制出版社 2009 年版,第 1401 页。

据能力,且不排除不同机关之间涉及证据的"移用",例如,警察机关移送违规营业者的有关漏税资料给税捐稽征机关。但如果并非有法定调查职权的人员,其所调查的证据,仅具有参考的性质,而并非证据本身[1]。

(二)严格证明在行政诉讼上的应用效果

在行政诉讼上,严格证明在行政诉讼上的应用效果主要体现在严格证明对法官心证所产生的影响上。这一问题涉及行政诉讼上法院据以认定案件事实的证明标准或者证明度。对此,有德国的学者认为,行政诉讼上的证明度,在原则上也是"规则的证明度"。这种"规则证明度"参照《德国行政法院法》第108条第1项与《民事诉讼法》第286条第1项的关系,该"规则证明度"就是"认为真实"(Wahrerachtung)。有学者认为,这种称谓是立法者透过上述法条对证明度所作出的规定[2],基于法治国家原则所要求行政行为合法及构成要件性,并由法院对此从事控制活动,在行政诉讼中的自由心证也是为法治国家服务的[3]。另外,民事实体法决定请求权的存在或者不存在,证据的任务在于协助实现实体法,应尽可能要求必要的事实认定,否则会扭曲实体法规的这种目的。同理,行政实体法决定公法上请求权及行政行为的合法性,事实决定实体法的适用,证据法上宽松的事实认定要求,将导致行政实体法严谨要件规定的松动,而有违法治国家所要求的依法行政原则。因此,"认为真实"的内涵是"真实的确信"[4],要求的是"完全的证明度"(volle Beweismsass)。德国联邦行政法院曾要求"确信确实"(Ueberzeugungsgewissheit)[5],其意义实质上是相同的。这种"真实的确信",并非是不可能达到的证明要求,也并非是不可推翻的确信[6]。就行政诉讼上的证明度对法官心证产生何种影响,德国学者Berg称,诉讼法并非将法官的裁判连结实体构成要件事实的存在,而是连结法官对其存否的确信,因此有不充分事实存在的可能性[7],从而道出法官所确信的真实,应是一定程度的高度盖然性。综合德国行政诉讼法文献通常援引联邦行政法院的见解,对行政诉讼上"真实"的盖然性要求程度的用语,与民事诉讼法大体相同[8]。然而这种结论只是从一般意义上的简单概括,而不能

---

[1] 参见李惠宗:《行政程序法要义》,五南图书出版公司2002年版,第210~211页。

[2] Vgl. Davin, in: a. a. O. (Anm. 16), § 108, Rn. 49; Nierhaus, a. a. O. (Anm. 10), S. 63.

[3] Vgl. Nierhaus, a. a. O. (Anm. 10), S. 62.

[4] Vgl. Walter, a. a. O. (Anm. 33), S149. 转引自吴东都博士论文:"行政诉讼之举证责任——以德国法为中心",台湾大学法律学研究所2001年版,第47~48页。

[5] BVerwGE55, 82(83). 转引自吴东都博士论文:"行政诉讼之举证责任——以德国法为中心",台湾大学法律学研究所2001年版,第48页。

[6] Vgl. Joergen-Schmidt, in:, a. a. O. (Anm. 39), § 108, Rn. 3.

[7] Vgl. Berg, a. a. O. (Anm. 38), S. 71.

[8] 吴东都博士论文:"行政诉讼之举证责任——以德国法为中心",台湾大学法律学研究所2001年版,第48页。

够掩盖行政诉讼因案件类型的不同,即使严格证明对法官心证产生的影响也会有不同差异这一客观事实。

笔者认为,行政诉讼中的严格证明所涉及的对象主要为实体性事实,但是,鉴于行政诉讼案件所涉及的类型复杂,对这些不同类型案件的表述与作出相应的定论,切忌一概而论。即使在行政诉讼中的严格证明对法官心证所产生的影响这一议题上亦应如此。例如,我国有台湾学者指出,对于行政诉讼中那些涉及撤销诉讼和有关公益维护的诉讼因采用职权调查主义,而由法院负调查事实真相的义务,其所追求的应为实质真实〔1〕。因此,在这些诉讼案件类型中,其严格证明对法官心证应达到排除合理怀疑的程度或者至少接近这种程度,才能有助于法官形成内心确信。

在我国行政诉讼中,凡是行政机关作出重要行政决定,会对国家利益、社会其他人的利益或行政相对人的利益造成重大或者较大影响的,如拘留、劳动教养等限制、剥夺人身自由的行政处罚案件,较大数额的罚款案件,责令停产停业以及吊销许可证、营业执照案件,以及其他涉及重大公共利益的行政行为,如药品监督机关批准企业生产某种新药品,后被他人向法院起诉主张该新药可能对人体产生某种严重的副作用的案件。在涉及这些对社会公益影响重大的行政诉讼中,其严格证明对法官心证所发生的影响应达到排除合理怀疑的程度,或者应几乎接近这种内心确信;当涉及适用简易程序作出具体行政行为而引起的行政诉讼中,其严格证明对法官心证所发生的影响应明显低于前述排除合理怀疑的程度,而达到具有显著的高度盖然性的程度即可;在行政程序中,行政机关作为中立者对平等主体之间涉及诸如专利、商标、自然资源、国有资产、凡有拆迁安置补偿等确权或裁决案件这些民事纠纷,其严格证明对法官心证所发生的影响与民事诉讼上解决财产关系纠纷案件所达到的具有一定高度盖然性的程度即可。可见,在行政诉讼中,严格证明所涉及的对象因案件类型的不同而产生不同的影响,即使是严格证明,因案件的类型化而存在差异,但这种差异并非实质性地降低在法官内心确信上的证明度。

三、自由证明在行政诉讼上的应用范围与效果

在行政诉讼上,自由证明的内容主要包括其应用范围及效果。

(一)行政诉讼中自由证明的应用范围

在行政诉讼上,其自由证明的应用范围主要有以下类型:

1. 某些特别的实体法事实或者与实体法有关的事实

例如,《德国联邦照顾法》(Bundesversorgengesetz,BVG)第1条第3项及《德国联邦病疫防治法》(Bundes Seuchengesetz,BseuchG)第52条第2项第1句所规定的因果关系的事实证明,对此,只要达到盖然性的程度即可。《德国社会法典法总则

〔1〕 张文郁:《权利与救济——以行政诉讼为中心》,元照出版有限公司2005年版,第234页。

篇》(SCB-AT)第65条第2项第1句规定,当损害无法以高度盖然性被排除时,是以盖然性的程度(Wahrscheinlichkeit)作为要件,这是一种证明度的降低[1]。再如,德国联邦社会法院对于受那些迫害的人或者战争损害的请求赔偿的事实,关于损害事实的发生,肯认其证明度的降低[2]。《德国联邦赔偿法》第176条第1项规定:"对事实的证明,由于申请人受国家社会党的武力措置所造成的状况,而无法完全加以应对的,决定机关在斟酌一切情事后,得为有利于申请人,而认为该事实已确定。"这其中含有降低证明度的法律观念[3]。

我国台湾地区"电脑处理个人资料保护法"第13条第1项规定:"公务机关应维护个人资料之正确,并应依职权或当事人之请求适时更正或补充之。"而"电脑处理个人资料保护法实施细则"第25条规定:"当事人依本法第十三条第一项规定向公务机关请求更正或补充其个人资料时,应提出足资释明之证据。"这种规定人民依电脑处理个人资料保护法的公法上的个人资料更正或补充请求权的要件事实,对其证明度达到释明程度即可,有学者认为,这也是一种证明度的降低[4]。

2. 一般意义上行政诉讼中的程序性事实

在广义上,行政程序性事实包括行政程序上的程序性事实和行政诉讼上的程序性事实。对此,有学者指出,行政程序上的程序性事实涉及行政程序的形式是否符合要求、行政程序步骤是否完成、是否遵守行政程序顺序的规定、行政程序是否遵守时限的规定等事实。它包括程序形式事实、程序步骤事实、程序顺序事实和程序时限事实四个方面。其中,程序形式事实涉及当事人申请材料提交形式、行政决定形式、听证形式、调查案件事实形式等。程序步骤事实涉及是否提出申请、是否通知、是否听取陈述和申辩,是否告知权利和事实依据、是否对当事人提供证据进行审查和核实、是否提出回避申请及是否审查等。程序顺序事实是指行政程序是否符合法律规范所要求的事实。程序时限事实是指行政机关和行政程序参与人是否遵守法定的时限规定的事实,如是否按期提出申请、是否在规定时限内提出证据材料、是否在法定时限内作出决定等[5]。行政诉讼上的程序性事实是指与审理行政诉讼案件有关的诉讼程序问题,例如,有关当事人资格的事实,有关受理条件的事实,有关诉讼程序的事实如回避、采取强制措施、撤诉等事实。

---

〔1〕 Vgl. Davin, in : a. a. O. (Anm. 16), § 108, Rn. 55.

〔2〕 Vgl. Walter, a. a. O. (Anm. 33). S. 219; Davin, in : a. a. O. (Anm. 16), § 108, Rn. 63, Fn. 156 m. w. N.

〔3〕 Vgl. Nierhaus, a. a. O. (Anm. 10), S. 82. 转引自吴东都博士论文:"行政诉讼之举证责任——以德国法为中心",台湾大学法律学研究所2001年版,第57页。

〔4〕 参见吴东都博士论文:"行政诉讼之举证责任——以德国法为中心",台湾大学法律学研究所2001年版,第63页。

〔5〕 参见徐继敏:《行政证据制度研究》,中国法制出版社2006年版,第26~27页。

一般意义上行政诉讼中的程序性事实，主要包括：(1)有关当事人适格性的事实；(2)涉及案件主管和管辖的事实；(3)涉及审判组织的组成是否合法的事实；(4)涉及审判程序的合法性事实；(5)涉及采取排除妨害行政诉讼强制措施的事实；(6)涉及诉讼期间的事实，行政诉讼法有关诉讼上各种期限的规定，有助于法安定性的维持与诉讼的正常秩序；(7)被告及其代理人是否在诉讼过程中自行向原告和证人取证的事实；(8)相关行政诉讼执行程序是否合法的事实。

3. 特定行政案件的程序性事实

主要表现在：

(1)行政许可程序中的程序性事实。主要包括：第一，行政许可实施过程和结果是否应当予以公开的事实；第二，设定行政许可措施的有关事实；第三，提出行政许可申请与受理行政许可申请的事实；第四，有关行政机关履行告知和听取意见义务的事实；第五，不予许可程序中说明理由的事实；第六，遵守法定期限的事实；第七，行政机关建立健全监督制度并进行监督检查的事实。

(2)行政强制程序中的程序性事实。在行政强制程序中，行政机关采取行政强制措施时，应当符合程序性要求。例如，根据我国《突发公共卫生事件应急条例》的有关规定，在处置突发性卫生事件程序中，行政机关采取强制措施应符合相应的程序性条件，即卫生行政主管部门对突发性事件已组织有专家进行综合评估，对突发性事件的类型进行了初步判断，国务院或者省级人民政府批准了启动突发事件应急预案。

(3)行政处罚的程序性事实。主要包括：第一，向当事人告知其处罚决定依据和依法享有权利的事实；第二，听取当事人陈述和申辩的事实；第三，对当事人提出事实、理由或者证据进行复核的事实；第四，依法进行听证的事实。行政机关在作出责令停产停业、吊销许可证或者执照、较大数额罚款等行政处罚决定之前，应当告知当事人有要求举行听证的权利；第五，有关回避的事实；第六，未超过追究期限的事实。

(4)行政复议的程序性事实。

4. 立法性事实(legislative fact)

所谓立法性事实，是指用来供法院对法律和政策问题作出立法性裁判的事实〔1〕。当法院和行政机关是在发展法律和政策时，它们的活动方式就具有立法性质。法院通过司法立法创造了普通法，构成裁决机关立法性裁判的事实被称为

〔1〕 Davis, An Approach to Problem of Evidence in Administrative Process, 55 Harv. Law Review 364, 402 - 404(1942).

立法性事实[1]。在英国,立法性事实被称之为“政策性事实”(facts of policy)。政策性事实是行政机关用于形成和发展政策的事实。立法性事实涉及和影响的范围广泛,远超个案的范畴。这类事实具有一定的普遍性和规律性,在其他案件中已经或者将要被反复地适用。例如,有关交通流量的事实、工作年龄的事实等,这种事实往往会给人以造成偏见倾向,限制当事人的程序权利。美国法院的一项判决将行业习惯作为一种立法性事实来看待。[2] 立法性事实不适合对抗式调查程序和审判程序,它往往超出当事人的视野,使当事人不能够充分地提供证据加以证明。并且,对于立法性事实的认定结论,往往也没有并且也不可能有明确的证据予以支持。立法性事实所反映的问题通常涉及政治决策,它关乎较大范围内的公共利益,对此,行政机关应当向议会或者立法机构负责,而并不向法院负责。并且,立法性事实涉及行政机关的裁量权,在不同的选择之间,行政机关有权选择其中任何一种方案,法院不得以自己的判断用以替代行政机关的判断。在立法性事实的认定和证明上,行政机关具有专长,法院应当予以尊重。[3] 例如,为了缓解交通压力、解决拥堵现象以及改善受污染环境的考虑,有关行政机关所制定的交通管制等政策,其合法性和合理性事实就是一种立法性事实。由于立法性事实不适合通过法庭调查和辩论的方式来进行,因此不宜采用严格证明模式,而更加适合采用自由证明模式。法院可通过其他方式进行审查,在此方面,法院除了可以考虑未经当事人公开质辩的事实之外,既可以通过必要的庭外调查研究方式来进行,还可借助有关行业的专家的知识、经验和意见。

5. 预测性事实

所谓预测性事实是指在被诉具体行政行为作出时尚未发生的属于行政机关职权管理范围之内的事实。对于这类事实,行政机关只能预测其存在发生可能性,这种事实又被称为“将来的事实”、“假定(Hypothesis)的事实”。行政法上的“预测决定”(Prognoseentscheidung)涉及对未来事实的预测,即预测性事实。以未来的事实为构成要件要素的,根据其性质,是涉及盖然性证明度的规定。就未来的事实尚未实现,这种对未来事实的认定,是一种“预测”(Prognose),而这种“预测”就是一种盖然性的判断[4]。对未来事实的预测,常见的是对“风险”(Risiko)、“危险”(Gefahren)及未来危害发生的评估判断。例如,《德国原子能法》第7条第2项第3款所规定的“依科学技术水准对设施的设置与运转所将导致的损害,应采取必要

---

[1] Davis,Judicial Notice,55Col. L. Rev. 945 at 948 -949(1955). 转引自高家伟:《行政诉讼证据的理论与实践》,工商出版社1998年版,第151页。

[2] Broz v. SchWeiker,677F2d 1351(11th CiR 1982).

[3] 高家伟:《行政诉讼证据的理论与实践》,工商出版社1998年版,第150~151页。

[4] Vgl. Davin,in:a. a. O.(Anm. 16), § 108,Rn. 64.

的对策。"《基因工程法》(GenTG)第13条第1项第3款及第4款规定,申请许可的,必须确保基因工程设施及在该设施内所要进行的基因工作,合乎依当时的学术及技术水准所必要安全要求,并担保不会有发生对该第1项所称保护法益(人类、动物、植物的生命及健康、以及环境、自然资源)的损害作用(schaedliche Einwirkungen)的事实。这些"危害"、"损害作用"等事实,是一种预测事实,它是对未来状况的判断,性质上只能作盖然性的判断,因此,在证明度的要求上应予降低[1]。

在一些行政案件中,当事人必须在行政程序和行政诉讼程序中证明这类预测性事实,对此,有关法律法规也作出了明确的规定。例如,我国《环境保护法》第13条规定:"建设污染环境的项目,必须遵守国家有关建设项目环境保护管理的规定。建设项目的环境影响报告书,必须对建设项目产生的污染和对环境的影响作出评价,规定防治措施,经项目主管部门预审并依照规定的程序报环境保护行政主管部门批准,环境影响报告书经批准后,计划部门方可批准建设项目设计任务书。"应当指出的是,尽管预测性事实对于公共利益能够产生深远的影响,但是,由于人类社会科学技术和相关经验知识的局限性所决定,使这些预测性事实存在潜在的不确定因素,因此,难以做到预先确凿无疑地加以证明。因此,在事后所发生的行政诉讼程序上,不宜采用公开质辩的方式进行,使当事人公开质辩的权利受到相应的限制。对此,较为科学的办法是,可以采用专家证人、查阅专业资料,由法庭进行调查研究等方式进行。可见,对于这种预测性事实的证明,适宜采用自由证明的模式来进行。

6. 行政案卷之外的事实

案卷之外的事实(extra record fact)是指未告知当事人的事实,其中包括行政机关未记入案卷的事实,以及行政机关虽记入案卷但未告知当事人并经当事人质辩的事实。在原则上,行政机关在处理行政案件时仅能依法考虑行政案卷之内的事实,只是在一些特殊例外情形下才可考虑案卷之外的事实。在理论上,在行政程序上之所以可以采用案卷之外的事实,是基于公共利益的考虑,同时,是行政自由裁量权的性质所决定的,因为行政管理人员在行使国家管理职能时,为其掌握的知识、经验和业务专长是不可替代的。这些知识、经验和业务能力有时会自觉或不自觉地无法全面、客观地在案卷中体现出来。行政管理的行业性和技术性较强,不同的行业在长期的实践中会形成不同的管理规范,这些规范或体现为某种规则或者一般性的经验,或者是内部的规章制度,均具有相对的稳定性。基于行政效率的考虑,行政机关没有必要在个案当中均负有告知当事人这些经验或者规章制度的义

[1] Vgl. Kokott, a. a. O. (Anm. 201), S. 229. 转引自吴东都博士论文:"行政诉讼之举证责任——以德国法为中心",台湾大学法律学研究所2001年版,第295页。

务,因此,在客观上不可能为当事人提供反驳的机会,更不可能逐一记入案卷。为了尽快处理社会事务,保障社会公共利益,减少当事人的讼累,行政机关必须频繁使用长期积累的专业性知识和经验,而这些知识和经验具有内在的规律性和内部性,而由当事人采用举证的方式加以证明只会拖延行政程序、浪费行政资源,最终有害于社会公益的维护。因此,在行政诉讼中,在行政案卷之外的事实成为待证事实或者证明对象时,应采用自由证明的模式来进行。

7. 法院应依职权调查的事实

法院应依职权调查的事实包括有关程序法上的事实以及其他依法应由法院依职权调查的事实。

行政诉讼因涉及公益,如行政法院就事实关系,仅应受当事人主张的拘束不能依职权调查,将有害于公益〔1〕。在职权调查主义条件下,法院仅能以其自己确信存在的事实为基础而作出裁判,并且可以援用当事人未主张的事实作出裁判。对此,有学者指出,由于行政诉讼多涉及公益,为发现实质的真实,对撤销诉讼应依职权调查证据,对于其他诉讼,为维护公益,也应依职权调查证据,采取所谓职权调查主义〔2〕。

就诉讼程序而言,其作为裁判基础的资料的获取采何种审理原则,大致有辩论主义(Verhandlungsgundsaztz)与职权调查主义(Untersuchungsgrundsatz)之分。行政诉讼上之所以采行职权调查主义,是基于确保行政合法性、社会法治国思想及人民有效的权利救济的宪法原则〔3〕。如下所述:第一,就行政合法性而言,基于法律优位原则,行政受法的拘束,行政行为在行政诉讼程序上接受司法审查,以达到司法控制行政合法性的目的。实现这种目的,是以正确的事实认定为基础,这样才能正确适用法律,求得正确的裁判,法院自应依职权查明事实的真相〔4〕。因此,有学者认为,职权调查主义是行政合法性的宪法原则(根据《德国基本法》第20条第3项)的程序方面,是法治国家的体现。例如,德国联邦宪法法院曾在一项判决中表示:"职权调查主义应(soll)维护正确裁判的公益,及防止当事人任意(Parteiwillkuer)的滥用。"〔5〕第二,社会法治国思想。行政诉讼涉及人民公权力的实现,应尽量避免发

---

〔1〕 参见陈清秀:《行政诉讼法》,瀚芦图书出版有限公司2001年版,第383页。

〔2〕 参见陈清秀:《行政诉讼法》,瀚芦图书出版有限公司2001年版,第383页。

〔3〕 Vgl. Geiger, in: Eyermann/Joergen-Schmidt, Verwaltungsgerichtsordung, 10. Aufl., 1998, §86, Rn. 5; Koehler-Rott, DerUntrsuchungsgrungsatz im Verwaltungsprozess und die Mitwirkungslast der Beteiligten, 1997, S. 125f.; Burkholz, Der Untersuchungsgrungsatz im verwaltungsgerichtlichen Eilverfahren, 1988, S. 65f.

〔4〕 Vgl, Hoefling/Breustedt, in: a. a. O. (Anm. 9), §86, Rn. 11, 14; Ule, a. a. O. (Anm. 1), §26, S. 133. 134.

〔5〕 BVerfGE 9, 256(257).

生诉讼上的“真伪不明”(non liquet)的情形,减少根据证明责任分配原则的“证明责任裁判”(Beweislastentscheidung)的“最后证据方法”(ultima ratio)。而相对于行政,一般而言,人民处于劣势,没有法院依职权调查事实的协助,人民的公权力就会因不能证明而无法实现。这是一种法院对于人民的“照顾义务”(Fuersorgpflicht),源自于社会及法治国家的思想(SoziaL-und Rechtstaatsgedanken)〔1〕。第三,权利保护的担保。主要表现在两个方面:其一,以尽可能正确的事实作为裁判基础。《德国基本法》第 19 条第 4 项保障人民的权利因公权力的侵害,必定有法律途径(Rechtweg)供其救济。德国 Schmidt Assmann 学者指出,在此担保范围内,原则上将调查裁判重要事实的责任归于法院〔2〕。只有在不仅是法律问题,还包括事实的认定上,法院均可事后加以审查的情形下,行政法院的权利保护功能才能够如宪法的意旨加以发挥。因此,行政法院的权利保护目标,在于获取以尽可能完全且正确调查到的事实作为基础来进行裁判〔3〕。其二,诉讼上的武器平等。上述《德国基本法》第 19 条第 4 项所担保的“权利保护”的实现,也必须以诉讼上“武器平等原则”(Waffengleichheit)为要件。而行政机关往往由于具备专业知识,及拥有丰富的资料库源(Informatonsreservoir),相对于人民而言处于优势地位。因此必须由法院依职权调查事实的诉讼程序才能够得以实现〔4〕。虽然有学者称法院的职权调查事实还包括不利于人民的事实,而且行政机关未必均必须使用其资料库源,因此认为职权调查主义无需求助于诉讼上武器平等原则。对此,有学者指出,如果不使法院有此职权调查义务,当人民处于劣势的情形发生时,就无从强制要求行政法院介入调查对人民有利于己的事实。为强制行政法院的介入,以达到诉讼的武器平等,职权调查确有必要。〔5〕。

从比较法的角度来看,各国或地区的行政诉讼究竟系采用辩论主义还是职权主义,各不相同。例如,《德国行政法院法》第 86 条第 1 项规定:“法院应依职权调查事实关系(erforscht den Sachverhalt),在此应使当事人参与。法院不受当事人的主张(Vorbringen)及证据申请(Beweisantraege)的拘束”。据此,通说认为,德国行政诉讼系采用职权调查主义,或称职权探知主义(Untersuchungsgrundsatz,

---

〔1〕 Vgl. Nierhaus, a. a. O. (Anm. 12), S. 260. 转引自吴东都博士论文:“行政诉讼之举证责任——以德国法为中心”,台湾大学法律学研究所 2001 年版,第 83 页。

〔2〕 Vgl. Schmidt-Assmann, in: Maunz/Duering, Grundgesetz. Kommentar, Art. 19 Abs. Ⅳ, Rn. 219.

〔3〕 Vgl. Nierhaus, a. a. O. (Anm. 12), S. 26. 转引自吴东都博士论文:“行政诉讼之举证责任——以德国法为中心”,台湾大学法律学研究所 2001 年版,第 84 页。

〔4〕 Vgl. Schmitt Glaeser, a. a. O. (Anm. 1), § 15n, Rn. 541; Lueke, Grundsaetze des Verwatungsprozess, JuS 1961, S. 43.

〔5〕 参见吴东都博士论文:“行政诉讼之举证责任——以德国法为中心”,台湾大学法律学研究所 2001 年版,第 84 页。

Untersuchungsmaxime, Inqusitionsmaxime, Amtsermittlungsgrungsatz)[1]。另外，作为行政诉讼法的特别法，《德国财务法院法》第76条第1项以及《社会法院法》第103条的规定均采用职权调查主义。《日本行政诉讼事件法》第24条规定："法院认为必要时，得依职权调查证据。但就证据调查的结果，应听取当事人的意见。"该规定并非如上述德国法例所规定的"应依职权"，而是"得依职权"，因此，日本学理上通说认为，其行政诉讼是采用辩论主义，只是对于当事人关于其主张的事实所提出的证据，当法院无法获得心证时，赋予法院可自行依职权调查证据的权能，也就是在辩论主义条件下，加入一些职权审理色彩，而并非采用职权探知主义[2]。并且，法院可依职权所作的，仅限于调查证据，不包括当事人未主张的事实，法院可采为判决基础[3]。但是，在实务上，法院实行职权调查的情形较为少见，而更多的是以行使阐明权的方式从事相应的行为[4]。

相较而言，我国台湾地区"行政诉讼法"第125条第1项规定："行政法院应依职权调查事实关系，不受当事人主张之拘束。"其立法理由为，行政诉讼因涉及公益，如行政法院就事实关系须受当事人主张的拘束，而不能依职权调查，将有害于公益。可见，其立法系采用职权调查主义，而在此之前的原"行政诉讼法"有效仿日本行政事件诉讼法的色彩，基本上是采行辩论主义，但兼有职权主义审理的色彩。

根据《德国行政法院法》第86条第1项的规定，在行政诉讼上，因采用职权调查主义，法院不受当事人主张的约束，因此并不存在如同民事诉讼中所谓的"自认"(Gestaendnis)及"不争执"(Nichtbestreiten)的概念[5]。我国台湾地区"行政诉讼法"第125条第1项规定，行政法院应依职权调查事实关系，不受当事人主张的拘束。同法第134条规定，当事人主张的事实，虽经他方自认，行政法院仍应调

---

〔1〕 Vgl. Ule, Verwaltungsprozessrecht, 9. Aufl., 1987, § 26, S. 133; Hufen, Verwaltungsprozessrecht, 2 Aufl., 1996, § 35, Rn. 21; Schmitt Glaeser, Verwaltungsprozessrecht, 14. Aufl., 1997, § 15, Rn. 541.

〔2〕 参见山村恒年，主张责任・立证责任，现代行政法大系(5)、行政争讼Ⅱ，页一八八；宫崎良夫，行政诉讼にわける主张・立证责任，新实务民事诉讼讲座(9)，行政诉讼Ⅰ，一九八三年，页二七七；泷川睿一，行政诉讼の请求原因・立证责任及び判决の效力，民事法讲座，第五卷，昭和三十五年，页一四四一；远藤博也、阿部泰隆编，讲义行政法Ⅱ(行政救济法)，一九八二年，页二四二(滨川)。转引自吴东都博士论文："行政诉讼之举证责任——以德国法为中心"，台湾大学法律学研究所2001年版，第80页。

〔3〕 参见南博方编，條解行政訴訟法，昭和六十二年，頁五九三(時岡泰)。转引自吴东都博士论文："行政诉讼之举证责任——以德国法为中心"，台湾大学法律学研究所2001年版，第80页。

〔4〕 参见新山一雄，西ドイツにわける职权探知原则，行政法の诸问题(下)，雄川一郎先生献呈集，一九九〇年六月、页二四八、二十五注八。转引自吴东都博士论文："行政诉讼之举证责任——以德国法为中心"，台湾大学法律学研究所2001年版，第80页。

〔5〕 Vgl. Ule, a. a. O. (Anm. 23), § 49 Ⅱ 2, S. 270.

查其他必要的证据,也有相同的旨意。可见,在行政诉讼上,经证明以形成法院确信的事实,其范围比民事诉讼更广泛〔1〕。在行政诉讼上,法院"不受证据申请的拘束",其实是"不受未提出证据申请的拘束力"。由于法院不受当事人事实主张及证据申请的拘束,因此,德国通说认为,行政诉讼不存在"主张责任"(Behauptungslast)及"证据提出责任"(Beweisfuerhrungslast)〔2〕。可见,在行政诉讼上,在证据调查和事实认定上,因实行法院职权调查主义审理方式,行政诉讼中的当事人既不负主张责任,也不负相应的主观证明责任,但应当负担客观证明责任,并且在法院依职权调查证据及认定事实上,有关当事人应当负有必要的证明协力义务。在此情形下,不能以当事人有协力义务,而认为其有主张责任及证据提出责任。因此,在法院依职权调查证据所产生的自由证明条件下,对何种证据资料来对待证事实作出判断以及采用何种程序或方式来进行证据调查,完全由法院依职权决定。对此,凡法律没有作出相应明确、严格规定的,均应视为立法者对法院的委托与授权。

8. 简易程序案件所涉及的裁判事实

简易程序是对普通程序的必要简化。有学者指出,在行政诉讼上,简易诉讼程序的裁判可不经过言词辩论而作出〔3〕。因此,在这种情形下,因受到传闻规则的影响,实际上,严格证明已被自由证明所替代。

9. 辅助性事实

在行政诉讼上,辅助性事实对案件待证事实的认定仍具有重要的作用。例如,在行政诉讼上,常见的案例当涉及抵押债权利息时,对于抵押债权人有无收取利息的事实认定,在缺乏直接证据进行认定时,曾出现某些间接证据有助于证明特定的辅助性事实,以便作出具有盖然性的经验法则上的事实推定时,可采用自由证明。

10. 特别经验法则

经验法则包括一般经验法则与特别经验法则分两种类型。其中,一般经验法则属于免证事实范畴,而特别经验法则对普通人及审理法院而言均属特别经验,故此,在行政诉讼法应列为证明对象。这种特别经验法则有多种称谓。例如,有学者认为,这种特别经验属于专业知识经验,专业经验是受过科学训练的专家,对事实认知所需的客观的知识公准运用在具体事件上的判断,如医事经验、工程建筑经验、物件(土地、不动产或其他物品)鉴价经验、机械物理经验等,也包括法学家的

---

〔1〕 参见吴东都博士论文:"行政诉讼之举证责任——以德国法为中心",台湾大学法律学研究所 2001 年版,第 20 ~ 21 页。

〔2〕 Vgl. Schmitt Glaeser, a. a. O. (Anm. 1), Rn. 543; Eyermann/Joerg Schmidt, a. a. O. (Anm. 10), § 86, Rn. 1; Stern, a. a. O. (Anm. 29), Rn. 382; Berg. a. a. O. (Anm. 20), S. 544.

〔3〕 参见刘宗德、彭凤至:"行政诉讼制度",载翁岳生编:《行政法》(下册),中国法制出版社 2009 年版,第 1535 页。

法学经验。这些基于知识所取得的专业经验,在个案上容许有不同的认知结论,但对行政机关及法院而言,其采用何种经验应有其依据及说理〔1〕。在行政诉讼上,当特别经验法则作为证明对象时,可采用自由证明的模式。

11. 习惯法、地方法规、外国法

对于习惯法、地方法规、外国法等,仅限于审理法院并不知晓的条件下才能够成为证明对象。在行政诉讼上,当习惯法、地方法规、外国法作为证明对象时,可采用自由证明的模式。

(二)行政诉讼上自由证明的应用效果

有学者认为,民事判决系法院依据自由心证原则,比较原告、被告提出证据的证明力所作出的判断,故其在作出判决依据的证据取舍上,是根据"优势证据原则",也就是,何方所提出的证据更具说服力,法院即可据此判决该方胜诉。行政诉讼的进行虽然与刑事诉讼制度相同而采行职权进行主义,但就判决依据的证据取舍,则与民事诉讼相同而采优势证据;在行政程序上,作为行政处分所依据的证据法则,亦同〔2〕。在行政诉讼上,作为自由证明的对象显得更为复杂多样,这些对象所涉及的事项既包括实体法事实,也包括程序法事实,既包括立法性事实,也包括预测性事实,既包括行政案卷之外的事实,还包括法院依职权调查的事实,等等。凡此种种,不一而论。因此,行政诉讼上的自由证明对法官心证所产生的影响能够反映出不同的差异,例如,对法院依职权调查的事实而言,既可能包括非常高度的盖然性所产生的内心确信,但也不排除具有中等以上的高度盖然性所形成的内心确信以及具有盖然性占优所形成内心确信。关键取决于案件的类型、案件的性质以及相关的价值取向。再如,对于自由证明就立法性事实、预测性事实在法官心证上所造成的影响,因受客观条件的限制,就盖然性而言也不能有很高的期待,但就二者相较而言,因前者的依据应更具相对的可靠性,故前者的盖然性似应高于后者。因此,在行政诉讼上,自由证明对法官心证的影响,既可能会发生因案件的类型不同而有所不同,也可能会发生因同一种类型案件当中的个案所涉及的具体情形不同而有所差异。但至少还不能得出这样一种必然性的结论,即在行政诉讼上,因严格证明对法官心证所产生内心确信上的盖然性一定会比自由证明显得更高。

四、比较法意义上的结语

从三大诉讼在横向比较而言,行政诉讼在程序性质上与民事诉讼较为接近,而与刑事诉讼有更远的距离。例如,《德国行政法院法》第 173 条及《日本行政事件诉讼法》第 7 条均规定,民事诉讼的规定在行政诉讼法上予以准用。但是,在诉讼

〔1〕 参见李惠宗:《行政程序法要义》,五南图书出版公司 2002 年版,第 213 ~214 页。

〔2〕 参见李惠宗:《行政程序法要义》,五南图书出版公司 2002 年版,第 208 页。

审理的原则上，刑事诉讼则采用职权调查主义，而与行政诉讼更为接近，与民事诉讼所采取的辩论主义有较大差异。

行政诉讼中严格证明的适用范围主要包括行政诉讼中一般意义上的实体性事实与特定行政案件中的实体性事实。其中，一般意义上的实体性事实可分为具体行政行为合法性的事实和被诉抽象行政行为合法性的事实。被诉具体行政行为合法性的实体性事实包括被诉具体行政行为是否存在的事实，涉及被告行政机关的行政主体资格和权限的事实，有关行政机关作出某一具体行政行为所依据的事实，有关行政机关被诉具体行政行为是否符合法定程序的事实，具体行政行为所依据法律规范的事实，行政相对人的行为受到行政机关的对待或处理是否符合法定条件的事实，被诉具体行政行为作出时其目的是否具有正当性的事实，行政机关作出的被诉具体行政行为与特定的案件事实、情节和性质是否相适应的事实。被诉抽象行政行为合法性的实体性事实有关行政机关是否享有制定该抽象行政行为职权的事实、制定该抽象行政行为的程序是否符合相关法律规定的事实、抽象行政行为的适用范围及效力如何的事实。特定行政案件中所涉及的实体性事实，根据不同性质的案件而有所不同。例如，行政许可实体性事实，主要包括提出行政许可的申请人是否符合颁发该行政许可的条件和标准的事实，在有关行政机关作出行政许可决定后被许可人是否能够按照许可申请和法律规定实施行政许可的事实，被许可人是否能够依法履行开发利用自然资源义务或者利用公共资源义务的事实，被许可人是否能够按照国家规定的服务标准、资费标准和相关条件，向用户提供安全、方便、稳定和价格合理服务以及是否履行普遍服务义务的事实，对被许可人直接关系公共安全、人身健康、生命财产安全的重要设备、设施、设计、建造、安装和使用是否已建立相应的自检制度，其重要设备、设施是否存在安全隐患的事实。再如，行政裁决的实体性事实主要包括违法事实、权属事实、损害事实。

相较而言，民事诉讼严格证明适用范围仅涉及民事实体法律要件事实，即使行政诉讼严格证明的适用范围也仅涉及行政法律关系中的实体性事实。因行政实体法律关系在性质上属于公法关系，原则上涉及社会公益与社会秩序，因此，对于行政诉讼中的实体事实或者实体性事实的证明，需要以政府公权力的名义动用社会公共资源，并且在诉讼上以追求实体真实为作为认定案件事实的基础与目标，而作为行政诉讼中的行政相对人，对于严格证明适用范围所涉及的证明对象主要负担的是一种证明协力义务。

在民事诉讼上，对于严格证明的适用范围仅限于实体法事实这种认识，学者间已经形成较为高度的共识；在形成严格证明适用范围的根据上，行政诉讼与刑事诉讼、民事诉讼相较而言具有特殊性。这是因为，行政诉讼实际上是由法院所主持的对诉前行政程序的一种复审程序或者司法审查程序。行政程序法主要用于塑造政府公权力机关与人民之间形成垂直（即管理与被管理型的非平等关系）法律关系的直接过程,而并非公法争议解决的程序,行政程序法基本上应属是实体法范畴,且这种行政程序已然发生,则在客观上具有不可回溯性。因此,行政程序法相对于行政诉讼法并非程序法范畴,而具有实体法性质。从严格意义上,行政诉讼上严格证明的适用范围既包括行政法律关系要件事实这种实体法上的事实,也包括行政程序依法进行的法律要件事实,这种要件事实因与行政诉讼程序本身并无直接联系,而在行政诉讼上被视为一种实体性事实。行政诉讼中的实体性事实主要来源于行政程序中所涉及的实体性事实。可以说,行政诉讼上的实体性事实,是指由相关实体法规范所规定的并由行政机关在作出行政决定所依据的事实以及法院在行政诉讼中应当查明的事实。

在行政诉讼上,在行政机关与行政相对人处于管理与被管理的不平等地位条件下,被告行政机关因享有公权力而处于绝对优势地位,在许多情况下对讼争事实通常应负主张责任和证明责任,因此,对被告行政机关所主张的其行政行为具有合法性的事实应采用严格证明的模式。相较而言,在通常情况下,鉴于行政相对人在举证能力等方面处于较弱势地位,对其所提出的对被告行政机关不利的事实主张,在判定由行政相对人对此负有证明责任(一般仅限于有关证据资料在其所支配的领域范围内)或者属于由法院依职权调查的条件下,可采用自由证明的模式。

试论行政执法决定的事实认定规则*

高家伟**

行政机关在执法决定中要对全案事实作出正确的认定,须注意遵循如下五条规则:一是范围的相关性规则。为了正确把握不相关的事实因素与相关的事实因素之间的界限,行政机关需要综合考虑规范、权益、意义和争议四个方面的相关性标准,在此基础上进而考虑案件事实的分类,除了要件事实、情节事实、证据事实、显见事实和周知事实之外,还要考虑立法性事实、政策性事实、预测性事实、社会背景事实和先例的事实。二是方法的科学性规则。除了掌握一般的科学试验方法、思维方法、操作规程,正确应用专家意见、鉴定结论等科学证据之外,行政执法人员还要尝试运用整体思维、大局思维和未来思维,妥善处理情感判断与理性判断、价值判断与事实判断之间的关系,全面综合地应用相关学科领域的专业知识和方法,有效地排除假象与迷信的干扰。三是程序的正当性规则。作为正当程序要求的具体体现,行政执法人员应当保障事实认定过程的开放性与透明性,避免片面与专横。四是定性的准确性规则。行政执法人员要从相关的法律原理和原则的高度对案件事实的法律属性及其后果作出的整体认定,对案件事实作出恰当的归类,给以准确的命名。五是结论的肯定性规则。为此行政执法人员要根据案件的定性和相关法律规定,选择适当的证明标准,应用合理的法律论证方法,选择规范的法律术语和表达方式。这五项规则也是"认定事实正确"的具体内涵所在。

本文所说的事实认定是指行政执法人员在针对特定的公民、法人或者其他组织作出具有法律效果的处理决定之前,根据证据事实的采信结果而对全案事实进行综合分析与判断的认识行为。

---

* 本文系张军教授主持国家社科重大项目"诉讼证据规定研究"(项目批准号:11&ZD175)的阶段性成果,教育部人文社科重点研究基地中国政法大学诉讼法学研究院自设项目"行政执法决定中的证据问题研究"的最终成果之一。

** 高家伟:中国政法大学诉讼法学研究院教授、博士生导师,中国政法大学、吉林大学、武汉大学司法文明协同创新中心签约研究员。

■引言:问题和思路

从主体来看,行政执法决定中事实认定的一个特殊性在于行政机关同时具有裁判者和当事人的双重角色。在作出执法决定时,行政机关是依职权进行事实认定的裁判者,但在行政诉讼中却是证明执法决定合法性的当事人。虽然这两重角色不同,但在相关事实认定所应遵循的内容、标准和规则方面却是相通的。本文的论述着眼于行政机关正确认定案件事实所应遵循的实质规则,因此不严格地区分行政机关的双重角色。有鉴于行政机关认定案件事实的规则也是法院在审查被诉具体行政行为合法性时所应注意遵循的事实审标准,本文在论述的过程中也兼顾到法官的角色。

从客体来看,事实认定一般分为两个层面:一是证据事实认定,是指行政执法人员通过对证据材料的证据资格和证明力的审查判断,而对证据材料所记载事实内容的客观性、合法性、完整性、相关性的认定。二是全案事实认定,是指行政执法人员从正确适用法律的角度,对全案事实的性质、内容、结构、过程等是否达到客观、完整和一致而进行的总体分析。如果说前者主要是事实问题,那么,后者在很大程度上是法律问题,因为全案事实的整体定性、要件事实范围界定以及证明标准的选择等都取决于相关的法律规定。在标准的方面,证据事实的认定标准是“确凿”,具体分为合法性、相关性和客观性三个方面;而全案事实的认定标准是“清楚”,亦即是否能够排除合理的怀疑或者达到法定的证据优势。本文的论述侧重于全案事实的认定。

按照前述理论框架来审视有关的法律规定,就会发现:

《行政诉讼法》第 54 条第 1 款将“主要证据确凿”作为事实审方面的维持理由,相应地于第 54 条第 2 款第 1 项将“主要证据不足”作为事实审方面的撤销理由。关于何谓“主要证据不足”,《行诉法意见》、《行诉法解释》、《行诉证据规定》未对此作任何扩张解释。[1] 至少从规范的层面上来说,“认定事实错误”、“案件事实清楚”等都没有被纳入行政行为的事实审查标准之中。不过,第 61 条在规定对一审判决的上诉审查标准时明确地使用了“认定事实清楚”、“认定事实不清”等术语。相比较之下,可以认为这并非立法者的无意疏忽,而是基于行政执法与行政审判的区别而有意确立不同的事实认定标准:对被诉行政行为在事实认定方面的

---

[1] 缩略语:《行诉法意见》:最高人民法院《关于贯彻执行〈中华人民共和国行政诉讼法〉若干问题的意见(试行)》,1991 年 5 月 29 日通过;《行诉法解释》:最高人民法院《关于执行〈中华人民共和国行政诉讼法〉若干问题的解释》,1999 年 11 月 24 日经最高人民法院审判委员会第 1088 次会议讨论通过;《民事证据规定》、《行诉证据规定》:最高人民法院《关于行政诉讼证据若干问题的规定》,2002 年 7 月 24 日公布,2002 年 10 月 1 日起施行。

要求比较低,只需“主要证据确凿”即可——甚至连“充分”一词都去掉了;对一审判决在事实认定方面的要求比较高,要在“主要证据确凿”的基础上,进而达到“认定案件事实清楚”的程度。

但是,《行政复议法》第28条第1款第3项第1目将“主要事实不清、证据不足”规定为被诉行政行为合法性审查的一个撤销理由,《行政复议法实施条例》第43条将“认定事实清楚”作为复议决定的维持理由,第47条第2项将“认定事实不清,证据不足”作为复议决定的变更理由。有鉴于行政复议与行政之间的连贯关系,这实际上意味着,在证据是否充分确凿之外,事实认定是否准确、清楚已经成为一个单独存在的事实审查标准。实践中的审判案例也证明了这一点[1]。

将前述有关的法律法规和司法解释的规定结合起来,可以认为,虽然术语还不够统一、规范,但事实认定是否清楚或者正确已经成为行政审判实践中实际采用的事实审标准,亦即行政执法机关正确认定案件事实的标准。从前述理论框架来看,该标准分为两个层面:

一是证据事实的层面。亦即在证据材料的审查判断方面对行政执法机关调取和采信证据材料的证据资格和证明力大小进行审查。关于证据资格的审查,以合法性、相关性与客观性等方面的证据规则为审查标准;关于证明力的审查,以最佳证据规则、意见证据规则、品格证据规则等方面的证据规则为审查标准。如果行政机关在证据的调查收集和采信方面遵循了前述证据规则,那么,即构成“主要证据确凿”;反之,如果行政机关在这个层面出现了不可在事后补救的实质性缺陷,即构成“主要证据不足”。

二是案件事实的层面。亦即在案件事实的认定方面对行政机关认定案件事实的范围是否准确,方法是否科学,过程是否规范,结论是否合理等方面进行的审查。如果行政机关在这几个环节上没有实质性的缺陷,那么,即构成“案件事实清楚”;反之,如果行政机关在这个层面出现了不能在事后予以补救的实质性缺陷,即构成“认定事实错误”,并进而导致“案件事实不清”。

按此审视《行诉证据规定》,可以发现它采取的是证据中心主义而非证明中心主义的立法模式,除了有关举证责任分配的少许规定之外,有关证据资格和证明力的证据规则(evidence rule)占据了绝大多数篇幅。有关全案事实认定方面的证明规则(proof rule)在行政审判领域中还很薄弱,甚至可以说是缺失的。本文尝试对此进行思考,认为行政机关为了正确地认定全案事实,应当注意遵循范围、方法、程序、结论等五个方面的规则。

---

〔1〕“泸州工商局处罚决定认定事实错误被撤销”,载 http://www.chinacourt.org/article/detail/2006/05/id/206928.shtml,2013年5月13日阅读(行为定性错误:将未获得《医疗广告许可》而发布广告的行为视为未经审查批准而发布广告的行为)。

一、范围:相关性规则

准确认定案件事实的首要环节是搞清楚:哪些事实应当纳入本案事实认定的范围,哪些事实应当排除在考虑之外。应当考虑的事实而没有考虑的,构成事实的遗漏;不应当考虑的事实而考虑的,构成事实的多余。这就是在范围把握方面可能出现的两种事实认定错误。对此,可以从如下两个层面予以把握:

(一)一般标准

行政机关在考察某项事实是否与本案相关时应当考虑如下标准:

1. 规范标准

有关的法律、法规和规章对有关要件事实所作的规定可能是暗示的、概括性的,事实要件蕴含在特定条文有关适用前提条件(假设)的规定中;也可能是明示的例举式的,事实要件被明确地列举出来,这在有关行政处罚或者许可的规定中比较常见。

从内容的角度来看,对全案事实认定范围的把握具体可分为两种情况:

(1)规范要件标准。如果相关的法律法规规章或者司法解释对规范要件事实有明确的规定,则无论在实质认定上作何种考虑,都应当认为具有相关性,从而纳入本案事实认定过程中。

(2)规范目的标准。如果没有相关规定或者相关规定不明确,那么,应当从立法目的的角度进行考虑。就行政执法而言,立法分为客观的公益目的和主观的个人权益保护两类。如果法律规范中蕴含着公民权益保护的目的,那么,则需要从特定类型的请求权——例如救助给付请求权——是否成立的角度来具体地甄别要件事实的内容。如果法律规范的目的仅仅是维护公共利益,那么,则要从相关政策的角度考量相关的案件事实。

2. 权益标准

凡是与被诉行政行为所处理或者直接影响的公民(法人或者其他组织的)权益有关的事实,无论是否发生了争议,都应当认定与本案相关,必须纳入本案事实认定的考虑范围。具体可分为:

(1)当事人权益标准。也可以称之为直接权益标准。所谓直接,是指行政执法决定将特定公民的权益作为处理的客体。这里所说的权益包括法律明确规定的权利和当事人实际上获得的利益。

(2)关系人权益标准。也可以称之为间接权益标准。所谓间接,是指行政执法决定虽然没有针对特定的公民作出,但是,一旦生效后将对该公民的权益造成不可避免的影响。这方面的典型例子是涉及相邻权的建筑许可行为,无论相邻人是否提出争议,建设主管部门在颁发建设许可证之前都必须将相邻人的权益(要件)事实纳入本案建筑许可决定的事实认定范围之内;否则,即构成实质性的案件事实遗漏。

3. 意义标准

规范标准和权益标准侧重于从法律的角度认识特定事实的相关性,这里所说的意义标准是从认识论的角度而言的。如果某一项事实对全案事实的全面、客观、一致的认定具有意义,那么,则无论该意义是正向支持性的,还是反向否定性的,是逻辑意义上的,还是经验意义上的,是线索发现或者思路启发意义上的,还是内容认识和性质认定意义上的,都应当纳入本案考虑的范围。将如此诸多维度的事实都纳入"相关事实因素"的范围,是因为任何行政案件都蕴含着政治、经济、社会等诸多方面的意义,这是行政案件区别于民事、刑事案件的特殊性所在。

4. 争议标准

只要一项事实在本案中被当事人或者利害关系人合理地引起了争议,那么,即应当认为与本案相关。请注意:这里所说的"合理"是指具有证据材料支持或者科学、法律等方面的正当理由支持,并且不会因争议的提出而造成案件处理程序的过分迟延,或者造成不合乎比例的社会、道德、经济等方面的成本。作为拖延战术、烟幕战术、心理战术、抹黑战术、宣传战术等而提出争议,即使具有表面正当理由的支持,因其具有内在不正当、甚至是邪恶的目的而丧失其合理性。简言之,目的的不合理性很有可能使原本合理的手段丧失其合理性,进而阻断事实的相关性。在相关性被阻断的情况下,一个事实即使在客观上与本案相关,但在法律上不予考虑。这方面的典型是非法证据排除规则和证据时效规则。

以上四个标准在实践的层面是相互交织在一起的,之所以要在理论上作出细致的分类,其目的在于尽可能地增加认识的角度,提高认识的全面性。行政机关在对本案事实进行总体分析判断时,如果要认定一项事实的相关性,只需要采用其中一项标准即可;如果要排除一项事实,尤其是已经发生或者可能发生争议的事实,就必须从结合四个标准进行综合的考虑。否则,就有可能构成"认定事实错误",进而导致"案件事实不清"。

(二)事实分类

在前述一般标准的基础上,为了进一步准确把握案件事实的认定范围,还需要结合案件事实的分类。在这方面,行政执法决定有自己的特殊性。

民刑事案件中的案件事实一般分为证据事实、情节事实、要件事实三类。证据事实是在经采信的证据材料中记载的、用来证明某一法律主张或者事实主张的事实,情节事实是有关案件事实具体发生过程的事实,要件事实是在案件事实之中蕴含的、为适用特定法律规范而必须具备的基本事实。

除了前述三类事实之外,在必要的情况下,显见事实和周知事实也会司法认知的方式进入案件事实的认定过程中。

除了前述五类事实之外,在行政执法决定中还经常涉及五类特殊的事实:一是立法性事实,二是政策性事实,三是预测性事实,四是社会背景事实,五是先例的事实。

立法性事实是指作为立法机关在制定相关法律规范时所考虑的事实,如有关社会立法需求和推动力的事实,有关法律实施条件的事实,有关立法成本收益分析的事实等。与法律的规范性特征一致,这些事实也具有概括性、抽象性、普遍性、预测性等特征。行政执法机关为了准确地理解和适用相关的法律规范,通常要考虑这方面的事实因素。

政策性事实的考虑因素在被诉行政行为的事实认定中更为突出,因为所有的行政行为虽然是针对特定的公民、法人或者其他组织的具体事件作出,但无一不包含政府在特定时期内的政策取向因素,无一不包含带有特定政治考虑的决策型因素。法院在审查被诉行政行为时,如果不了解政策性事实,也就难以把握行政机关作出的被诉行政行为的动机。政策性事实可能外在地表现为作为政策载体的红头文件(行政规范性文件)中所声称的目的、目标、根据、措施等之中,也可能内在表现为蕴含在被诉行政行为之后的价值偏好或者利益平衡方面的动机之中。

所谓预测性事实是指根据现有的知识和信息,按照科学的方法进行分析预测而认定的对未来可能发生的事实。其中最为典型的是所谓的风险评估的事实。这一点在大型投资或者建设项目的许可中最为突出。另外,绝大多数的行政规划行为也都是根据预测性事实作出的,这种预测事实可能表现为对经济、社会和科技发展的趋势的预测,或者表现为对未来产业发展、城市发展的远景规划等。

所谓社会背景事实,是指作为案件事实发生的社会背景的事实,如特定时期的政治、经济和社会的发展状况,地方居民的风俗习惯,国民的日益增长的物质和精神需要等。同样的法律规范和政策因社会背景不同,其适用的具体方式也就不同。

所谓先例事实,是指与本案情况类似、可以与本案类比从而可以用来指导本案事实认定的先例。这种先例的来源多种多样,可以是最高人民法院、最高人民检察院在公报中发布的典型案例,也可以是行政机关在政府公报中以正式的方式发布的所谓的指导性行政案例,也可以使本行政机关曾经作出的生效决定。先例事实的主要意义在于审查行政裁量决定的公平性,亦即是否同等情况同等对待、不同等情况不同等对待,是否存在歧视、专横、恣意、反复无常的情况。

有鉴于行政执法的专业化发展趋势,政策事实与背景事实往往不是证据法上所说的显而易见、众所周知的事实。显而易见是相对于一般民众的生活经验而言的,众所周知是相对于业内人士的一般知识水平而言的。

上述分类是不全面的,其意义在于说明:行政执法决定所涉及的案件事实是多层面、多位方面的事实交织互动的产物。对行政执法人员来说,要准确地认定案件事实,首先必须作到认定案件事实的“全面性”。对法官而言,要正确地审查被诉行政行为的事实认定是否合法,不仅需要了解案件事实的具体发生过程(亦即情节事实),而且要了解行政机关在作出被诉行政行为时所考虑的立法性事实和政策性事实,还要进而了解相关的社会背景事实;在特定案件中,还需要考虑相关的预测性事实和先例事实。简单地说,只有将个案事实放在宏观的社会生活背景和政府的相关政策考量因素中,才可能把握行政案件的"事实真相"。

(三)错误

范围方面的事实认定错误,是指行政机关在作出执法决定时没有综合考虑规范、权益、意义和争议四个方面的一般界定标准,或者对本案可能涉及的特殊事实类型没有进行全面的考虑,以至于没有考虑相关的事实因素或者考虑了不相关的事实因素,并且对案件事实的准确认定产生了实质性的影响。具体表现为:

一是多余或者遗漏。前者指考虑了不相关的事实,后者指没有考虑相关的事实。这是本体论层面的错误。

二是标准片面或者类型缺失。前者指没有正确把握界定案件事实范围的标准,后者指没有正确地梳理案件事实的类型。这是方法论层面的错误。

二、方法:科学性规则

前文分类从一个角度揭示了行政案件事实的特殊复杂性,这决定了行政案件在事实认定方法方面的科学性特征。面对如此复杂的事实类型结构,日常经验是远远不够的,而古典逻辑学上的归纳与演绎、分析与综合、反证与排除等逻辑分析的方法也显得捉襟见肘,这使传统的经验法则和逻辑法则在行政案件的事实认定中日渐式微,而以客观性、中立性、实证性、精确性和直观性为取向的科学方法则日渐呈现出独到优势,以至于在行政案件的事实认定中占据了主导地位。行政案件事实的正确认定既要遵循一般证据科学的方法,也要针对特有的事实类型而采取不同的认定方法。

(一)一般方法

证据法领域中的科学性规则主要有如下五类:

一是科学方法。以经验实证的分析为基础,以假设和实验、怀疑和批判为主导,以开放性、直观性、精确性、层次性、有序性和规范性等为取向。之所以如此是因为在与神学进行长期论战的过程中,科学逐渐地养成了经验理性主义的品格。[1] 这种品格排斥一切先验教条的绝对性,将任何结论作为一种可证伪的理论

〔1〕 [英]W. C. 丹皮尔:《科学史》(上下册),商务印书馆1975年版;[美]安德鲁·迪克森·怀特:《科学——神学论战史》(两卷本),商务印书馆2012年版。

假设,鼓励谨慎地怀疑、有条理地批判[1]。

二是科学定律。当一种理论的假设经过反复的实验证明成立,被科学界所普遍接受,并且获得某种公式化的语言表达方式时,那么,这种理论上的假设就会被上升为科学定律。作为一种公式化的信念,科学定律成为前提性的假设和预判性的标准。从科学自身的实证性品格来看,任何科学定律不过是一种相对加强的理论假设,或者说是科学界的一种共识性约定[2],存在条件、范围、方式等多方面的相对性限制,都期待着谨慎地怀疑和有条理地批判。

三是技术规程。不同的科学证据类型在调取、保管、鉴定、认定等各环节都具有相应的技术操作规程。违反操作规程可能造成调取或者保管的证据材料失去证据资格,致使相应的案件事实得不到认定。

集中体现科学性规则的两类证据是:

四是鉴定结论。作为主要是针对实物证据的甄别方法,鉴定结论混合了言辞证据和实物证据的属性而成为一种独立证据种类。

五是专家证据。作为意见证据排除规则的例外,专家意见被确立为一种独立的言辞证据种类。

前述五个方面的共同实质是:科学知识作为证据,即所谓的科学证据。[3] 笔者认为,从类型化的角度来看,科学证据既非实物证据,亦非言辞证据,而是一种单独的证据类型;与此相应,科学证据规则应当是整个证据规则体系中一个相对独立的组成部分。

(二)特殊方法

以上科学证据在行政执法中也得到越来越广泛的应用。不过,就行政执法中的正确事实认定而言,更显特色的方法是:

1. 思维方法方面

整体思维、大局思维和未来思维的应用。如前文所述,行政案件的事实类型之所以如此复杂多样,一个很重要的原因在于政府职能的积极、能动和创造的属性。这种面向未来进行积极能动的筹划与发展的职能属性导行政机关在作出行政决策时,往往要从全局和长远的角度来看待一个具体、微观的事件。对相关的法律规范的适用而言,某个特定的具体事件中所蕴含的要件事实是简单明了的。但是,从全局和长远的角度来看,则会发现具体事件的中所蕴含的许多关联点,很有可能产生

---

[1] 何亚平、张钢:《文化的基频——科技文化史论稿》,东方出版社 1996 年版,第 224 页(默顿的科学四规范:普遍、公有、无私、有条理地怀疑)。

[2] [法]昂利·彭加勒:《科学与方法》,李醒民译,商务印书馆 2006 年版,第 1 ~ 3 页(译者序对约定论的介绍)。

[3] [美]肯尼斯·R. 福斯特、彼得·W. 休伯:《科学证据——科学知识与联邦法院》,王增森译,法律出版社 2001 年版,第 1 ~ 26 页(科学知识)。

“牵一发而动全身”的所谓“蝴蝶效应”。对站在社会矛盾的焦点前线的行政机关来说，许多案件事实不仅是法律上的事实，而且是社会的事实，甚至是历史的事实。这种事实维度的多元复杂性导致了行政案件事实认定必须采取一种多向度一体化整合的、能动积极创造性的全局发展型的思维方法。

将这一点与司法职能比较，会更易理解。现代的司法职能日渐走向积极和能动，法官的司法造法职能、公共政策拟定职能、社会引导和塑造职能等受到学界越来越多的肯定。但是，即使将能动的司法职能与消极的行政职能相比较，也会发现司法的事后性、审查性、助成性的特征，仍然与行政职能的事前性、开创性、生成性的特征形成鲜明的对照。

由此可见，行政案件事实维度远远复杂于民刑事案件，准确而又全面地认定涉及政治、经济、文化、科技、法律等多方面的因素，需要采用政治学、伦理学、社会学、经济学等多学科的知识，采用多学科的分析方法。这正是现代大科学区别于古典科学的之处所在。古典科学的突出特征是讲求方法的实证性、直观性、相对性、精确性，现代大科学在方法论上的突出特征是在此基础上力求方法的综合性。之所以如此，是因为任何一种科学方法都具有的局限性，只有不同学科知识的综合协同，才能有效地相互避免各自的局限性，从而降低错误的风险概率。就此而言，“事实认定错误”是指因思维方法的片面性而增加了错误发生的可能性（概率）。

2. 认知心理层面

事实判断、价值判断、规范判断与情感判断的分离与协调。高度的专业性是行政案件事实认定区别于刑民事案件的另一个显著特征。在任何部门行政执法案件的事实认定中，除了高度专业化的科学判断（事实层面）之外，还蕴含着政策判断、规范判断和价值判断。即使不采取弗洛伊德的心理分析方法，而仅仅根据一般的生活经验常识，人们也不难发现在其中还存在一个可能起更大的作用的判断机制，那就是所谓的情感判断。一个正确的、清楚的案件事实认定必须力求这几个方面判断在各行其道、各安其位基础上的协调统一。如果行政执法人员不能妥善地协调好这几类判断之间的关系，那么，案件事实难以判断正确，更难以认定清楚。

要认清如此复杂的认知结构而不至于陷入迷途，行政执法人员必须将前述认知心理层面的各种判断方式在对象、内容、方式、后果等方面区分开来，使其各自遵循不同的判断法则。事实判断遵循的是科学的法则。要搞清楚事实，必须首先将情感判断、价值判断和规范判断等都排出在事实认定的心理过程之外。

如果说情感是尚可擦拭干净的灰尘，那么，在个人的潜意识中隐藏的个人价值偏好则是永不磨灭的有色眼镜，它不仅框定了人的认知范围，而且对人所认识的一切都蒙上某种意识形态的色彩。因此，如果行政执法人员将个人的情感判断与价值判断因素加入到案件事实的判断过程中，就会妨害对案件事实的正确判断。

规范判断的方法对法律上权利义务的分析，不能直接地用于证据法上事实真假判断,因此两者必须分离开来;另外,证据法上的事实判断是最终服务于规范判断的,因此,两者在裁判阶段最终要走向合一。为此,事实审与法律审不仅要在(法庭)审理的时空阶段上相对地分离开来,而且要在目的、内容、方法、程序等方面也要分离开来。就执法人员个人的思维过程而言,事实判断与规范判断在前理解阶段是模糊地混合在一起,在调查和审理阶段逐渐走向分离,到了法律论证阶段又走向完全理性的合一:裁判事实与裁判规范的合一。如果行政执法人员不能正确地处理规范判断与事实判断之间的关系,在目的、方法、程序等方面出现的混淆,那么,就可能构成事实认定的错误。

至于事实判断与价值判断之间的关系,是一个纠结的大难题。证据法位于事实判断与价值判断之间的激烈碰撞地带,两者之间的冲突及其协调将永远伴随证据法的兴衰沉浮。就整个证据法体系的建构而言,符合科学方法论意义上的中庸之道〔1〕是在尊重两者各自界限的基础上力求将两者结合起来,采取一种二元平行论的结构〔2〕:一方面确保科学的态度与方法在事实发现方面的主导地位,以科学性为核心确立有关的证据规则,如相关性规则、意见证据规则等;另一方面注重人文价值的关怀,使科学的探究朝着人类福祉的方向迈进而不突破人类伦理道德的底线,确立以伦理性为宗旨的证据规则,如非法证据排除规则、特权证据规则等。借此使自然科学方法与人文社会科学方法在证据法领域中相辅相成地良性互动起来,唯有如此才能使事实的发现过程与真实的追求过程达成圆满的统一。

就行政案件的事实认定这一环节而言,行政执法人员要力求客观上的"准确"与主观上的"清楚"之间的统一,力求事实的客观发现与多元价值诉求平衡之间的良性互动。

(三)错误

将前述论述总结起来,从反向的角度可以发现,行政机关在认定事实时可能在方法的科学性上出现多种错误,除了不正确地使用鉴定结论和专家证言之外,最有可能出现的失误是不能综合地应用多学科的知识,不能采用大局思维、整体思维和未来思维等思维方法,不能恰当地处理好事实判断与价值判断、规范判断、情感判断之间的关系,导致事实认定在方法上存在明显的片面性缺陷,不能达到客观、中立、精确、直观等科学要求。

---

〔1〕[法]笛卡尔:《谈谈方法》,王太庆译,商务印书馆2000年版,第19~20页(合乎中道作为科学方法论的原则之一)。

〔2〕[德]H. 赖欣巴哈:《科学哲学的兴起》,伯尼译,商务印书馆1983年修订第2版,第43~61页(第4章"道德指导的寻求与伦理——认识平行论"),尤其是第45页("自然和数学的规律首先得被认为是规律、是把认知力加于我们身上、不容有任何例外的关系,然后才能被认为是伦理规条的平行物。'规律'这个字的双重意义,道德命令和自然或理性规律这两种意义,可以证明这种平行论的结构")。

三、程序:正当性规则

对行政执法人员而言,无论是对案件事实的范围和种类的准确把握,还是在协调事实判断、价值判断与情感判断的基础上动用多学科的知识与方法,在完成了对个别证据材料的认证和采信之后而进入对全案事实进行综合全面的认定阶段时,都要将自己在先前的调查、举证和质证的过程中所获得的各种认识升华为一种直觉的判断。这种直觉判断的功能在于将在各个证明环节所获得的分散、点滴的经验作为一个完整的心证过程而融贯起来,排除一切遮蔽的因素,从而获得一种直接地指向并且形象地彰显案件事实之本质内核的直观[1]。这种本质内核由客观方面的规律属性(事实属性)和主观方面的规范属性(法律定性)组成。只有看到了在纷繁复杂、支离破碎的案件事实之中所蕴含的这种规律性和规范性内核时,分散在不同时空位置的案件事实片段才能被贯穿起来,形成一幅"清楚"的、具有法律意义的事实画面。下文从心证自由的角度对此进行分析。

(一)心证自由的一般属性

就这种直觉的判断作为心证自由的内核而言,行政执法人员与司法人员是一致的,表现在:

1. 独立性

在对案件事实的主观认知自由方面,行政执法人员与法官、检察官享有完全相同的独立性。这种独立性不仅表现为执法人员作为认知主体的人格独立性,更表现为作为认知主体的思维过程的独立性。尽管在思维方法的选择和语言表达等方面,执法人员受到思维科学规范和法律语言规范的限制,但是在思维内容的具体展开这一主观心理认知的层面,执法人员是完全独立的。之所以如此是因为,这种主观认知层面的独立性归根结底于人之所以为人而不可磨灭的意志自由。从认识论的角度来看,这种绝对的意志自由是摆脱一切外在干扰的绝对心灵自由。如同清澈而平静的水面才能如实地反映事实那样,只有在这种得到了自由意志保障的绝对心灵自由中,法律者才可能清楚地认知案件事实。就此而言,对法律者独立性的保障是发现事实真相的不可或缺的前提条件。

与法官不同的是,行政官僚体制的等级从属性、命令服从性特征使行政执法人员作为事实认知主体的独立性与领导作为机关整体意志代表者的权威性之间存在更为紧张的关系。除了有效保障公务员的身份保障权之外,还需要保障行政执法人员的个人意见自主权、声明异议权、严格条件下的拒绝指令权以及非个人过错的

---

〔1〕 关于这种直通本质的直觉观念,参见[德]胡塞尔:《纯粹现象学通论》,[荷]舒曼编,李幼蒸译,商务印书馆1992年版,第49~54页;[德]胡塞尔:《哲学作为严格的科学》,倪梁康译,商务印书馆1999年版,第34~41页。

免责权。只有在这些权利得到了有效保障的前提下,行政执法人员才可能获得正确判断事实所必要的人格独立性。

从证据法的角度来看,这里的关键在于事实判断权的分配。行政执法人员只享有事实判断的建议权,而最终判断权(决定权)则在领导手中。

2. 综合性

心证之所以要自由的,不仅是因为它需要摆脱一切外在干扰因素的蒙蔽或者束缚,而且是因为它是一种综合性的认知心理水平。只有绝对的意志自由和心灵自由才能将执法人员的认知心理过程提升到综合性认知的高度。这种综合性不是认知片段的简单拼凑,而是认知要素的重现构造。在这个过程中,不仅思想适应着事实,事实也适应着思想,主观的思想与客观的事实之间在互动交融之中走向真实的彼岸。

心证自由意义上的认知综合性是在最高的层次上进行的,来自不同学科的方法与知识,在事实与规范、法律与科学、情感与理性的纠缠与裂变之间,进行着一种心理认知意义上的自然融合过程。对行政执法人员来说,有鉴于案件事实类型的错综复杂性和行业管理的高度专业化特征,这种心证自由意义上的认知综合要正常地进行,除了必要的专业基础知识和经验积累之外,科学的态度和哲学的思维能力是不可或缺的。行政案件事实认定意义上的综合,归根结底是高度专业化的科学知识与高度普遍性的哲学原理之间的调和。

3. 直觉性

如果自己的人格独立性得到了有效的制度保障,并且自己的认知过程又在前述的最高层次上进行,法律者就会发现自己不断展开的心证自由是一种直接指向案件事实本质的直觉认识。任何一个案件事实作为一种生活现象都具有其内在的本质。要认识案件事实的真相,除了搞清楚其外在的表现——过程、原因和结果之外,更主要的是获得对其本质属性的认识——对人性的深刻洞察,对自然和社会规律的清晰把握。只有获得了这种本质属性的认识,才能对案件事实作出准确的定性。在本质直觉的层面上,所有的法律者,无论是法官、检察官、行政执法人员,还是学者、专家与律师,是完全一致的。这就意味着,真正符合案件事实本质的事实认定结论,必然存在广泛的共识基础。

就制度设计而言,独立性的保障是关键所在。只有充分地保障执法人员在事实认定主体方面的独立性地位,他的认识才有可能进入本质的直觉性与结构的综合性这一更高的认知水平上。在独立性不能得到保障的情况下,执法人员只有可能获得对案件事实的表面认识,亦即只可能认识到现象意义上的案件事实,而不可能认识到本质意义上的案件事实。

(二)行政执法人员心证自由的特殊性

除了前面附带提及的特殊性之外,证据法上的心证自由在行政执法中的最大特殊性在于它被视为行政机关的事实裁量权——与法律后果裁量权相对应。对此，除了裁量基准规则之外，行政法上所设定的约束措施主要是程序的正当性（正当法律程序）。从心证自由的角度来看，行政程序上的正当性保障表现在：

1. 知识来源上的开放性

案件事实类型结构的复杂性需要多学科知识与方法的综合协同整合，正确的事实认定过程越来越依赖于多学科知识的交融过程。只有使知识来源尽可能地开放，行政机关才可能获得知识优势，对外赢得民众的公信力，对内获得对案件事实的正确认识。

之所以如此是因为，行政执法的过程不仅是一个面向过去的事实还原和再现的过程，而且是一个听取意见、凝聚各方智识以群策群力，面向未来（可能发生的事实）而进行积极能动筹划的事实型过程。这是行政执法在目的定位、职能运作等方面区别于以定分止争、恢复秩序为主旨的民事审判，尤其是区别于以矫正正义、惩罚正义为旨趣的刑事审判的根本所在。

这就意味着，如果行政机关在作出具体行政行为时，如果没有通过一个广泛参与、深度论证的程序来确保与当事人、利害关系展开实质性的意见交换与知识交流，尤其是在相关的专业知识上没有获得应有的优势时，即构成事实认定过程上的知识封闭性错误。

2. 思辨过程的透明性

政府公信力的危机在很大程度上是科学主义危机的一种表现，其实质是知识与道德的分离。在这种知识与道德二分的纯科学主义模式下，知识来源的开放性有助于在一定程度上提高知识的正确性而不一定能保持道德伦理上的正当性。甚至恰恰相反，对康德所说的“理性魔鬼”而言，知识越多，道德就反而更有可能走向堕落，因而对案件事实的认定反而更容易走向错误。

就案件事实认定的心证自由而言，这种知识与道德二元分立的结构可能造成的问题首先是行政执法人员专业知识水平的提升与职业道德素质下降之间的强烈反差以及因此而产生的在事实认定方面的“准确”与“清楚”之间的戏剧性悖论。在这种悖论式的认知逻辑中，案件事实在科学的层面被认定得越是“准确”，就越是可能被因此而激发出来的各种利益诉求、情感冲动和价值偏好而纠缠得越“不清楚”。要想在事实认定之上吹去各方利益和情感的尘封，冲淡各种价值偏好的遮蔽，一个有效的办法是增强行政执法过程的透明性，在本文的语境中，也就是提高执法人员在认定案件事实的认知过程的透明性。在古典主义的证据法模式下，案件事实的认定过程作为执法人员（法官）的心证自由在很大程度上保持某种神秘的色彩。具体的心理认知过程似乎一直是法官个人的隐私，当事人在裁判文书中只知道证据采信和事实认定的结果及其简单的（表面的）理由，至于在法官的内心之中进行的深层次的心理认知过程，迄今为止一直是神秘的。这种主观心理认知的神秘性,因其中可能蕴含的司法专横主义倾向,在当今的科学、民主与法治的时代下,显得越来越不能被接受了。一言以蔽之,心证过程的完全彻底的透明既是确保案件事实认定"清楚"的一项有效措施,也是建设开放透明的法治型政府的一项有效措施。

(三)错误

用规范化的语言可以将前述理论分析框架中的事实认定错误总结如下:行政机关在认定被诉行政行为的要件事实时,如果没有通过听取意见、协商、辩论等组成的开放型程序来确保当事人、利害关系人和其他方面相关人士的有效参与,从而形成利益方面的广泛代表性和智识方面的综合优势;或者没有通过诸如充分说明理由等的方式将事实认定的过程全方位地公开,以确保行政执法人员主观认知过程的透明性,从而,不能有效地排除事实认定的片面性狭隘或者神秘性专横时,即构成事实认定在过程正当性方面的错误。

四、定性:准确性规则

即使行政执法人员正确地把握了案件事实认定的范围与方法,保障了事实认定过程的开放性与透明度,他在事实认定中还可能面临准确定性的困难。定性位于事实与法律的交叉地带,准确的定性一方面有赖于对案件事实的全面客观的认识,另一方面有赖于对相关法律规范所涉及的立法目的、原理和原则有比较深入的理解。

(一)一般规则

案件事实的定性位于事实与规范之间的交叉灰色地带,因此分为两个层面:一是事实真相的发现,二是法律性质的赋予。

1. 事实真相的发现

从认识论的角度来看,案件事实真相的发现分为两个阶段:

(1)消极的真相还原阶段。当案件事实的片段通过调查取证、举证和质证的证明过程而逐步地进入法律者的眼中时,法律者试图根据经验和知识,在自己的心目中逐步地还原案件事实的实际发生过程。还原式认知过程面临的最大困境是物质的运动性和事实的流变性,因此,以还原式的方法来认识案件事实,不可能发现真相。

(2)能动的真相型构阶段。任何案件事实都是一个被特定的必然性规律所支配的完整过程,一旦法律者发现了案件事实之后隐藏着的客观规律内核,那么,分散的事实片段就会被贯穿起来,形成一幅合情合理的画面。就单纯的事实过程认识而言,只有到了第二个阶段才算是真正地发现了事实的真相。因为,法律者在这个阶段不仅看到了现象,而且看到了规律,而且在外在的现象与内在的规律之间建立起来合乎情理的关联性。

随之而来的问题是:这种关联性需要达到什么样的程度,才算合乎情理?

这就是所谓的证明标准问题。就行政执法决定而言,学界的主流观点是多元居中的灵活性,亦即行政案件的证明标准高于民事案件、低于刑事案件,位于案件事实清楚与优势盖然性之间,具体标准因案件的重大复杂程度而异。[1]

2. 案件事实的定性

以上是纯粹事实层面的真相发现,就案件事实的定性而言,客观全面地发现了案件的事实真相只是为准确地定性奠定了一个良好的必要条件,但绝非充分条件。法律上的定性是对案件事实所应当产生的法律后果的认定和对关系人权利义务的安排。因此,是法律者根据已有的法律规范来赋予特定案件事实以特定的性质。对案件事实来说,这种法律上的性质是外在人为的赋予——行政执法人员依职权确认,而并非自身内部的原有。赋予特定案件事实以特定的法律性质,意味着紧随其后的、与之对应的权利义务后果的安排。为了准确的定性,法律者要在如下两个层面进行努力:

(1)涵摄(Subsumtion)。法律者据自己的前理解(Vorverstand)寻找本案事实与特定法律规范之间的关联性,即本案事实中是否蕴含着特定法律规范适用所必备的事实要件,从而得以将案件事实纳入法律规范的调整范围之中。如果答案是肯定的,那么,给案件事实定性的问题即告完成,因为法律依据的明确即意味着法律性质的明确。接下来的问题是法律后果的选择与当事人权利义务的安排。这里所说的"肯定",案件事实的实质内容与法律规范的抽象规定完全地契合。

如果一个案件事实中蕴含着多个法律规范的事实要件内容,那么,则意味着该案件事实相应地具备多重法律性质。正如事实的不同属性之间可能发生冲突那样,不同的法律属性之间也可能发生冲突。在协调这种冲突时需要注意的是:案件事实定性意义上的冲突往往与法律规范解释或者效力意义上的冲突的解决办法一样,采取主次或者吸收关系等包容性协调方式,而不采用非此即彼、截然对立的方式。换言之,应当为不同的法律性质之间安排一种兼容的结构,而不是以一种性质简单地否定另一种性质。

从定性的角度来看,涵摄过程的关键在于归类与解释。定性实际上意味着案件类型的归属,而这一点在很大程度上取决于对有关法律概念和术语的解释。

(2)论证(Argumentation)。在法律论证的过程中,事实问题与法律问题完全混合。法律论证的目的在于基于法律正义的目的,在案件事实真相的发现、法律性质的赋予、法律后果的设定之间建构合理的相互支持关系。就定性而言,论证的作

---

〔1〕 高家伟:《行政诉讼证据的理论与实践》,工商出版社1999年版,第178~232页(案件事实清楚证据确凿充分标准、占优势的盖然性标准、合理可能性标准);何海波:《行政诉讼法》,法律出版社2011年版,第389~398页(合理可能性、优势盖然性、证据确凿)。

用在于从有关的法律原理或者原则的角度来说明定性的正确性。

(二)特殊规则

行政权的主动性、创造性、便宜性等特征决定了行政执法案件的事实认定必然具有不同于刑事或者民事案件的特殊性,表现在:

1. 裁量性

与刑事、民事案件相比较,行政执法中事实认定存在更大程度的不确定性。有鉴于社会转型和体制改革的特殊历史背景,行政管理领域中的框架性、原则性立法越来越多。这意味着,行政执法中的事实认定将面临越来越多的不确定法律概念,案件事实的定性面临着越来越多的可能性选择,而这意味着案件事实定性方面的冲突会越来越多。在这种情况下,案件事实真相的发现在越来越大的程度上有赖于执法人员对法律目的和法律概念的理解。在案件事实的发现和认定中,还原性的真相发现因素越来越低,建构性的诠释因素越来越多。从证据法的角度来看,不确定法律概念的增多和事实裁量权的膨胀,不仅导致事实的发现和认定方式的变化,更有可能动摇事实观和真理观的变迁。

有鉴于裁量权的扩大是政府职能扩张的必然趋势,法律上的规制办法应当是在扩大裁量权的同时,采取相应措施避免裁量的随意性。如:(1)提高调查和认定过程的公开性与透明度;(2)加大科学证据的应用范围。其中,尤其是要逐步建立按照案件事实的类型进行量化分析的程序模型,以确保事实认定过程的直观性和精确性,尽可能减少错误的概率。

2. 建构性

由裁量性特征而来的则是建构性,亦即案件事实的认定过程是行政执法人员按照法律的思维、语言和规范框架来型塑案件事实的过程。将自然自在的生活事实变成一种具有法律意义的案件事实,从而纳入法律的调整轨道上,是案件事实认定的要旨所在。这就是案件事实认定中的建构性,它既不是无端地添油加醋,也不是随意地裁剪枝叶,而是将案件事实从生活现象上升到规律性和规范性的认知进步过程。这一点在刑事、民事和行政案件中是一致的。

行政执法中事实认定的特殊性在于:行政执法人员的事实建构往往是正向证成性质的,亦即朝着特定公共行政目标的实现而来调查和认定事实。这一点决定了行政执法人员的思维方法和心理定势是建设性的,而不是反思型、批判性的。这一点是行政案件与刑民事案件的一大区别所在,由此决定了行政法官的思维与心理定势与刑民事法官的区别。

成功的建构性有赖于知识来源的开放性和认定结论的合意性。对重大行政执法案件而言,案件事实认定过程的封闭性和单方面性不仅意味着程序的不正当性,而且直接导致事实认定结论的片面性与专断性。

3. 生成性

刑事和民事案件的事实认定本质上是对已经发生的事实过程亦即既成事实的再现,无论是公安司法机关的调查还是当事人的证明,主要的指向都是过去的、已经发生的事实。尽管公安司法机关也具有裁量权和能动性,在案件事实调查的范围和认定方面享有一定的建构性,但是,这种建构仍然是面对过去的既成事实而进行的一种认识上的局限性超越,其本质仍然是既成性的。案件事实由当事人创造,而由公安司法机关来认定。

与此不同的是,行政执法机关自己就是当事人,在执法的过程中不仅发现着相对人已经造成的既成事实,而且还在与相对人的互动过程中创造着新的事实。这一点在投资开发项目领域、行政合作法领域、风险行政领域中都比较典型。在这种情况下,案件事实的认定不仅包含对既成事实的发现,而且在很大程度上包含着对未来可能发生事实的合理预期。这种在互动过程中预设未来事实的作法,充分地体现了行政区的主动性和创造性。

(三)错误

从前文所述来看,正确的案件事实定性首先有赖于案件事实真相的发现,其次有赖于对法律规范的正确选择或者解释。与前述三个方面的错误有可能是局部的、部分的错误不同的是,定性的错误是整体的、根本性、方向性的错误,因而是一种严重的错误。

■结语:结论的肯定性规则

行政机关既排除了范围、方法、程序三个方面的局部错误,又避免了定性方面的整体性错误,接下来要注意的是确保结论的明确性:以规范的语言梳理案件事实是过程要点,说明调查的主要过程,交代认定案件事实的(科学)方法、(证明)标准与法律依据,最终落脚于法律上的性质与后果的认定。在这里,通过一系列肯定性的结论,行政执法人员得以从正确的事实此案迈向了清楚的真实彼岸。

至于到了真实的彼岸之后,人们又会遇到什么?这个问题超出了法律的调整能力,恐怕还得由上帝来回答。在上帝给予确切的回答之前,人们恐怕要游走在事实与真实之间。

论证据合法性的证明标准

孙 锐*

■引言

新《刑事诉讼法》第57条第1款规定:“在对证据收集的合法性进行法庭调查的过程中,人民检察院应当对证据收集的合法性加以证明。”那么,人民检察院对证据合法性的证明要达到何种程度,法庭才能认定该证据合法呢?

此前,《关于办理刑事案件排除非法证据若干问题的规定》(以下简称《排除规定》)第11条规定:“对被告人审判前供述的合法性,公诉人不提供证据加以证明,或者已提供的证据不够确实、充分的,该供述不能作为定案的根据。”该条规定实际上为公诉人就供述合法性的证明确定了“证据确实、充分”的证明标准。然而,新《刑事诉讼法》第58条并未采取此种表述,而是规定“对于经过法庭审理,确认或者不能排除存在本法第54条规定的以非法方法收集证据情形的,对有关证据应当予以排除。”该条规定实际上也为公诉人就证据合法性的证明要达到何种程度才能使法庭肯认该证据合法确立了标准,那么,这一标准的实质是什么?其与《排除规定》中所确立的“证据确实、充分”的标准有无实质的不同呢?

此外,根据最初公布的《刑事诉讼法修正案(草案)》第21条,立法者们曾试图对此标准作出这样的规定:“对于经过法庭审理,确认属于以非法方法收集证据的,或者存在重大疑点,不能排除以非法方法收集证据可能性的,对有关证据应当依照本法第53条的规定处理。”而新《刑事诉讼法》第58条最终删除了本条中“存在重大疑点”的规定,这一删除的实质又是什么呢?

一、证明标准的双重性

一般认为:“证明标准,是指法律规定的运用证据证明待证事实所要达到的程度的要求。”[1]但是,什么是“证明”?这本身是一个充满争议的话题。我国传统

---

* 孙锐:国家检察官学院讲师,中国政法大学诉讼法学博士。

〔1〕 卞建林主编:《证据法学》,中国政法大学出版社2002年版,第256页。

的诉讼证明理论认为:“证明通常是指公安司法机关在刑事诉讼中运用证据认定案件事实的活动。从广义上理解,刑事诉讼证明(广义)还包括当事人和其他诉讼参与人依法提供证据、运用证据证明(狭义)自己所主张的事实的活动。”[1]这里的“证明(广义)”实际上包含着两种不同性质与方向的活动:“认定”与“证明(狭义)”。前者是一种自向活动,意在使自己形成认识、作出判断,包括控辩双方通过积极主动地调查使自己认识案件事实的“查明”活动,也包括裁判者通过对控辩双方的主张与证据予以分析、鉴别以判断哪一方主张成立的“判明”活动;后者则是一种他向活动,意在使他人相信自己所要证明的主张,在刑事诉讼中就是指控辩双方运用证据向裁判者阐明与论证自己所主张的事实,以使裁判者相信己方主张的活动,是一种他向的“证明(狭义)”活动。[2]

“证明(广义)”概念本身的这种自向与他向的双重含义,决定了“证明标准”的双重性。

从他向角度看,也即从控辩双方证明的角度来看,证明标准和证明责任之间存在密切的联系,证明标准是负有证明责任的一方当事人,就其主张的事实予以证明应达到的水平、程度或量,[3]也即负有证明责任的一方当事人之证明必须达到一定的标准才算完成了证明责任,其主张才能够成立或者说才能为裁判者所采信。而对不负有证明责任的那方当事人来说,则无所谓证明标准,虽然其实际上往往也会对自己所主张的事实予以证明,但裁判者对其主张事实的采信,并非是因为其证明达到了某种标准,而是因为承担证明责任的对方当事人就相反事实的证明没能达到证明标准。因此,有学者认为,证明责任与证明标准在本质上是一物两面的概念。从逻辑上说,证明标准是从证明责任基础上产生的概念,没有真正意义上的证明责任制度,便没有真正意义上的证明标准制度。[4]

而从自向角度来看,在审判阶段,也即从裁判者判明的角度来看,证明标准解决的问题是裁判者在何种认识程度上可以认定事实的存在。[5] 这里的“认识程度”实际上就是裁判者的“心证程度”,而这里的“事实”则是指承担证明责任的那一方当事人所主张的事实。换句话说,从裁判者判明的角度来看,证明标准就是指裁判者相信承担证明责任的那方当事人所主张的事实存在的心证达到何种程度才能认定该事实存在。由此可见,这种自向角度的“判明标准”和他向角度的“证明标准”实际上是同一标准在两种不同视角下的反映。具体而言,承担证明责任的

---

〔1〕 陈光中、徐静村主编:《刑事诉讼法学》,中国政法大学出版社2000年版,第168页。

〔2〕 参见卞建林:“查明、证明、判明”,载《检察日报》2002年1月10日第3版。

〔3〕 卞建林主编:《刑事证明理论》,中国人民公安大学出版社2004年版,第235页。

〔4〕 樊崇义主编:《证据法学》,法律出版社2003年版,第213页。

〔5〕 吴宏耀、魏晓娜:《诉讼证明原理》,法律出版社2002年版,第198页。

那方当事人的证明究竟是否达到了证明标准,最终要取决于裁判者认为其是否达到了证明标准,也就是说,“证明是否达到了证明标准”的问题最终必然要转化为“裁判者认为证明是否达到了证明标准”的问题。事实上,无论我们把证明标准表述得多么客观,其最终都必然要转化为裁判者的心证程度。例如,即便我们把证明标准规定为“证据确实、充分”,其最终也要转化为裁判者是否认为控方的证明达到了证据确实、充分的程度,这也是此次刑诉法修改将“排除合理怀疑”这一对裁判者心证的直接表述引入证明标准的原因之一。

二、我国证据合法性证明标准相关规定之比较

如“引言”中所述,新《刑事诉讼法》、《排除规定》和《刑事诉讼法修正案(草案)》中关于证据合法性证明标准的规定各不相同,那么,它们究竟有何实质的区别呢?

(一)《排除规定》中的证据合法性证明标准

《排除规定》第11条规定:“对被告人审判前供述的合法性,公诉人不提供证据加以证明,或者已提供的证据不够确实、充分的,该供述不能作为定案的根据。”这条规定实际上是从公诉人的他向证明的角度,为就证据合法性承担证明责任的公诉人规定了其证明所须达到的标准,它意味着,公诉人对证据合法性的证明必须达到“证据确实、充分”的标准,法官才能认定该证据合法。

而从法官自向判明的角度来看,该规定意味着,只有当法官认为公诉人对证据合法性的证明达到了“证据确实、充分”的标准,才能认定该证据合法,否则就应认定或推定该证据非法。依此,法官的心证实际上可以划分为两种状态:第一,认为公诉人对证据合法性的证明达到了“证据确实、充分”的标准,此时当然应当认定该证据合法。第二,认为公诉人对证据合法性的证明没有达到“证据确实、充分”的标准,这又可分为两种情况:其一,确认该证据系非法取得,此时当然应当认定该证据非法;其二,既无法确认该证据系非法取得,也无法确认该证据系合法取得,也即该证据的取得真伪不明,则此时应当推定该证据非法。这是因为,法官无法判断证据系合法取得还是非法取得,就意味着或者说就是因为公诉人对证据合法性的证明没有达到“证据确实、充分”的标准,因此当然不能认定公诉人关于“证据合法”的主张成立。换句话说,按照“证据确实、充分”的证明标准,合法性存疑的证据也应当被予以排除。由此可见,“证据确实、充分”的证明标准实际上相当于要使法官对证据合法的心证达到“排除(证据系非法取得之)合理怀疑”的程度。

(二)新《刑事诉讼法》中的证据合法性证明标准

新《刑事诉讼法》第58条规定“对于经过法庭审理,确认或者不能排除存在本法第54条规定的以非法方法收集证据情形的,对有关证据应当予以排除。”其中,“不能排除存在本法第54条规定的以非法方法收集证据情形的”实际上就是指,

既不能确认证据系非法取得,又不能排除证据系非法取得,也即合法性存疑的证据,而根据本条规定,对于合法性存疑的证据也应当予以排除。本条规定实际上是从法官判明的角度作出的,也即为法官判定证据合法性确立了"排除(证据系非法取得之)合理怀疑"的判明标准。而从公诉人证明的角度来看,本条实际上也是要求公诉人就证据合法性的证明要达到能够使法官"排除(证据系非法取得之)合理怀疑"的标准,而要达到这一标准又必然要求公诉人提供确实、充分的证据。

可见,新《刑事诉讼法》和《排除规定》关于证据合法性证明标准的规定只是表述的角度不同,其实质的要求是一致的,即根据这两个标准,合法性存疑的证据都应当被予以排除。"(证据系合法取得之)证据确实、充分"与"排除(证据系非法取得之)合理怀疑"实际上只是对同一证明标准的不同角度的表述,前者是从公诉人他向证明的角度对公诉人证明要求的表述,后者是从法官判明的角度对法官心证程度的表述。应当说,这两种表述各具优势。后者的优势在于:其一,因其是对法官心证程度的直接描述,因此更便于法官把握,从而使法官能够更容易地判断出公诉人的证明是否达到了证明标准;其二,因其是从排除疑点的反面角度来规定证明标准的,因此更有利于促使法官关注疑点、关注辩方证据,遏制法官更容易相信控方证据的倾向。前者的优势在于能够敦促法官心证的形成以证据为依据。结合起来说,就是公诉人必须以确实、充分的证据排除法官对该证据可能系非法取得的合理怀疑,法官才能肯认该证据的合法性。这与新《刑事诉讼法》第 53 条规定的公诉人要证明被告人有罪所需达到的证明标准是一样高的。

(三)《刑事诉讼法修正案(草案)》中的证据合法性证明标准

根据《刑事诉讼法修正案(草案)》(以下简称《草案》)第 21 条的规定,新《刑事诉讼法》第 58 条的雏形曾为"对于经过法庭审理,确认属于以非法方法收集证据的,或者存在重大疑点,不能排除以非法方法收集证据可能性的……"新《刑事诉讼法》最终删除了"存在重大疑点"的规定,也即对于合法性存疑的证据,根据新《刑事诉讼法》的规定,不能采纳;根据《草案》的规定,则要进一步判断该疑点是否重大,如果疑点重大,则该合法性严重存疑的证据不能被采纳;如果疑点不够重大,则该合法性虽然存疑但是疑点不够重大的证据仍可被采纳。可见,《草案》实际上是就证据合法性证明确立了"排除(证据系非法取得之)重大疑点"的证明标准,与新《刑事诉讼法》所确立的"排除(证据系非法取得之)合理怀疑"的证明标准相比,前者的要求显然要低一些,也即,根据《草案》的相关规定,公诉人对证据合法性的证明不需要达到与公诉人对被告人有罪的证明一样高的标准。

三、各国证据合法性证明标准之比较

新《刑事诉讼法》实际上要求公诉人对证据合法性的证明要达到与对被告人有罪的证明一样高的标准。那么,其他国家对证据合法性的证明是否也都规定了如此严苛的标准呢?

(一)各国自白任意性证明标准之比较

西方各国对非任意的自白普遍采强制排除的立场,但在自白任意性的证明标准方面,不仅各国之间,甚至各国内部各地或各方之间所持的立场都不相同。

美国在莱戈诉特姆伊案[1]之前,很多司法管辖区都要求对自白任意性的证明要达到排除合理怀疑的程度。但是,在莱戈诉特姆伊案中,最高法院却否定了这样的主张。[2] 但同时也指出各州可以自由地根据他们自己的法律来采取更高的标准。事实是,在此案之后,一些原采排除合理怀疑之标准的司法管辖区转成了优势证据标准,而另一些地方则仍然保留原有的排除合理怀疑的标准,还有一些新的州也加入了适用排除合理怀疑的队伍。但从总体上看,现在多数州适用的是优势证据标准。[3]

英国1984年《警察与刑事证据法》对供述合法性的证明标准有明确的规定,该法第76条(2)规定"如果有证据证明供述是或者可能是通过以下方式取得的:(a)对被告人采取压迫的手段;或者(b)实施在当时情况下可能导致被告人供述不可靠的任何语言或行为,那么,法庭不得将该供述采纳为对被告人不利的证据。除非控诉一方能向法庭证明该供述(尽管它可能是真实可靠的)不是采取上述手段取得的,并且这种证明要达到排除合理怀疑的程度。"可见,英国对于控方就自白任意性的证明规定了与定罪一样高的证明标准——排除合理怀疑。

德国法律没有对自白任意性之证明标准作出明确的规定。少数人认为应当适用定罪所需要的证明标准,从而对于证据可采性的任何合理怀疑,都会导致证据的排除。[4] 也有学者认为:"较正确的主张是,在违反程序规定的案件中,有重大质疑时,应为有利于被告之决定。"[5]也即认为能够达到"排除重大质疑"的标准即可。而法院则假定刑事诉讼过程是符合规则的,要求只有发生违法行为在可能性上占优势时才排除证据。[6] 也即采优势证据的标准。

日本《刑事诉讼法》第319条规定:"出于强制、拷问或者胁迫的供述,在经过

---

[1] 404 U. S. 477, 92 S. Ct. 619, 30 L. Ed. 2d 618(1972).

[2] 最高法院大法官们的意见本身也不一致,有两位没有参加表决,有三位反对降低自白任意性的证明标准。转引自[美]伟恩·R. 拉费弗等:《刑事诉讼法》,卞建林等译,中国政法大学出版社2003年版,第591页。

[3] [美]伟恩·R. 拉费弗等:《刑事诉讼法》,卞建林等译,中国政法大学出版社2003年版,第592页。

[4] Hanack, in: Loewe/Rosenberg, § 136a n. 69; Kuehne 4, Strafprozessrecht, § 57 n. 966. 转引自[德]托马斯·魏根特:《德国刑事诉讼程序》,岳礼玲等译,中国政法大学出版社2003年版,第201页。

[5] [德]克劳思·罗科信:《刑事诉讼法》,吴丽琪译,法律出版社2003年版,第127~128页。

[6] 联邦上诉法院判决BGHSt. 16, 164(1961)。转引自[德]托马斯·魏根特:《德国刑事诉讼程序》,岳礼玲等译,中国政法大学出版社2003年版,第202页。

不适当的长期扣留或者拘禁后的供述,以及其他可以怀疑为并非出自自由意志的供述,都不得作为证据。”该规定意味着,只要怀疑某供述并非出自自由意志,该供述即应被予以排除,因此其实际上也是为对自白任意性的证明确立了“排除合理怀疑”的高标准。

(二)各国其他证据合法性证明标准之比较

除了非任意的自白以外,通过其他违反法定程序但不至于影响供述主体任意性的方式所取得的供述,或者通过违反法定程序的方式所取得的实物证据等,也可能因取证方式违法而被予以排除,但对于这些证据的排除,除美国外,各国均采裁量排除的立场。也即对于此类证据,即便取证方式违法,多数国家的法官也会对排除它的利弊予以综合分析后,才能决定是否排除。有些国家为法官的此种裁量规定了一定的标准,如英国《警察与刑事证据法》第 78 条(1)规定“如果法官考虑到包括收集证据在内的所有情况,从而认为检察官据以做出指控的证据会对程序公正性造成不利的影响,那么也应当予以排除。”该条规定实际上是为法官排除此类证据确立了“会对程序公正性造成不利影响”的标准。有些国家则并未对此类非法证据的排除确立任何标准,而完全交由法官自行裁量。但多数国家的总体倾向都是,以采纳为原则,以排除为例外。从理论上讲,法官对此类证据的判断应分为两个步骤:一是判断是否存在非法取证的情形;二是对于存在非法取证情形的,再进一步判断采纳该证据的利弊,以决定是否排除。在第一个判断中需要明确证据合法性的证明标准。但事实上,由于即便公诉人的证明达不到这一标准,也并不必然导致该证据不可采,因此,各国立法与司法实践一般均没有对公诉人就此类证据合法性的证明需要达到何种标准作出明确的规定或形成明确的判例。

至于对此类证据也持强制排除立场的美国,其在此类证据之合法性的证明标准方面则采较为宽松的立场,最高法院支持优势证据的标准,各州一般也都采取优势证据标准,甚至在自白自愿性问题上适用排除合理怀疑标准的司法管辖区,这个观点也被采纳。[1]

四、我国证据合法性证明标准之现实把握

从理论上分析,如果对证据合法性的证明标准要求很高,则显然能够更为严格地将非法的证据都排除掉,从而能够更充分地实现非法证据排除制度的功能与价值。但是,由于对证据合法性的证明本身具有相当的难度,如果要求过高,则有可能导致一些实际上并非非法取得,而仅仅只是无法证明系合法取得的证据被排除,并可能导致犯罪分子因此而逍遥法外。那么,从中国的本土环境出发,究竟应为证

---

〔1〕[美]伟恩·R.拉费弗等:《刑事诉讼法》,卞建林等译,中国政法大学出版社 2003 年版,第 592 页。

据合法性的证明设定什么样的标准才比较合理呢?“排除(证据系非法取得之)合理怀疑”的标准是否过高呢?

这归根结底还是一个利益衡量的问题。一方面,我国非法取证情形非常普遍,在非法证据排除方面如采用过为严苛的立场,将导致大量案件因非法证据排除而难于定罪,导致大量犯罪分子因警察取证行为违法而逍遥法外;而另一方面,我国法官忽视程序正当的倾向严重,对于通过非法方式取得的证据,普遍持只要其真实可靠即可采纳的立场。因此,如果我们降低证据合法性的证明标准,又将导致法官们以“证据系非法取得的疑点不够重大”等理由为借口大量采纳非法证据,从而使非法证据排除制度沦为虚设。对于上述矛盾,我们认为,应综合考虑非法取证行为对取证对象的侵害程度、对证据可靠性的影响程度等各方面因素,对排除该证据的利弊予以综合分析,将证据合法性证明标准的设定与非法证据排除范围的划定结合起来,以最终在现实中达成合理的排除范围。

(一)供述合法性的证明标准

对于通过非法方法取得的供述,根据取证方法对供述主体的侵害程度和对证据可靠性的影响程度等,大体上可以分为三类:一是采用刑讯逼供等非法方法〔1〕取得的供述;二是通过“刑讯逼供等非法方法”以外的可能影响供述主体任意性和证据可靠性的非法方法取得的供述,如通过威胁、欺骗、引诱等非法方法取得的供述;三是通过虽然违法但并不影响供述主体意志自由的方法所取得的供述。

对于可能系采用刑讯逼供等非法方法取得的供述,因该取证行为对供述主体的侵害和对证据可靠性的影响都非常大,因此应采取更为严苛的排除立场,也即应要求公诉人对不存在刑讯逼供等非法取证行为的证明达到“排除合理怀疑”的程度,方可采纳。这一点在中国法官普遍倾向于采纳有罪供述的现实环境下尤其要严格把握。

对于可能系通过“刑讯逼供等非法方法”以外的可能影响供述主体任意性和证据可靠性的非法方法取得的供述,如通过威胁、欺骗、引诱等非法方法取得的供述,根据新《刑事诉讼法》的规定,并不会仅因其取证手段违法而予以排除,而是应当通过对该证据本身及全案证据的综合审查来进一步判断其内容的可靠性,从而决定能否将其作为认定案件事实的依据,也即最终是根据内容的可靠与否,而不是根据取证方式的合法与否来决定该证据的取舍。因此,对于此类证据,当然无需要求公诉人以确实、充分的证据排除其系非法取证的怀疑。

对于通过虽然违法但并不影响供述主体意志自由的方法所取得的供述,亦应

〔1〕《最高人民法院关于适用〈中华人民共和国刑事诉讼法〉的解释》第95条规定:使用肉刑或者变相肉刑,或者采用其他使被告人在肉体上或者精神上遭受剧烈疼痛或者痛苦的方法,迫使被告人违背意愿供述的,应当认定为刑事诉讼法第五十四条规定的“刑讯逼供等非法方法”。

根据其内容的可靠与否,而不是取证方式的合法与否来决定该证据的取舍。因此,对于此类证据,也无需要求公诉人以确实、充分的证据排除其系非法取得的怀疑。

(二)物证、书证合法性的证明标准

我国对非法取得的实物证据的排除仅限于对物证、书证的排除,并且在具体的排除标准上也规定得比较宽松。新《刑事诉讼法》第54条第1款规定:"……收集物证、书证不符合法定程序,可能严重影响司法公正的,应当予以补正或者作出合理解释;不能补正或者作出合理解释的,对该证据应当予以排除。"可见,我国对非法取得的物证、书证也是以采纳为原则,以排除为例外的,即便是确为非法取得的物证、书证,也并不必然被排除。但是,从我国当前遏制非法取证、提升程序正当化水平的现实需求出发,单就物证、书证本身的合法性证明而言,还是应当要求公诉人以确实、充分的证据来证明取证方式合法,凡是没有确实、充分的证据能够排除法官就该证据可能系非法取得的合理怀疑的,均应要求其予以补正或者作出合理解释,之后再根据情况决定是否应予排除。

(三)证人证言、被害人陈述合法性的证明标准

我国将证人证言、被害人陈述也纳入到了非法证据排除规则的调整范围中,并规定通过暴力、威胁等非法方法收集的证人证言、被害人陈述应当予以排除。但是,非法的证人证言、被害人陈述既有可能是由控方也有可能是由辩方通过暴力、威胁等非法手段收集的,而对辩方证据的排除并非非法证据排除制度的本义。非法证据排除制度的功能与价值主要在于遏制国家权力的滥用,以保障个人权利不受国家权力滥用的侵害和维护司法的纯洁性,因此才宁可舍弃可能是真实的证据也在所不惜。而对仅仅是通过个人的暴力、威胁等非法手段所取得的内容真实的证人证言、被害人陈述,则不应付出此等代价。如果仅因辩方实施了违法取证的行为,就将能够证明被告人无罪或罪轻的真实证据也予以排除,从而导致实际上无罪的人被定罪,这显然是不合理的。如果辩方违法取证的行为本身涉嫌犯罪,亦应另行单独评价。因此,对疑为辩方通过暴力、威胁等非法手段收集到的证人证言、被害人陈述,即便辩方不能以确实、充分的证据排除法官对该证据系非法取得的合理怀疑,也不能因此就排除该证据,而是仍因对该证据的内容作进一步地审查,以分析其内容是否可靠。对于虽然可能甚至确实系辩方通过暴力、威胁等非法方式取得的证人证言、被害人陈述,只要其内容可靠,亦应作为认定案件事实的根据。

对疑为侦控机关通过暴力、威胁等非法方法收集到的证人证言、被害人陈述,则出于遏制国家权力滥用的考虑,应当要求公诉人以确实、充分的证据排除法官对该证据系通过此等非法方法收集的合理怀疑,方可认可该证据的合法性。

刑事诉讼中的瑕疵证据及其转化研究*

王　彪**　孙志伟***

2010 年,“两高三部”联合发布了《关于办理刑事案件排除非法证据若干问题的规定》和《关于办理死刑案件审查判断证据若干问题的规定》(以下分别简称《非法证据排除规定》、《死刑案件证据规定》,两者合称“两个证据规定”),“两个证据规定”首次对瑕疵证据及其运用作了规定。关于瑕疵证据的规定主要出现在《死刑案件证据规定》中,该规定“对于物证、书证、证人证言、被告人供述、勘验检查笔录、辨认笔录等证据,分别列举了‘非法证据’和‘瑕疵证据’的形态,并分别确立了强制性的排除规则和可补正的排除规则”〔1〕。2012 年《最高人民法院关于适用〈中华人民共和国刑事诉讼法〉的解释》(以下简称《法院解释》)对此予以确认。然而,《非法证据排除规定》第 14 条和 2012 年《刑事诉讼法》第 54 条对物证、书证确立的“可补正的排除规则”则在一定程度上模糊了非法证据和瑕疵证据的界限。因此,对瑕疵证据及其运用有研究的必要。

一、瑕疵证据概述

在《死刑案件证据规定》和《法院解释》中均多次提到“瑕疵”一词。那么,何谓“瑕疵证据”? 其有哪些特征? 其与非法证据有何区别呢?

(一)瑕疵证据的概念

20 世纪末学界就有人使用“瑕疵证据”一词,认为瑕疵证据就是“侦查、检察、审判人员违反法律规定的权限、程序或用其他非正当的方法收集的,用以确定犯罪事实是否存在、被告人是否有罪和罪责轻重以及其他有关案件真实情况的一切事实”〔2〕。稍后有学者认为,瑕疵证据包含在非法证据的外延之中,指那些“非法”

---

* 本文系中国法学会 2013 年度部级法学研究一般课题“公诉案件无罪判决难问题研究”的阶段性成果(项目批准号为 CLS(2013)C67)。

** 王彪:西南政法大学 2010 级博士研究生,重庆市渝中区人民法院研究室副主任。

*** 孙志伟:西南政法大学 2012 级博士研究生。

〔1〕 陈瑞华:“论瑕疵证据补正规则”,载《法学家》2012 年第 2 期。

〔2〕 申夫、石英:“刑事诉讼中‘瑕疵证据’的法律效力探讨”,载《法学评论》1998 年第 5 期。

程度不是特别大的证据。[1] 还有学者认为，瑕疵证据处于合法证据与非法证据之间的“灰色地带”，是“指相关司法工作人员违反法律规定的权限、程序或用其他一切违法的方法收集、提供的含有违法特征和残缺因素的证据”[2]。可以看出，学界在既往的研究中要么将“瑕疵证据”混同于“非法证据”，要么将“瑕疵证据”与“非法证据”之间的关系定位为“种属关系”。

关于非法证据与瑕疵证据的关系，有学者持不同意见，其认为确立非法证据排除规定的目的是确保公民基本权利不受侵犯，因此，只有当一项证据的取得方式严重侵犯了公民的基本权利（即所谓“重大违法”）时，该证据才是非法证据，才应当从程序上予以排除；其他所谓不符合“合法性”要求的证据，可能只是“瑕疵证据”，对于“瑕疵证据”，在政策上不是强调“排除”，而是要求“补正”。[3] 他们认为在中国法语境中有三种意义上的“非法证据”，即“非法定主体取得之证据”、“非法定形式之证据”和“非法定方法取得之证据”，主张对“非法证据”持相对狭义的解释，即仅限于“非法定方法取得之证据”。[4] 综上，瑕疵证据是指在法定证据要件上存在轻微违法情节（俗称“瑕疵”或“缺陷”）的证据，而非法证据系取证程序重大违法，且以侵犯公民宪法性基本权利的方式获取的证据。[5] 有学者持类似观点，认为瑕疵证据大多属于侦查人员通过轻微违反法律程序的方式所获得的证据。[6]

传统上，我国证据理论界往往倾向于将证据分为非法证据与合法证据。合法证据是中国证据法上的概念，如有学者认为：“合法证据应当包括四个方面：证据内容合法；证据形式合法；‘取证人员’合法；取证程序合法”[7]。非法证据则是根据英文“evidence illegally obtained”翻译过来的，其原意为“非法获取的证据”，即通过非法手段获取的证据。两个概念显然不在同一逻辑层次上。将这两个概念粗暴地组合在一起，使证据法理论研究从概念的起点上就乱了。

很显然，合法证据与非法证据的两分法无论在理论上和实践中均不具有可操作性。因此，在确立非法证据排除规则的同时，对于不属于非法证据但证据收集程序存在“轻微的程序违法”的证据有必要规定该如何使用。以上应该是司法解释中确立瑕疵证据的原因。

根据“两个证据规定”、2012 年《刑事诉讼法》和 2012 年《法院解释》的有关规

---

〔1〕 吴延溢：“刑事诉讼中瑕疵证据的界定与排除规则”，载《广西社会科学》2003 年第 8 期。

〔2〕 任华哲、郭寅颖：“论刑事诉讼中的瑕疵证据”，载《法学评论》2009 年第 4 期。

〔3〕 万毅：“非法证据排除规则若干操作问题研究”，载《中国刑事法杂志》2007 年第 3 期。

〔4〕 万毅：“解读‘非法证据’——兼评‘两个《证据规定》’”，载《清华法学》2011 年第 2 期。

〔5〕 万毅：“论瑕疵证据——以‘两个《证据规定》’为分析对象”，载《法商研究》2011 年第 5 期。

〔6〕 陈瑞华：《刑事证据法学》，北京大学出版社 2012 年版，第 306 页。

〔7〕 李学宽：《李学宽法学文集》，中国人民公安大学出版社 2006 年版，第 143 页。

定,以是否具有证据能力为标准,可以把证据分为以下几类:有证据能力的证据(收集程序合法的证据)、无证据能力的证据(非法言词证据)和证据能力待定的证据(瑕疵证据和非法实物证据)。

根据上述规定,对于非法言词证据适用的是绝对的排除规则,对于非法物证、书证则适用可补正的排除规则。这就意味着,非法物证、书证经过补正或者合理解释,也可以取得证据能力。就此而言,瑕疵证据与非法物证、书证只有违法程度上的区别,没有证据能力上的不同。

(二)瑕疵证据的特征

首先,瑕疵证据是在收集程序上存在瑕疵的证据,是不完全合法的证据。侦查人员所收集的证据,可能会存在各种瑕疵,如讯问笔录填写的讯问时间、讯问人、记录人等有误。类似情况下,侦查人员往往未遵守某些取证规定。

其次,瑕疵证据仅仅是收集程序上不完全合法的证据,而不是严重违反法定程序或者违反其他法律规定而获得的证据。瑕疵证据的取得,多是侵犯了偏重技术性的程序规定,而非法证据的取得则一般构成了实质性的侵权。

最后,瑕疵证据在转化之前证据能力待定。瑕疵证据既可以转化为具有证据能力的证据,也可以转化为不具有证据能力的证据。瑕疵证据没有成功转化,可能是基于以下原因:(1)没有采取任何转化措施;(2)采取的转化措施失败。瑕疵证据的证据能力待定,这就与那些强制性排除的非法言词证据区别开来。但对于非法取得的物证、书证,《非法证据排除规定》和2012年《刑事诉讼法》也给予其“补正或者做出合理解释”的机会。因此,瑕疵证据在转化之前证据能力待定,这一点是瑕疵证据区别于必须排除的非法言词证据的特征,而非区别于非法物证、书证的特点。

(三)瑕疵证据与非法证据的区别

客观上看,瑕疵证据的取得,多是侵犯了偏重技术性的程序规定,而非法证据的取得则一般构成了实质性侵权。

在有关瑕疵证据的规定中,侦查人员大多违反的是一些偏重技术性的规定。如《死刑案件证据规定》第9条、第14条、第21条、第26条、第30条中涉及了各种由于收集证据中“主体”违法的情形。在某些书面文件中缺少制作人、被收集人、见证人、记录人等各种主体的签名,就会使该证据的取得违法。但这种违法具有浓重的技术性违法的味道,可以被视为一种“技术性的违法行为”,由此获得的证据也属于“技术性的非法证据”。[1]

非法证据的取得则往往伴随着公民权利被实质性地侵犯。最极端的例子是以刑讯逼供手段获得的被告人供述,侵犯了犯罪嫌疑人的健康权甚至生命权。通过

---

〔1〕 陈瑞华:“刑诉中非法证据排除问题研究”,载《法学》2003年第6期。

违反法律规定取得的物证、书证,如未经任何合法授权而实施的搜查、扣押,也会造成被搜查、扣押者相应的财产权、隐私权等权利被实质性地侵犯。

德国学界也认识到由于取证规范较多,侦查人员在取证过程中难免会违反,一律予以禁止无异因噎废食。主张取证违法本身并不必然导致证据被禁止,必须是违法取证加上其他的条件时才会导致证据被禁止。但“其他条件”为何,莫衷一是。法官在决定一个案件中的证据是否被禁止使用时,一般考虑该案中程序瑕疵的严重性、相关权利的重要性、犯罪的严重程度以及真实发现的可能性等因素。学界认为,许多偏重技术性的程序规定,即使侦查机关违规取证,也不会导致证据使用禁止的效果。[1]

主观上看,瑕疵证据可能是因为办案人员“过失为之”而造成,非法证据更可能是由于办案人员“故意犯之”而获取。

取证规定数量繁多,侦查人员一时疏忽导致取证过程的不规范,就可能造成证据存在瑕疵。例如,《死刑案件证据规定》第9条第2款规定了物证、书证收集中的几种瑕疵,其中一种是“收集调取的物证、书证,在勘验、检查笔录,搜查笔录,提取笔录,扣押清单上没有侦查人员、物品持有人、见证人签名或者物品特征、数量、质量、名称等注明不详的”。造成物证书证瑕疵的原因是相关的文书上没有侦查人员等的签名或者对“物品特征、数量、质量、名称等注明不详”。这些签名、注明等行为,是侦查人员在调查案件中所从事的许多“手续性”工作时经常遇到的。在周而复始的例行公事中,难免会在某个案件中忘记签名或者注明。对于非法证据的获取,侦查人员则可能出于故意的心态,如明知没有搜查证而搜查,明知刑讯逼供等非法方法属于法律禁止的取证方法仍用其获取口供。

美国法中也存在类似情况。美国联邦最高法院在1984年的利昂案中创设了非法证据排除规则的善意例外。在该案中,联邦最高法院认为,“当执法人员实际上是善意的,或者他们的违法行为较为轻微时,那些有罪的被告人(借助非法证据排除规则)获得了巨大的利益,这违反了刑事司法体系的基本理念”[2]。善意例外不断扩大适用范围,最终在2009年的黑尔英案中,联邦最高法院认为,如果令状错误是由于“其他司法辖区警察局官员的错误”造成的,同样适用善意例外。首席大法官罗伯茨在黑尔英案的判决中认为,警察行为具备以下条件,才应适用非法证据排除规则:警察的行为是故意为之,所以排除其由此获得的证据具有实质的威慑作用;警察的行为具有可责性,因此司法制度愿意为了威慑警察而付出相应的代价。[3] 联邦最高法院认为,如果警察的违法是善意的,排除证据对吓阻警察违法

[1] 林钰雄:《干预处分与刑事证据》,北京大学出版社2010年版,第197页。

[2] United States v. Leon,468 U.S.897,104 S.Ct.3405(1984).

[3] Herring v. United States,555 U.S.(2009).

就没有作用。

二、我国关于瑕疵证据的规定

关于瑕疵证据的规定集中体现在《死刑案件证据规定》和《法院解释》中。而《法院解释》关于瑕疵证据的规定基本上与《死刑案件证据规定》一致,因此,下文以《死刑案件证据规定》为例进行分析。

(一)瑕疵言词证据

根据《死刑案件证据规定》第 17 条的规定,对被害人陈述的审查和认定适用证人证言的有关规定。因此,下文主要论述讯问笔录和证人证言两种证据形式,如无特殊说明,对证人的论述也同样适用于被害人。

1. 讯问笔录

讯问笔录出现瑕疵的情况,集中规定在《死刑案件证据规定》第 21 条。讯问笔录可能因以下事由而被认定为瑕疵证据。

首先,笔录填写的讯问时间、讯问人、记录人、法定代理人等有误或者存在矛盾。一份完整的讯问笔录应当在笔录的首部明确记载讯问的起止时间、讯问地点、讯问人和记录人。另外在讯问未成人时,应通知其法定代理人到场,法定代理人在笔录中也应签名。"有误或者存在矛盾"是指以下几种情况:一是讯问时间有误或者存在矛盾,如被告人的两份讯问笔录的时间存在重叠、讯问时间填写与常识违背等。二是讯问人、记录人有误或者存在矛盾,如同一讯问人在同一时间段内讯问不同被告、讯问人记录人将自己的名字签错等。三是法定代理人有误或者存在矛盾,如该人并非未成年被告的法定代理人、其签署的名字出错、忘记签名等。

其次,讯问人没有签名。之所以将此种情况单独提出作为一种情况,可能是考虑到司法实践中这种情况出现的频率较高。另外,也是为了将被告人没有签名的情况与讯问人没有签名的情况有效地区分开来。根据上述规定,讯问笔录如果缺少了被告人的签名,自始就不能作为定案的根据。而缺少了讯问人签名的讯问笔录,则可能在补正和合理解释之后被采用。

最后,首次讯问笔录没有记录告知被讯问人诉讼权利的内容。根据法律规定,首次讯问被告人应告知其三方面的权利:一是被告人有权申请办理案件的侦查人员回避;二是被告人有权聘请律师为其提供法律咨询、代理申诉控告或者为其申请取保候审;三是被告人有权拒绝回答与本案无关的问题。

结合该规定的第 18 条,讯问中可能出现的某些问题至少有两类没有规定。一是讯问地点不符合规定的问题未予规定。对于已经被拘留和逮捕的犯罪嫌疑人、被告人,一般应在羁押场所进行讯问,如果违反此一规定,所获得的证据该如何处理,该规定没有提及。对不需要逮捕、拘留的犯罪嫌疑人,可以传唤到犯罪嫌疑人所在市、县内的指定地点或者到他的住处进行讯问。对于违反这条规定,所获证据该如何处理,该规定也没有提及。二是讯问被告的侦查人员少于两人的情况,本规定对该问题的处理方式也没有涉及。

2. 证人证言

根据《死刑案件证据规定》第 14 条的规定:"证人证言的收集程序和方式有下列瑕疵,通过有关办案人员的补正或者作出合理解释的,可以采用:(一)没有填写询问人、记录人、法定代理人姓名或者询问的起止时间、地点的;(二)询问证人的地点不符合规定的;(三)询问笔录没有记录告知证人应当如实提供证言和有意作伪证或者隐匿罪证要负法律责任内容的;(四)询问笔录反映出在同一时间段内,同一询问人员询问不同证人的。"第(一)项、第(三)项与讯问被追诉人出现瑕疵的状况类似,此处不赘。

在讯问笔录中,对于问话地点不符合规定和同一人在同一时间发问不同对象是否属于瑕疵证据,该规定未予以明确规定。但在询问证人的部分,则明确将这两种情况规定为瑕疵证据。询问证人一般应到证人的单位或者住处进行,"在必要的时候"也可以通知证人到侦查机关作证。如果询问证人不是在上述地点进行的,就构成了瑕疵。另一种情况是询问笔录显示在同一时间段内,同一询问人员询问不同证人的。之所以会出现上述情况,可能是笔误,也可能是有的询问人员没有参与询问,但在笔录制作时"被签名"了。

对单人询问的问题也未明确规定。所谓单人询问就是一个侦查员对证人进行的询问。刑事诉讼法并未明确单人询问是否合法,但规定对被告人讯问时侦查人员不得少于两人。《人民检察院刑事诉讼规则(试行)》(以下简称《检察规则》)第 204 条规定:询问证人,检察人员不得少于两人。对于该问题,本规定也没有明确规定。

3. 辨认笔录

刑事诉讼法并未对侦查中的辨认作出明确规定。《检察规则》和《公安机关办理刑事案件程序规定》(以下简称《公安规定》)对辨认的适用程序作了简要规定。《死刑案件证据规定》第 30 条对辨认程序的问题及处理予以了明确。

根据《死刑案件证据规定》第 30 条第 2 款的规定,在辨认过程中出现以下瑕疵,可以通过办案人员的补正或者合理解释,使辨认结果获得证据能力,从而可作为定案依据。

第一,主持辨认的侦查人员少于二人。《公安规定》第 250 条第 1 款规定主持辨认的侦查人员不得少于二人。之所以规定要有两人以上的侦查人员主持辨认,是为了维护辨认程序的客观性。

第二,未向辨认人详细询问辨认对象的具体特征。一般在辨认之前要求主持辨认的侦查人员向辨认人详细询问辨认对象的具体特征。这是为了确定辨认人是否具备辨认能力,并激发辨认人的记忆。因此,未向辨认人详细询问辨认对象的具体特征可能对辨认结果的准确性造成影响。值得注意的是,规定中的“没有向辨认人详细询问辨认对象的具体特征的”,可能包含两种情况:一是侦查人员询问时粗略询问、草草了事;二是侦查人员根本就没有询问。

第三,辨认经过和结果没有制作专门的规范的辨认笔录或者缺少参加人的签名或盖章。有关辨认的规定要求将辨认的情况制作成辨认笔录并由参加辨认的有关人员签名或者盖章。这里的“辨认经过和结果没有制作专门的规范的辨认笔录”仅指制作的辨认笔录不够规范,不包括没有制作辨认笔录的情形。后一种情形下不会形成辨认笔录,对辨认笔录的审查也就无从谈起。

第四,辨认记录过于简单,只有结果没有过程。辨认笔录中应当详尽描述辨认的整个过程,如辨认人是何时开始辨认、用了多长时间辨认、辨认中是否有犹豫不决的情形、是否有指认错误的情形等,以便法庭对辨认笔录进行审查。

第五,资料缺失导致无法全面获悉辨认的真实情况。主要是指案卷材料中只有辨认笔录,未附有被辨认对象的照片、录像等资料的情况。如果上述材料缺失,就无法对辨认的全过程进行准确的审查。因此,上述材料附卷有其必要性。上述材料未附卷可能是由于侦查人员忘记将其附卷,也可能是由于侦查过程中根本就没有制作相应的材料。

(二)瑕疵实物证据

瑕疵实物证据主要包括物证、书证在收集过程中存在瑕疵的情况,也包括勘验、检查等笔录类证据在制作过程中出现瑕疵的情形。

1. 物证、书证

根据《死刑案件证据规定》第 9 条的规定,以下收集物证、书证程序中存在的问题会导致证据存在瑕疵。

首先,收集物证、书证的笔录和清单在制作中存在瑕疵。包括缺少签名和对物品特征等注明不详。2012 年《刑事诉讼法》第 131 条规定:勘验、检查的情况应当写成笔录,由参加勘验、检查的人和见证人签名或者盖章。第 138 条规定:搜查的情况应当写成笔录,由侦查人员和被搜查人或者他的家属,邻居或者其他见证人签名或者盖章。如果被搜查人或者他的家属在逃或者拒绝签名、盖章,应当在笔录上注明。第 140 条规定:对扣押、扣押的财物、文件,应当会同在场见证人和被查封、扣押财物、文件持有人查点清楚,当场开列清单一式二份,由侦查人员、见证人和持有人签名或者盖章,一份交给持有人,另一份附卷备查。以上需要签字的文件可能由于侦查人员的疏忽,而缺少某些签名。司法实践中还会出现对物证、书证的特征、数量、质量、名称等注明不详的情况。

其次,物证、书证的复制件或副本等制作中存在瑕疵。包括未注明与原件核对无误以及缺少复制时间、人员签名等。这通常是由于复制件或副本等制作过程中的不规范所致。《死刑案件证据规定》第 8 条确定了原物、原件优先原则。对物证而言,原则上作为定案根据的应当是原物,但是物证可能存在不便搬运、不易保存等情况。此时可以制作原物的复制件,但条件是"足以反映原物外形或者内容"。对于书证,在取得原件有困难时,也可以使用副本或者复制件,但条件是"经与原件核实无误或者经鉴定证明为真实的"。由此在制作复制件或者副本之时就有必要核对与原件是否无异,以及对制作时间及调取人、被收集人等予以注明。还包括缺少制作过程的说明、原物存放地点的说明,或者这些说明没有签字。进而导致无法保证证据保管链的完整和真实。

最后,物证、书证收集程序中存在的其他瑕疵。这是一个弹性条款,用于防止由于本条没有规定,而司法实践中出现新的瑕疵证据类型时无法可依。

2. 勘验、检查笔录

勘验系侦查人员对与犯罪有关的场所、物品、尸体等"死"的物体进行的;检查则是侦查人员对与犯罪有关的人身等"活"的人体进行的。根据《死刑案件证据规定》第25条的规定,一方面要从程序上审查勘验、检查是否依法进行,另一方面要从内容上审查勘验、检查笔录是否"全面、详细、准确、规范"。

根据《死刑案件证据规定》第26条第2款的规定,勘验、检查笔录的瑕疵包括勘验、检查缺少见证人,勘验、检查笔录缺少相关人员签字以及勘验、检查人员违反回避规定三种情形。这三种情形在制作前述的证据形式时也不同程度地存在,且也大多被视为是一种证据瑕疵。对于存在瑕疵的勘验、检查笔录,并未规定其"经过补正或者合理解释"之后,可以采用。而是"应当结合案件其他证据,审查其真实性和关联性"。

勘验、检查笔录中出现的更轻微的违法行为如何处理?如勘验、检查笔录将某些物证漏记或者错记,对现场的某个物证、书证的描述与现场拍的照片不符等。对于这种违法情节不如上述行为严重的情况,应当给予一个"改过自新"的机会。与前述明显违法的勘验、检查笔录不同,在补正此种轻微违法的勘验、检查笔录时,应当既允许对此问题进行合理解释,也允许对该证据进行补正。

三、瑕疵证据的转化

根据司法解释的规定,瑕疵证据的转化有两种方式,即补正和合理解释。但瑕疵证据的转化方式不限于此,如瑕疵证据可基于被告方同意而获得证据能力。

(一)瑕疵证据转化方式

1. 补正

作为一种转化方式,补正是指通过后续行为对之前行为中产生的证据进行积极的修补,使瑕疵被去除。可将补正分为两种方式,证据补充和证据补强。证据补充是指已经制作完毕的证据欠缺某些要素,侦查机关对欠缺的要素予以明确和完善的补正方式。如搜查笔录中对搜查物品的特征、数量、质量等注明不详,可通过出具“情况说明”的方式,对该证据的上述特征予以明示。证据补强是指通过其他证据对瑕疵证据予以补强。瑕疵证据中某些要素存在瑕疵,如果另一项证据也涉及该要素,且另一项证据在该要素上不存在瑕疵,则可以用另一项证据来补强瑕疵证据。如讯问笔录中缺乏讯问人签名的,可通过侦查机关提供同步录音、录像来证明讯问人是谁。

两种补正方式之间存在差别。补充是一种不太规范的补正方式,补强则较为规范。以补充方式补正的证据,大多是通过侦查机关对该证据予以书面说明的方式进行的。这种补正的随意性相对较大,补正中造假的可能性也比较大。通过其他证据补强的方式得以补正的证据,因为据以补正的是一种证据,增加了补正中的客观性。正因如此,在瑕疵证据中,补充应当适用于那些违法情节较轻的证据;对于违法情节相对较重的瑕疵证据,则可以使用补强证据的方式来补正。

补正过程中是否允许径直对该证据进行修补?如某讯问笔录缺乏讯问人的签名,是否允许将该证据拿回侦查机关,由该讯问人将名字签到此证据上?答案是否定的。如果允许对证据本身进行修补,则无异于允许“篡改”证据。

重新制作是否算一种补正方式?重新制作的证据取代了原来的瑕疵证据,而非针对该证据本身进行转化。瑕疵证据的转化探讨的是如何将某证据的瑕疵“治愈”,不是让一个新的证据来代替它。因此,不宜将重新制作作为一种转化方式。

2. 合理解释

如果说补正是积极的去除瑕疵的转化方式,合理解释则是消极的承认瑕疵存在,通过揭示导致瑕疵存在的某种合理的原因,而使瑕疵被“治愈”的一种转化方式。合理解释就是对瑕疵的合理性进行解释,证明瑕疵的后果不致影响案件公正审理,使该证据得以具备证据能力。对于那些补正已经不可能的瑕疵证据,可以让侦查人员对产生证据瑕疵的原因予以解释,通过审查解释是否合理来决定此证据是否具有证据能力。

那么,何种解释属于“合理”解释呢?不同的人基于其职业利益、生活经历、社会地位等,一人认为合理的事情另一人可能认为不合理。因此,对于瑕疵证据的解释是否合理,控方与辩方可能坚持不同的标准。控方眼中“合理解释”的门槛可能会相对较低,而辩方眼中“合理解释”的门槛可能相对较高。因此,有必要坚持一种客观意义上的“合理”标准,即以普通公众的认识水平来界定某一解释是否是合理的。

合理的解释需要被“证明”到何种程序呢?合理解释满足释明的证据标准即可。释明大致相当于“很有可能”或“大致相信”的心证程度。[1]《非法证据排除规定》中规定对证据合法性的证明要达到证据确实、充分的程度,但该证明标准是

〔1〕 林钰雄:《刑事诉讼法(上)》,中国人民大学出版社2005年版,第362页。

针对非法证据而言。非法证据的违法性要大于瑕疵证据，非法证据造成的危害也大于瑕疵证据。因此，对瑕疵证据合理性的证明不宜采取确实充分的标准，只需释明即可。

3. 补正与合理解释的关系

补正与合理解释之间的区别包括以下两点：首先，适用顺序不同。证据存在瑕疵的时候，应当努力使该瑕疵获得补正，或者通过对存在瑕疵的部分予以补充的方式或者通过其他证据补强存在瑕疵部分的方式，将瑕疵的部分予以去除。对于那些已经不具有补正条件的证据，可通过出具合理解释使瑕疵获得“治愈”。因此，两种补正方式在适用时存在先后顺序，先补正再合理解释，只有在补正不可能的情况下才适用合理解释。

其次，采取方式不同。补正是积极的，补正直接针对证据的瑕疵，使瑕疵部分得到明确，并被去除。合理解释则是消极的，其不针对瑕疵本身，而是分析该瑕疵产生的原因是否合理。例如，某贩卖麻古案件中，扣押清单并未对毒品数量予以明确，使此项证据存在瑕疵。如果是采取补正的方式，可以通过办案人员对麻古数量的说明或者讯问笔录中犯罪嫌疑人对麻古数量的说明等方式予以补充或者补强；如果不存在补正的条件，则只能通过办案人员对产生该问题的原因予以说明，通过审查此种说明是否合理来决定该瑕疵证据是否具有证据能力。

补正与合理解释之间也存在相同之处，即二者在适用时都需要遵守诚信原则。无论是补正还是合理解释，都给了侦查机关一个补救证据能力的机会，但也可能意味着其有了弄虚作假的机会。因此，补正需要以真实性为原则，不能制造假证。禁止“倒签时间”、“强凑合法性条件”、“无中生有的增加侦查人员与见证人”等弄虚作假的行为。[1]

4. 被告方同意

所谓被告方同意，是指受瑕疵证据不利影响的被告方，同意瑕疵证据在法庭中使用。前述的补正与合理解释都是针对于瑕疵证据的“瑕疵”而进行转化，被告方同意则考虑利害关系人对待瑕疵证据的态度。被告方可能基于各种原因同意瑕疵证据在法庭中使用，如瑕疵证据违法程度极其轻微、被告方认为某瑕疵证据不影响其定罪量刑、被告方认为某瑕疵证据对自己有利等。

但是，被告方同意的适用应当满足几个前提。首先，被告方同意只适用于普通刑事案件中的某些违法情节较为轻微的瑕疵。其次，被告方的同意必须是自愿的、明智的和真实的。这里的被告方应当包括被告人、辩护律师以及法定代理人。通常辩护律师比被告人更能明了某些证据的瑕疵在一个案件中的作用，因此被告方的同意最好是由被告人与其辩护律师共同同意的。在没有辩护律师的情况下，法

---

〔1〕 龙宗智：“两个证据规定的规范与执行若干问题研究”，载《中国法学》2010 年第 6 期。

官应当基于客观真实义务和“诉讼照料”义务,为被告人把好关。这通常是在被告人同意后,法官再对该同意进行审查,如果认定该同意确系“自愿的、明智的和真实的”,才能赋予瑕疵证据以证据能力,并在笔录中注明。

被告方的同意分两种:一种是明示同意,另一种是推定同意。所谓明示同意,是指被告方以明确的意思表示同意某个瑕疵证据具备证据能力。明示同意又包括两种情况:一种是被告方明示承认某项瑕疵证据的证据能力,另一种是被告方明示放弃对某证据是否存在瑕疵提出争辩。如某一搜查笔录中缺少被告人的签名,但被告人在庭审中明确表示搜查行为发生时其在场。所谓推定同意,是指被告方虽然没有以明确的意思表示,但是可以从被告方的行为中推定被告方同意某个瑕疵证据具备证据能力。例如,被告人没有明示其同意某一瑕疵证据有证据能力,但是其在论证自己的观点时,以该证据作为己方的论据。

(二)司法解释中瑕疵证据的转化

2010 年《死刑案件证据规定》和 2012 年《法院解释》对瑕疵证据及其转化作了规定,但条文之间多存在诸多类似甚至相同之处。例如,《死刑案件证据规定》第 14 条规定没有填写询问人、记录人、法定代理人姓名的构成瑕疵证人证言。第 21 条规定笔录填写的讯问人、记录人、法定代理人等有误或者存在矛盾的构成瑕疵讯问笔录。这实际都是由于某一证据制作中的参与主体违法导致的证据瑕疵。另外,对这种由于主体违法导致的证据瑕疵,转化方式也存在类似之处。如对于缺少笔录记录人的各种瑕疵证据,转化方式就没有多大差别。对各种证据种类中存在瑕疵的证据要素予以抽象总结,发现证据可能在以下要素中存在瑕疵:主体瑕疵、时间瑕疵、地点瑕疵、内容瑕疵与过程瑕疵。下面以《死刑案件证据规定》为例,对各种瑕疵证据及其转化进行研究。

1. 主体瑕疵及其转化

所谓主体瑕疵,是指某一证据的收集人、被收集人、见证人等参与主体存在问题导致的证据瑕疵。主体瑕疵有两种,即缺少签名型和主体违法型。缺少签名型是某些书面文件中缺少制作人、被收集人、见证人、记录人等各种主体的签名。根据动作的承受主体不同,可以将缺少签名型分为三种:第一种是缺少动作的发出者型,如缺少讯问人、制作人、调取人签名;第二种是缺少动作的承受者型,如缺少物品持有人、被收集人签名;第三种是缺少动作的旁观者型,适用于法律规定动作需要有旁观者的情形,如缺少法定代理人、见证人签名。缺少签名型的特点是,主体当时在行为现场但没有签名。

主体违法型是文件制作时违反了法律关于主体的规定。规定明确承认的主体违法型有两种:一种是缺少动作的发出者型,如询问笔录显示同一时间段内同一询问人员询问不同证人,主持辨认的侦查人员少于二人的;另一种是缺少动作的旁观者型,如勘验、检查笔录存在勘验、检查没有见证人的。还有规定没有明确涉及的情形,即存在缺少动作的承受者型。如《刑事诉讼法》第 137 条规定的搜查时应当有被搜查人或者他的家属在场,而侦查机关未予安排的情况。主体违法型的特点在于,法律规定制作某种书面文件,应当有某主体在场或该主体达到一定数量,但是侦查过程中违反了此规定。主体违法型与缺少签名型相比,违法程度更重。

由于主体违法型的违法程度更重,其转化应更困难。因为这种情况明显违反法律要求,无法通过补充或补强等方式对缺少的主体进行明确,故通常不适用补正的转化方式。但可以允许侦查人员作出合理解释。具体而言,在主体违法型中,如果缺少动作的发出者,只能通过侦查人员的合理解释来转化。因为这种情况下,是无法对瑕疵证据予以补正的;对侦查主体的要求是法律明确规定的,自然不是被告方同意就可以不要求的。如果缺少动作的承受者,也只能通过侦查人员的合理解释予以转化。道理同上。如果缺少动作的旁观者,则既可以通过侦查人员的合理解释来转化,也可以通过被告方的同意进行转化。第三人在场是为了保障程序的公正性,如果被告人对此无异议,应允许该证据的使用。

在缺少签名型的主体瑕疵中,鉴于其违法程度较轻,应该允许用补正、合理解释或被告方同意的方式予以补正。如果缺少某个签名是可以通过其他证件予以补强的或者通过侦查机关的书面说明予以补充的,可以适用补正的转化方式。如果不能补正的,还可以让侦查机关作出合理解释。如果被告方同意此瑕疵证据有证据能力,也可以使该项瑕疵得以转化。

2. 时间瑕疵及其转化

所谓时间瑕疵,是指某一证据的收集时间存在问题导致的证据瑕疵。时间瑕疵可以分为两种类型:一种是未标时间型,是指未标明取证时间的情况。如收集调取物证照片、录像或者复制品,书证的副本、复制件无复制时间的,或者没有填写询问的起止时间的情况。另一种是时间有误型,是指标明的取证时间有误或者存在矛盾的情况。如讯问笔录填写的讯问时间有误或者存在矛盾的。相比而言,未标时间比标错时间疏忽程度更大。

对于未标时间型瑕疵,应首先适用补强的补正方式,利用其他证据确定该证据的收集时间。如果无法补强的,可以允许侦查机关出具书面说明对该证据予以补充。如果无法补充的,还可以要求侦查机关为无法确定证据收集的时间提供一个合理的解释。当然,如果被告方同意此种未标时间的证据具备证据能力,则应当肯定其证据能力。

对于标错时间型瑕疵,应允许侦查机关以补强或补正的方式对证据的收集时间予以明确。如果无法补正的,还可以要求侦查机关为无法确定证据收集的时间提供一个合理的解释。同理,此种瑕疵也可以通过被告方同意予以转化。

讯问时间构成考量讯问过程违法性的一个重要因素。如对某犯罪嫌疑人连续三天三夜的讯问可能构成变相的刑讯逼供。因此,涉及讯问笔录中时间有误或存在矛盾的。应当尽量采取补强的方式转化,无法补强的则允许补充。无法补充的,则要求侦查机关为无法确定证据收集的时间提供合理解释。一般不允许被告方同意作为治愈讯问时间瑕疵的方式,除非被告方再三坚持。

3. 地点瑕疵及其转化

所谓地点瑕疵,是指某一证据的收集地点存在问题导致的证据瑕疵。地点瑕疵可以分为两种类型:一种是未标地点型,是指没有填写取证地点的情况。如没有填写询问地点的;另一种是地点违规型,是指取证地点违反规定的情况。如询问证人的地点不符合规定的。

未标地点型,则取证所涉及的地点可能是正确的,也可能有误。地点违规型,则取证地点明显不符合有关规定。这两种瑕疵证据的转化方式应该有别。对于未标地点的,应当首先通过补强的方式予以转化。无法补强的,还应当允许侦查机关通过书面方式予以补充。无法补充的,则需要由侦查机关为无法提供地点作出合理解释。被告方同意可以作为该项瑕疵转化的方式。

对于地点违规型,则不允许对该证据的地点予以补正,因为其已经明确违反了有关规定。在此情况下,可允许侦查机关为其在错误的地点取证提供合理解释。被告方同意也可以作为该项瑕疵转化的方式。

4. 内容瑕疵及其转化

所谓内容瑕疵,是指某一证据的内容过于简略或缺少材料导致的证据瑕疵。内容瑕疵可分为两种类型:一种是过于简略型,是指对证据内容描述过于简略的情况。如辨认记录过于简单只有结果没有过程的;收集调取的物证、书证,在勘验、检查笔录,搜查笔录,提取笔录,扣押清单物品特征、数量、质量、名称等注明不详的。另一种是缺少材料型,是指证据中缺少某些材料的情况。如案卷中只有辨认笔录,没有被辨认对象的照片、录像等资料,无法获悉辨认的真实情况的。

内容瑕疵多是由于侦查机关提供的证据,所含的“信息量”太少,无法确定证据的内容。其转化方式围绕着如何让证据“丰满”起来。因此,此种瑕疵的转化方式有自己的特色。具体而言,应当首先要求侦查机关对此证据的内容予以补充,使不明确之处得以明确。如果无法补充的,则可以通过补强的方式,通过证据间的印证,采取类似“完形填空”的方式对不明确之处予以查明。如果无法补强,则应当由侦查机关作出合理解释。一般的情况下,被告方同意可以作为补正该项瑕疵的方式。但是,证据的取得过程具有特殊重要性,或者被告方同意也无法查明证据的取得过程的,则被告方的同意无法补正此项证据瑕疵。

5. 过程瑕疵及其转化

所谓过程瑕疵,是指某一证据的取得违反了某些手续或程序性规定导致的证据瑕疵。从某种角度而言,上文所言的主体瑕疵、时间瑕疵、地点瑕疵、内容瑕疵都可以归入到程序瑕疵之中,因为这些证据瑕疵都是发生在取证过程之中。但是此处的过程瑕疵是一种狭义的概念,仅指取证中违反了程序性规定或者手续等情况。

过程瑕疵,根据是否明确违反了法律规定的主体权利,可分为两种:一种是手续违规型,另一种是权利侵犯型。手续违规型,是指由于取证过程中没有满足某些手续性的规定导致的证据瑕疵,这种瑕疵没有侵犯诉讼主体由法律所明确规定的权利。如收集调取物证照片、录像或者复制品,书证的副本、复制件未注明与原件核对无异;没有向辨认人详细询问辨认对象的具体特征的;对辨认经过和结果没有制作专门的规范的辨认笔录。权利侵犯型,是指由于取证过程违反法律规定,并由此侵犯了由法律规定的诉讼主体的权利导致的证据瑕疵。如首次讯问笔录没有记录告知被讯问人诉讼权利内容的;勘验、检查人员违反回避规定的,等等。

权利侵犯型一般伴随着诉讼主体由法律明确规定的程序性权利被侵犯,而手续违规型则一般只是一种轻微的技术性违法。因此,转化方式理应有所不同。

对于手续违规型,应允许补正、合理解释、被告方同意作为其转化方式。对于权利侵犯型,则应当不允许侦查机关对该项瑕疵予以补正。因为此种证据瑕疵已经明显违反了法律的有关规定,补正的前提不存在。一般也不允许被告方同意作为其转化方式,因为这种证据是通过侵犯受调查主体的程序性权利而取得的,这种程序侵权已经是一种既成事实。为维护程序法的尊严,只允许侦查机关对造成过程瑕疵的原因提供解释。解释合理的,该证据就具有证据能力。

四、结语

在取证的过程中难免会因为过失而导致取证的过程不规范,违反相关法律规定,造成证据具有这样那样的“瑕疵”。司法实践中,对于这些存在瑕疵的证据该如何处理,各地司法机关的做法不一致,有的将其作为非法证据予以排除,有的则对“瑕疵”视而不见。因此,司法解释对瑕疵证据及其转化予以规定有利于统一司法和防范错案。然而,对非法证据的排除问题进行规定的同时,对瑕疵证据的运用问题进行规定还有两大重要意义;一是完善了刑事证据体系,使刑事证据规范更具有针对性,二是与非法证据进行区别对待,为非法证据排除规则的完善奠定基础。

拯救社会公德的证据法药方*

——论不得用以证明过错或责任的证据规则

郑　飞**

一、引言:错误的常理推断与价值权衡

2013年4月5日,长春市一老人在菜市场里突然摔倒,178人跨过仅1人救助;2011年10月13日佛山市一名两岁女童小悦悦被两车三次碾压后,7分钟内经过的18个路人对此不闻不问,最后一名清洁女工施以援手;2009年12月6日,杭州市一老人晕倒在地路人不敢扶,因耽误救助时机最后死亡……〔1〕我们不禁要问究竟是什么造成了社会如此冷漠?《中国青年报》社会调查中心在"小悦悦事件"之后,曾通过民意中国网和新浪网做过一个在线调查,调查结果显示:造成社会冷漠的首要原因是"'南京彭宇案'等案例暗示公众做好事可能会吃亏(65.7%)。"〔2〕

那为什么南京彭宇案〔3〕会成为社会公德沦陷的主要原因呢?在仔细阅读该

---

* 本文受北京市优秀博士学位论文指导教师人文社科项目(项目名称:证据科学与司法文明;项目编号:20121005301)和中国政法大学博士研究生创新实践基金资助项目(项目名称:不能用以证明过错或责任的证据排除规则研究;项目编号:2011BSCX26)资助。

** 郑飞:中国政法大学证据科学研究院博士研究生,美国西北大学法学院联合培养博士生。

〔1〕 对诸多类似事件的汇总报道,请参见维基百科:http://zh.wikipedia.org/wiki/%E5%8D%97%E4%BA%AC%E5%BD%AD%E5%AE%87%E6%A1%88,2013年4月8日最后登录。

〔2〕 其他原因还有:"社会安全感不够,人们自保心态重"(64.1%)、"现在社会怨气太重,缺少温暖"(49.4%)、"自利主义盛行,人们只关心自己的小利益"(45.1%)、"许多人自身利益常受侵害,无暇顾及他人"(37.2%)等。参见记者向楠:"76.3%受访者承认小悦悦的死让自己反思",载《中国青年报》2011年10月27日第7版。

〔3〕 2006年11月20日晨,退休职工徐寿兰在南京市一公交站台车时被撞倒摔成骨折。徐寿兰指认撞人者是刚下车的彭宇,并将其告到法院索赔13万余元。而彭宇则表示无辜,他答辩称,他下车后见徐寿兰摔倒在地,随即上前将其扶起,并与后来赶到现场的徐寿兰家人一起将她送往医院治疗,期间彭宇还垫付了200元医药费。2007年9月4日鼓楼区法院经过一审审理后,判决彭宇应给付受害人损失的40%,共4万余元。彭宇不服,上诉至南京市中级人民法院,二审法院做了大量的调解工作,最后彭宇承担10%的责任、赔偿1.1万元,徐寿兰撤诉。该案的一审判决一度在法律和道德领域引起了一场激烈的讨论。参见南京市鼓楼区人民法院民事判决书(2007)鼓民一初字第212号。

案一审法院判决书以及相关新闻报道和调查之后，笔者发现使该案引起巨大争议的主要原因并不是该案最后的判决结果，而是在一审判决书中法官运用的两个所谓“常理推断”。其一，“如果被告是见义勇为做好事，更符合实际的做法应是抓住撞倒原告的人，而不仅仅是好心相扶；如果被告是做好事，根据社会情理，在原告的家人到达后，其完全可以在言明事实经过并让原告的家人将原告送往医院，然后自行离开，但被告未作此等选择，其行为显然与情理相悖”。〔1〕 在这个所谓“常理推断”中，法官将“被告彭宇把原告扶起并送往医院”的善行作为对被告不利的证据。其二，“根据日常生活经验，原、被告素不认识，一般不会贸然借款，即便如被告所称为借款，在有承担事故责任之虞时，也应请公交站台上无利害关系的其他人证明，或者向原告亲属说明情况后索取借条（或说明）等书面材料。但是被告在本案中并未存在上述情况，而且在原告家属陪同前往医院的情况下，由其借款给原告的可能性不大；而如果撞伤他人，则最符合情理的做法是先行垫付款项……综合以上事实及分析，可以认定该款并非借款，而应为赔偿款”。〔2〕 在第二个所谓“常理推断”中，法官又将“被告彭宇垫付医药费”的善行作为被告应负过错责任的不利证据。这两个所谓“常理推断”都犯了相同的逻辑错误，即都是从行善者的行善行为推断出行善者应负过错责任。其逻辑错误的原因在于，行善者很有可能仅仅是出于人道主义而并非其对事故应负过错责任而实施救助行为，因此法官的常理推断过于武断，难以令人信服。在这种错误的常理推断背后，反映的是一种错误的价值权衡——用一个人的善行来反对该人，这不仅不符合社会道德原则，也不符合司法公正原则。

该案二审最后以秘密和解撤诉告终，而没有通过正式判决的方式对一审法院这种有违道德原则和公正原则的所谓“常理推断”作出明确否定，最后导致这种错误的常理推断和价值权衡成为了一种新的“社会规范”，使本就十分脆弱的社会公德进一步沦陷。这种新的“社会规范”迄今已经造成了三种极其恶劣的影响：〔3〕其一，它产生了一种阻却人们做好事的效应，它暗示人们做好事可能会吃亏，导致人们因怕掉入陷阱再也不敢做好事。因此，彭宇案之后，全国各地都出现了“老人摔倒无人敢扶，小孩被撞无人敢救，最终因救治不及时而身亡”的现象。其二，这种新的“社会规范”的产生，使少部分自己摔倒的老人在子女和金钱等压力下，诬告做好事者为肇事者。尽管有部分做好事者因为有证人作证或其善行被公共摄像头等设备记录而得以清白，但仍有部分案件因缺少证人等原因而事实不清。其三，

---

〔1〕 参见南京市鼓楼区人民法院民事判决书(2007)鼓民一初字第212号。

〔2〕 参见南京市鼓楼区人民法院民事判决书(2007)鼓民一初字第212号。

〔3〕 对这三种现象的汇总报道，参见维基百科：http://zh.wikipedia.org/wiki/%E5%8D%97%E4%BA%AC%E5%BD%AD%E5%AE%87%E6%A1%88，2013年4月8日最后登录。

更有甚者利用这种新的“社会规范”来牟利,通过“职业碰瓷”来讹诈好心人。这些现象的出现,进一步恶化了整个社会风气。

针对这种社会公德日益沦陷的现象,社会各界纷纷献计献策,有主张加强道德建设的,有主张建立见义勇为基金的,等等。但何种方式才是最紧要最重要的呢?“类似事件的反复发生有其内在的社会文化根源,道德层面的批判固然是必要的,但无法从根本上防止此类事件的再度发生。身处社会生活中的人们固然会受到道德规范的制约,但道德规范的制约是否有效还取决于社会激励机制的有效发挥。而在诸多社会激励机制中,法律无疑是最为重要的一种。”〔1〕因此,笔者认为解铃还须系铃人,主要由法律界造成的社会公德沦陷,理应首先由法律界来解决。他山之石可以攻玉,美国证据法中就有这样一剂药方——不得用以证明过错或责任的证据规则——可以治疗社会公德日益恶化的顽疾,鼓励人们积极从事对社会有益的行为。

二、他山之石:美国不得用以证明过错或责任的证据规则

在美国《联邦证据规则》中,有一类特殊的相关性规则——不得用以证明过错或责任的证据规则。说它特殊,是因为它虽名为“相关性规则”,但却由于各种原因而排除了一些毋庸置疑具有相关性的证据,规定这些证据不得用以证明过错或责任。然而此类相关性排除规则也有例外,这些例外允许此类证据用于其他目的,诸如证明所有权和存在雇佣关系等。此类规则共有四个:事后补救措施规则、和解提议与谈判规则、提议支付医疗与类似费用规则和责任保险规则。

(一)事后补救措施规则

《联邦证据规则》第407条规定,“如果采取了将使得在前的伤害或者损害更不可能发生的措施,则关于这些事后措施的证据不得采纳来证明过失、罪错行为、产品缺陷或者其设计缺陷,或者缺乏警示或说明。但是法院可以为其他目的采纳该证据,例如弹劾或者在存在争议情况下证明所有权、控制权或者预防措施的可行性。”社会生活中常见的事后补救措施主要有:“(1)向雇员发出遵守安全规定的警示;(2)改变产品的设计;(3)维修或改变财产的状况,如事故后对桥梁的维修;(4)惩戒或解雇被指控对事故负有过失责任的人,如处分或解雇交通肇事司机;(5)发出召回通知,如召回设计更动之前制造的汽车;(6)修改规则或规定,如游泳池救生员从2人值守改为3人值守;(7)张贴警示标志,如在玻璃门上张贴警示标识。”〔2〕事后补救措施确实具有一定的相关性,它貌似合理的相关性理论在于:当一个人在事故发生后采取补救措施来改善相关条件和物体,以便防止将来再次发

〔1〕 吴洪淇:“挽救社会公德法律亦有可为”,载《法制日报》2011年10月12日第10版。

〔2〕 房保国:“论证据法的人权保障基础”,载《甘肃政法学院学报》2011年第4期。

生类似伤害事故时，我们可能会默认相信该物体和条件在改变前具有不合理的伤害风险，从而认为他对该事故的发生有过错或责任。罗纳德·J. 艾伦教授用一个推论链条来解释了这种相关性理论（参见图一）〔1〕。但是，此类证据的证明力却很微弱，因为事后补救措施行为并不能等同于自认，行为人之所以采取事后补救措施，有可能仅仅是出于想进一步采取措施来增加安全性以避免或减少将来再发生类似伤害的愿望；而事故的发生则可能仅仅是一个意外事件或者由共同过失造成的。此外，排除事后补救措施防止其用来证明行为人有过错或责任之最重要目的，在于“鼓励人们采取——至少不阻止他们采取——不断增加安全措施的社会政策”。〔2〕 如果法律用事后补救措施来惩罚该行为人，这不仅在道德和法律上是不公正的，而且还会挫败人们积极采取事后补救措施增加安全性的努力。

证据性事实（EF）	→	推断性事实 1（IF1）	→	推断性事实 2（IF2）	→	要素性事实（FOC）	→	要件（EE）
目击证人作证说，在玩具枪伤人事故发生后，制造商为这种玩具设计了一个保险装置		在事故发生后，制造商确实为玩具枪设计了一个保险装置		制造商认为，玩具枪在没有保险装置的情况下，存在不合理的伤害风险		玩具枪在没有保险装置的情况下，产生了不合理的伤害风险		制造商在制造没有保险装置的玩具枪时有过失

图一

（二）和解提议与谈判规则

《联邦证据规则》第 408 条规定〔3〕，关于和解提议与谈判的证据不得用以证明或证否存在争议的索赔的有效性或者数额，或者用于以先前不一致陈述或矛盾来进行弹劾，但是可以为了其他目的而采纳这一证据，例如证明证人的偏见或者成

〔1〕 Ronald J. Allen, Richard B. Kuhns and Eleanor Swift, *Evidence: Text, Problems, and Cases* (5*th ed.*), New York: Wolters Kluwer Law & Business, 2011, p. 329.

〔2〕 Daniel J. Capra, *Federal Rules of Evidence* (2012 - 2013 *Edition*), Thomson West, 2012, p. 61.

〔3〕 《联邦证据规则》第 408 条规定，“（a）禁止使用。关于下列事项的证据，不得为任何当事方采纳来证明或者证否存在争议的索赔的有效性或者数额，或者是用于以先前不一致陈述或者矛盾来进行弹劾：（1）为就索赔进行和解，给予、承诺或者提议——或者接受、承诺接受或者提议接受——有价值的对价；以及（2）在就索赔进行和解谈判过程中所为的行为或者陈述，在刑事案件中提出该证据且该谈判与某公共机构运用其规制、调查或者执法权限而提出的索赔有关时除外。（b）例外。法院可以为其他目的采纳这一证据，例如证明证人的偏见或者成见，否定有关不当拖延的观点，或者证明妨碍刑事调查或者起诉的行为。”

见，否定有关不当拖延的观点，或者证明妨碍刑事调查或者起诉的行为。与事后补救措施类似，关于和解提议与谈判的证据也具有一定的相关性：我们同样可能默认行为人之所以提出和解，是因为他相信自己在导致针对其提起赔偿请求的事故中负有过错或责任。用通俗的话来讲，“如果你没有过错，那你为什么提出和解并作出让步？”但是，此类证据的证明力同样很微弱，因为提议和解与进行谈判的动机可能是息事宁人而非其确有过错，例如，一些坚信他们没有过错的人可能愿意支付赔偿金，是因为潜在的诉讼费用会远远超过偿付的费用，或者是因为还有其他比较重要的事务要处理而不想浪费时间，等等。之所以排除这类证据还有一个非常重要的原因，就是基于鼓励纠纷和解的社会政策考量，因为“如果不鼓励和解，大量的案件将涌入法院，将严重影响司法的效率和社会效益”。[1] 此外，如果不排除这类证据，防止其被用来证明行为人的过错或责任，那就相当于要惩罚一个为了寻求和解而坦诚相待的人，用一个人的坦诚来反对该人显然也同样不符合道德原则和公正原则。

（三）提议支付医疗与类似费用规则

《联邦证据规则》第409条规定，“关于给予、承诺支付或者提议支付因伤害而引起的医药、住院或者类似费用的证据，不得采纳来证明对该伤害负有责任”。但是可以为其他目的而采纳该证据，比如证明存在伤害或雇佣关系。根据上述默认过错行为理论，支付或承诺支付医疗费或类似费用的人“可能感到对承担该费用有法律上的责任”。但是，此类证据的证明力同样也很微弱，很容易误导陪审团或者混淆争点，导致陪审团做出一个错误的推断——“既然你对该伤害不负有责任，那你为什么要支付医疗费？”之所以这是一个错误的推断，是因为行为人支付此类费用的原因极有可能是出于人道主义的同情，而不是因为其确实对该伤害负有责任。排除此类证据的另一个重要原因，是基于鼓励人们积极履行救助他人之道德义务的社会政策考量。如果采纳此类证据来证明行为人有过错或责任，不仅可能会产生一种阻却效应——导致人们因怕吃亏或掉入陷阱而不敢再从事对社会有益的行为，还有可能使实施了道德救助行为的人面临处罚。显然，正如上文所说，用一个人的善行来反对该人的确是不公正的。因此，在彭宇案中，法官将彭宇支付医疗费用的行为作为他应负过错责任的证据，就违反了这一规则，不符合道德原则和公正原则。

（四）责任保险规则

《联邦证据规则》第411条规定，“关于某人是否拥有责任保险的证据，不得采纳来证明该人的行为存在过失或者其他错误。但是法院可以为其他目的采纳该证据，例如证明证人的偏见或者成见，或者在争议情况下证明代理关系、所有权或者

---

〔1〕 王进喜：《美国〈联邦证据规则〉（2011年重塑版）条解》，中国法制出版社2012年版，第100页。

控制权”。此类证据相关性理论的基础在于,“拥有责任保险的人比没有责任保险的人(他们将对其所造成的伤害承担个人责任)可能更乏小心谨慎”,[1]因而他们更可能在事故中存在过失或其他错误。但显然这样的相关性推断也是靠不住的,是否购买责任保险之证据对于证明行为人是否存在过错或责任的证明力很微弱。同时,此类证据可能会误导陪审团对当事人产生偏见,因为“陪审团成员可能因为该保险而倾向于强行裁决损害赔偿金,或出于对没有保险的人的同情而放弃或只裁决支付最少的损害赔偿金”。因此,如果采纳这种证据来证明其有过错或责任,可能会打击人们购买责任保险的动机,从而有损增进社会互助的政策。

从上述分析我们可以看出,此类不得用以证明过错或责任的证据规则主要有以下三种正当化理由:首先,从认识论角度来讲,此类证据通常具有很微弱的证明力,而且《联邦证据规则》第403条的平衡检验也倾向于排除此类证据,因为采纳它们来证明过错或责任可能会误导陪审团和混淆争点,从而让陪审团错误地认为此类证据拥有比实际证明力更强的证明力,或者基于同情心而判决受到伤害的一方胜诉;其次,从道德层面看,如果不排除用此类证据来证明行为人有过错或责任,那将有可能导致做好事者受到“惩罚”,显然,用一个人的善行来反对该人是不公正的,这不符合道德原则;最后,从功利主义的角度来看,之所以排除事后补救措施、提议和解和谈判、支付医疗费和类似费用以及是否购买了责任保险的证据,防止其用来证明行为人有过错或责任,最重要的原因乃是基于“被立法机关或法院视为社会得以存在的原则和标准”[2]之社会政策的考量。因为如果不排除此类证据将有可能暗示人们“做好事可能会吃亏或掉入陷阱”,从而产生一种阻却效应,即人们可能不敢再积极从事这些对社会有益的行为——比如在事故发生后积极采取补救措施促进进一步的安全,在纠纷发生后努力寻求私人和解降低社会成本,在事故发生后积极采取垫付医药费等救助行为避免受害人遭受进一步的损害,积极购买责任保险以促进社会互助,等等。然而,法律并不想担此恶名,因此规定排除此类证据防止其用来证明行为人有过错或责任,并以此激励人们积极从事对社会有益的行为。正是由于美国不得用以证明过错或责任的证据规则切断了从“行善行为”到“过错责任”的因果关系推断链条,免去了人们因怕吃亏或掉入陷阱而不敢积极做好事的后顾之忧,美国人民才会敢于积极从事对社会有益的行为,美国的社会公德才因此得以稳固发展。

---

[1] [美]罗纳德·J. 艾伦等:《证据法:文本、问题和案例》(第三版),张保生、王进喜、赵滢译,满运龙校,高等教育出版社2006年版,第362页。

[2] Black's Law Dictionary, 8th, Thomson West, 2004, p. 1196.

三、可以攻玉:移植不得用以证明过错或责任的证据规则

尽管“法律是特定民族的历史、文化、社会的价值与一般意识形态与观念的集中体现……它不可能轻易地从一种文化移植到另一种文化中”,〔1〕但是“作为法律发展史上的基本事实……无论就理论还是实践上来说,法律移植都具有其必然性和必要性。”〔2〕而对于不得用以证明过错或责任的证据规则来说,我国是否有移植此类规则的必要呢?如果有,那可行性又如何?

(一)移植此类规则符合构建和谐社会的内在要求

“和谐”一词,在中国古代有三层含义:第一层是人与自然的和谐,如儒家的“天人合一”和道家的“道法自然”思想都强调人与自然的和谐统一;第二层是人与人的和谐(即社会的和谐),如儒家的“仁爱”和墨家的“兼爱”思想,华夏先民的“小康社会”和“大同世界”理想;第三层是人自身的和谐,如儒家的“中庸”思想所表达的就是人的情感物欲与理性精神的和谐统一。2004 年党的十六届四中全会以来,胡锦涛总书记又提出要构建一个“民主法治、公平正义、诚信友爱、充满活力、安定有序、人与自然和谐相处”的社会主义和谐社会。这一政治纲领与我国传统思想是一脉相承的,它们都强调人自身、人与人、人与自然的和谐统一。而法调整的是人与人之间的社会关系,“因此法的和谐价值将主要体现在人与人之间的社会关系上。和谐的社会关系在道德层面的表现就是人心向善,即人们在社会交往中秉持着合乎社会道德原则的观念,并采取合乎社会道德原则的行动”。〔3〕这一点也正好与证据法的和谐价值相吻合,因为作为证据法和谐价值具体体现为不得用以证明过错或责任的证据规则,就“旨在促进有利于社会公益事业的行为,不能因人们做好事或行善而使其受到惩罚或损害,因而是和谐社会的证据规则”。〔4〕由此可见,移植不得用以证明过错和责任的证据规则符合构建社会主义和谐社会的内在要求。

(二)移植此类规则反映了重塑社会公德的迫切需要

在彭宇案中,一审法官将被告彭宇送原告去医院并支付医疗费的行为,作为认定原告彭宇对该事故负有过错责任的不利证据,从而将施救者的“行善行为”与施救者的“过错责任”联系起来。上述《中国青年报》的调查已经清晰地表明,正是这种从“行善行为”到“过错责任”的错误因果关系推断链条,导致了人们因害怕自己

〔1〕 [美]格林顿、戈登、奥萨魁:《比较法律传统》,米健、贺卫方、高鸿钧译,中国政法大学出版社 1993 年版,第 6~7 页。

〔2〕 张文显:《法理学》(第三版),高等教育出版社、北京大学出版社 2007 年版,第 212 页。

〔3〕 参见张凌鹰:“事后补救措施的法理基础”,中国政法大学 2009 年硕士学位论文。

〔4〕 张保生:《证据法学》,中国政法大学出版社 2009 年版,第 116 页。

吃亏或落入陷阱而不敢再积极从事有益于社会的行为,从而使整个社会的公德进一步恶化。而美国不得用以证明过错或责任的证据规则,正是“通过切断这些善意行为与行为责任之间的因果关系,使行为者无需担心自己的善意行为被反过来成为自己承担责任的陷阱,在行善之时也就无需瞻前顾后”,[1]从而激励人们敢于积极从事对社会有益的行为,使整个社会也因此而受益。而在我国,彭宇案的错误常理推断和价值权衡已经形成了一种不良的社会规范,导致社会更加冷漠,使“老人摔倒无人敢扶,小孩被撞无人敢救,最终因救治不及时而身亡”的现象更加普遍。面对岌岌可危的社会公德,我国毋庸置疑应该尽快移植此类规则,充分发挥证据法对社会道德的正确引导作用,从而促进整个社会道德风尚向有益于全社会的方向发展。

(三)移植此类规则是发展市场经济之必须

市场经济就是法治经济,已经成为我国各界的共识。社会主义法律应该建立完善的现代企业制度,强调企业的社会责任。只要企业的产品存在缺陷,可能对公众造成损害,那么企业就应该及时召回该产品并修正其缺陷。这种缺陷产品召回制度已经成为企业履行社会责任的全球共识和普遍规则。但是法律能否将企业对缺陷产品的主动召回作为对其不利的证据呢?这涉及一个价值权衡问题:如果将缺陷产品的主动召回作为对生产者不利的证据,那么这不仅不符合公正原则,最重要的是它“一方面可能使企业放纵自身过失,另一方面也可能导致企业提前隐匿相关证据。同时,长时间的诉讼也使救济呈现出显著的滞后性,这就增加了公民取得高质量产品、获得高质量服务、追求市场公正的成本,远远高于其自身和市场的预期。如此一来,法律的引导与救济都陷入了与市场经济所倡导的效率相悖的一面”。[1] 因此,排除事后补救措施用于证明过错或责任,可以免去生产者的后顾之忧,激励生产者积极采取事后补救措施召回缺陷产品进行修正,这不仅有利于广大消费者的安全,符合不应惩罚从事对社会有益之行为的善人规则,同时也顺应了经济全球化中游戏规则逐渐统一的趋势。此外,市场经济中充满了风险,而现代责任保险制度就是为了分散这种风险而建立的。如果将当事人是否购买了责任保险作为对其应承担责任的不利证据,那么无疑将会打击人们购买责任保险的积极性,不利于社会风险的分散和互助。由此观之,不得用以证明过错或责任的证据规则是发展和完善市场经济之必须。

(四)我国证据法学理论已经为移植此类规则打下了坚实的理论基础

改革开放后,中国早期的证据(法)学坚持一种“实事求是”的证据制度,它以辩证唯物主义认识论为理论基础,以事实真相的发现为唯一目标。“这种建立在认识论基础上的‘证据(法)学’理论,不仅无法包含大量的现代证据规则,而且与

---

〔1〕 参见张凌鹰:“事后补救措施的法理基础”,中国政法大学2009年硕士学位论文。

现有的(刑事)诉讼法学理论也呈现出明显的不兼容性。”[1]正是由于当时证据法学理论准备不足、理论基础建构不合理,才导致了我国证据规则的大量缺失。证据规则的大量缺失不仅不能很好地规制司法过程中的事实认定,而且还在事实认定的裁决中破坏了诸多值得社会珍视的外部社会利益,比如和谐的家庭关系和被告人的基本人权等。在这样一种以事实真相发现为唯一目标的证据(法)学理论中,当然就没有以求善为目的(以促进人们积极从事有益于社会的行为为宗旨)的不得用以证明过错或责任的证据规则的存在空间。但是,进入 21 世纪以后,越来越多的证据法学者经过研究发现,[2]在证据法中既存在规范和限制事实真相发现的规则(比如促进外部政策的特免权规则和非法证据排除规则等),也存在促进事实真相发现的证据规则(比如最佳证据规则、传闻证据规则和品性与倾向证据规则等)。因此,证据法应该具有求真与求善的双重功能,它必须奠定在认识论和价值论的基础之上,才能建构完善的证据规则体系。至此,不得用以证明过错或责任的证据规则在我国便有了求善的证据法价值论基础的理论支持。因为不得用以证明过错或责任的证据规则之最主要的正当化理由,就是通过排除此类证据,防止其用以证明行为人有过错或责任,以便激励人们积极从事对社会有益的行为。

(五)现行法律中的部分类似规定为移植此类规则奠定了一定的法律基础

首先,我国法律中也存在与美国和解提议与谈判规则相类似的规定,如《民事诉讼证据规定》第 67 条:“在诉讼中,当事人为达成调解协议或者和解的目的作出妥协所涉及的对案件事实的认可,不得在其后的诉讼中作为对其不利的证据。”《行政诉讼证据规定》第 66 条:“在行政赔偿诉讼中,人民法院主持调解时当事人为达成调解协议而对案件事实的认可,不得在其后的诉讼中作为对其不利的证据。”这两个规定也旨在鼓励人们达成调解协议或和解,避免造成司法资源的浪费以及对为寻求和解而坦诚相见的人进行的不正当惩罚。其次,我们都知道,新产品

---

〔1〕 也就是说,“假如我们依然站在前一立场上并将认识论奉为证据规则赖以安身立命的指导原则,使得各方的诉讼活动都匍匐在所谓的‘客观真实’的幻影之下,那么,包括非法证据排除规则、沉默权规则、证人作证豁免规则、证明责任分配规则在内的一系列证据规则,都将没有存在的空间。”参见陈瑞华:“从‘证据学’走向‘证据法学’——兼论刑事证据法的体系和功能”,载《法商研究》2006 年第 3 期。

〔2〕 中国法学界对证据法学理论基础的集体反思,请参见陈瑞华:“从认识论走向价值论——证据法理论基础的反思与重构”,载《法学》2001 年第 1 期;张建伟:“证据法学的理论基础”,载《现代法学》2002 年第 2 期;易延友:“证据法学的理论基础——以裁判事实的可接受性为中心”,载《法学研究》2004 年第 1 期;万毅、林喜芬:“反思与重构:证据法学理论基础研究”,载《四川师范大学学报》(社会科学版)2005 年第 6 期;宋英辉、吴宏耀、雷小政:“证据法学基本问题之反思”,载《法学研究》2005 年第 6 期;陈学权:“证据法学理论基础论纲”,载《西部法学评论》2008 年第 1 期;张保生:“证据规则的价值基础和理论体系”,载《法学研究》2008 年第 2 期;等等。

和新技术的诞生必然要以发现或改进先前产品和技术的某种不足为条件，因而可以这样说，新产品和新技术的诞生必然使先前产品和技术都存在一定程度上的“缺陷”。但我们是否应该将这种当时科技无法发现的缺陷所造成的损害责任归咎于生产者呢？我国《产品质量法》第41条对此问题给予了正面回答，“因产品缺陷致人损害，但生产者能够证明有下列情形之一的，不承担赔偿责任：……（三）将产品投入流通时的科学技术水平尚不能发现缺陷的存在的”。该规定的正当化理由“来自于公众所持的关于‘公正’的基本理念：不能以‘事后聪明’的偏见来评断行为人事前的行为”。[1] 也就是说，法律不能以“事后的聪明”来惩罚生产者的事前生产行为，这不仅是不公正的，而且也不利于激励企业积极从事对社会有益的产品和技术创新。这一正当化理由与美国事后补救措施规则的正当化理由如出一辙。由此可见，我国法律中的上述规定，已经为移植不得用以证明过错或责任的证据规则奠定了一定的法律基础。我们需要进一步做的仅仅是在现有法律的基础上，引进和完善此类规则。

四、结语：拯救社会公德的鸡尾酒疗法

虽然不得用以证明过错或责任的证据规则能够切断从“行善行为”到“过错责任”的错误因果关系推断链条，免去人们因害怕吃亏或掉入陷阱而不敢做好事的后顾之忧，从而激励人们积极从事对社会有益的行为。但是，因为导致社会公德沦陷的原因是多方面的，比如“自利主义盛行，人们只关心自己的小利益”、“社会安全感不够，人们自保心态重”、“现在社会怨气太重，缺少温暖”，等等。[2] 因此，不得用以证明过错或责任的证据规则只是拯救社会公德的其中一剂药方而已。

如果要彻底根治这一顽疾，让社会重归于一个道德完善的社会有机体，则必须采取一种综合性的鸡尾酒疗法：（1）移植不得用以证明过错或责任的证据规则，免去人们不敢从事对社会有益之行为的后顾之忧。（2）推动“见危不救”入刑。如果仅仅推动“见危不救”入刑，用法律来强制人们履行救助他人的道德义务，而又不排除用行为人的行善行为来证明其过错或责任，将行善行为与过错责任联系起来，那么这将无异于“既要马儿跑又要马儿不吃草”。这种情形不仅将严重违背公正原则，而且“见危不救”入刑的威慑作用也得不到彰显，终会成为一纸空文，从而对拯救社会公德起不到任何作用。因此，“见危不救”入刑和“不得用以证明过错或责任的证据规则”这两个法律规则必须综合运用，从正反两方面对人们的行为进行规制和指引，才能真正引导人们积极从事有益于社会的行为，起到促进社会公德

---

〔1〕 参见张凌鹰：“事后补救措施的法理基础”，中国政法大学2009年硕士学位论文。

〔2〕 向楠：“76.3%受访者承认小悦悦的死让自己反思”，载《中国青年报》2011年10月27日版。

良性回归的作用。(3)加强社会主义道德教育,大力表彰见义勇为的行善行为。(4)建立广泛的“见义勇为基金”,对因行善行为导致自身受损的行善者提供必要的帮助,这也在一定程度上免去了人们因担心行善后自身受损却无人救助的后顾之忧等。

品行证据在未成年犯罪嫌疑人逮捕程序中的适用

——以刑事处遇个别化为视角

陈星亮*

刑事诉讼活动中,定罪是以被追诉人作为抽象个体,判断其行为是否成立犯罪,追求的是法律意义上的平等和抽象正义的实现,而在刑事处遇上(包括刑事强制措施、量刑等)应以被追诉人个体的具体生存状态为依据,[1]实现契合个体的、恰当的刑事处遇个别化,追求实质意义的平等更有价值。同时,刑事处遇个别化有利于实施特别预防,使其顺利回归康复,不致再重新犯罪,将社会安全利益与未成年犯罪嫌疑人利益的保障上均实现最大化。联合国第一届预防犯罪及罪犯处遇大会提出:"实行个别处遇,应从人格之调查分类着手,必先根据精密的调查,由是进而决定个别处遇之方法,始便于分类收容。"

逮捕作为刑事诉讼中第一道司法审查关口,检察官须秉持司法官之客观公正义务,依据宪法和刑事诉讼法所赋予的自由裁量权,贯彻宽严相济刑事政策和恢复性司法理念,积极探索和运用品行证据,融合考察案件事实、证据和刑事政策等因素,通过对未成年犯罪嫌疑人是否具有逮捕必要性和社会危险性的评估,以便采取更适于未成年人的刑事处遇,易言之,并非简单化地从宽处理,而是对有可宽宥情节、社会危险性小的,尽量控制对逮捕措施的适用,同时对确实罪行严重、社会危险性大的,则要坚决予以逮捕,从而有效地拓宽未成年人刑事司法保护和合理刑事处遇的机制,实现未成年人利益与社会安全防卫均衡保护,在诉讼框架内和多元法律价值追求中实现个案的实质正义。

---

* 陈星亮:东营市人民检察院检察员。

〔1〕 刑事处遇是指从犯罪的立案开始到刑罚的执行或改造保护终了为止的一连串的刑事司法过程中,从特定罪犯的搜查到决定处遇的刑事审判为止的阶段上的犯罪人的处遇。转引自[日]大谷实:《刑事政策学》,黎宏译,法律出版社2000年版,第163页。

一、品行证据概述

(一)品行证据概念及分类

《辞海》解释“品行”是“体现人的道德面貌的行为”。[1] 笔者认为,品行证据是指能够证明诉讼参与人的品行、行为模式或标识常态化品性特征的证据,如个体声誉、个性心理特征、行为习惯、个人经历、相似事实和犯罪行为恶劣程度等犯罪中表现及悔罪态度等犯罪后表现的证据。

根据是否符合社会规范和道德标准,品行证据可以分为良好品行证据和不良品行证据,不良品行证据又可分为一般不良品行证据和严重不良品行证据;[2] 根据证据的内容,品行证据可以分为犯罪前表现的品行证据、犯罪中表现的品行证据、犯罪后表现的品行证据。

(二)与品格证据的比较分析

品格证据是英美法的一个重要概念,内涵应当包括个人在工作生活的人际区域内的声誉、行为倾向、之前已发生的特定事件。并非只允许被告人品格证据进入司法程序,之于被害人(强奸案件的被害人除外)、证人的品格证据同样可以纳入,不但证明一个人不良品格的证据可以采纳,而且证明良好品格的证据也可以采纳。[3]

从外延来看,本文所讨论的品行证据,比之品格证据外延更大,它不仅包括国外品格证据所包含的内容,而且包括犯罪中以及犯罪后表现。从分类和设置目的来看,现在中国语境和法律生态下,品行证据仅涉及犯罪嫌疑人和被告人,设置目的是保障被追诉人的合法权利和促进恢复性司法开展,而品格证据涉及证人、被告人、被害人等,除了上述保障人权的目的外,证人品格证据运用中还有支持审判积极发现案件真实事实之目的。从适用规则和适用范围来看,品格证据发展了系统化的排除规则及例外,其基本规则为:首先推定性排除其适用于司法证明,而后列举若干排除例外,可证明某些争议事实或攻击诉讼参与人之可信性,程序上防止出

---

〔1〕《辞海》,光明日报出版社2003年版,第869页。

〔2〕《预防未成年人犯罪法》第14条规定了一般不良行为和第34条规定了严重不良行为的具体情形。

〔3〕在布莱克法律词典中,品格证据的权威定义指“有关证明个人性格特点的和在一定社区范围内公众对个人名誉、道德方面评价的证据”。Bryan A. Garner, Blacklaw's Dictionary, Thomson West, six edition, p. 232。

英国证据法权威麦考密克认为,“品格”是指对某人的性格倾向(disposition)或某种一般性的品格特征(trait),如克制(temperance)、心平气和(peacefulness)等方面性格特征的一般性描述。参见Charles T. Mc Cormick, Handbook of the law of the Evidence, (Ist ed. 1954), pp. 340 – 410。转引自刘立霞、白静:“品格证据在未成年被告人量刑中的运用”,载何家弘主编:《证据学论坛》(第13期),法律出版社2007年版,第198页。

现品格证据比之其对案件事实之证明价值,导致事实审理者更可能的过高推理性偏见,如《美国联邦证据规则》第403、404条规定,〔1〕品格证据的适用集中于交叉询问环节,在动态司法活动中实现诉讼价值,而品行证据,则着重于客观公正地反映犯罪嫌疑人成长经历、生活环境、行为表现等,更多是从已然形成的静态证据中,较为准确地揭示犯罪嫌疑人作案的主客观、社会危害性、人身危险性,从而为实施逮捕、提起公诉、审判量刑、社区矫正等活动及对之教育感化挽救等提供酌量的实据。

(三)审查逮捕阶段引入未成年人品行证据的意义

从我国现行政治制度与法律规定来看,我国检察官作为公共利益之守护人、控诉方的司法官,同时具备客观公正义务,要全面审查案件事实,对于案件中罪轻、罪无、罪疑、自首、立功、从轻减轻酌轻情节的证据要同样予以严格的司法审查。未成年人心理与生理上不成熟、人格不稳定,易受到社会环境的影响,自我控制能力弱,犯罪也大多主观恶性不大。在审查逮捕阶段可以引入品行证据,可以帮助检察官在决定未成年犯罪嫌疑人捕与不捕问题上,做出适当的、理性的选择,而非机械地强调刑事处遇与犯罪轻重相适应,抑或系未成年人即予从宽处理的不当做法,合乎法理地增加未成年人非监禁处遇的适用率,在多元的利益目标和刑事政策追求中实现公平、正义、秩序等价值。具体而言积极意义在于:

1.未成年与成年的犯罪嫌疑人之间,区别化予以逮捕处遇,彰显《联合国少年司法最低限度标准规则》(又称《北京规则》)“罪刑相称”原则〔2〕,与刑事诉讼法修订中设置独立未成年人刑事程序的“合理宽宥”精神相适应

司法实务中,未成年人犯罪原因的外来性与有限性、犯罪动机低级性、刑罚负面性,决定了其人身危险性大多低于成年人,绝大多数未成年人犯罪一般不存在“罪大恶极”的问题,主观恶性上大都小于成年人。未成年人形成非常态人格的责任,包括社会原因和未成年人自身因素,社会原因包括“社会转型期的不良社会环境”、“监护人缺位”等问题,国家、社会、监护人在其中扮演的消极角色,与未成年

---

〔1〕《美国联邦证据规则》第403条规定:证据虽然具有相关性,但可能导致不公正的偏见、混淆争议或误导陪审团的危险大于该证据可能具有的价值时,或者考虑到过分拖延、浪费时间或无需出示重复证据时,也可以不采纳。第404条规定:“有关某人品格或品格特征的证据,不能用以证明该人在某特定场合的行为与其品格或品格特征相一致”,“其他犯罪、错误或行为的证据不能用来证明某人的品格以说明其行为的一贯性”,“关于其他犯罪、错误或行为的证据不能用来证明某人的品格以说明其行为的一贯性。但是,如果出于其他目的,如证明动机、机会、意图、预备、计划、知识、身份或缺乏过失,或意外事件等,则可以采纳。

〔2〕《联合国少年司法最低限度标准规则》第三部分“审判和处理”一章中强调:“采取的反应不仅应当与犯罪的情况和严重性相称,而且应当与少年的情况和需要及社会的需要相称。”

人不完全社会化或逆向社会化密切相关;[1]就自身因素而言,未成年人比之成年人,生理上尚处于发育阶段,思辨尚不成熟,识别能力和控制能力弱于成年人,身心处于不稳定时期,人格具有很大可逆性、再社会化难度较小。因而,有必要特别注重对其人格的发展机会的保全,[2]只应予以对应程度的保守性惩戒。

就我国现行刑事处遇体系而言,如果不加分类的细致审查,一律给予未成年人与成年人相同或者相似的刑事处遇,依据标签理论,其不成熟的人格和身体状况很可能导致不良反应或犯罪污染扩大,甚至形成恶性循环。[3] 审查逮捕阶段引入品行证据,根据行为人的品格特征、所处环境、平时表现、致罪原因等因素,利于正确分析未成年人犯罪主客观原因、直接诱因、影响其选择犯罪的条件因素,采取区别于成年人、与其身心状况“相称”的处遇措施。[4] 再有,未成年人品行证据也具备现实生成条件和相当证明价值,与成年人相比而言,其生活区域受限,可推定为与周围环境构成微型“熟人社会”,且不善于伪装,会表现更多真实本性,品行证据较高的可信性利于检察官在决定是否逮捕时作出更加符合“罪刑相称”的判断。

刑事诉讼法修改中专章规定“未成年人刑事案件诉讼程序”,体现了对未成年人的极度重视,立法者着眼于保全未成年人的正常人生发展机会、避免司法程序上不必要的损害,推广“少捕慎诉,寓教于审”和“非犯罪化、非刑罚化、非监禁化”,[5]有利于未成年人增长个体正常成长的“自愈性”要素。

2. 平衡犯罪控制和未成年人保护,合乎法理的适用宽严相济刑事政策,科学裁量予以个别化的逮捕处遇,在不同未成年犯罪嫌疑人之间实现对应性的个体公正

---

〔1〕 四川省于2011年9月29日修订了《四川省未成年人保护条例》分别用一章规定了监护人、国家、社会在未成年人保护中承担的角色义务,其中第三章为家庭保护,第四章为学校保护,第五章为社会保护,第六章为国家机关保护。

〔2〕 从发展心理学的角度看,青春期少年的越轨行为系儿童身心发展的一般规律使然,在相当程度上会随着少年身心的发展和经验教训的积累而自然地痊愈。

〔3〕 当一个人尚未被明确归人某一类别时,公众对他的定位往往是不特定的、非正式的因此,一个违法的人在法院未将其行为明确定性为犯罪行为时,他可能没有被看做罪犯,然而一旦官方作出其行为是违法行为的定性后,公众对该人的定位则会发生相应的改变,公众带有倾向性的定位会将行为人隔离在这种既定角色中,而被贴上标签的个体会自然地根据该标签的角色行事,并最终很难再次步人正常生活。参见爱德华·彻斯:“框架和视角:对少年司法量刑的建议”。

〔4〕 如某区公安分局以王某(15岁)涉嫌抢劫罪提请逮捕,案件事实为多次在学校门口索要零钱,不给就以暴力相威胁,前后涉案金额1000余元,某区检察院启动品行调查,查明在学校其曾被高年级学生索要零花钱,现学习成绩良好,平时懂礼貌、乐于助人。某区检察院认为,鉴于以上,其主观上更多是受到社会亚文化感染,公然藐视社会规范,发泄不良情绪,因此,对其犯罪主观故意的判断,不能与判断成年人的标准等同,简单直接将其认定为系抢劫意图,而应认定为寻衅滋事故意更为妥当,且王某系未成年人,故其不构成犯罪,检察机关依法作出不捕决定。

〔5〕 修订后的《刑事诉讼法》第266~269条规定了未成年人与成年人共同犯罪案件分别处理、未成年人案件逮捕必要性审查制度、快速办理机制、必须听取律师意见和案件承办人员专业化等。

《北京规则》总则第5条"少年司法的目的"规定：少年司法制度应强调少年的幸福，并应确保对少年犯作出任何反应均应与罪犯和违法行为情况相称。而近百年西方少年刑事司法的实例，也证明仅凭"福利型控制"少年刑事司法制度，未成年人犯罪非但不会得到有效治理，最终反而会导致恶化。我国正处于社会转型期，社会不稳定度高，未成年人犯罪也在发展变化，呈现成人化、低龄化、暴力化加剧特点，[1]引起社会舆论高度关注的案件也时有发生，[2]这已成为摆在公众面前的社会现实态势。面对日益复杂化的未成年人犯罪发展态势，实务中存在仅仅泛泛理解适用"宽严相济"的问题，不注重酌量行为危害性和人身危险性上的"个体差异"，一概地强调保护、教育、挽救，仅仅因犯罪主体系未成年人，直接予以从宽处理，这是对宽严相济刑事政策的曲解，这样会打破社会安全与保护未成年人之间的平衡，长期以往会造成社会安全利益受到过度损害，最终也会使未成年人刑事司法失去社会认同。

逮捕处遇个别化之考量根据，包括社会危害性和社会危险性等个体差异，品行证据恰恰可以作为上述"个体差异"的科学载体。[3] 检察官要按照《联合国少年司法最低限度标准规则》"既保护青少年的成长，又维护社会安宁秩序"的双保护原则，正确落实宽严相济刑事政策，兼顾未成年人矫治康复与社会安全利益之均

---

〔1〕 从2010年至2012年某市检察机关未成年人刑事检察部门的统计分析来看，未成年人犯罪形势已呈现日益严重趋势：一是未成年人参与暴力型共同犯罪案件多，聚众斗殴案件增多，呈现组织化、智能化、预谋化程度高的特点；二是有前科劣迹的重新犯罪人数增加，中小学生犯罪增多，低龄化趋势明显，女性犯罪不在少数；三是抢劫盗窃等侵财类犯罪比例有所下降，但仍占据未成年人犯罪的主流，故意伤害、寻衅滋事等侵犯人身权案件持续增多。该市检察机关未检部门统计数字：(1)2010年受理审查逮捕未成年人1150人，经审查批准逮捕1016人，其中盗窃462件747人，抢劫216件453人，寻衅滋事126件322人，聚众斗殴51件181人，故意伤害54件85人；已满14周岁不满16周岁审查逮捕127人(其中女性5人)，占10.8%，已满16周岁不满18周岁审查逮捕1052人(其中女性38人)，占89.2%。(2)2011年受理审查逮捕的未成年人1055人，同比下降8.3%。经审查，批准逮捕882人，同比下降13.2%。已满14周岁不满16周岁审查逮捕132人(其中女性2人)，占12.8%，人数同比上升3.9%，其中盗窃405件658人，抢劫220件462人，寻衅滋事157件396人，故意伤害75件115人，聚众斗殴63件197人；已满16周岁不满18周岁审查逮捕859人(其中女性40人)，占87.2%，人数同比下降18.3%。(3)2012年受理审查逮捕的未成年人1142人，同比上升8.2%。经审查，批准逮捕922人，同比上升4.5%，其中盗窃439件678人，抢劫172件342人，寻衅滋事164件434人，故意伤害58件101人，聚众斗殴48件151人；已满14周岁不满16周岁审查逮捕76人(其中女性6人)，占6.7%，已满16周岁不满18周岁审查逮捕1064人(其中女性61人)，占93.3%，人数同比上升23.9%。

〔2〕 如S市H区检察院批准逮捕"8·26"网络雇凶杀人案，未成年犯罪嫌疑人费某因贪图钱财，明知他人欲实施故意杀人行为，仍为其在网上招募人员充当杀手，致使被害人陈某某被杀害。

〔3〕 《北京规则》第6条第1款规定：鉴于少年的各种不同特殊需要，而且可采取的措施也多种多样，应允许在诉讼的各个阶段和少年司法的各级，包括调查、检控、审判和后续处置安排，有适当的任意决定权限。

衡,根据不同犯罪嫌疑人之间具有个性倾向、犯罪原因、犯罪进程等个体差异,[1]秉持证据裁判和理性证明,运用司法推理和经验法则,施以正当程序和品行证据规则的规制,约束自由裁量权的涵摄范围,合理评估个体化、有区别的羁押关联要素,科学考量不同未成年人行为的实然危害、社会危险性。注重宽与严的有机统一,该严则严,当宽则宽,宽严互补,宽严有度对于行为危害小、社会危险性小的,应当坚决不捕;根据案件具体情况,属于可捕可不捕的,尽量不捕;对于具有严重危害性、社会危险性大的,依法、及时作出逮捕决定,彰显准确实现个别公正的刑事司法价值取向。

3. 充分发挥逮捕处遇之裁量程序的教育挽救功能,为个体适用恢复性司法提供技术支持,更早、更充分地拓展对未成年人的保护。

联合国《公民权利和政治权利公约》第 14 条第 4 项规定:“对少年的案件,在程序上应考虑到他们的年龄和帮助他们重新做人的需要。”基于此,我国设置了和缓性的未成年人刑诉程序,规定教育感化挽救为主、惩罚为辅的原则,[2]“既往”不是目标,实现罪错未成年人矫治康复、回归社会等“未然”价值作为终极目标。依据心理学人格行为理论,个体在某种程度上不断重复已定式化的思维、视角和先前行为,为实现未成年人扭曲人格的矫治康复,司法介入应当愈早愈有利。[3] 人格行为理论导入审前羁押评估,在国际上已有先例,[4]恢复性司法作为柔性更高的非正式性司法模式,与审查逮捕程序对接,有利于淡化惩罚色彩,更顺利地修复整合受损的社会关系。

品行证据可以反映行为人一般性做事风格及隐藏于其下的个体倾向,包括其与社会的联系程度或情感联结。逮捕审查中引入品行证据,在预测给定情境中的行为上,品行证据虽不是直接决定性,但可以达到高度盖然的相关性,规则化拓展延伸证据裁判至诉讼起始阶段,以更加准确考量未成年犯罪嫌疑人的行为危害性、社会危险性,从而合理判断在案件中的人格状态、个人责任大小,得以科学决定是否处以逮捕处遇的责难。这样,有利于刑事诉讼起始阶段对未成年

---

[1] 德国《少年法院法》规定:在社会调查报告中应当考察少年当前的家庭及个人生活情况,调查重点应指向个人的平时生活习性、业余爱好、交友范围和经济状况。

[2] 修订的《刑事诉讼法》第 266 条。

[3] 心理学人格行为理论指出,行为是行为人在个性心理特征、人格等支配激发下外在表现,每个人都会在某种程度上不断重复已定式化的思维、分析理解视角和先前行为。

[4] 美国 VERA 司法协会改革计划提出:“被告逃匿的风险,可以通过某些易于查明的信息合理、充分地预见到——先前的记录、家庭关系、职业等。”VERA 人员利用其设计的量表,用于审判前对非羁押风险进行评估,然后向法官提出有关释放或羁押的建议。此外,在英国,犯罪嫌疑人是否羁押的决定做出前,保释工作者要为法官提供评估资料和依据,内容涉及被告人前科、居住状况、家庭及个人交往、教育程度、工作、健康、个人情绪等。

人实行特殊司法保护,防止更多犯罪污染或形成罪错人格,鼓励主动承担责任,间接实现其与社会环境的互动,消解矛盾冲突、弥合社会伤痕,促其更早、更快、更顺的矫正康复。

二、在我国审查逮捕实务中品行证据的实践现状

然而在实务中,由于缺少系统法律理论的指导、可操作性强的法律规定或司法解释的支持,检察机关现行的诸多探索尚无法应对复杂多变的诉讼实务问题,更谈不上确立全面系统的证据规则。

(一)与审查逮捕中适用品行证据相关的现行法律规定

我国尚未制定统一的证据法,品行证据也没有被列入法定证据种类之一,没有完整独立的品行证据规则,审查逮捕中适用未成年人品行证据相关的规定,散见于部分法律或文件中。

1.《联合国少年司法最低限度标准规则》(我国于 1984 年 11 月参加并缔结)

第 16 条规定:"所有案件除涉及轻微违法行为的案件,在主管当局作出判决前的最后处理之前,应对少年生活的背景和环境或犯罪的条件进行适当的调查,以便主管当局对案件作出明智的判决。"

2. 刑事诉讼法修正案第五编特别程序之第一章

2012 年 3 月 14 日,全国人大十一届五次会议通过《中华人民共和国刑事诉讼法》修正案,专章规定设立特别程序处理未成年人刑事案件,第 268 条规定,"公安机关、人民检察院、人民法院办理未成年人刑事案件,根据情况可以对未成年犯罪嫌疑人、被告人的成长经历、犯罪原因、监护教育等情况进行调查",第 269 条规定,"对于未成年犯罪嫌疑人、被告人,应当严格限制适用逮捕措施"。

3.《中华人民共和国未成年人保护法》

第 55 条规定:"公安机关、人民检察院、人民法院办理未成年人犯罪案件和涉及未成年人权益保护案件,应当照顾未成年人身心发展特点,尊重他们的人格尊严,保障他们的合法权益,并根据需要设立专门机构或者指定专人办理。"

4. 检察机关的相关规定

(1)最高人民检察院于 2012 年 10 月公布《人民检察院刑事诉讼规则》第 486 条规定:"人民检察院根据情况可以对未成年犯罪嫌疑人的成长经历、犯罪原因、监护教育等情况进行调查,并制作社会调查报告,作为办案和教育的参考。开展社会调查,可以委托有关组织和机构进行。应当对公安机关移送的社会调查报告进行审查,必要时可以进行补充调查。"第 487 条规定:"人民检察院办理未成年犯罪嫌疑人审查逮捕案件,应当根据未成年犯罪嫌疑人涉嫌犯罪的事实、主观恶性、有

无监护与社会帮教条件等,综合衡量其社会危险性,严格限制适用逮捕措施。”[1]

(2)最高人民检察院于2012年10月公布《关于进一步加强未成年人刑事检察工作的决定》第13条规定:“建立健全逮捕必要性证明制度和社会调查报告制度。要进一步加强对逮捕必要性证据、社会调查报告等材料的审查。公安机关没有收集移送上述材料的,应当要求其收集移送。”[2]

(3)2010年公布的《人民检察院审查逮捕质量标准(试行)》第6条规定:“犯罪嫌疑人罪行较轻,且没有其他重大犯罪嫌疑,具有以下情形之一的,可以认为没有逮捕必要:……(五)犯罪嫌疑人系已满十四周岁未满十八周岁的未成年人或者在校学生,本人有悔罪表现,其家庭、学校或者所在社区以及居民委员会、村民委员会具备监护、帮教条件的……”[3]

(二)审查逮捕实务中适用品行证据的探索

1.山东省检察机关

(1)日照市东港区检察院

《东港区人民检察院关于对未成年犯罪嫌疑人(被告人)进行捕(诉)前品行调查的意见(试行)》规定如下:

①提请品行调查案件的范围:作案时不满18周岁;犯罪情节轻微,可能被判处有期徒刑并适用缓刑或可能被判处拘役和管制的;犯罪后有较强的悔罪心态和表现的;犯罪时系偶犯、初犯或共同犯罪的从犯、胁从犯的;具有较好的家庭监护和社会帮教条件的;在校学生又符合上述条件的,应当全部提起。

②品行调查的内容:案件承办人主要是对性格特征、家庭环境、精神状态、知识水平、社会交往、成长经历和犯罪原因等进行调查,还有是否系偶犯、初犯或共同犯罪中的从犯、胁从犯,社会危害程度是否严重;是否得到受害人的谅解,案发后是否

---

[1] 《人民检察院刑事诉讼规则(修订)》第488条规定:“对于罪行较轻,具备有效监护条件或者社会帮教措施,没有社会危险性或者社会危险性较小,不逮捕不致妨害诉讼正常进行的未成年犯罪嫌疑人,应当不批准逮捕。对于罪行比较严重,但主观恶性不大,有悔罪表现,具备有效监护条件或者社会帮教措施,具有下列情形之一,不逮捕不致妨害诉讼正常进行的未成年犯罪嫌疑人,可以不批准逮捕:(一)初次犯罪、过失犯罪的;(二)犯罪预备、中止、未遂的;(三)有自首或者立功表现的;(四)犯罪后如实交代罪行,真诚悔罪,积极退赃,尽力减少和赔偿损失,被害人谅解的;(五)不属于共同犯罪的主犯或者集团犯罪中的首要分子的;(六)属于已满十四周岁不满十六周岁的未成年人或者系在校学生的;(七)其他可以不批准逮捕的情形。”

[2] 该文件第5条规定:综合犯罪事实、情节及帮教条件等因素,进一步细化审查逮捕标准,最大限度地降低对涉罪未成年人的批捕率和监禁率。对于罪行较轻,具备有效监护条件或者社会帮教措施,没有社会危险性或者社会危险性较小的,一律不捕;对于罪行较重,但主观恶性不大,真诚悔罪,具备有效监护条件或者社会帮教措施,并具有一定从轻、减轻情节的,一般也可不捕;对已经批准逮捕的未成年犯罪嫌疑人,经审查没有继续羁押必要的,及时建议释放或者变更强制措施。

[3] 2011年修订公布的《人民检察院审查逮捕质量标准(试行)》第6条。

认罪悔罪等。

③品行证据的适用:在确保司法公平、公正的前提下,针对不同案件,区别情况分别处理,由未成年犯罪嫌疑人办案小组提出是否批准逮捕的意见,报检察长或检察委员会批准。推行“六个一”办案制度〔1〕,对不捕的犯罪嫌疑人进行跟踪回访帮教。

(2)肥城市检察院

①品行调查内容:未成年犯罪嫌疑人的性格特点、心理特征、家庭环境、精神状态、知识水平、健康状况、社会交往、成长经历以及实施被指控的犯罪前后的表现等方面。调查中坚持“三主动”〔2〕。

②案件快速办理制度:与肥城市法院、肥城市公安局会签《关于依法快速办理刑事案件实施办法》,提前介入督促加快侦查进度,引导及时固定关键证据;要求公安机关必须在拘留后三日内提请批准逮捕,对确需延长拘留期限的,必须提前报请批准;坚持快速审查,并在三日内作出是否批准逮捕的决定;作出批准逮捕或因无逮捕必要作出不予批准逮捕决定的同时,制作《快速办理建议(意见书)》,分别送达公安机关、本院公诉科,有效地减少了羁押期限,降低了“交叉感染”的几率。

③制定和完善了多项未成年刑事案件工作制度,包括《办理未成年人犯罪案

---

〔1〕 一案一登记制度:通过建立专门的未成年人及在校学生犯罪档案,在档案中建立详细的犯罪嫌疑人身份情况介绍、简要案情摘要及其他情况介绍,通过查阅登记档案对进行品行调查的未成年人及在校学生一目了然。一案一沟通制度。受理案件后,通过主动走访未成年犯罪嫌疑人的父母、邻居及在校学生的老师、同学,了解其家庭情况、成长学习环境、性格特点及家庭学校帮教环境,通过丰富的调查项目,对涉嫌犯罪的未成年人及在校学生有了全面的了解。一案一分析制度。根据调查了解的情况由承办人写出品行调查综合报告,对犯罪嫌疑人的基本情况、涉嫌犯罪的主要事实及证据、调查的情况(包括日常表现、帮教条件等)进行综合评定,提出意见,在确保司法公平、公正的前提下,分析其犯罪的根源,做到有的放矢,对症下药,找准感化的突破口,并且坚持具体问题具体分析,根据情况区别对待,对有较好帮教条件的未成年人,可捕可不捕的坚持不捕,可诉可不诉的坚持不诉,对确需起诉的主动建议法院从轻减轻处罚。一案一回访制度。案件审结后,主动与涉嫌犯罪的未成年人及在校学生的家庭、学校、社区进行联系配合,了解他们的生活学习情况及思想动态,主动进行跟踪回访和帮教,加强教育、感化、挽救,预防其重新犯罪。一案一总结制度。分析个案中引诱未成年人及在校学生犯罪的外因及内因,总结出个案中的共性,增强教育的针对性。一案一普法制度。针对未成年人及在校学生法律意识淡薄的现状,有针对性地对发案单位及社区开展灵活多样的法制宣传活动,配合发放检察建议,营造全社会共同净化未成年人及在校学生成长环境、预防未成年人犯罪的良好氛围。

〔2〕 即主动与未成年犯罪嫌疑人家长见面,掌握未成年人的家庭环境、受教育状况,主动与犯罪嫌疑人所在学校联系,掌握其平时表现和管理教育状况,主动与犯罪嫌疑人所在的居委会联系,了解其平时社交、外界评价。

件制度》等。[1] 推行"四个特别措施",讲求策略方式,教育、挽救未成年犯罪嫌疑人。[2] 坚持"三见面"制度,开展"三方谈话",帮助未成年犯罪嫌疑人回归社会。[3]

(3)蓬莱市检察院

注重品行调查,将品行调查列为捕与不捕的判断依据。成立了未成年人犯罪案件办案组,转变坐堂办案、就事论事方式,通过考察、分析,把握涉案未成年人人格特点、生活环境、日常表现、犯罪原因,主观恶性等,[4]并形成书面报告。

2. 上海市检察机关

(1)社会调查严密利于准确把握羁押必要性

2013 年 3 月发布《未成年人羁押必要性审查工作细则(试行)》规定了在押未成年人羁押必要性审查方式:"(一)进行非羁押措施可行性评估;(二)开展社会调

---

[1] 还有《维护未成年人合法权益检察建议制度》、《未成年人犯罪案件跟踪考察制度》、《未成年人司法保护及犯罪预防工作细则》、《关于办理未成年人轻罪刑事案件适用轻缓刑事政策的实施办法》等制度。

[2] 做法如下:一是由熟悉未成年人生理、心理特点的检察员专门负责办理未成年犯罪案件,通过到看守所进行耐心细致的说服教育,增强未成年人亲切感和安全感。二是充分尊重未成年人的人格尊严,在讯问过程中,针对不同案件和嫌疑人的特点,采用不同的讯问方式,以达到最佳效果,对有明显悔罪表现的采用谈心式的讯问方式,对翻供不认罪的采用迂回方式,探寻其翻供原因,讲明政策、以案释法,对拒不供述的,做耐心细致的说服、教育工作,帮助其分析犯罪的主、客观因素,促使转变态度。三是深挖犯罪诱因,铲除诱发未成年人犯罪的毒瘤,始终把深挖引诱、指使未成年人犯罪的幕后分子作为重要工作常抓不懈。讯问未成年犯罪嫌疑人时,注意是否有被胁迫情节,是否存在成年人教唆犯罪、传授犯罪方法或者利用未成年人实施犯罪的情况,积极向公安机关提供情况,深挖未成年人幕后指使者。四是积极帮助其减少被交叉感染机会,建立了《未成年人犯罪案件统计台账》、《未成年人犯罪羁押监督卡》,对未成年犯罪案件实行帐卡管理,逐一备案,经过与公安机关协商,在看守所专门设立未成年人监室,将未成年犯罪嫌疑人专门关押,杜绝被惯犯、累犯等主观恶性深的犯罪分子"零距离传染"。

[3] "三见面"即:一是与失足未成年人的家长见面。开展不捕未成年人不定期的回访考察工作,通过电话询问、当面回访等方式,了解其思想、生活、学习情况。二是与不捕未成年学生所在学校见面,及时与其所在学校联系,帮助其重返校园完成学业。三是与当地派出所联系,共同制定矫正措施,促使失足未成年人被判处缓刑、管制、拘役或刑满释放后,能成为自食其力的合格公民。"三方谈话",即不批准逮捕的未成年犯罪嫌疑人,在其被释放或变更为取保候审措施后三日内,均要求其在父母陪同下到检察机关谈话,首先由办案检察官、侦监科长向其本人和父母说明不(予)批捕理由,帮助其分析走上违法犯罪道路原因、应吸取的教训,其次由未成年犯罪嫌疑人谈认识,谈打算,最后由父母谈今后的管教。

[4] 某市院办理刘某敲诈勒索案时,其在某市医院实习期间,两次写匿名信敲诈县医院大夫 24000 元,因被害人报案敲诈未遂,办案人在审查案件时,考虑其系初犯,即将毕业,即马上与其所在学校及父母取得联系,掌握了其平日的表现尚可,且案发后认罪态度较好,为让其继续完成学业,该院建议侦查机关采取取保候审措施,最终法院判处有期徒刑二年缓刑三年,收到较好的社会效果。

查,评估其监护条件和社会帮教条件;(三)开展心理测试,评估其悔罪心理和重犯可能性;(四)查阅有关案卷材料;(五)向羁押场所了解其在押期间的表现;(六)测算其依法可能判处的刑期……”

《关于办理未成年人刑事案件开展社会调查工作的若干规定(试行)》规定:社会调查报告应当客观真实,基本内容:个人概况,包括姓名、性别、年龄、受教育状况等;家庭情况包括家庭成员情况及家庭收入状况等;身心状况包括身体特征、健康状况、性格特征、智力程度、兴趣爱好等;社会环境,包括在社会生活中与案情有一定关系的邻里及其他社会关系人的概况,被告人与之交往活动中各方面对其评价;成长历程,包括一贯表现、不良劣迹等。社会调查报告的格式予以统一。品格证据作为未检部门判断是否以及在多大程度上对未成年人适用宽缓政策的重要参考依据。

其与上海市公安局于 2011 年 10 月联合制定《关于进一步建立和完善办理未成年人刑事案件公检配套衔接机制的意见》规定:区县检察院和检察分院应当设立专门未成年人刑事检察部门。公安机关、检察机关应当委托司法行政机关社区矫正部门等机构或组织对未成年犯罪嫌疑人开展社会调查。公安机关在提请批准逮捕时,应当将社会调查报告及相关材料随案移送。

(2)创设未成年人非羁押措施风险评估机制

2005 年创设了非羁押措施可行性评估机制,专门制作的《未成年犯罪嫌疑人非羁押措施可行性评估表》中列明案件情节、个人情况、监护条件和社会帮教条件等影响羁押必要性的要素,[1]在分别打分基础上综合量化评估,提高羁押审查的全面性和科学性,将犯罪行为、个人情况、家庭情况、保障支持条件作为评估项目,然后,连同案卷材料、《审查逮捕案件意见书》等一并由科负责人审核,最后报分管检察长审批,[2]纳入“绿色通道”。尽可能缩短办案期限,严格控制审前羁押。

(3)捕后羁押必要性跟踪监督,审前羁押全程审查

引入全程化评估,实现对审前羁押措施的动态调整,引入捕诉动态评估理念,对采取强制措施是否得当进行再审查,对符合取保候审条件的及时变更强制

---

〔1〕 上述四项内容再进一步划分为若干小项,每个小项均设置为高、中、低三个等级的风险度,根据案件中的具体情况,检察官对应着四个评估项目风险值进行分析、测算,综合评估该案件未成年犯罪嫌疑人实行非羁押措施的风险所属等级,提出是否批捕处理意见,对于低风险对象不予批捕,建议公安机关采取非羁押措施;对中风险对象给予重点关注,视情况进行进一步考察、论证,考虑能否采取相关支持措施如帮教措施等来降低、控制风险,然后再作决定;对高风险对象一般则予以批准逮捕。

〔2〕 及时会同公安机关以及社工站、青保办、学校等相关部门共同组成帮教小组,开展有针对性的帮教工作,为落实好非羁押措施提供法律保障。

措施。[1]

3. 河南省检察机关

新密市检察院要求公安机关必须对未成年人的家庭背景、社区表现等情况进行调查,制作未成年人社会调查表和应当逮捕未成年犯罪嫌疑人理由说明随卷一并移送。承办人如果对公安机关的品行调查结果没有异议则予以采纳,如果有异议则会到未成年人的家庭和社区进行走访核实,在审查案件事实、核实有关证据的基础上,参照社会调查结果决定是否批准逮捕。成立未成年人犯罪案件办案组,由两名熟悉未成年人犯罪特点、善于做未成年人思想工作的女检察官担任办案人,到高校进行了社会学、心理学、教育学等培训。与公安机关会签《关于适用"无羁押诉讼"若干问题的意见》,规定主体为未成年人,是适用非羁押诉讼条件之一,鼓励公安机关对未成年犯罪嫌疑人少采取拘留强制措施,2008 年至 2010 年 6 月有 126 人被公安机关直接适用非羁押诉讼。

4. 广东省检察机关

广东省高级人民法院、广东省检察院、广东省公安厅、广东省司法厅于 2009 年 6 月联合发布《关于办理未成年人刑事案件的若干意见》规定:对未成年人案件,应当设立专门机构或者指定相对固定的人员办理,承办人员应当熟悉未成年人的身心成长规律和特点。应当了解其成长经历、家庭环境、性格特点、心理状态及社会交往等情况。办案机关可以自行调查了解上述情况,也可以委托共青团、妇联、工会等人民团体或社会矫正机构、未成年人保护组织等社会团体协助调查。严格限制羁押强制措施的适用,对犯罪情节较轻,具备有效监护条件,没有社会危险性或社会危险性较小,不妨害刑事诉讼正常进行的未成年犯罪嫌疑人、被告人,一般不予逮捕。[2]

5. 河北省秦皇岛市海港区检察院

2005 年开始试行未成年犯罪嫌疑人人格调查制度,但该检察院现在已基本上停止此项制度,原因不详。试行中人格调查分为性格特征、精神状态、知识水平、社会交往、成长经历、兴趣爱好、家庭环境 7 个项目,然后 7 个项目进一步细化为具体参数指标,如性格特征细化为内向、外向、平和、暴躁等,填写对象包括本人、父母、周围人群(如邻居、同学等)。发放给本人的表格,可在提审时一并发放填写,最

---

〔1〕 如杨浦区院先后有 5 名在押未成年犯罪嫌疑人在审查起诉阶段通过刑事和解取得被害人谅解,被及时变更强制措施,后均被法院判处缓刑。

〔2〕《关于办理未成年人刑事案件的若干意见》第 5 款规定:对属外来流动人口的未成年犯罪嫌疑人、被告人,如果犯罪情节较轻,没有社会危险性或社会危险性较小,在犯罪地有监护人或其他成年亲属,且监护人或该成年亲属有固定住所或经济收入,愿意担保并积极配合对未成年人进行监管的,可以不予刑事拘留或者逮捕。涉案未成年人是在校学生的,应当更加严格地限制羁押强制措施和监禁刑的适用,尽量使涉案未成年人能够继续留校学习。

后，承办人将上述三类表格汇总，形成对未成年犯罪嫌疑人的《个人人格调查分析报告》，作为逮捕必要性评估的参考依据。

（三）积极价值及其存在问题

以上是近年来部分地区检察机关在未成年人品行证据方面所作的积极探索，有品行证据法律地位、适用程序、品行证据规则的实践应用，甚至在恢复性司法、实务中刑法人文关怀的落实等诸多方面都取得了一定社会效果。

1. 制定了品行证据关联的制度规范，明确了适用品行证据的案件范围、收集审查、评估使用，一定程度上实现了以正当程序规制证据与保障未成年人权利并举，长远来看也降低了社会运行成本、促进社会和谐，如山东省东港区检察院为想改造好、愿改造好、能改造好的未成年人构建了一个良好平台。

2. 建立与现行法律规定基本相适应的捕前品行调查程序。部分检察院正努力在品行证据制度进行新探索，如河南省、上海市检察机关试图建立起覆盖整个审前程序的羁押必要性审查制度，[1]这为全国提供了良好的实践范本。

3. 品行调查内容大体上包括品行证据评估所必须的主要项目，基本能满足司法实务中的基本需要，个别检察院成果具备了较强科学性，如非羁押措施可行性评估机制。[2]

4. 做到以较为全面或更多元化的品行调查报告，作为评判未成年犯罪嫌疑人社会危险性或逮捕必要性的依据，降低和弱化未成年人的精神压力和创伤，兼顾公正、效率。[3]

5. 实行品行调查的检察机关未简单将品行调查在审查逮捕阶段适用，也将品

---

〔1〕《2010年上海市检察机关未成年人刑事检察要点》提出：进一步深化完善非羁押措施可行性评估机制，坚持非犯罪、非刑罚、非监禁原则，尽可能采取不捕不诉或建议判处非监禁刑等司法处理措施，研究未成年人刑事拘留和逮捕后羁押必要性的判断条件和评估程序，建立起覆盖整个审前程序的羁押必要性审查制度。2010年11月至今，嘉定区院未检科对118名未成年犯罪嫌疑人开展刑事拘留适用监督，其中刑事拘留后转为行政处罚或释放4人，纠正违法适用刑事拘留1人。最高人民检察院侦查监督厅《侦查监督工作情况》2010年第31期：河南省新密市检察院2007年与公安机关会签了《关于适用“无羁押诉讼”若干问题的意见》。

〔2〕近三年来已对4737名涉罪未成年人开展非羁押措施可行性评估。案例：2012年S市Q区办理未成年人朱某某涉嫌复制、贩卖淫秽物品牟利一案中，因其父母均涉嫌该案而被羁押，经评估，监护条件严重不足，暂时无法取保候审，区院依法对其批准逮捕，之后承办人继续多方查找，找到其在沪打工的大伯，并说服其提供保证金，并建议公安机关对其变更为取保候审。

〔3〕严格对未成年人的羁押必要性审查，控制羁押期限，在这一理念主导下，从2007年至2011年，上海检察机关受理的涉罪未成年人不捕率从8.4%提高到15%，其中相对不捕的比例从33.7%提高到59.6%。

行调查的报告运用于其他刑事诉讼阶段,积极参与了未成年人恢复性司法工作。[1]

但由于此项工作尚处于摸索阶段,尚存在诸多问题:

1. 法律规定粗疏。国家层面立法上就社会调查的调查主体、对象、具体内容、运行方式、使用目标等,作了较宽泛的规定,但对调查程序规则、调查员权利及义务诉讼地位、调查内容、品行证据规则、反馈救济等,未作出明确规定。[2]

2. 实务中部分存在适用范围不统一、调查流于形式的问题。[3] 各地均或多或少在运用该制度,但大多运行得不温不火,甚至有的已经停止。而且新刑诉法逮捕标准自由裁量空间仍大,但又缺少公开、明确法律说理的硬性要求,操作上存在混乱问题。

3. 基本上没有制定明确的品行证据规则体系。实务部门出台暂行办法对证据能力、采信、证明力的具体规则大都没有涉及,不利于运用品行证据作更准确的评估。[4] 现有工作成果没有长期跟踪考察、实证分析,品行证据制度发展空间受限。

4. 品行证据调查科学性不足。囿于机制初始动行,调查人员专业性、调查评估

---

〔1〕 至今,上海市检察院未检部门参与建立的50余个观护基地已覆盖全市各区县,联系司法矫正机构,协商对监外执行未成年人的观护与安置帮教衔接工作,2008年以来纳入观护体系的涉罪未成年人达1152人。2012年,长宁、浦东、闵行、徐汇、静安等区院设立特殊检察室,用于涉罪未成年人法制教育、帮教谈话、心理测试和矫治以及未成年被害人心理疏导。山东省临淄县检察院对未成年人刑事案件的案后帮扶,实行"一二三"工作机制。一是建立帮扶联动制度,将未成年人刑事案件办理情况形成备案,同时发送给院案管部门和公诉部门、公安机关。二是向案件当事人发放《办理未成年人刑事案件公开承诺卡》,告知法律权益、帮扶要求,向公安机关、社区矫正机构发放《跟踪帮扶调查卡》,矫正情况及帮扶要求进行跟踪问查。三是电话沟通和实地考察结合,定期或不定期地访问帮扶人、监护人、社区矫正机构,了解帮扶动态状况,有针对性地提出切合实际的帮扶措施。

〔2〕 2010年8月28日,中央综治委预防青少年违法犯罪工作领导小组、最高人民法院、最高人民检察院、公安部、司法部及共青团中央联合发布了《进一步建立和完善办理未成年人刑事案件配套工作体系的若干意见》,对社会调查具体内容、目标要求以及表现形式的规定也比较宽泛,仅仅提出"社会调查机关应当对未成年犯罪嫌疑人的性格特点、家庭情况、社会交往、成长经历、是否具备有效监护条件或者社会帮教措施,以及涉嫌犯罪前后表现等情况进行调查,并作出书面报告"。

〔3〕 有的规定未成年人刑事案件是指犯罪嫌疑人实施涉嫌犯罪行为时已满十四周岁、未满十八周岁的刑事案件。有的局限在户籍所在地或者经常居住地在司法辖区内,犯罪事实较轻,具备管制或缓刑条件的案件。有的扩展到在当地有实际居住地或者在当地就业、就学并满6个月以上的非本地籍未成年犯罪嫌疑人。2012年9月,上海市第四次未成年人刑事司法联席会议纪要提出:未成年人是指侦查、起诉或审判时未满十八周岁的人。但犯罪时未满十八周岁,侦查、起诉或审判时未满十九周岁的未成年人,可以参照适用。

〔4〕 上海市检察机关是少数列明品格证据规则的实务部门之一,卢湾区检察院制定了《关于未成年人刑事案件适用品格证据的实施办法》规定了品格证据具体内容、取证主体、收集程序以及适用规则。

结论的合理性与法律要求仍有差距,有损于考察评估的可信性,也影响了刑事司法的权威性。外地户籍未成年人调查大多难以顺利开展,仅仅少部分地区有开展。[1]

5. 品行证据调查方式不合理。实务中大多是书面与直接方式结合,[2]以书面为主,即填写固定制式表格,这具有操作简便、成本较低优点,但由于非直接接触取得信息的可靠性、准确性、针对性等通常是不及直接调查的。机械偏重良好品行证据收集,仅有少数做到科学、灵活评价不同的未成年人社会危险性。[3]

6. 调查内容缺乏科学性、调查对象选择不规范。调查信息零散、不能系统全面,内含信息量少,大多直接作出空洞的评估,缺乏必要、深入的综合分析,[4]评估结果的不确定性大,如测评项目单一,性格只简单划分为内向、外向。

7. 对于调查对象的不同情况,未能区别性对待处置,未明确哪些是应当、哪些是可以走访谈话的,导致大多数调查随意性强,不能完整反映实际状况。

三、审查逮捕引入未成年犯罪嫌疑人品行证据的设想

建议以程序正当、规则科学、透明规范为标准,进一步规范逮捕审查中的品行证据调查制度,以品行证据调查报告、侦查机关案卷及检察机关讯问进程为重点,全面收集品行证据,确立完备的品行证据规则,科学审查、评估品行证据的相关性和可信性,合理运用自由裁量权,对是否予以逮捕处遇进行个别化评估,实现理性科学的证据裁判。

---

〔1〕 2010 年,海淀区人民检察院专就“外埠来京常住的未成年人”,要求公安机关在侦查阶段就其“年龄、一贯表现、生活经历、主要社会关系等进行收集、整理、审查核实有关的品格证据”。2011 年,上海市人民检察院下发《关于加强未成年人检察工作的意见》第 16 条(观护工作)规定:以在沪无监护条件、无固定住所、无经济来源的未成年人为重点,创造条件,推动建立特殊观护机制;建立和完善市级观护体系和跨区观护机制。2012 年已纳入观护人数 663 人,其中来沪未成年人 560 人。

〔2〕 主要有填写固定制式表格、访谈、观察、委托调查等。

〔3〕 S 市 P 区院未检科办理涉嫌抢劫两名 15 岁未成年人一案,两人已被刑事拘留,及时引导侦查人员开展报捕前的社会调查及非羁押措施可行性评估,公安机关对其中一名平时表现较好,家庭完整,具备监护条件未成年人在校生韦某,将刑事拘留变更为取保候审,并委托社工对其开展观护帮教,对于认罪态度差另一犯罪嫌疑人,检察机关果断采用逮捕措施,保证案件顺利进行和公正处理。

〔4〕 2011 ~2012 年某市 J 区司法行政机关出具的 32 份调查报告中,没有结论形成的分析说理,仅仅陈述了具体结论,分为以下几种:(1)评估出被调查对象再犯罪的危险性,结论为:“再犯罪可能性的联系程度评估为小或者较小(或者中、高、较大、很大的可能性、非常大)”,“可在一定程度上预防再犯的可能性”,“再犯可能性大大提高,不排除会增加再犯可能性”,“考虑其重犯的风险”;(2)评估出被调查对象不适合开展社区矫正的,结论为:“再犯可能性无法判断,不能保证矫正的有效执行”;(3)对被调查对象的再犯罪的危险性和社区矫正可能性未做评估的,结论为“总体表现一般”。

(一)指导原则

1. 全面客观

既审查未成年犯罪嫌疑人平时表现、个性特点、犯罪时生活环境等,也要注重侦查机关移送案卷和检察官提审中关于其性格、个人经历、悔罪与否、是否积极赔偿、犯罪动机意图等记录;不仅收集审查良好品行证据,也要收集审查不良品行证据;既要审查其一贯表现和个性倾向,也要审查对未成年人性格产生过重大影响的人和事件等,从而更加准确地把握罪错未成年人身心状况,查清犯罪的原因及作案的动机、目的等。

2. 区别对待,宽严相济

对于未成年人犯罪之矫治控制,区别于普通犯罪控制,全面分析犯罪原因、性质、后果和教育挽救可能等,准确把握宽严相济刑事司法政策,宽严适度,宽严有据,并不是为保证刑事诉讼顺利进行就简单捕或不捕,坚持证据裁判,区别对待,理性权衡,对于涉嫌严重刑事犯罪及社会危险性大的坚决逮捕,涉嫌轻微刑事犯罪的不逮捕无诉讼风险,应当坚决不捕,对于犯罪情节不重、社会危害不大、具备帮教条件的,尽可能地教育挽救,引入恢复性司法,修复受损社会关系,平衡各方利益,能不捕就不捕,充分体现"双向保护"的司法目的。

3. 快速效率

《联合国少年司法最低限度标准》第20条规定:"每一案件从一开始就应迅速处理,不应有任何不必要的拖延。"〔1〕快速原则应当作为办理未成年人案件应该遵循的首要原则,品行证据的调查和评估应当坚持高效率,品行调查报告移交检察机关,最迟不应晚于审查逮捕决定作出前,尽量避免诉讼给未成年人带来的不利影响。细化品行证据的评估规则,有利于检察官准确作出评估,应尽早使未成年人从刑事诉讼程序中脱离。以队伍和业务专业化提高司法效率,按照高检等六部委的要求,〔2〕结合目前检察机构设置现状,未成年人犯罪案件较多的大中城市及沿海城市检察院设立独立未成年人刑检机构,而条件尚不具备的可设专门工作小组或

---

〔1〕《联合国少年司法最低限度标准》在"说明"中解释,"在少年案件中迅速办理正式程序是首要的问题,否则法律程序和处理可能会达到的任何好效果都会有危险"。

〔2〕中央综治委预防青少年违法犯罪工作领导小组、最高人民法院、最高人民检察院、公安部、司法部、共青团中央于2010年发布《关于进一步建立和完善办理未成年人刑事案件配套工作体系的若干意见》,规定:最高人民检察院和省级人民检察院应当设立指导办理未成年人刑事案件的专门机构。地市级人民检察院和区县级人民检察院一般应当设立办理未成年人刑事案件的专门机构或专门小组,条件不具备的,应当指定专人办理。

相对固定专人办理。[1]

(二)科学设计品行证据规则,适当、合理处以个别化的刑事处遇

大多数国家法律对于适用品格证据持谨慎态度,确立了严格使用的规则。鉴于此,为保证检察官心证中品行证据从模糊性状态下走向相对精确,避免当事人权利的滥用和司法官的主观臆断,审查逮捕中品行证据规则应当设计为:对品行证据分类评估,不同品行证据的证明力予以区别评价,具体案件具体分析,构建逮捕处遇的个别化评估载体。

1. 规则一:合理评估作为犯罪中及犯罪后表现

融合犯罪控制、少年福利理念与恢复性司法理念,对未成年人犯罪中表现、犯罪后表现等品行证据,全面、合理判断对逮捕必要性的证明价值,科学考量不同犯罪个体的行为危害性、主观恶性和社会危险性,弹性化予以个体逮捕处遇个别化。彰显"轻轻重重",[2]即对轻罪处理更轻,对重罪处理更重,从而在不同未成年犯罪嫌疑人之间体现实质上的公平,对于轻微犯罪,属于"无逮捕必要"情形,应当不捕;对于轻罪尽可能采取更加宽容的方式,引入恢复性司法,优先修复整合被破坏的社会关系,有较大挽救矫治可能或者帮教条件的,可不捕则坚决不捕;对犯罪行为危害性严重、社会危险性大、主观恶性大的,坚决采取逮捕措施,将恶性犯罪隔离于公共环境外。实务中应重点考察以下几个因素:

(1)犯罪行为危害性和主观恶性大小

①被指控罪行属于应当处以死刑或十年以上有期徒刑范围的犯罪,系社会危险性大的品行证据。

②罪行可能判处十年以下有期徒刑,但危害较大、行为较恶劣、连续多次犯罪、集团犯罪主犯等,其社会危害性较大,主观恶性较高,属于评估社会危险性较大的品行证据。[3]

③罪行偏重,具有一定社会危害性,但具有法定、酌定从宽处罚情节,主观恶性相对较小,属于评估社会危险性较小的品行证据。

---

[1] 1992年8月,上海市虹口区人民检察院已建立全市第一个未成年人刑事检察科,再至1996年6月,上海市所有基层检察院均成立了独立建制的未检部门,2009年经报请编委同意又新设了上海市检察院未成年人刑事检察处,这标志着全国首个省级院独立建制的未成年人刑事检察机构的成立。山东省多个地市或县区也成立了机构,山东省日照市东港区检察院2005年试行了捕前品行调查制度,成立未成年人刑事检察科,2007年7月1日起全面承担市区范围内的未成年人犯罪案件的集中办理。另外,2012年东营区人民检察院成立了未检科并配备三名女检察官,已全面开展未成年人刑事检察工作。

[2] 姚建龙:《超越刑事司法——美国少年司法史纲》,法律出版社2009年版,第195页。

[3] 如某区检察院办理的"尊龙名社"案,系未成年人在网上结社、网下实施暴力犯罪的社团,下设7个分堂,自2008年8月在网上发帖引诱未成年人加入,网络显示注册者达169人。其中12名核心成员多次在卢湾、徐汇、黄浦等闹市区实施抢劫、敲诈勒索、寻衅滋事等犯罪活动,某区检察院依法对于12名核心成员作出逮捕决定。

④犯罪情节轻、社会危害性较小、主观恶性低,如初犯、偶犯、预备犯、中止犯等属于评估社会危险性小品行证据。[1]

(2)认罪悔罪态度及是否积极补偿被害人损害,修复受损社会关系,积极参与恢复性司法等犯罪后表现

认罪悔罪态度,包括是否自首、主动坦白如实交代罪行,犯罪后积极补偿被害人、避免减少损失,认识到行为违法性和社会危害性、具有痛改前非的决心等,以上表现可以作为品行证据,用于评价主观恶性大小的依据。未成年犯罪嫌疑人通过道歉、赔偿、社区服务、生活帮助等,补偿被害人因犯罪所造成的物质、精神损失,使被害人因犯罪而受影响的生活恢复常态,重新取得被害人及其家庭或社区成员的谅解,这些均可视为系使受损社会关系得以修复、缓和社会矛盾的良好品行证据,可作为社会危险性评估之重要因素予以考量,[2]若符合其他法定条件的,应当不予逮捕。

(3)当前被指控犯罪的案件性质

对于未成年人涉嫌危害公共安全犯罪、严重危害人身安全暴力犯罪、毒害公民健康犯罪(如毒品犯罪),犯罪嫌疑人基于人类之趋利避害的本性,逃避刑事追究的概率大、行为危害性大,主观恶性高,其涉嫌罪行性质可以作为评估社会危险性大的品行证据。[3] 此外,为维护司法权威和保护社会信用体系,罪名涉及伪证、虚假陈述、编造事实、欺骗等欺诈性犯罪,逃避司法控制和损害社会信用的恶意明显,可以作为评估社会危险性较大的品行证据。

---

[1] 例如,某区公安分局以涉嫌抢劫罪对安某某(17岁)提请逮捕,案件事实为犯罪嫌疑人安某某,2006年7月伙同郭某某、刘某某三人,预谋抢劫出租三轮摩托车司机财物,后安某某仅仅提供了作案工具,没有参加抢劫行为。经审查,某区检察院认为,安某某涉嫌抢劫罪,仅仅有预备行为,没有实际参与抢劫,又系未成年人,案发后悔罪表现好。通过走访获取了相关品行证据,查明其平时在家中和学校的表现尚佳,刚刚考取大学,因法律意识淡薄而走上犯罪道路,家庭有较好的帮教条件,不捕不致发生社会危险和妨害诉讼,检察机关依法作出不捕决定。

[2] 例如,2009年1月4日某区公安分局以杨某某涉嫌盗窃罪提请逮捕,案件事实为杨某某窃得同事胡某某工商银行信用卡一张并持卡在自动取款机上提取现金3200元,经审查,某区检察院认为杨某某涉嫌盗窃的数额刚过起刑点,又系未成年人、初犯、偶犯,有法定从轻、减轻条件,认罪态度好,愿意努力补偿被害人损失。通过走访其单位获取了相关品行证据,查明杨某某盗窃是因其男友急需用钱,她只是因一时无法凑足钱方犯下错误,且杨某某平时为人老实本分,在原单位工作表现一贯勤勤恳恳,没有任何违纪行为。杨某某也对自己的行为追悔莫及,强烈地表达了退赔意愿,并取得了被害人谅解,检察机关依法作出相对不逮捕决定。

[3] 如某区检察院办理的王某、王某某等人涉嫌绑架案,案件事实为王某纠集、组织、指挥其他数名成年人和未成年人,预谋抢劫财物,采用电警棍电击、殴打被害人等方式将被害人绑架至外地省份,以威胁人质安全为由向其家人勒索人民币20万元,经审查,某区检察院认为,未成年人王某虽系未成年人,但其行为严重危害人的生命安全和身体健康,暴力程度高,犯罪行为恶劣,社会危害大、社会危险大,某区检察院依法作出逮捕决定。

2. 规则二:区别对待罪前不良品行证据

(1)为充分落实保护未成年人刑事司法政策,鼓励其康复回归,一般不良品行证据应当予以坚决排除

从心理规律上看,检察官也是正常人,一般不良品行证据易转移分散其注意力,可能导致无意识中错误估计其证明价值,无意中减少了对其他案件事实的关注,对整个案件而言,该证据所产生不正当偏见误导,容易超过使用该证据产生的利益,在公平价值上易衡量不当而错误作出判断,如某未成年人有多次观看色情片的行为,则有可能导致检察官无意中增强对犯罪嫌疑人系当前强奸案件罪犯的内心确信。况且,未成年人身心及行为方式处于不稳定之中,难以准确证明个体在某特定场合的行为与其品行相一致(如平时自私、爱占便宜的品行证据,不应作为犯盗窃罪的依据)。为防止一般不良品行证据的负面倾向性,导致不良的晕轮效应[1],将一般不良品行证据排除,是给予未成年人以程序利益上的保护,且通常禁止未成年人放弃该程序利益,除非更有利于未成年人之刑事处遇。

未成年犯罪嫌疑人为证明自己罪轻或无罪,故意提出其做出罪错行为与被害方之品行有显著相关性,构成对于被害人之品行攻击,此时一般不良品行证据排除的程序利益自动丧失。为保证双方之公平,对与该案有显著相关性的一般不良品行证据,检察官应当有权援用,用于合理把握其社会危险性评估。

(2)前科、严重不良行为、习惯属于具有较高证明价值的品行证据[2]

上述证据均可表明未成年人从事违法行为的个性倾向,作为间接证据可以用于衡量其当前犯罪行为的自由意志程度。必须是与案件有一定相关性的特定品行证据,并不是一般、非特定的品行证据,反映其前后行为的一致性上,远大于其他品行证据,可以作为评估社会危险性大小的决定性因素之一,例如,"习惯"用于证明特定行为,通常具有可采性,原因在于其特定性、规律性、无意识性,体现了上述特征越明确的行为,作为品行证据的证明价值越高。[3] 此时的品行证据实质上创造

---

[1] 晕轮效应是一种普遍存在的心理现象,它是指一个人在对他人进行评价时,对他人的某种品质或特征有非常清晰鲜明的知觉,由于这一特征或品质从观察者的角度来看非常突出,从而掩盖了其对此人其他特征和品质的知觉。

[2] 笔者认为,判断是否构成习惯,应灵活考察各关联因素,包括思维、行为自动程度或者由意志决定的程度,发生次数,能否合乎常理反映个体以特定化的应对特定情景的一贯方式或纯粹反射性的行为。

[3] 如在办理未成年人张某涉嫌采用拨锁方法盗窃电动车案中,某区检察院通过走访张某所在村村民、租房房东、打工的老板及当地派出所等获取相关的品行证据,查明张某系无业青年,父母离异,对其放任不管,无良好监护或帮教条件,张某经常与社会上的无业青年为伍,平时就有盗窃劣迹。经全面审查后,检察机关认为尽管张某系未成年人,涉案金额不大,但因其平时品行表现恶劣,且其提审中还供述有其他盗窃事实,社会危险性较大,不批准逮捕起不到保护教育挽救效果,反而会放纵犯罪,检察机关依法作出批准逮捕张某的决定。

一个可以反驳质疑的司法推定作为标靶,客观考量其证明力的重点因素:证据中的行为与当前被指控犯罪中行为之间的相似程度;证据距今之久远程度、是否清楚明确;[1]此证据对逮捕必要性评估上的价值高低;现实事例。[2]

同时,鉴于刑事污点对未成年人而言,更影响其重新做人的信心,会延缓再社会化、回归社会进程,应当设计未成年人前科或违法行为记录禁入诉讼制度。该制度最重要的效果不在于法律效果,而在于社会效果,即以司法信用作为担保,消除或减轻对意图重新做人的未成年人的公众排斥。借鉴日本《少年法》规定,[3]在《刑法修正案(八)》和2012年修订《刑事诉讼法》规定的犯罪记录封存基础上,立法可以作出以下规定,对于判处5年以下有期徒刑、拘役、管制、免除刑罚,治安处罚等行政处罚、禁止令或其他公共机构所记载之严重不良行为记录的未成年人,[4]刑罚执行、违法行为处理或严重不良行为矫正完毕超过一年,上述不良记录禁止引入刑事诉讼程序作为品行证据使用。

3. 规则三:充分考虑罪前良好品行证据

作为利于降低社会危险性之评估要素,良好品行证据应当被认定具有一定证明力,原因如下:第一,从心理学上来说,只要社会规则体系比较稳定前提下,个体无非都会在某种程度上重复自己先前的行为、视角和分析理解问题的模式,良好品行证据一定程度上体现了人的行为特征和心理倾向性,具有预测性,[5]表明了其自觉遵守社会规则意识强,改造成功和复归社会可能性高;第二,良好品行证据不具备很高证明价值,适用会牺牲部分司法效率价值,甚至可能带来有利于犯罪嫌疑人的偏差,但是,毕竟逮捕系刑诉法最严厉之强制措施表达于未成年人,宁纵勿枉,这样的规则设计可以最大化保护未成年人利益,提高检察官对于未成年人无罪推

---

〔1〕 在笔者看来,作为一个间接证据,若在与现今时间上距离过于久远,或者该品行证据所表达出的证明力,导致不会影响或很少影响社会危险性评估,则此时引入该品行证据是不适当的。

〔2〕 例如,某区检察院办理李某涉嫌盗窃一案,李某系未成年人,盗窃财物价值刚超过数额较大定罪标准,本应根据宽严相济刑事政策及未成年人刑事政策,应为无逮捕必要,但在案卷中发现犯罪嫌疑人李某有盗窃前科,且此次盗窃距离前罪的刑满释放时间极短,凸显了李某较深的主观恶性,考虑其社会危险性较大,检察机关依法作出批准逮捕决定。

〔3〕 日本《少年法》规定:“少年犯执行完毕或免于执行,适用有关人格法律的规定,在将来得视为未受刑罚处分。”

〔4〕 南京市中级人民法院、南京市人民检察院、南京市公安局、南京市司法局于2011年公布宁中法〔2011〕155号文件,《关于未成年人刑事案件适用禁止令的实施意见(试行)》规定:检察机关在进行社会调查的基础上,起诉时可以提出对未成年人提出宣告禁止建议,并移送审前调查报告,报告内容包括该未成年人的生活环境、家庭情况、成长经历、社会交往、犯罪成因等。审判机关宣告禁止令,针对性决定禁止在考验期内“从事特定活动,进入特定区域、场所,接触特定的人”等内容。

〔5〕 至少在某种程度上,表明犯罪嫌疑人做出与其性格不符的被控的犯罪行为可能性低。

定的心证,体现了法律层面上的道德选择;第三,对未成年人良好品行的肯定,有利于引导其参与恢复性司法,补偿被害人损失,恢复受损社会关系。

未成年犯罪嫌疑人若主动提出其良好品格的证据,与之针对、具备可采性的反驳证据只能是名誉证据,不应当包括犯罪嫌疑人特定行为的证据,也不包括个别证人对其性格倾向的意见证据,即避免其陷入被人身攻击的危险,充分保证被指控方合理限度内的合法正当权利。当然,此时犯罪嫌疑人也要承担对于控方以其不良品行证据用于反驳其诉讼的风险。

4. 规则四:重视罪前品行证据的解释性价值

即犯罪前表现的品行证据作为解释性证据,对于理解其他证据、总体上把握案件有重大证明价值,有助于对未成年人的社会危险性实现更加准确的评估,包括证明未成年人具有违法行为性倾向或为其他目的,证明动机、机会(指接近或出现在犯罪现场的机会,或者指具备使用于被控犯罪中,与众不同的或者不同寻常的技能或能力)、意图、预备、计划、知识、身份,〔1〕或者证明是系统性行为,或者反驳缺乏故意、缺乏明知、意外事件等。〔2〕

特别是与性有关的犯罪,参照国外案例统计分析,〔3〕品行证据可以起到至关重要的释明作用,具有较高证明力。因为,性犯罪常常与未成年人特殊的性心理、性生理倾向密切相关,目前部分青少年性心理上存在种种困惑和障碍,性道德认识模糊、性克制意识薄弱,有的甚至处于紧张、焦虑、矛盾、困惑的过度性压抑中。所以,查明其是否有喜欢色情文学及影视作品的嗜好,是否长期处于与异性无法正常交往环境、心理状态,是否经常有性越轨行为发生,是否有性犯罪前科,等等,有助于判明案情,确定犯罪嫌疑人的动机、目的等主观心理状态,特别要注重习惯、异常及变态的性倾向或需求,此时品行证据当然可以作为证明涉嫌犯罪的重要补强证据。〔4〕

---

〔1〕 例如,一未成年人被控非法侵入计算机信息系统罪,查明,他完全具备采取破密解码等技术手段,突破、穿越、绕过或解除特定计算机信息系统的访问控制机制的能力,则此品行证据可以用以说明在其他攻击计算机犯罪中,他也完全有能力突破类似的安全防护机制,评估其具备一定的社会危险性。

〔2〕 如某犯罪嫌疑人涉及制造毒品犯罪行为,其吸毒史和戒毒经历可以用来证明,其明知或应当知道其现被指控行为的对象系毒品,以上可以证明其悔罪态度差,逃避诉讼追究意图明显,可以认定为社会危险性较大。

〔3〕 罗杰·C. 帕克在《处于十字路口的品性》中,根据性犯罪者从事性犯罪的次数。与其他犯罪者从事与其定罪相似的犯罪次数之比得出结论,性犯罪者成为累犯的倾向比其他严重犯罪者更高,因而这种品格证据具有较高证明力。

〔4〕 在实务中已然发生过多起强奸或者猥亵犯罪的案例,经过调查可以发现犯罪嫌疑人一贯喜欢色情影视作品,却无法与异性正常交往,于是其便通过强奸犯罪实现其欲望不法释放。

(三)品行证据的调查、评估程序设计

联合国第一届预防犯罪及罪犯处遇大会提出:“实行个别处遇,应从人格之调查分类着手,必先根据精密的调查,由是进而决定个别处遇之方法,始便于分类收容。”借鉴美国 VERA 审前羁押评估和我国香港地区的做法[1],规定品行调查作为未成年人刑事案件的前置程序,由专门调查机构和调查人员行使调查权,对与案件有关的行为以及其他必要之事项详细调查,并制作品行调查报告。逮捕审查中检察官参酌案情、品行调查报告与犯罪后表现等品行证据,对未成年人的行为社会危害性、个体社会危险性进行科学评估。

1. 主要载体:品行调查报告

借鉴美国、英国、我国台湾地区经验和结合我国实践中经验做法,[2]笔者认为我国未成年人的品行调查报告,应当有未成年人的社会成长历程及其人格形成发展状况的综合考察、分析和评估,至少包括以下八个方面:

(1)身心状况:性格特点、道德品行、智力结构、心理健康状况(必要时进行心理测试、精神病鉴定等)、[3]是否有吸毒、卖淫、不正当性行为等不良嗜好;

(2)家庭情况:家庭成员结构、家庭教育及父母管理方式、与家庭成员的感情和关系、其在家庭中的地位和待遇、家庭经济状况;

(3)成长经历:学校中表现、师生关系及与同学朋友之间交往、学校环境、学校教育水平、有无犯罪前科或不良行为记录、就业情况及工作表现;

---

[1] 冯卫国:“未成年人刑事案件的审前调查探讨”,载《青少年犯罪问题》2007 年第 1 期,第 47 页。在我国香港地区,为了对未成年犯罪人适用最适合他本人的矫正措施,法律要求法官在判决时要充分考虑青少年犯罪人的个性、体能、精神状态等情况。在开庭之前,一般由社会福利署的工作人员先对违法青少年的有关个人情况进行调查,调查内容包括犯罪成因、身心发育状况、情感类型、兴趣爱好、成长环境、学业情况等,并起草调查报告向法庭提供。

[2] 英国采用的人身危险性评价量表,将反社会的观点、对被害人缺乏同情、缺乏自我控制、药物滥用等与犯罪关系密切的主要因素,以及诸如经济问题、住房问题等与犯罪有一定关系的次要因素囊括其中,全面衡量人身危险性。我国台湾地区,先由少年调查官调查该少年与事件有关之行为、其人之品格、经历、身心状况、家庭情形、社会环境、教育程度以及其他必要之事项,提出报告,并附具建议。《美国青少年犯教养法》(《美国法典 1964 年版》第十八章“犯罪和刑事诉讼”第四部分)第 403 章第 5033 节规定:“……在少年犯送来后,应责成鉴定中心或鉴定所对少年犯进行全面考查,包括精神和身体的检查,弄清他的个性特点、智能、有关的社会背景情况,有无违法犯罪经历,有无精神的或身体的缺陷,或者对他实行犯法活动起作用的其他因素,以及有关的别的因素。”台湾地区“少年事件处理法”第 19 条规定:“少年法院接受移送、请求或报告事件后,应先由少年调查官调查该少年与事件有关之行为、其人之品格、经历、身心状况、家庭情形、社会环境、教育程度以及其他必要之事项,提出报告,并附具建议。少年调查官调查之结果,不得采为认定事实之唯一证据。”

[3] 某市检察院 2010 年共开展社会调查 958 人,心理测试 718 人;2011 年共开展社会调查 1164 人,心理测试 864 人;2012 年共开展社会调查 1544 人,心理测试 1082 人。

(4)社区环境、社区或居住区域中表现、日常活动范围及社会交往情况;

(5)监护帮教条件:调查可实现的监护、社会帮教条件,所常住地的人员对其情况的了解程度,是否愿意谅解并正确看待其行为;

(6)本人对社区矫正的认识和态度,是否取得受害方谅解或赔偿损失等;

(7)应当述清调查进程,证明调查程序合法性、合理性;

(8)调查报告应当提出明确的分析、评价意见,特别是社会人格状况作个别化评估,重点在自律性、合群程度、敏感度、独立性、适应力、是否有心理障碍、性格稳定度等人格特征,必要时可提出鉴定测试建议、处理建议或是否适用禁止令。为保持其客观中立性,调查报告中也不应当提出是否有罪、罪轻罪重的判断评价,但就采取社区矫正对其所居住社区是否有重大不良影响等,可以发表意见。

侦查机关案卷、检察机关提审笔录中也有与未成年人品行有关的证据材料信息,包括犯案原因动机、是否有自首坦白情节、是否认罪和悔罪、对受害方是否赔偿和补救等表现。

2. 品行调查主体

启动主体为公检法部门已有法律明确规定。[1] 现实中,存在的模糊点是调查主体,大多数国家的人格调查大都由社区刑罚执行机构负责,[2]笔者建议,基层司法行政部门设立审前服务机构,由其负责未成年人品行调查,任命专门调查员或委托青少年事务机构及社工协助,[3]调查结束后必须撰写统一范式的品行调查报告。理由在于:

一是保持司法公正中立,避免多头主体参与造成司法资源浪费。根据目前我国法律规定和司法实践,可以选择成为品行调查报告制作主体的,包括司法行政机构、检察官、法官、侦查人员、辩方及社会团体组织。现代司法制度要求司法官独立、"超然",而品行调查的要求却是一种介入姿态,由于公检法办案人员、律师等承担不同职能,不可避免偏重从各自需要角度收集证据,承担对未成年人调查、帮教、回访等职能,"难免会使人产生先入为主的忧虑,这种介入的姿态与控辩式诉

[1] 2012 年修订的《刑事诉讼法》第 268 条。

[2] 如在美国人格调查由专门审前服务和缓刑机构进行,该机构共有 373 个办公室,7756 名工作人员,主要为保释提供风险评估,为联邦法官初审决定是否准许保释时作为参考;英国设有"保释情报组织",调查犯罪嫌疑人相关情况,提供给法官保释裁决时参考使用。

[3] 有条件地区可以从共青团、工会、妇联、基层司法局(所)等组织和部门中挑选建立一个相对固定的社会调查员人才库,必要时使用心理学或精神病学的人员、机构。如上海检察机关未检部门提前介入早帮教,通过司法机关信息通报机制及时了解未成年人案发情况,对于符合观护条件的涉罪未成年人,推动公安机关及时联系青少年社工站等观护机构,尽早成立帮教小组。又如 G 省 Z 市中级人民法院对外地未成年被告人均未进行社会调查,而是通过与 G 省精神卫生研究所、Z 市某心理咨询有限公司合作在少年庭成立专门的心理测评室,运用多种形式的心理测评为裁判提供科学参考,也为判后对未成年犯进行个性化矫治提供客观依据。

讼模式难免有不协调之感”。[1] 而司法行政机构具有独立性,能够保证调查客观公正。[2]

二是目前我国基层司法行政机构组织已经较为健全,人员配备到位,人员通常为具有一定法律素养、丰富基层工作经验,了解所在区域内社会状况,符合品行调查的专业性要求。正是基于这些考虑,大部分地区都首先考虑司法行政机关。[3] 当然,作为专门调查员,今后应当选拔兼具法学、心理学、社会学等基础知识的人才,并通过严格的职业资格认证考试后,司法行政部门方可任命。[4] 此外,可以在社区、法学院校、医疗机构招募志愿者,作为辅助人员配合专门调查人员工作。

三是有利于罪错未成年人尽快矫治回归。司法行政机构是社区矫正的责任主体,被调查的未成年人回归社会后,仍然由基层司法行政机构负责监督考察。基层司法行政机构作为品行调查主体,可以帮助其提早全面掌握、了解犯罪原因、罪中表现等,有助于在今后社区矫正中有针对性地开展帮教、挽救工作,使未成年犯罪嫌疑人刑事处遇与社区矫正实现有机对接。[5]

3. 品行证据调查的程序规则

所谓“程序不过是‘正义的蒙眼布’,程序是司法的正义给自己绑上的蒙眼布,是‘刻意选择’的一种政治与伦理‘姿态’”。[6] 为保护未成年人之身心健康和减少司法程序对其之负面影响,品行调查应当明确为未成年人刑事案件的前置程序。

(1)调查时限

立案当日侦查机关应向司法行政部门审前服务机构通报案件概况,审前服务机构即可以开始调查活动。调查应当限定时限,参照美国青少年司法和犯罪预防

---

〔1〕 邓君韬、张照涓:“未成年人刑事案件社会调查制度之思考”,载《青少年犯罪问题研究》2006年第3期。

〔2〕 德国少年法院救助站可以向法院提交减轻少年刑事责任的社会调查报告,并且在整个程序中承担着对少年的照顾义务,但是它并不是少年的法定代理人和监护人,也并非类似于辩护人的角色。少年法院救助站作为公正、无偏颇的辅助机关,依据专业精神独立从事对少年个人情况的社会调查。

〔3〕 如北京市门头沟区人民法院就聘任本地司法局的司法助理担任固定社会调查员,上海市闵行区检察院与区预防办、区司法局签订《关于加强对非沪籍监外执行未成年人观护与安置帮教衔接工作的暂行办法》,明确对矫正帮教情况良好的来沪未成年人,移交区司法局进行安置帮教。

〔4〕 美国设置了隶属司法部的保护观察所,并从取得社会福祉、特殊教育、刑事学、心理学、社会学等硕士学位以上人选中挑选保护观察官从事量刑调查事务。

〔5〕 最高人民法院、最高人民检察院、公安部、司法部于2012年1月10日下发的《社区矫正实施办法》第9条:司法所应当为社区矫正人员制定矫正方案,在对社区矫正人员被判处的刑罚种类、犯罪情况、悔罪表现、个性特征和生活环境等情况进行综合评估的基础上,制定有针对性的监管、教育和帮助措施。根据矫正方案的实施效果,适时予以调整。(司法部社区矫正管理局郭健处长在中国政法大学刑事诉讼法修改高级研修班的讲座上指出:该文件应为“具备司法解释性质的规范性文件”,该文件中的社区矫正限于刑罚执行环节,但笔者认为文件规定的相关做法有重要导向价值)

〔6〕 冯象:《政法笔记》之“正义的蒙眼布”,江苏人民出版社2004年版,第149页。

咨询委员会的做法,对于未成年人被羁押的,必须在5日内完成调查,未成年人未被羁押的,应在10日内完成调查。检察机关侦监部门受理案件后,可以当日向审前服务机构提出移交品行证据调查报告,审前服务机构必须在接到请求之日起3日内,向侦监部门提交调查报告,因存在不可抗力事由的,最迟必须在审查逮捕决定作出前提供。无法进行社会调查的或无法在规定期限内提供社会调查报告的书面说明等材料应当移送人民检察院。

(2)调查方式多样化

审前服务机构调查过程中,根据案件不同情况,可以分别采取多种调查方式,以实地考察和面谈为主、以电话、书信、网络等其他方式为辅。到未成年人的家庭、学校、社区、工作单位、刑罚执行单位等,采取会见走访有关人员、发放未成年人人身危险性测量表等方式,也可以采取电话、观察、谈话等方式。面谈和走访必须以笔录的方式予以固定,电话、书信、网络等辅助方式也必须以书面记录的方式记载,笔录和书面记录必须完整地作为调查报告的附件提交。调查人员不应当调查未成年人所涉嫌犯罪的案件事实。

若发现确实存在人格异常等心理障碍,可以请求心理学专业机构进行心理测试,建议使用明尼苏达多项人格测验量表等。[1] 针对未成年人与违法犯罪成因相关的心理状况,心理评估师要制作正式的测试评估报告,报告由心理成熟状况结论、犯罪行为心理成因及再犯可能性高低三部分构成,为评价未成年人主观恶性、社会危险性和心理矫治康复的成功概率,提供重要的参考依据。

外地未成年人也应毫无例外地获得同等对待。司法实践中对于户籍在异地的未成年人,通常因为调查成本高昂及社区矫正、考察的异地不便性等,而导致绝大多数外地未成年犯罪嫌疑人无法获得品行调查的权利,要以保护未成年人权益为出发点,逐步探索建立异地委托调查机制或者其他替代性机制。[2]

---

〔1〕 明尼苏达多项人格测验(Minnesota Multiphasic Per-sonality Inventory,简称 MMPI)是由明尼苏达大学教授哈瑟韦(S. R. Hathaway)和麦金力(J. C. Mckinley)于20世纪40年代制定的,量表内容包括健康状态、情绪反映、社会态度、心身性症状、家庭婚姻问题等26类题目,可鉴别强迫症、偏执狂、精神分裂症、抑郁性精神病等。是迄今应用极广、颇富权威的一种纸—笔式人格测验。该问卷的制定方法是分别对正常人和精神病人进行预测,以确定在哪些条目上不同人有显著不同的反应模式,因此该测验最常用于鉴别精神疾病。

〔2〕 2012年上海市检察院在金山、奉贤、宝山、闸北等区试点建立特殊观护基地,探索"无利害关系人担任保证人"机制,为"三无"涉罪未成年人适用取保候审措施并接受观护帮教创造条件。江苏、浙江、上海两省一市的司法行政部门曾联合签署《社区服刑人员异地委托管理协议书》,并建立起相应数据交换联网工作平台。

(3)品行证据调查报告的制作与处理

应当符合证据法定形式,调查人员不得少于两人,调查人员独立制作调查报告并签名、加盖调查单位公章,从而符合书证的法定形式要件,有条件的可以录音录像。注重保护未成年人及其家庭居住、财产、个人医学或者精神状况记录、个人隐私等合法权益。调查报告及所获取相关资料,应当参照检察业务案卷标准设密并随案归档。[1] 除非有法定理由,并经批准不得查询、摘录、复制和公开传播,不得违法向第三人或外界披露,否则按照泄露国家秘密处理。凡是披露该信息可能造成犯罪嫌疑人或其他人人身等损害,若从公正良知上判断,超出其纳入案件审查可能形成的诉讼利益时,不能纳入品行调查报告,或即使纳入,检察机关也不能作为品行证据进行审查。

涉罪未成年人的律师向检察机关提交涉罪未成年人的社会调查材料的,不得以主体不合法为由拒绝接受或予以排除,可以作为律师意见处理,经审查后,应当在审查逮捕意见书中,就采纳与否及理由作出阐释说明。[2]

4. 品行证据的属性分析

司法实践中对品行证据地位的认识,存在较大分歧。有人认为品行调查报告是一种专家证据,[3]有人认为它是一种特殊的证人证言,[4]有的司法解释规定其仅仅是“办案和教育的参考”。[5] 笔者认为,品行证据当然属于我国刑事诉讼法上的证据,因为刑事诉讼有天然吸入更多有价值证据材料的诉求,[6]对于证据资格要求不高,只要能够证明案件事实且符合法定三性要求即可,至关重要的是一定接受公开、透明的审查、质证、认证,“两高三部”2010年《关于规范量刑程序若干问题的意见(试行)》中“社会调查报告作为量刑证据”做法,[7]实质上变相承认了社

---

[1] 2012年修订的《人民检察院刑事诉讼规则》第502条规定:人民检察院办理未成年人刑事案件过程中,应当对涉案未成年人的资料予以保密,不得公开或者传播涉案未成年人的姓名、住所、照片、图像及可能推断出该未成年人的其他资料。

[2] 2012年修订的《人民检察院刑事诉讼规则》第309条第2款规定:辩护律师提出不构成犯罪、无社会危险性、不适宜羁押、侦查活动有违法犯罪情形等书面意见的,办案人员应当审查,并在审查逮捕意见书中说明是否采纳的情况和理由。

[3] 未成年人社会调查报告具有相关性、专业性和科学性、应用性,属于专家证据。社会调查员应当出庭质证,接受双方当事人的询问。法官应当结合其他证据对5报告6的可信性进行审查,并综合全案对其证明力大小作出判断。罗芳芳、常林:“《未成年人社会调查报告》的证据法分析”,载《法学杂志》2011年第5期。

[4] 王蔚:“未成年人刑事案件中社会调查报告的证据法属性”,载《少年司法》2010年第1期。

[5] 2012年修订的《人民检察院刑事诉讼规则》第468条。

[6] 《刑事诉讼法》第48条规定:可以用于证明案件事实的材料,都是证据。

[7] 该意见第11条规定:“人民法院、人民检察院、侦查机关或者辩护人委托有关方面制作涉及未成年人的社会调查报告的,调查报告应当在法庭上宣读,并接受质证。”

会调查报告的证据属性,因此品行调查报告同样可作为审查逮捕环节评估羁押必要性或社会危险性的必备要素。

至于归类于何种法定证据,实然不必拘泥于单一的证据形式,可以根据其表现形式或证成上作用力最强部分的特征来确定,不仅是以书证形式出现,还可以包括鉴定意见、专家意见、[1]言词证据、视听资料、电子数据等,法律规定上预留的空间足够大,司法实务部门可以进一步探索后再在立法上确定。[2]

5. 品行证据的审查评估

检察机关审查逮捕中应当结合其他证据,对品行证据的可信性、记载内容、证明力进行审查,必要时可以进行补充调查。品行证据的证明过程具有模糊诠释功能,针对内容、证明力非预定的特点,检察官通常不能追求条分缕析地刻画事实,因为这是很难做到的,而要着眼于事实的整体特征和主要方面,对需要证明的不连贯部分加以综合归纳,从整体上驾驭、把握、领悟证据集合的证明方向、证明力,融合各种证据,使之触类旁通地形成高度概然性的证明强度以判断,用近似的方式勾勒事实轮廓、估测事实的最大可能性,证成相对精确的结论。

(四)明确规定评估内容,增强可操作性

刑事处遇个别化是违法行为责难个别化和诉讼风险预防个别化的统一,品行证据引入逮捕审查,用于未成年人社会危害性、社会危险性的评估,不仅着眼于已然之罪的危害,还包括犯未然之罪的可能性。社会危害性主要是涉罪情况,即犯罪类型、犯罪性质、犯罪形态、犯罪情节、主观恶性大小、在犯罪中作用地位、作案次数、作案频率等;[3]社会危险性主要是涉及再犯可能性和诉讼风险的情况,具体包括刑事责任年龄、个人一贯表现、心理状况、身体状况、受教育状况、居住就业状况、违法犯罪记录、认罪悔罪等情况。

---

[1] 犯罪案件中进行科学调查存在两种倾向:一是倾向于活用医学(特别是精神医学)、心理学的知识,并利用其方法论。这种倾向试图通过分析诊断未成年人及其父母、同胞兄弟姐妹及其他近亲属的个性、精神条件,以析清未成年被告人犯罪行为与生理精神状况之间的因果关系,如利用染色体来解释暴力,尤其是某些特殊形态的男性暴力。二是来自于社会学的方法进行调查,试图通过分析未成年人周围的人际关系、生活环境及一般社会条件,将未成年人放在亲属、邻里或社区、学校、工作、同伴这五种制度性领域(institutional sphere)所形成相互关系的角色中来进行研究,如计量危险测定法,是普遍调查与违法犯罪行为具有关联性的内外部因素,通过确定各因素是否具有危险,综合测定未成年人危险性的方法,每个因素的份量由犯罪统计确定。

[2] 上海市检察机关是少数列明品行证据规则的实务部门之一,2011 年上海市人民检察院下发《关于加强未成年人检察工作的意见》第 10 条(品格证据)规定:充分发挥社会调查报告、心理测试报告等品格证据在办理未成年人案件中的作用,配合法院建立社会调查报告庭审调查和采信规则;积极探索与有关专业机构开展未成年人心理测试工作。

[3] 一般而言,严重危害人身安全的暴力性犯罪、故意犯罪、集团犯罪、法定刑高犯罪所具有的社会危害性相对严重。

品行证据的表面审查包括:是否具备依照法定程度收集,如调查员资格及是否得到正当制空权,调查过程是否依照程序进行,是否附带制作调查报告所依据的全部笔录、记录等材料;证据与待证事实关联度的确定性,如品行调查结论所依据的事实材料是否充分、是否真实可靠,所依据专门知识的可靠性或是否系该专业领域权威性的学说;证据是否依法保管移送等。

(1)设置评估风险等级,准确论证逮捕必要性

运用辩证思维和经验法则,扬弃品行证据相当程度的直观模糊性,专门制作《未成年犯罪嫌疑人非羁押措施可行性评估表》,综合评估未成年人的犯罪行为、品行证据、社会帮教条件等,在分别打分基础上综合量化评估,进一步论证、分析各项评估项目的证据价值,从而得出的评估值,归入高、中、低三个风险等级的分值范围。对评估值系风险低的,应当坚决不逮,例如实施轻微犯罪行为的未成年人;评估值系中等风险的,要慎重对待,经过全面考察、论证,从实现未成年人利益最大化角度出发,努力创造条件,控制与克服诉讼风险,能不捕的坚决不捕,如人格缺陷之未成年人可以不予逮捕,将之交付可强制治疗机构或社区矫正组织;对评估值系风险高的,应坚决作出逮捕决定。《审查逮捕案件意见书》对逮捕必要性说理中对品行证据评估进行论证。品行证据作为司法裁判的依据,应当遵循理性证明之要求,在论证中不能给予品行证据以鲜明的道德色彩和个人感情色彩。

(2)构建三角诉讼结构的听证程序,提高程序参与性

检察机关认为有必要时,可以决定举行听证会。听证会由检察官主持,侦查人员、未成年人及其监护人或辩护人、审前服务机构调查人员、被害人及其诉讼代理人参加,听取各方关于品行证据采纳、采信的意见,对于争议点各方可以进行辩论。听证可以在本院司法办案区进行,也可以在看守所内进行,必要时通过使用远程视频讯问系统等方式,当面听取在押未成年人的意见。应当制作听证笔录,由参加听证的人员签字或盖章,审查逮捕意见书应就听证中关联证据的证明力进行论证说明。

(3)建立捕后风险跟踪观察机制、羁押必要性审查机制

探索对捕后仍处侦查阶段的未成年犯罪嫌疑人开展羁押审查工作,作出逮捕决定后继续跟进考察,若符合法定条件,由检察机关发出检察建议,要求公安机关变更强制措施。[1] 检察机关作出不捕决定,应及时告知审前服务机构,审前服务

---

〔1〕 上海市检察院于2013年发布《上海市检察机关关于羁押必要性审查工作的规定(试行)》。案例:2012年S市X区院办理李某等4名台湾籍未成年人抢劫案初期,鉴于案情、四被告人家庭情况及被害人态度等状况,对4人作出批准逮捕决定,后经过深入4人家庭、学校,落实监护条件,引导他们与被害人化解矛盾,达成和解的情况,适时对4人变更强制措施纳入观护帮教,并向法院提出适用缓刑及禁止令,得到法院支持。目前,有两人顺利通过高考进入大学深造,此案的办理也受到了4名被告人学校、市台办等部门的高度赞扬,实现了法律效果与社会效果的统一。

机构应当跟踪考察罪错未成年人的日常表现、有无恶劣表现、再次违法或犯罪等情况，以上可以作为品行证据，供在起诉、审判时使用。[1] 考察中出现法定应当逮捕的情形，应当及时通知有逮捕权限的检察机关，经依法审查，符合法定情形的立即作出逮捕决定。

四、结语

品行证据作为检察机关实务中的新生事物，已经取得了一定的成效，今后应摒弃成年社会角度片面控制少年犯罪的思想，有效合理地均衡调和未成年人犯罪"报应惩罚与教育挽救"、"社会安全正义与犯罪人矫治康复"的二律背反原则，以最大化保护未成年人利益为原则，配合推行恢复性司法，教育挽救罪错未成年人。同时，反对采取凡是未成年人案件均一概从轻处理，引入品行证据规则，修正实务中证据规则规范性不足的缺陷，科学评估不同未成年人之间行为危害性、人身危险性及主观恶性，实现未成年人刑事处遇个别化，合理有效实现刑事诉讼公平正义之最终价值。

---

〔1〕 案例：某区检察院在办理未成年犯罪嫌疑人陈某抢夺一案时发现，陈系外来人员，犯罪情节轻微，且具有取保候审条件，遂在作出相对不捕决定的同时，委托某市阳光社区青少年事务中心某区工作站指派一名青少年社工（居住地所在街道）作为合适成年人跟进，共同参与不捕考察帮教。通过社工的帮教工作和心理疏导，陈不仅认识到自己的罪行的社会危害性，表示要痛改前非，其心理、行为也得到了较好的矫正，还因为工作努力被单位评为先进个人。因其在帮教期间表现良好，该区检察院院对其作出了相对不起诉决定。

检察机关参与民事公益诉讼研究

王 辉 韩 荣*

新《民事诉讼法》(以下简称"新民诉法")第55条规定:"对污染环境、侵害众多消费者合法权益等损害社会公共利益的行为,法律规定的机关和有关组织可以向人民法院提起诉讼。"检察机关参与民事公益诉讼,可以通过创新工作,审慎办案,逐步规范民事公益诉讼的程序机制,在司法实践的基础上进行总结提高,循序渐进地完善民事公益诉讼制度。本文以探讨民事公益诉讼内涵为起点,考察检察机关参与民事公益诉讼法律路程和实践障碍,进一步明确检察机关参与民事公益诉讼的地位、职权和案件类型,对检察机关参与民事公益诉讼程序构建作进一步的设想。

一、检察视域中的民事公益诉讼内涵

公益诉讼是指特定的机关、社会团体,根据法律授权,对侵害公共利益的不法行为,向法院提起诉讼并由法院依法追究其法律责任的活动。在我国,对公益诉讼中的公共利益的界定有多种解说[1],笔者认为,在本文所研究的检察机关参与民事公益诉讼领域中,公共利益是指广义范畴中的公共利益,不仅包括国家利益、社会公共利益,也包括特定群体的公共利益。

何谓民事公益诉讼?有学者认为"民事公益诉讼的概念是,在民事经济生产关系中,行为人违反了相关民事、经济法律规定,侵害了国家利益、社会公共利益或不特定多数人的利益,由法律授权的特定国家机关、社会团体、个人以各自的名义向法院提起民事诉讼,由法院追究违法者法律责任的活动"。[2] 依据新民诉法规定,笔者认为本文研究的检察视域中的民事公益诉讼,是指检察机关民事行政检察

* 王辉:江苏省徐州市人民检察院民事行政处副处长。
韩荣:江苏省徐州市人民检察院民事行政处助理检察员。

〔1〕 有学者认为,公共利益是抽象的范畴,涵盖国家、集体利益和个人利益;有学者认为,公共利益是针对某一共同体内的少数人而言的,客体对该共同体内的大多数人有意义;有学者认为,公共利益是将社会利益包括在内的,而非单指国家利益。

〔2〕 颜运秋:《公益诉讼理念研究》,中国检察出版社2002年版,第131页。

部门（以下简称“民行部门”），依法定职权，对违反相关民事、经济法律规定的侵害公共利益的行为，向法院提起民事诉讼，由法院追究违法者法律责任的诉讼活动。

二、检察机关参与民事公益诉讼的法律实践

（一）检察机关参与民事公益诉讼的法律路程

我国关于检察机关参与民事公益诉讼的最早规定是1949年的《中央人民政府最高人民检察署试行组织条例》，该条例规定：“最高人民检察署受中央人民政府委员会之直辖，直接行使并领导下级检察署行使下列职权：对于全国社会与劳动人民利益有之民事案件，均得代表国家公益参与之。”1951年的《中央人民政府最高人民检察署试行组织条例》第3条第6款规定：“最高人民检察署受中央人民政府之直辖直接行使并领导下级检察署行使下列职权：第六项，代表国家公益提起有关全国社会和劳动人民利益之重要民事案件及行政诉讼。”《各级地方人民检察署组织通例》第2条第6款也规定了地方各级检察机关具有同样的职权。1954年的《中华人民共和国人民检察院组织法》第4条规定，检察院有权提起涉及国家和人民利益的重要民事案件的诉讼。1957年最高人民法院制定的《民事案件审判程序（草稿）》第1条规定，人民检察院对于国家和人民利益的重要案件，也可以提起诉讼。虽然建国初期我国就建立了检察机关提起公益诉讼制度，但是在经过文化大革命之后，关于是否设立公益诉讼制度，在20世纪80年代制定民事诉讼法时就曾发生了激烈争论，最终反对的观点占了上风。[1] 1982年《中华人民共和国民事诉讼法（试行）》和1991年4月通过的《中华人民共和国民事诉讼法》都未对检察机关提起公益诉讼做出明确规定。直至2012年民诉法修订，检察机关参与民事公益诉讼才有了明确的法律依据。

（二）检察机关参与民事公益诉讼的实践障碍

近年来，随着越来越多的侵害公共利益事件的发生，公益诉讼已成为社会关注的热点。“虽然我国现实践中，国有资产流失、环境污染等问题日益凸现，关乎老百姓利益的一些部门随意涨价、部门利益至上、垄断经营等失信于民的行为时有发生，严重侵害了社会公共利益，但由于制度的缺失，使检察机关在公益诉讼中处于十分尴尬的地位。”[2]

1. 诉讼资源的匮乏。检察机关参与民事公益诉讼，进行公益诉讼活动自然需要一定的司法资源。但是，我国检察机关尤其是基层检察机关的民行部门，办案力量不足，专业性骨干人才匮乏，一些检察官执法办案水平有待提升，审查证据、释法说理能力有待提高。虽然新民诉法规定检察机关民行部门有调查权，但是实践中

---

〔1〕 齐树洁、郑贤宇：“我国公益诉讼的困境与出路”，载《中国司法》2005年第3期。

〔2〕 黄辉明：“民事公益诉讼的原告资格与激励机制思考”，载《法治与经济》2012年第5期。

的经费保障不力却在一定程度上制约检察工作的开展。同时,检察机关参与公益诉讼会增加成本费用,如何利用有限检察资源办理民事公益诉讼案件有待我们探讨解决。

2. 参与方式的限制。实践中,检察机关参与民事公益诉讼的最主要的方式是提起抗诉。提出抗诉,是一种事后监督方式。但是,侵害公共利益的行为并非都发生在诉讼环节。所以,要更加有效地保护公共利益,法律监督应当保有可随时进行的状态。这种事后监督显然达不到这种要求,并且与宪法对检察机关的职能定位不协调,造成法律监督实效不强。

3. 诉讼角色的困顿。民事诉讼是法院解决民事纠纷的一种法律机制,法官处于居中裁断的地位,而作为争议双方的自然人、法人等社会个体则具有平等的法律地位。但是,当检察机关参与到诉讼程序中时,"法官往往在处理案件时要更加谨慎,这样原、被告双方与法院之间形成一个稳定的三角形的结构模式,检察院参与诉讼时,无论是支持原告还是被告,都将打破原被告双方间的平等格局,破坏诉讼活动的公正性"。[1] 所以,检察机关提起民事诉讼,作为一种外在因素介入民事领域,势必与这种传统的法律观念及诉讼模式相冲突。[2] 如果检察机关不能摆正自身的地位则极易卷入到当事人相互对抗的民事诉讼之中,使对方当事人认为检察机关在帮助一方与自己打官司,这就会对国家司法机关的公正性产生怀疑。[3]

4. 工作重心的偏离。在我国,大部分检察机关内部工作重心偏重于提起刑事公诉,对民事公益诉讼还不够重视。刑事诉讼法赋予了检察机关提起刑事附带民事诉讼的权力,肯定了检察机关在提起刑事公诉时的原告资格,但这也仅限于刑事附带民事诉讼领域。因此,在新民诉法实施前,由于长期诉讼惯例以及相关法律的规定,部分检察机关熟悉于提起刑事公诉而不熟悉甚至忽视提起民事公益诉讼,这种工作的惯性和思路都是对开展民事公益诉讼的较大阻力。

三、检察机关在民事公益诉讼中的地位和职权

(一)检察机关在民事公益诉讼中的地位及优势

新民诉法规定民事公益诉讼的提起主体包括"法律规定的机关和有关组织",但具体该如何界定,目前说法不一:有学者认为目前只有海洋环境监督管理权的部门的公益诉讼主体资格由《海洋环境保护法》做出了明确规定,其他国家机关及社会团体的公益诉讼的主体资格,法律未作明确;有学者认为民事公益诉讼的提起主体包括行政机关、检察机关和其他法定的机关。笔者认为,检察机关作为法律监督

---

[1] 黄松有:"检察监督与审判独立",载《法学研究》2000 年第 4 期。

[2] 钱渊:"检察机关介入公益诉讼方式之选择",载《政治与法律》2007 年第 5 期。

[3] 王利明:《司法改革研究》,法律出版社 2000 年版,第 496 页。

机关,其参与民事诉讼不仅要履行法律监督职能,还要履行维护公益的职能。也就是说,检察机关参与民事公益诉讼的目的是利用其所享有的参与民事公益诉讼的权力,从程序上和实体上维护公益。检察机关作为民事公益诉讼的提起主体具有独特的优势:能够避免行政机关利用行政权维护公益时易产生行政权滥用的弊端,从而有效保护公益;能够充分利用民诉法赋予的调查核查权,更容易克服诉讼中的技术性障碍和取证难的问题;能够利用自身的法律掌控优势,为公益的社会管理提供创新平台,为公益取得更加有力的政策支持和保护能量。

(二)检察机关参与民事公益诉讼的职权

1. 一般职权。检察机关在公益诉讼中,亦应当享有其在普通民事诉讼中享有的一般权力,如调卷权、阅卷权、出席庭审权、免交诉讼费用等。以调卷权和阅卷权为例,其是检察机关正确履行抗诉职能的前提和基础。如果检察机关在参与民事公益诉讼时,只能审阅当事人的申诉书和询问申诉人,不能行使调卷权和阅卷权,其就很难发现法院的裁判是否有错误,也就难以得出准确结论。再以免交诉讼费用为例,检察机关提起民事公益诉讼是为了维护公共利益,属于履行法定职权的行为。因此,不管检察机关胜诉或者败诉,国家都应当承担相应的诉讼费用。不过,如果维护的公共利益使个体受益,可以由该个体承担相应的费用,具体如何划分,则应当由司法解释进一步作出详细规定。

2. 调查核查权。新民诉法赋予检察机关民行部门具有调查核查权〔1〕,那在检察机关参与民事公益诉讼时亦应当具有调查核查权。对于检察机关民行部门立案后监督的民事公益案件,检察机关为了查清案件事实,维护公共利益,可以进行调查,收集证据,证明案件事实。其中,检察机关民行部门调查的手段,可以包括询问当事人、证人,收集书证和物证和有关证据,进行鉴定、勘验、询问与案件有关的人等。

四、检察机关参与民事公益诉讼的案件类型

(一)确定案件类型的基本原则

1. 适度原则。检察机关参与民事公益诉讼,能够激发职权部门的公益维护意识,引领其他社会组织开展维护公益行动,能够通过个案所直接维护的公益不受侵害。但是,对于公共利益的维护,检察机关提起公益诉讼并不是唯一救济途径,也不一定是最有效的救济方法。客观上,公益诉讼范围广泛,但检察机关自身力量有限,难以参与全部民事公益诉讼,这要求其根据现实公益维护实际、检察机关可承受能力及社会公众的观念来确定,并且各地要因地制宜,具体问题具体分析。

---

〔1〕 民行检察中的"调查核实权",是指依据法律规定检察机关享有的对民事诉讼及其裁判执行中的违法行为进行调查并提出处置建议的权力。

2. 重大危害原则。检察机关参与民事公益诉讼,应当以案件的重大危害为原则。一是受害人数众多、地域范围广泛(包括跨越不同省、市等行政区域)的案件;二是社会影响恶劣(如被新闻媒体报道、影响恶劣等)的案件;三是侵权人是集团公司或者有其他社会背景,势力强大,公民、公益团体起诉难以胜诉的案件;四是侵害国家利益和国有资产经营安全的案件;五是在一定历史时期需要在法律上给予特殊保护的案件。[1]

3. 补充救济原则。检察机关参与民事公益诉讼,是建立在公益受侵害、但无人起诉或权利主体不便起诉的基础上。对于无人起诉的侵害公益案件,检察机关在接到群众举报或者自行发现案件线索后,应当提起民事公益诉讼。但受侵害的公益权利人可以自行起诉进行权利救济时,只有在权利人自行起诉不经济或者有其他困难时,检察机关才能提起公益诉讼。

(二)案件的基本类型

1. 环境污染案件。关于环境污染的范畴,在《环境保护法》、《大气污染防治法》、《水污染防治法》、《海洋环境保护法》、《固体废物污染环境防治法》等法律,以及《放射防护条例》、《工业"三废"排放试行标准》、《农药安全使用条例》中都有规定。新民诉法没有明确规定环境污染的具体标准,笔者认为可以参照国家环境保护局于 1987 年 9 月 10 日发布的《报告环境污染与破坏事故的暂行办法》第 5 条[2]的标准来执行。

2. 侵害众多消费者合法权益案件。新民诉法尚未对侵害众多消费者合法权益的案件作出明确规定。在实践中,此类案件主要包括:(1)损害公共利益的产品质量案件或侵害消费者权益的案件。这些案件直接损害了众多消费者的合法权益,但是在依靠受侵害的消费者个体来控诉、阻止和惩戒不法商业行为的传统诉讼模

---

〔1〕 潘申明:"比较法视野下的民事公益诉讼——兼论我国民事公益诉讼制度的构建",华东政法大学 2009 年博士学位论文。

〔2〕《报告环境污染与破坏事故的暂行办法》第 5 条:"(一)一般环境污染与破坏事故。由于污染或破坏行为造成直接经济损失在千元以上、万元以下(不含万元)的。(二)较大环境污染与破坏事故,凡符合下列情形之一者,为较大环境污染与破坏事故:1. 由于污染和破坏行为造成直接经济损失在万元以上、5 万元以下(不含 5 万元);2. 人员发生中毒症状;3. 因环境污染引起厂群冲突;4. 对环境造成危害。(三)凡符合下列情形之一者,为重大环境污染与破坏事故:1. 由于污染或破坏行为造成直接经济损失在 5 万元以上、10 万元以下(不含 10 万元);2. 人员发生明显中毒症状、辐射伤害或可能导致伤残后果;3. 人群发生中毒症状;4. 因环境污染使社会安定受到影响;5. 对环境造成较大危害;6. 捕杀、砍伐国家二类、三类保护的野生动植物。(四)特大环境污染与破坏事故。凡符合下列情形之一者,为特大环境污染与破坏事故:1. 由于污染或破坏行为造成直接经济损失在 10 万元以上;2. 人群发生明显中毒症状或辐射伤害;3. 人员中毒死亡;4. 因环境污染使当地经济、社会的正常活动受到严重影响;5. 对环境造成严重危害;6. 捕杀、砍伐国家一类保护的野生动植物。"

式下,不当经营行为难以得到有效遏制,众多消费者的合法权益无法得到有效保障。因此,检察机关参与民事公益诉讼会是一个现实而有益的选择。(2)垄断行为。垄断行为侵害了消费者对垄断产品的选择权和对相关竞争性产品和服务的选择权;垄断企业封锁经营信息,侵害了消费者的知情权和监督权;垄断提供的产品和服务的质量、价格侵害了消费者的公平交易权;垄断的价格歧视行为侵害了消费者的平等权。新民诉法把侵害众多消费者合法权益案件纳入民事公益诉讼,笔者认为垄断类型的案件亦可由检察机关提起。

3. 其他侵害社会公共利益案件。(1)公害案件。公害是指以因环境受到污染甚至破坏,而使人的健康或财产发生具体的损害。根据构成公害的环境污染的物理性质,公害可以分为:因大气污染引起的损害、因水质污染引起的损害、因土壤污染造成的损害、因噪音污染引起的损害、因振动引起的损害、因地面下沉引起的损害、因恶臭引起的损害。〔1〕如果检察机关发现或者受理以上类型案件,亦可提起民事公益诉讼。(2)重大的自然资源破坏、公共设施损坏案件。我国是一个发展中国家,目前还处在一个经济快速发展的阶段,在这个经济发展过程中,我国的自然环境遭受了很大破坏,为了能保护我们脆弱的自然资源,我们有必要将重大的破坏自然资源案件纳入检察机关提起民事公益诉讼的范围。〔2〕当我国的森林、草原、水资源等自然资源遭到严重破坏,而这些资源的权属不明确,无人可以进行权利救济时,或者,受破坏的自然资源的管理者由于特殊原因没有积极寻求权利救济时,检察机关就应有提起民事公益诉讼的权力。(3)国有资产流失案件。〔3〕在国有资产流失案件中,除了行使直接管理国有资产职责的主体有权提起诉讼,其他社会个体则不具有提起该类诉讼的权力,只能由检察机关提起相关的民事公益诉讼。

五、检察机关参与民事公益诉讼的制度构建

检察机关参与民事公益诉讼是全面实现法律监督权的要求,也是构建社会主义和谐社会的重要手段。在拥有法律依据和现实条件的基础上,检察机关参与民事公益诉讼已然是社会所需。目前,关键是研究如何构建具体制度,以便更好地指导检察机关参与民事公益诉讼实践。

(一)检察机关参与民事公益诉讼制度构建的基本原则

1. 程序特殊性与安定性相结合。“秩序是为生活的安定和安全而设置,所以,

---

〔1〕《日本环境基本法》将大气污染、恶臭、噪音、水质污染、振动、土壤污染和地基下沉七种污染所带来的损害定义为“公害”,合称为“七大典型公害”,学界对此亦予以认同。

〔2〕吴小隆:“公益诉讼研究——从比较民事诉讼法的角度”,中国政法大学2003年博士学位论文。

〔3〕国有资产流失案件具有很多类型,较为常见的是国有资产在侵占、移转类的故意犯罪或渎职犯罪中流失;国有资产在有关主体怠于行使权利中流失;国有资产在企业改制、合并分立、关联交易等过程中以低价转让、合谋私分、擅自担保等方式流失。

研究法律活动,其核心仍在于突出其安全价值。"[1]首先,检察机关参与民事公益诉讼,应当在当前我国的民事诉讼的程序内进行,以保证程序的安定性。其次,检察机关参与民事公益诉讼也应当保持一定的特殊性,以更好地促进民事公益诉讼案件的办理。

2. 公益性与必要性相结合。检察机关参与民事公益诉讼,只能是在违法行为侵害了公共利益,而诉讼主体又不确定或缺失,或怠于行使诉权的情况下,才能提起公益诉讼。这里应当强调的是,并不是所有损害国家利益及公共利益的案件都需要提起公益诉讼,检察机关在决定是否提起公益诉讼前还应进行必要性的衡量,这种必要性的一个主要衡量标准应是公共利益是不是受到了严重的损害,否则就会导致公权力对市场经济和市民生活的过分介入,影响私权自治与国家干预的平衡,从而违背设立检察机关公益诉权的初衷。[2]

3. 当事人权利相平衡。检察机关参与民事公益诉讼,也就意味着国家公权力介入了民事领域。由于国家公权力相对于私权主体而言具有力量上的优势,如果我们不对公权力机关的权力加以一定限制,必然会导致民事诉讼"等腰三角形"的平衡结构遭到破坏。[3] 在民事诉讼中,当事人之间的权利应当是平衡的。检察机关以公权力介入公益诉讼,在民事公益诉讼程序启动后之后,检察机关就应改变其公权力的角色,以普通民事诉讼中的原告的诉讼地位和诉讼权利来获取案件的胜诉,以保持民事公益诉讼中的当事人地位的平衡性。

4. 禁止滥用诉权。检察机关参与民事公益诉讼,应当遵循节制原则,禁止滥用诉权。在某些地区尤其是部分基层的检察机关司法资源有限的情况下,如果检察机关不对民事公益诉讼程序的启动加以限制,容易导致公益诉权的滥用和司法资源的浪费。检察机关应当综合工作实际,把握好尺度,用有限的资源来更好地维护公共利益。

(二)检察机关参与民事公益诉讼制度构建的具体方案

1. 多方联动,拓宽民事公益诉讼案件来源。首先,加强检察机关内部的联动。在接受群众来信或者来访时,检察机关根据有关规定进行审查,认为符合本院管辖的则予以受理,转交民行部门进行审查。其次,注重办案中线索移送。检察机关在办理民行案件或在日常工作中,要注重发现并移送民事公益诉讼线索。再次,加强与法院联动。法院在每日审理的多种类型的民行案件中易发现民行公益诉讼案

---

〔1〕 鲁千晓、吴新梅:《诉讼程序公正论》,人民法院出版社2004年版,第20页。

〔2〕 刘祥林、王黎、赵芳芳、罗欣:"检察机关提起公益诉讼的价值分析与制度设计",载《法学杂志》2010年第5期。

〔3〕 潘申明:"比较法视野下的民事公益诉讼——兼论我国民事公益诉讼制度的构建",华东政法大学博士学位论文。

源。检察机关加强与法院联动,在收到法院有关民事公益诉讼的案件通知时,如果符合法定条件的,应当启动民事公益诉讼程序。最后,办理上级检察院、其他部门交办、转办的案件。对于检察机关上级部门、同级人大常委会及有关政府部门在工作中发现的应由检察机关提出的公益诉讼案件来源,检察机关可以根据民事公益诉讼的法定条件进行审查、办理。

2. 多种方式,增强民事公益诉讼的监督效果。检察机关参与民事公益诉讼,除了向法院提出抗诉外,还可以发出检察建议、支持起诉和督促起诉。一是发出检察建议。检察建议是人民检察院在办案中,针对有关单位在管理上存在的问题和漏洞,为建章立制,加强管理,以及认为应当追究有关当事人的党纪、政纪责任,向有关单位正式提出建议或向人民法院提出再审民事、行政裁判的建议。[1] 新《民诉法》第 208 条第 2 款规定:"地方各级人民检察院对同级人民法院已经发生法律效力的判决、裁定,发现有本法第 200 条规定的情形之一的,或者发现调解书损害国家利益、社会公共利益的,可以向同级人民法院提出检察建议,并报上级人民检察院备案,也可以提请上级人民检察院向同级人民法院提出抗诉。"这也就赋予了检察建议与抗诉具有同等的效力。二是支持起诉。支持起诉是指人民检察院以支持人的名义协同原告共同参与诉讼全过程,支持原告的诉讼请求,以保障原告的合法权益能最终得到法院的确认的诉讼活动。适用的范围主要是涉及国家、集体、社会公众的利益被侵害而引起的民事诉讼。新《民诉法》第 15 条规定:"机关、社会团体、企业事业单位对损害国家、集体或者个人民事权益的行为,可以支持受损害的单位或者个人向人民法院起诉。"检察机关以支持起诉的方式参与民事公益诉讼,能避免诉讼费的缴纳、败诉责任如何承担等一系列难题,易得到法院的认同。三是督促起诉。所谓督促起诉,是指针对遭受损害的公共利益,监管部门或国有单位不行使或懈怠于行使自己的监管职责,检察机关可以以监督者的身份,督促有关监管部门或国有单位履行职责,依法提起诉讼,保护国家和社会公共利益的制度。在相关权利主体不行使或懈怠于行使自己的监管职责维护受损害的公共利益时,检察机关可以以监督者的身份,督促有关权利主体履行职责,依法提起诉讼,保护公共利益。

3. 制度构建,摆脱检察机关参与民事公益诉讼的角色困顿。一是确立公益诉讼监督人和"公益公诉人"共存的角色制度。公诉权维护的是国家利益和社会利益,监督权侧重的是法制的统一性实施。由于国家利益、社会利益、法制统一性之间的相辅相成,公诉权与监督权也在有机融合,世界各国检察机关在加强刑事公诉职能的同时,也在加强民事公诉的职能。[2] 可以通过制度设计将检察机关监督民

---

〔1〕 最高人民检察院编著:《检察法律文书制作与适用》,法制出版社 2002 年版,第 726 页。

〔2〕 徐卉:《通向社会正义之路——公益诉讼理论研究》,法律出版社 2009 年版,第 192 页。

事公益诉讼与提起民事公益诉讼相分离,这样可以防止检察机关同时参与同一民事公益诉讼案件的诉讼与监督。二是确立公益诉讼当事人和“公益公诉人”共存的制度。当公益诉讼案件没有实体权利人时,即无法具体界定侵害的私权利时,检察机关参与诉讼,应当享有当事人的诉讼权利,以使双方对立的诉讼结构得以保持,使公共利益得到更有效的保护。当公益诉讼案件有实体权利人时,检察机关参与诉讼后就不再享有诉讼权利,将自己作为没有自身利害关系的“公益公诉人”,诉讼权利和实体权利由案件的实体权利人行使。

4. 规范程序,促进特殊程序的有序运转。一是调查取证程序。新民诉法赋予了检察机关调查取证权。检察机关参与民事公益诉讼,比其他参与民事公益诉讼的主体容易克服诉讼中的技术性障碍,能够在最大程度上保护公共利益。但是,在参与民事公益诉讼中,检察机关调查取证程序的启动必须按照法律和法定程序严格进行,不能滥用职权,以免造成其他私权利受损害。二是调解、和解程序。检察机关参与民事公益诉讼可以调解、和解,但调解、和解程序必须受到严格的限制。否则,容易使公共利益在讨价还价中受到损失,并且还可能导致权钱交易,滋生腐败,使侵害方获得不当利益,这样会产生更大的不公正。因此,要设定民事公益诉讼调解、和解的限定条件,如将调解、和解方案向社会公布,在得到社会的接纳后再予以确认,但是公示期会拉长办案期限。笔者认为,此程序的设计还有待我们进一步探讨,也有待司法解释加以规定。三是督促前置程序。在提起民事公益诉讼之前,检察机关应先建议被督促主体依法履行职责,如被督促主体没有履行,检察机关再行启动民事公益诉讼程序,这既能监督被督促单位及时履行职责,又能节约司法资源。四是案件筛选程序。检察机关要对民事公益案件进行分类,根据案件轻重缓急、按照规定的程序进行严格审查,有选择地提起环境公益诉讼。

5. 资源配置,为参与民事公益诉讼提供后台支撑。首先,要加强检察机关民行部门的资源配置,有效改善某些检察机关尤其是基层检察机关民行工作人员较少的问题,加大财政投入,为检察人员调查核查案件事实提供基础保障。其次,要提高民行检察人员的素质,打造具有较强释法说理能力、深厚法律理论功底和具有办案积极性与创造性的高素质人才队伍。最后,各级检察机关都要进一步开展民行检察人员培训和岗位练兵活动,有效推进民行检察队伍专业化建设,打造高素质的民行检察队伍,并紧密结合执法办案实际,切实提高民行检察人员的业务实战技能,熟悉民事公益诉讼的程序,为构建检察机关参与民事公益诉讼制度创造人才条件。

六、结语

检察机关参与民事公益诉讼是世界大多数国家通行的做法,也是我国法治化建设进程的理性选择。当前,在我国对公共利益保护的法律救济途径不畅的情况下,检察机关作为国家的法律监督机关和司法公正的维护者,有必要也有责任积极发挥监督职能,在提起民事公益诉讼领域有新的探索和作为,这是完善检察机关的法律监督权和公益诉讼制度的应有之义。

新刑诉法下职务犯罪侦查讯问面临的挑战及应策

杨　爽*

随着经济社会的发展、公民法治意识的提高，腐败问题逐渐成为公众关注的一大热点。随着网络科技的发展，部分官员的腐败案件甚至成为网络舆论的焦点。官员的腐败问题严重影响了政府的社会形象、行政的公信力以及社会的和谐稳定。如何更加有效地查办职务犯罪案件、打击贪污腐败行为，一直是法学理论界与司法实务界广泛研究讨论的问题，包括职务犯罪侦查权的配置、信息引导侦查机制的探索、侦查一体化机制的建设等。

新《刑事诉讼法》（以下简称新刑诉法）是新形势下我国社会主义司法实践成功经验的总结和提炼，推动了我国民主法制建设的创新和发展，对严格、公正、文明、规范执法提出了更高要求，其中，尊重和保障人权是新刑诉法修改的一大亮点。此次新刑诉法修改，进一步完善、细化了侦查措施、强制措施、辩护制度、证据制度及犯罪违法所得没收特别程序等规定，为职务犯罪侦查工作提供了机遇，同时也使自侦工作开展面临前所未有的挑战，尤其是通过侦查讯问突破案件的难度进一步加大。

本文从职务犯罪侦查讯问的视角，简述职务犯罪侦查过程中讯问作为一种基本侦查手段的重要性，浅析新刑诉法对侦查讯问工作带来的困难，并大胆提出了几项应对举措，以期为完善我国检察机关自侦部门办案工作提供思路和建议。

一、讯问是自侦案件基本侦查手段

讯问犯罪嫌疑人是指侦查人员为了查明案情和其他有关问题，依照法定程序，以言词方式对犯罪嫌疑人进行审问的一种侦查措施。职务犯罪侦查过程中提取的物证较少，主要依赖言词证据和文书证据。讯问犯罪嫌疑人，获取有罪供述、核实调取的证据，是每一个自侦案件必用的侦查措施和必经程序〔1〕，原因主要有以下几点：

---

* 杨爽：南京市鼓楼区人民检察院。

〔1〕 朱孝清：《检察机关侦查业务教程》，中国检察出版社 2003 年版，第 170 页。

(一)职务犯罪具有特殊性

职务犯罪的特殊性体现在以下几个方面:犯罪主体具有特殊身份,为国家工作人员或国家机关工作人员,犯罪嫌疑人的综合素质较高、反侦查能力较强;职务犯罪行为与主体的职务有密切联系,导致职务犯罪行为常被其职务行为或职权所隐藏;职务犯罪一般没有具体的受害者,导致职务犯罪案件一般不会自行暴露;职务犯罪手段具有隐蔽性,大多没有可供勘查的犯罪现场和犯罪痕迹,尤其是行、受贿案件,导致职务犯罪侦查中取证较困难,等等。职务犯罪的特殊性,导致侦查过程对言词证据依赖较大。

(二)自侦案件侦查手段有限

职务犯罪案件不同于普通刑事案件,其侦查权归属于检察机关。公安机关在查处各种侵害公民人身权利、财产权利的刑事案件时,可以借助各种技术侦查手段,全面、迅速地获取相关信息。较之公安机关,检察机关在侦查过程中技术侦查手段就局限得多了。

经过理论界及实务界多年的呼吁,新刑诉法赋予了检察机关技术侦查权,为自侦案件侦查提供了新机遇。但其对基层检察院侦查工作带来的推动作用仍是有限的:其一,技术侦查措施仅适用于重大贪污贿赂案件,根据司法解释,重大贪污贿赂案件的量化标准是涉案金额高达50万元,而基层院查办的贪污贿赂案件侦结数额鲜有高达50万元的。其二,自侦案件侦查难点在于案件的突破,即侦查工作的瓶颈期是还没有掌握确凿证据的侦查初期,此时还没有相应证据证明犯罪嫌疑人存在涉嫌职务犯罪事实,侦查工作常常会陷入困境,急需有效的侦查手段来突破,而此时一般也难以确定涉案金额。一旦确定了涉案金额高达50万元,表明已经获取了证明犯罪事实的相应证据,案件证据链条已经基本得到固定,案件侦查过程中最难的环节已经度过。其三,检察机关享有技术侦查权,但是具体的侦查措施经过严格审批之后要交由公安机关执行,在公安机关本身工作任务重、不了解具体案件的情况下,其执行效果难以保障。其四,新刑诉法关于技术侦查措施的规定比较概括,关于可以采取何种技术侦查措施,如何权衡保护公民个人隐私权与打击犯罪等问题尚不是很清楚,导致新刑诉法施行以来,技术侦查措施还鲜有实际运用于检察机关自侦案件中。

自侦案件的常用侦查手段无非就是询问证人、讯问犯罪嫌疑人、查询调取相关书证等几种。尤其对于贿赂犯罪案件,往往能直接证明行、受贿事实发生的只有犯罪嫌疑人的供述,这使讯问成为证明犯罪嫌疑人是否构成犯罪的一种关键性侦查手段。

(三)获取口供可有效提高侦查效率与质量

在侦查过程中,为了查证其中的不正当经济往来,干警们通常需要花费大量的人力、物力查询银行账户,盘查被调查人、被调查单位的财产情况。在被调查对象存在多个银行账户、交易频繁,调查时间跨度大的情况下,调取的相关银行账户交易兑账单、单位账本往往就能堆满办公桌。在毫无线索的情况下,侦查人员只能逐一审查兑账单与账本,以期发现其中可疑的交易,从而顺藤摸瓜,核查资金来源与去向,发现涉嫌违法犯罪的行为。这将耗费侦查人员大量的时间和精力,而且最终查出的嫌疑交易也不一定准确,常常需要经过进一步调查发现该笔交易存在正当理由。

如果能有效获取犯罪嫌疑人的供述,将有力提高侦查的效率和质量。通过犯罪嫌疑人的供述,可以较快掌握相关案件事实,为侦查指明方向,缩小侦查范围,可有针对性地调取相关凭证来查明案情,将节约大量的侦查资源。此外,在犯罪嫌疑人主动交代犯罪事实、配合侦查的情况下,可将调取的相关凭证反映的交易信息进一步与犯罪嫌疑人核实、印证。由于时间久远,犯罪嫌疑人一开始对犯罪事实的供述可能不是很详尽。出具相关凭证,可帮助犯罪嫌疑人回忆相关涉嫌职务犯罪的细节问题,进一步固定言词证据,细化对犯罪事实的描述,有效提高言词证据、书证间的相互印证,有力防止犯罪嫌疑人的翻供。

二、新刑诉法加大了侦查讯问难度

职务犯罪中的侦查讯问本就有一定的难度,职务犯罪的特殊性、嫌疑人特殊的身份地位,导致职务犯罪嫌疑人常怀有严重的畏罪心理、侥幸心理、抗拒心理、优势心理等心理特点,无疑加大了对犯罪嫌疑人进行讯问的难度。而新刑诉法更加关注尊重和保障人权,完善扩张了犯罪嫌疑人的辩护权,对职务犯罪侦查讯问工作提出了新的挑战,具体表现在以下几个方面。

(一)新增不得强迫自证其罪的规定

针对司法实践中存在通过暴力获取嫌疑人供述作为定案证据,造成冤假错案,引起公众质疑司法公正性、权威性的现象,新《刑诉法》第50条证据收集的一般原则中增加了“不得强迫任何人证实自己有罪”的规定,进一步强调侦查行为规范性、合法性的要求,严禁在侦查过程中以强制手段迫使嫌疑人提供可证明自己有罪的言词证据。

新增该项规定对职务犯罪侦查讯问带来的挑战主要有两方面:其一,职务犯罪嫌疑人受教育程度、文化素质一般较高,对法律赋予的权利较熟悉,不得强迫自证其罪的规定将增加犯罪嫌疑人的对抗心理;其二,讯问过程如果不采取一定的讯问技巧,不对嫌疑人造成一定的心理压力,很少有人能主动配合交代罪行,如何引导嫌疑人主动交代罪行,又不对其造成强制,是新刑诉法修改后侦查人员需要解决的问题。

(二)非法证据排除规则成为新抗辩理由

新刑诉法将排除非法证据的司法解释上升为法律规定,通过刑事诉讼法条文明确规定采用刑讯逼供等非法方法收集的犯罪嫌疑人、被告人供述应当予以排除。确定非法证据排除规则，有利于规范执法，减少刑讯逼供等不法侦查行为。但是，将存在刑讯逼供确定为排除言词证据证明资格的一种法定条件，无疑为刑事辩护方提供了一种新的对抗思路。导致目前实践中，也存在少数辩护律师在实体方面提不出有效辩护理由时，拿着放大镜查找程序瑕疵，以程序不合法为由大做文章，将侦查人员采取的合理讯问策略歪曲为非法讯问手段，以期排除用以定罪的言词证据。

（三）律师侦查阶段权利扩大

犯罪嫌疑人有权委托辩护律师的时间由案件移送审查起诉之日提前到被侦查机关第一次讯问或者采取强制措施之日。而且，辩护人除为犯罪嫌疑人提供法律帮助、代理申诉和控告之外，还可以申请变更强制措施，向侦查机关了解犯罪嫌疑人涉嫌的罪名和案件有关情况，并申请会见被羁押的犯罪嫌疑人。除三类特殊案件外，在律师提出会见申请的48小时内应安排会见。辩护律师受雇于犯罪嫌疑人，辩护律师的职责是提出犯罪嫌疑人无罪、罪轻或减轻、免除其刑事责任的材料和意见。在目前市场经济条件下，庞大的律师队伍素质层次不齐，部分律师为了达到减轻、免除犯罪嫌疑人刑事责任的目的，不惜违反职业道德，指导犯罪嫌疑人翻供、拒不供述，甚至伙同犯罪嫌疑人串供。在经验丰富的律师协助之下，犯罪嫌疑人想坦白罪行争取从轻、减轻处罚的心理将产生动摇，部分嫌疑人为逃避牢狱之灾不惜放手一搏，顽抗到底。

（四）监视居住措施的适用更规范

新刑诉法进一步完善了监视居住的适用，将监视居住定位为拘留与取保候审之间的一种强制措施，并规范了指定居所监视居住的适用。有些人认为新刑诉法增加了指定居所监视居住，将侵犯犯罪嫌疑人的权益。实则不然。之前在法律没有明文规定的情况下，许多检察机关为了突破案件，以监视居住的名义将犯罪嫌疑人羁押在指定的宾馆或办案场所，隔离犯罪嫌疑人与外界的交往，通过连续审讯不断增加犯罪嫌疑人的心理压力，更有甚者采取刑讯逼供等违法手段获取嫌疑人的有罪供述，这实则就是一种变相的、不规范的指定居所监视居住。实践中这种指定居所监视居住的做法在突破案件上效果显著，但难以保障办案的规范性，存在极大的安全隐患。为了规避实践中打擦边球的行为，新刑诉法规范了指定居所监视居住的适用条件：一是只适用于在住处执行可能有碍侦查的涉嫌危害国家安全犯罪、恐怖活动犯罪、特别重大贿赂犯罪；二是要经过上一级检察机关批准；三是不得在羁押场所、专门的办案场所执行。规范了指定居所监视居住之后，检察机关控制犯罪嫌疑人人身自由、连续讯问犯罪嫌疑人的时间最长只有二十四小时，想在二十四小时之内通过做思想工作让其主动交代罪行，基本是不现实的。

三、多策并举,促进侦查讯问工作获突破

鉴于通过讯问获取嫌疑人供述在查办职务犯罪案件中的重要性,以及新刑诉法实施后审讯面临挑战重重的情况,笔者认为可以从以下几方面多管齐下,避免侦查陷入僵局,促进侦查讯问工作获得突破。

(一)加强理论学习,正确对接新旧法律

打好理论基础,是提高打击职务犯罪能力的保障。侦查人员首先要通过多种形式及时学习、掌握新规定,严格依法查办案件,将文明、规范执法的要求贯彻到每一项工作中。尤其是在讯问过程严格实行同步录音录像、律师有权调取观看讯问录像的情况下,侦查人员切忌信口开河,说话要做到有理有据,防止自己不负责任的言词被辩护律师列为诱供等非法讯问手段。例如,不可为了获取口供,就向嫌疑人许诺主动坦白之后就放其回家或免除、减轻其刑事处罚。因为即使嫌疑人如实供述自己罪行,按照法律规定也只是可以考虑从轻处罚,而非一定可以从轻处罚。此外,全面掌握法律规定,在讯问过程中可以援引法律规定对犯罪嫌疑人进行思想教育,有利于增强说服力。例如,在嫌疑人提出新刑诉法规定了不得强迫自证其罪的时候,侦查人员应及时以《刑诉法》第 118 条之规定来应对,即刑诉法同时也规定了嫌疑人应如实回答侦查人员的提问。

(二)重视案件初查,巧妙使用证据

将反贪工作重点转移到初查上,在案件办理之初对整个案件证据链条全面谋划,力争做到在接触犯罪嫌疑人之前和律师介入之前将绝大部分关键性证据依法固定好。通过调取人口信息、车辆房产信息、工商注册信息、银行账户交易明细、单位财务账本等资料,在立案之前掌握被调查人的基本情况,排查出被调查人可能存在的职务犯罪的领域和范围,获取大量可能用以证明犯罪事实的物证、书证。讯问中,应巧妙地借助这些物证书证来突破案件。例如,对于有瑕疵、真伪不明的证据,可以采用模糊、暗示的语言使犯罪嫌疑人感知;在犯罪嫌疑人态度软化的时候,适时出示证据让其认识到坦白才能争取宽大处理;结合原生证据与再生证据,让犯罪嫌疑人认识到其串供、翻供、销毁证据、伪造证据等行为已经败露,有助于突破其心理防线[1]

(三)培训相关专业知识,提高讯问技巧

审讯过程其实是侦查人员与犯罪嫌疑人的谈判,双方都期望通过辩论、博弈获得有利于己方的结果。实践中,侦查人员多为法学专业出身,少有学过侦查专业的,突破案件常常要靠在侦查一线工作多年、经验丰富的老同志。在基层院,自侦部门培养人才还多通过“传帮带”的模式,即师傅带徒弟,由资历深的老同志通过

〔1〕 参见朱晓玉:“贿赂犯罪讯问中的证据利用”,载《中国纪检监察报》2012 年 3 月 9 日。

言传身教将经验传授给新人。一线反贪干警急需学习相关专业知识:

1. 应学习犯罪心理学。侦查人员应该了解各种类型的职务犯罪嫌疑人所具有的不同心理特征,包括犯罪嫌疑人产生犯罪动机的心理,着手准备犯罪时的心理,实施犯罪后的心理,接受讯问时的心理特征,不同性格的犯罪嫌疑人的心理特征及心理弱点。在讯问前,根据掌握的各种证据,以及犯罪嫌疑人的个人信息,如性格特征、兴趣爱好等,分析犯罪嫌疑人的犯罪心理,然后基于其不同的犯罪心理制定有针对性的讯问策略。

2. 应学习掌握肢体语言的含义。科学研究表明,在交流过程中,有65%的信息是通过面部表情、肢体语言等非语言交流方式来传递的。[1] 嫌疑人的肢体语言会在不经意间暴露出其内心的真实想法。嫌疑人在讯问过程中其心理一般会经历从试探、抗拒、犹豫到坦白的过程。侦查人员可通过嫌疑人的身体姿势、身体的动作、反常的举措等表现,抓住嫌疑人态度转变的时机,起到事半功倍的效果。

(四)熟练掌握、运用各种讯问策略方法

讯问犯罪嫌疑人的策略方法可分为一般的策略方法和分类的策略方法。一般的策略方法是指在讯问中常用的不局限于某一类犯罪嫌疑人的策略方法,包括教育攻心法、感情催化法、单刀直入法或迂回包抄法、稳扎稳打法或秋风卷席法、先发制人法或后发制人法、避实击虚法或直击要害法、引而不发法或使用证据法、利用矛盾法、暗示法、刚柔相济法等。同时,又有对不同性情的犯罪嫌疑人的讯问策略方法、不同年龄段和经历的犯罪嫌疑人的讯问策略方法、对共同犯罪嫌疑人的讯问策略方法、对有侥幸心理的犯罪嫌疑人的讯问策略方法、对有畏刑心理的犯罪嫌疑人的讯问策略方法等策略。[2] 侦查人员应熟知各种讯问策略方法,并将理论与实践相结合,在讯问犯罪嫌疑人的时候,根据具体情况,采取合适的讯问策略。

(五)侦查人员应明确区分讯问技巧与违法讯问手段

某些侦查人员错把违法讯问手段当成了讯问技巧,不仅导致获得的口供被排除,还侵犯了犯罪嫌疑人的合法权益,有时甚至还需要负刑事责任。侦查人员应明确这两者之间的差别,例如,应明确区分后果警醒讯问法与非法威胁讯问法、利益诱惑讯问法与引诱讯问法、事实迷惑讯问法与欺骗讯问法、逻辑推理讯问法与指供讯问法、态度刺激讯问法与侮辱人格讯问法等。[3] 在讯问的时候,一方面要尽可能在有限的讯问时间内挖掘出有价值的信息,使侦查工作取得突破;另一方面应该密切注意侦查手段的合法性,确保获取的嫌疑人供述可作为证据使用。

---

[1] 王梓丞:"肢体语言在审讯中的应用",载《法庭科学》2012年第1期。

[2] 详见朱孝清:《检察机关侦查业务教程》,中国检察出版社2003年版,第180~190页。

[3] 参见赵东平、祝光红:"职务犯罪侦查五种高效讯问法(上)",载《中国检察官》2009年第2期。赵东平、祝光红:"职务犯罪侦查五种高效讯问法(下)",载《中国检察官》2009年第3期。

四、结语

反腐倡廉任重而道远,能否有效打击职务犯罪也成为检察机关面临的严峻考验。笔者期望检察机关能以此次新刑诉法修改为契机,把握机遇,迎接挑战,通过加强学习培训、重心前移初查、巧妙运用证据、熟练掌握技巧、灵活运用策略等多项举措,提高职务犯罪侦查讯问工作的质效,以加强打击腐败的力度和效率,为我国经济社会平稳较快发展提供强有力的司法保障。

存疑不起诉案件中的证据问题研究

宋　鹏*

存疑不起诉作为检察机关公诉权的一项重要内容,其适用的基本条件是案件"事实不清,证据不足"。存疑不起诉的关键在于如何正确的认识和把握证据,这是司法实践中分歧较大的问题,也是目前迫切需要解决的问题。鉴于此,笔者结合近五年对存疑不起诉案件的处理作为基本的研究素材,并结合我国新刑事诉讼法的规定,就存疑不起诉案件中证据问题进行探讨。

一、司法实践中存疑不起诉案件证据不足的具体表现

根据新《刑事诉讼法》的规定,定罪起诉的基本条件是证据确实、充分,而存疑不起诉的实质条件是证据不足,这里的"证据不足"应该指两方面内容:一是证据不确实;二是证据不充分。笔者将通过以下几组数据对存疑不起诉案件的证据情况进行分析。

(一)存疑不起诉案件的特点

根据表1可以发现,2007年至2011年间,某区检察院存疑不起诉案件占全部不起诉案件(不起诉案件包括相对不起诉、绝对不起诉、存疑不起诉)的34.8%。其中牵涉的罪名多达18个,基本上涵盖了刑法分则每一章的内容,包括强奸、故意伤害等侵犯人身权利的犯罪,合同诈骗、非法经营等破坏社会主义市场经济秩序的犯罪,盗窃、诈骗等侵犯公民财产权利的犯罪等。虽然存疑不起诉案件罪名多达18种,但是主要集中在强奸、诈骗、盗窃罪中。根据调查,上述三种犯罪共计23件46人,占存疑不起诉案件的49.8%。

表1

年份	不起诉	存疑不起诉	证据不足具体表现					
			危害行为	因果关系	犯罪手段	犯罪主体	犯罪故意	犯罪目的
2007年	29件41人	10件16人	2件5人	2件4人	2件3人	1件1人	3件3人	
2008年	15件20人	5件6人	3件4人				1件1人	1件1人

---

* 宋鹏:北京市顺义区人民检察院助理检察员。

续表

年份	不起诉	存疑不起诉	证据不足具体表现					
			危害行为	因果关系	犯罪手段	犯罪主体	犯罪故意	犯罪目的
2009年	24件24人	9件9人	5件5人				3件3人	1件1人
2010年	29件37人	11件19人	6件13人	1件2人	3件3人		1件1人	
2011年	38件52人	12件16人	4件6人	1件2人	3件3人	1件2人	1件1人	2件2人
合计	135件174人	47件66人	20件33人	4件8人	8件9人	2件3人	9件9人	4件4人

表2

罪名	强奸	诈骗	盗窃	职务侵占	故意伤害	寻衅滋事	挪用资金	抢劫	合同诈骗	交通肇事	猥亵儿童	滥发林木	非法经营	非法采矿	以危险方法危害公共安全	掩饰隐瞒犯罪所得	敲诈勒索	重大责任事故
数量	10	9	4	3	3	3	2	2	2	1	1	1	1	1	1	1	1	1

(二)存疑不起诉案件证据不足的具体表现

《人民检察院刑事诉讼规则》第286条其中第2项“犯罪构成要件事实缺乏必要的证据予以证明”是存疑不起诉的关键。所谓的“犯罪构成要件事实”,是指犯罪的主观方面、客观方面、主体、客体四个要件。四个要件中又具体包含不同的内容,笔者结合案例予以具体阐明。

1. 证明行为人危害行为的证据不足。根据调查,证明危害行为的证据不足的案件多达20件33人,主要集中在故意伤害、诈骗等案件中。主要表现为:证明是犯罪嫌疑人实施犯罪行为的证据不足。第一种情形为只有被害人的陈述没有其他证据相互佐证。如赵某某涉嫌故意伤害案中,只有被害人张某一人在陈述中指控赵某某用铁锹将其打成重伤,并且鉴定结论中写明被害人的伤系钝器所致。但是现场既没有提取到作案工具,也没有其他证人证言能够证实赵某某实施了伤害被害人的行为,并且赵某某也始终否认被害人的伤是其所致。第二种情形是侦查机关取证违反法定程序导致证据无法采纳。如周某某寻衅滋事罪中,公安机关找到被害人并让其辨认,但是在辨认之前办案人员将系统中周某某的户籍材料给被害人过目,户籍材料中有周某某的照片,这导致后来的辨认结论无法作为证据予以采纳,而又没有其他证据来证实周某某实施了寻衅滋事的行为,最后只能存疑不诉。

2. 证明行为人有犯罪故意的证据不足。根据调查,因无法证实行为人有犯罪故意而存疑的案件有9件9人,主要集中在强奸罪中。主要表现为:证明行为人是否“明知”的证据不足。如张某涉嫌强奸案中,行为人张某与被害人王某某多次发生性关系,虽未采用暴力、威胁手段强行与被害人发生性关系,但是被害人王某某系幼女,根据相关司法解释的规定,行为人张某是否"明知"王某某是幼女就成为本案的关键。而现有证据只能证明张某知道被害人的出生月份和日期,但不知道具体的出生年份。再如,王某涉嫌强奸案中,对于犯罪嫌疑人是否"明知"被害人周某是精神病患者的证据不足,故对王某作存疑不起诉处理。

3. 证明行为人实施了某种犯罪手段的证据不足。犯罪手段是刑法规定的某些特殊犯罪的必备构成要件,如抢劫罪暴力、威胁手段。以孟某某、殷某某抢劫案为例,嫌疑人孟某某伙同殷某某深夜潜入被害人李某家中意图盗窃财物,不料被李某发现,嫌疑人之一持刀刺伤了被害人。由于本案是转化型抢劫,必须要求行为人当场实施了暴力的行为,但是现有证据只有嫌疑人孟某某和殷某某相互指证对方实施了持刀伤人行为并否认自己实施了持刀刺伤被害人的行为,而又没有其他证据来佐证。由于当时是深夜,被害人也无法辨认究竟是谁刺伤了他,更为困难的是,侦查机关没有及时提取作案工具,导致有效的物证灭失,最终不得不对二人作存疑不起诉处理。

4. 证明危害行为和危害结果之间有因果关系的证据不足。按照刑法的规定,行为人对某种行为负刑事责任的必要条件是其实施的危害行为和危害结果之间存在刑法上的因果关系。根据调查,该类案件主要集中在故意伤害、重大责任事故等案件中。如李某故意伤害案中,犯罪嫌疑人李某确实实施了殴打被害人张某的行为。后被害人张某坠楼死亡,根据法医检验,张某颅骨骨折致颅内大出血死亡并且腿部受轻微伤。现有证据虽能证实嫌疑人李某实施了殴打张某的行为,但是证人证言、鉴定结论以及犯罪嫌疑人供述等证据不能证实李某殴打张某致使其从高处坠下,不能排除张某在被李某殴打后由于自己想不开而自杀,危害行为和危害结果之间不具有唯一的因果关系。

5. 证明行为人有某种特定的犯罪目的的证据不足。刑法中有一些行为必须要有特定的犯罪目的才能构成犯罪,这也是刑法上的"目的犯",例如诈骗罪、合同诈骗罪中以非法占有为目的,出售出入境证件罪以营利为目的等等。如姜某某诈骗案中,姜某某系飞轮公司的总经理,法定代表人为张某。姜某某与被害人李某某合作建了三座加油站,但是姜某某在李某某不知情的情况下将其中三座加油站变卖给中国石油,并将所得款项用于偿还新时代公司的贷款。虽然嫌疑人姜某某采取了隐瞒事实的手段变卖了加油站,但是其并不是将所得款项据为己有,而是用于偿还其所担任职务的公司的贷款和利息,也没有证据证明新时代公司的贷款是姜某某所贷。由于证实姜某某非法占有的目的证据不足,只能对其作存疑不起诉处理。

6. 证明犯罪主体适格的证据不足。这里主要包括两种情形:一是证明嫌疑人是否达到刑事责任年龄的证据不足。如谢某交通肇事案中,根据嫌疑人谢某自己的供述,其已经满 16 周岁,但是嫌疑人的父母却提出其不满 16 周岁,身份证上所记载的日期应为农历而不是公历,其老家有把农历作为出生日期的传统。现有证据无法证实谢某的真实出生年月,进而无法确定其是否达到刑事责任年龄,故只能作存疑处理。二是证明嫌疑人系特殊主体的证据不足。如汪某某挪用资金一案中,由于挪用资金罪的主体要求是公司、企业或者其他单位的工作人员,但是嫌疑人洪某某案发当时的身份就是某村一普通村民,没有证据证实其是受村主任贾某某的指派或者默许,代表村委会去北京青苹果公司收取土地尾款,故其不能成为挪用资金罪的犯罪主体。

二、存疑不起诉案件中证据存在的问题

根据对47件存疑不起诉案件的调查情况来看,原本有些案件的证据是扎实的,但是由于侦查机关取证不及时、不全面或者检察机关审查、固定证据能力不足等原因导致了证据存在各种各样的问题。在证据的认定中主要存在以下几个问题:

(一)侦查机关取证不及时、不全面、违法取证现象普遍

1. 取证不及时。一起犯罪行为的实施,从犯罪的预备到实施犯罪行为以及犯罪结果的出现,都会留下一系列的“痕迹”,这些“痕迹”经过侦查人员的依法收集就会成为证明案件事实的证据。[1] 但是在实践中,侦查机关往往不及时进行取证导致认定案件的关键证据灭失,使犯罪嫌疑人逍遥法外。如王某某故意伤害案中,由于侦查机关没有在勘察现场及时提取作案工具并进行指纹检测,导致最终难以认定被害人所受重伤是嫌疑人所为,故只能对其作存疑不起诉。

2. 取证不全面。证据必须形成有效的链条才具有较强的证明力,如果证据比较单一,就难以形成有效的证据链条来证明案件的事实。根据新刑事诉讼法的规定,定罪、量刑的证据都必须全面,不能只注重收集定罪的证据而忽略量刑的证据。但是实践中一些侦查人员只注重犯罪嫌疑人口供的突破,而忽视其他相关证据尤其是物证、书证的发现与收集。[2] 如周某某盗窃案中,侦查机关只注重获取犯罪嫌疑人的口供,在现场勘查没有提取有效的物证如足迹、指纹等,而嫌疑人在后来翻供而又没有其他证据来证实其到过现场,导致最后只能作存疑不起诉。

3. 取证违反法定程序。根据《刑事诉讼法》第50条的规定,审判人员、检察人员、侦查人员必须依照法定程序,收集能够证实犯罪嫌疑人、被告人、有罪或者无罪、犯罪情节轻重的各种证据。然而在实践中存在多种形式的非法取证行为,如刑讯逼供、诱供、骗供;侦查人员以暗示性的语言或者动作提示,或对辨认对象作标记等取得辨认笔录;鉴定对象或者送检材料不合格的鉴定结论;以违反法定程序的方法取得实物证据;等等。

---

〔1〕 刘福谦:“排除四对矛盾可有效减少错案发生”,载《检察日报》2006年8月15日版。

〔2〕 向少良:“珠海市检察机关存疑不起诉案件分析”,载《检察官学院学报》2008年第6期。

（二）检察机关审查、固定证据能力不足

1. 批捕过程审查证据把关不严。批捕时对案件的事实和证据认定准确与否将直接关系到案件能否进入下一诉讼阶段。实践中，批捕部门有时候为了配合侦查需要或基于社会舆论压力而放松了对证据的审查要求，造成逮捕后无法补充证据，不得不以存疑不起诉处理。如龙某某涉嫌故意伤害一案，受害人牙齿损伤甚至死亡，龙某某均有重大犯罪嫌疑，但从侦查角度看，犯罪嫌疑人具有较强的反侦查能力，证人对案件事实和后果并不充分了解，本案要补充完善证据的风险比较大。由于本案在当地造成较大影响，为了配合公安机关进一步侦查需要，检察机关做出了批捕决定。在随后的侦查过程中，侦查机关无法补充完善龙某某故意伤害的证据，检察机关因此对本案做出了存疑不起诉的决定。

2. 证据审查不全面、固定证据能力欠缺。审查证据的目的是要判断所收集的证据能否确实、充分地证明案件的真实情况，包括对单个证据的审查判断和对全案证据的审查判断。在单个证据审查方面，主要是审查证据的“三性”，即客观性、关联性、合法性，但实践中往往顾此失彼。在全案证据审查方面，主要是从质和量两个方面综合审查案件证据是否达到确实、充分，而实践中存在对证据的审查不够全面、过分重视口供和证人证言而忽视对其他证据的审查的情况。[1] 另外，犯罪嫌疑人供述和证人作证后，不能收集其他证据佐证核实犯罪嫌疑人供述和证人证言。有其他的知情人、存在其他书证和物证等情况的，侦查人员不能顺着新线索去调查核实，仅单纯注重言词证据，不强化注重物证、书证的提取、固定方面，使之前后不能够形成一个完整的“证据链条”。刑事侦查的科技水平较低，对审讯和询问不能通过运用视听技术予以固定，同时在刑事侦查中较少采用技术手段收集、物证、书证，不能用痕迹检验方式提取证据。

（三）检察机关、审判机关对证据的认识标准不一致

由于司法职能、刑法适用立场及法律解释方法的不同，导致检察院、法院在法律适用上存在差异，尤其是对证据认识的不一，如侦查机关认为某些证据是直接证据，可以直接作为认定犯罪的依据，但是检察机关却认为这些证据是间接证据需要形成链条才能定案。这导致对法律的权威、审判的权威造成负面的影响。如已经经过庭审的李某某盗窃案，现有证据有被害人的陈述、从被告处查获的被盗物品以及其他物证、书证等证据，唯一缺少的是犯罪嫌疑人的供述，嫌疑人始终辩解说被盗物品是从别处购买而来的，但是经检察机关进一步的查证，嫌疑人的辩解基本上都不是事实。因此检察机关认为，现有证据虽然都是间接证据，但是现有的间接证据已经形成链条，可以定罪。“法院则认为，现有的间接证据不足以形成证据链条，并且又无直接证据证明李某某到过案发现场并承认自己盗窃了被害人的物

[1] 陈金石等：“存疑不起诉的规范适用”，载《西部法学评论》2008 年第 3 期。

品。”因此,此案只能认定为无罪,建议检察机关撤案作存疑不起诉处理。

三、如何正确把握存疑不起诉案件中的证据

在审查起诉工作中,因证据不足对案件作存疑不起诉是正常的,符合人的认识规律,而且有利于维护犯罪嫌疑人的合法权益。然而,从惩治犯罪、维护司法公正,切实履行法律赋予的职责出发,对存疑不起诉案件中暴露的证据问题进行有针对性的解决,降低存疑不起诉率同样也势在必行。针对实践中存疑不起诉案件中证据把握存在的问题,结合新刑事诉讼法中规定的证据标准,笔者认为应从以下三个方面来进一步提高把握证据的能力:

(一)严格遵守新刑事诉讼法规定的证据标准

新《刑事诉讼法》第53条明确规定:“(一)定罪量刑的事实都有证据证明;(二)据以定案的证据均经法定程序查证属实;(三)综合全案证据,对所认定事实已排除合理怀疑。”这对证明标准做了重大修改,在原有的“事实清楚、证据确实充分”的基础上,对“证据确实充分”进行了界定,并明确了“排除合理怀疑”和非法证据排除规则。

1.正确把握“合理怀疑”的界限。对于“合理怀疑”应从两个方面理解:首先,“合理怀疑”是基于一定的证据产生的,而不是凭空的想象。主要表现在以下两点:一是据以定罪的证据之间的矛盾不能合理排除。如谢某交通肇事案中,现有证据不能确定谢某已年满16周岁,也没有证据能够确定其已满16周岁,这样的证据就不能排除谢某未满16周岁的“合理怀疑”。二是根据证据得出的结论具有其他可能性的。如上文所述的汪某某故意伤害案中,现有证据不能排除被害人所受的重伤是由其他人所致,也就是结论不具唯一性。其次,合理怀疑必须具有一定的现实可能性,它合乎常理而不能违背常理。在司法实践中,某一怀疑是否合乎常理、具有一定的现实可能性,也因案而异,具体如何判断,需要司法人员吃透案情,把握证据,正确运用逻辑思维,以人们日常生活经验为依据,对事物存在和发展的常态做出判断,使自己的怀疑疑之有据,疑之有理,而不是匪夷所思,这样才能准确地把握疑罪。

2.严格排除“非法证据”。存疑不起诉案件的证据中有一部分证据是违法获得的,对于该部分证据必须严格予以排除。非法证据包括非法的言词证据和非法的实物证据。在实践中,主要有以下几种情形:一是辨认程序违法,如辨认之前辨认人获得侦查机关的暗示、辨认照片的数量不符合法定要求等,如刘某某涉嫌寻衅滋事案中,被害人钟某在辨认时得到侦查人员的暗示,导致辨认结论不能采用。二是鉴定机构不具有鉴定资质,如贾某某涉嫌重大责任事故一案中,两家鉴定机构出具的火灾损失的鉴定结论由于不具鉴定资质而被排除。三是采用诱骗、威胁方法取得的言词证据。如赵某某涉嫌妨害公务案中,嫌疑人在审查起诉阶段翻供,其供

述在侦查阶段侦查人员对其实施了诱供,其在侦查机关所作的供述不能被采纳。

(二)严格把握证据不足的范围和标准

对因证据不足而做出的存疑不起诉案件,审查起诉机关必须明确"证据不足"的范围和标准。

1. 明确证据不足的范围。根据新刑事诉讼法的规定,所谓的"证据不足"并不是指案件所有的证据都不确实、充分,而是指用以定罪量刑的证据不充分。证据不足并不是对证据数量和种类的简单描述,而是指案件的现有证据不足以使司法人员确信犯罪嫌疑人或被告人实施了被指控犯罪或者具备被指控的犯罪情节。〔1〕因此,在对存疑不起诉案件的证据进行把握时,必须要明确证据不足是指现有证据不能使承办人自己排除合理的怀疑并达到内心确信。

2. 明确证据不足的标准。《人民检察院刑事诉讼规则》第286条对证据不足列出了四个标准:"(一)据以定罪的证据存在疑问,无法查证属实的;(二)犯罪构成要件事实缺乏必要的证据予以证明的;(三)据以定罪的证据之间的矛盾不能合理排除的;(四)根据证据得出的结论具有其他可能性的。"在笔者看来,四个标准之间多有交叉,实践中难以正确把握。如定罪证据存在疑问,无法查证属实的情况,必然导致定罪事实缺乏必要证据;再如,证据存在矛盾不能合理排除的情况,必然导致得出的结论不唯一。〔2〕 从实践来看,存疑不起诉案件的证据不足的标准只有一个:现有证据不足以排除对已认定案件事实的"合理怀疑",不能达到司法人员对案件定罪量刑的内心确信。实践中,对存疑不起诉案件的证据审查不能只揪住无关大局的枝节证据,要从全局着眼。只要现有证据能够认定案件的基本事实就达到起诉的标准,避免将事实和证据复杂的疑难案件、证据存在疑点不影响定罪的案件与"证据不足"不符合起诉标准的存疑案件混为一谈,避免证据存在瑕疵但是不影响定罪的"伪存疑案件"的出现。

(三)加强司法机关的沟通、协调

公、检、法三机关目前在证据采纳标准上存在分歧,应在坚持法律原则的同时,加强相互之间的沟通、协调。在检、法之间,要针对司法实践中存在的对证据认识的分歧,努力探索并建立检察院与法院之间的沟通协调工作平台和机制,并使之规范化、科学化,使双方能够形成"庭上就个案各司其职,庭外就证据标准和尺度共同研究"的良性互动关系,既确保"分工负责,相互制约"原则的落实,双方又能在"互相配合"中推动法律在实践中不断完善和进步。

---

〔1〕 段启俊:"疑罪的认定与处理",载《人民检察》(上)2006年第7期。

〔2〕 何柏松:"存疑不起诉若干问题辨析",载《中国检察官》2009年第3期。

四、结语

证据是对犯罪嫌疑人、被告人定罪量刑的基本依据和前提,不能抛开证据谈“有罪”还是“疑罪”抑或“无罪”。疑罪的核心特征在于证据不足。存疑不起诉作为我国不起诉制度中的一个重要组成部分,体现了疑罪从无的司法理念。存疑不起诉的正确适用对于保障人权、实现诉讼公正与效率的双重价值具有重要意义。

证明犯罪主观要件的难题

——兼谈“自白与情况证据”

陈祐治*

一、引言

小牛在校园里与同学一起胡闹、嬉戏，并把小虎的额头给打破了，校方立刻将情况通知了双方家长。当小牛踏入家门时，他妈妈手上拿着鸡毛掸子已经等在门口。尽管小牛急急忙忙解释：“我不是故意的……”但妈妈丝毫不理会，手上的鸡毛掸子还是像斜风中的细雨，在小牛哭嚎声中，一下一下、不偏不移地落在小牛的小屁股上。

小牛的故事里，妈妈单凭着校方“小牛打破小虎的额头”片面通知，不顾小牛“我不是故意”的辩白，即刻祭出“家规”处置。从儿童教育观点而言，或许不能说有错，因为孩童除书本的学习之外，也要学习与人好好相处，伤了同学脑袋，并不是绝对不应该给予教训的。

但就“国法”而言，则绝对不然。因为国家基于“罪刑法定主义”制定刑法所划定的行为标准，并不是类似“家规”的高道德标准，而是人的社会中一项“最起码”的道德标准，而且须要行为人兼具“行为违法性”与“意志反社会性”，才构成犯罪。因此，行为人纵有客观上违法性行为，如果欠缺主观上反社会性意志，仍然不构成犯罪，不能径直赋之刑罚制裁。况且《刑事诉讼法》第154条明文规定：“犯罪事实应依证据认定之，无证据不得认定犯罪事实。”〔1〕，行为人主观上具有反社会

---

* 陈祐治：台湾地区高等法院资深法官，世新大学法学院法律系刑事诉讼法、研究所刑事证据法兼任教授、校务发展委员会咨询委员，文化大学法学院法律系刑事诉讼法兼任客座教授，台湾大学法学院刑事诉讼理论与实务共同授课教授，监察院咨询委员。（本文系作者于2012年5月15日受邀在中国人民大学法学院演讲《德恒证据学论坛第82讲》后，听讲人士提问，作者简要回答并允诺为文补充，是”君子重然诺”的拙作也。）

〔1〕“刑事诉讼法”第154条规定：被告未经审判证明有罪确定前，推定其为无罪。犯罪事实应依证据认定之，无证据不得认定犯罪事实。

性意志的事实,当然也应该依证据认定,相反的,无证据即不能恣意推定行为人主观上具有反社会性意志。

二、犯罪主观要件事实的内涵及举证困难

1. 事实的内涵

一个人的"内心意志"主宰着他的一切"有意识"行为,意志本身是一种"心理状态",一种驱使一个人发动某行为的"心理状态",发乎个人主观上"反社会性意志"所驱动的犯罪行为,即属于刑法所谓"故意"。这种"故意"的"心理状态"是犯罪构成要件的事实之一,当然也是控告方〔1〕举证责任的范围。

一般犯罪故意系建立在"事实认识"的基础上,对于事实认识的"心理状态"乃成为构成犯罪故意的第一要件。这种"心理状态"又包括对以下事实的认识,即:(1)行为性质。对于行为性质的认识,是指对于行为的自然性质或者社会性质的认识。例如,泼洒汽油在他人住宅后点火,是放火行为,但不包括对于行为的法律性质的认识,因为对于行为的法律性质的认识属于违法性认识而非事实性认识。(2)行为客体。对于行为客体的认识,是指对行为客体的自然或者社会属性的认识。例如杀人,须认识被杀的是人。(3)行为的结果。对于行为结果的认识,是指对于行为自然结果的认识,这种认识,在很大程度上表现为一种预见,即行为的结果是一般人可期待的后果。例如,开车对人冲撞,可预见会致人于死的后果。(4)行为与结果之间的因果关系。对于因果关系的认识,是指行为人意识到某种结果是本人行为引起的,或者行为人是采取某种手段以达到预期的结果。在这种情况下,行为人对行为与结果之间因果关系具有事实上的认识。

除此之外,犯罪故意须具备"违法性意志"因素,而"违法性意志"是指"希望"或者"放任"危害结果发生的主观心理态度。从意志对行为结果的支配关系上,故意中的意志区可分为两种形态,即:(1)"希望"。"希望"是指行为人追求某一目的的实现。在刑法理论上,由"希望"这一积极意志因素构成的故意被称为"直接故意"、"确定故意"〔2〕。"直接故意"或"确定故意"是与一定的目的相关联的,只有在目的行为中,才存在"希望"这种心理性意志。在"希望"的情况下,由于行为人是有意识地通过自己的行为实现某一目的,因此,行为与结果之间的关系是手段与目的之间的关系,意志通过行为对结果起支配作用。(2)"放任"。"放任"是行为人对可能发生的结果持一种消极放任的态度。在刑法理论上,由"放任"这一因素

---

〔1〕"刑事诉讼法"兼采检察官公诉和犯罪被害人自诉两控诉管道,故所谓控告方包括检察官和自诉人二者。

〔2〕"刑法"第13条第1项:行为人对于构成犯罪之事实,明知并有意使其发生者,为故意。

构成的故意被称为“间接故意”或“不确定故意”[1]。“放任”与“希望”之间的区别是:“希望”是对结果积极追求的心理态度,“放任”则是对某种结果有意地纵容其发生。两相比较,在意志程度上存在区别:“希望”的犯意明显而坚决,“放任”的犯意模糊而随意。例如,行为人举枪对准他人要害射击,有使他人必定毙命的坚定决心,构成杀人罪,又如暗夜里听闻庭院人声喧嚣,举枪朝喧嚣声处开枪,可预见可能会闹出人命,仍不介意,依然开枪射击,也构成杀人罪。

刑法又有所谓“目的犯”,即须具有特定目的之行为才构成犯罪,在适用此种犯罪时,这种特定目的之事实就成了犯罪构成要件,所以,违法性意志事实的证明范围自然包括这种特定目的。例如,贩卖毒品罪的构成,必须以行为人有营利的意图而贩入或卖出为其要件,反之,如不具备营利的意图则仅能论以转让毒品罪。

又有因特定目的之不同,法律分别制定罪名者,尤其是应该分别就各种特定目的的违法性意志事实举证证明之。例如,证券交易法分别有操纵股价(包括哄抬或压低股价)与造成交易活络表象的犯罪处罚规定,二者破坏股市交易秩序并无不同,但行为人主观上意图则有差异。

2. 举证的困难

犯罪主、客观要件事实的性质截然不同,寻求主、客观要件事实的方向当然有差异。客观要件事实性质是“显在的”,举凡行为人的行为本身、行为过程或者事件演变过程中所涉及的人、事、物等事实,类多可见可闻的,它的原始证据可能有脉络可寻:例如被害客体,被害客体透露的讯息、机会证人、行为人使用的工具、犯罪遗迹等。但主观要件事实则是“潜在的”,它的原始证据仅仅存在于行为人个人的心中,心中的“刺激”—“考虑”—“决定”过程全然属于隐藏在个人内心深处的“心理活动”,天不知、地不觉,唯行为人自己知觉。不难想象的,待证主观要件事实的困难远比待证客观要件事实高出很多。

三、证明主观要件事实案例解析

1. 酒驾连环冲撞案[2]

*起诉事实与论罪请求

案件起诉事实:被告人甲酒后,酒精呼气检测值为0.73毫克,明知已达到不能安全驾驶动力交通工具程度,仍驾驶小客车搭载友人乙,由后方擦撞右前方由丙骑

---

[1] “刑法”第13条第2项:行为人对于构成犯罪之事实,预见其发生而其发生并不违背其本意者,以故意论。

[2] 本案例系由台湾高雄地方法院检察署公元2005年度侦字第24619号起诉书及台湾高雄地方法院公元2006年度诉字第534号、台湾高等法院高雄分院公元2006年度上诉字第1539号刑事判决改写而成。

乘并载有丁的轻型机车,因张示意甲停车,甲竟基于杀人的不确定故意,不但不停车,反而将车偏右行驶以撞击丙驾驶的轻型机车,致丙、丁人车倒地;随后又加速向前疾驶,撞及前方不详姓名之人驾驶的小客车;再倒车后向左转,冲撞由戊驾驶的轻型机车,致戊人、车倒地;又继续向前行驶,冲撞由己骑乘并载有庚、辛、壬的重型机车,导致己、庚、辛及壬当场人、车倒地;甲旋又回转到来程车道,撞击仍躺在原肇事地点的丙、丁,所幸张丙及杨丁及时闪躲到路旁,才避免死亡。丙、丁、戊、己、庚、辛、壬因而分别受有手臂、肩、膝、足、胸或头部的伤害。因而认为甲系犯《刑法》第271条第2项杀人未遂罪嫌(另违背安全驾驶致生危险罪、肇事逃逸罪部分,省略)。

＊判决认定被告人犯伤害罪的根据

第一、二审法院根据被告人甲的自白、被害人张丙等7人的证言和医院诊断证明书及交通警察作成的谈话纪录、调查报告表、事故现场图和现场照片等证据,认定甲酒驾连环追撞等客观事实。但是根据以下理由,被告人甲的行为并非出于杀人故意,只构成普通伤害罪:

a. 被告人甲酒后开车,最初碰撞丙、丁而被要求停车时,依一般人正常反应必然心生惊慌,接着因变换车道,连环碰撞其他车辆,应无杀人故意;而戊、己、庚、辛及壬所受的伤并不严重,可见冲力不大,被告人甲应非出于杀人故意。

b. 丙、丁在警察局、检察官侦查时虽然曾经作证说:“被告人连环碰撞其他车辆后,他们还躺在路上,被告人即回车往他们冲了过来。”但在第一审法院作证时,已经变更证词说:“被告人回车到最初肇事地点时,他们已经爬起来,杨丁站在路灯旁边的慢车道上,张丙跑到路边店家前的阶梯上了。”“被告人并没有朝他们倒地处开过来,而是直直地沿着快车道开走了。”前后证词不一致,在警察局、检察官侦查时不利于被告人的证词不可采信。

c. 被告人甲与被害人无冤无仇,应该没有杀人动机,他的行为只构成普通伤害罪,而普通伤害罪属于告诉乃论的案件,被害人都已经在第一审辩论终结前撤回对胡甲的告诉,法院依《刑事诉讼法》第303条第3款谕知不受理的判决。[1]

＊判决评析

区别刑法杀人未遂与伤害罪,系以行为人下手加害时,主观上是否“明知”或“预见”足以致人于死地作为标准。至于认定行为人主观上是否“明知”或“预见”行为足以致人于死地,则应通盘审酌行为时的一切客观环境以及其他具体情形,例如:行为人与被害人的关系、仇恨的程度是否足以引发杀人动机?行为的手段是否猝然使被害人难以防备?攻击时的力道是否猛烈足以使人毙命?被害人所受之伤

〔1〕“刑事诉讼法”第303条第3款:案件有下列情形之一者,应谕知不受理之判决:……三、告诉或请求乃论之罪,未经告诉、请求或其告诉、请求经撤回或已逾告诉期间者。

势、行为人攻击后的后续动作是否意在取人性命?[1]如不通盘审酌行为时的一切客观环境以及其他具体情形而径行作成判决,即有"依法应于审判期日调查之证据而未予调查的违背法令"。[2]

本案被告人甲不但在酒精呼气检测值为0.73毫克足以影响安全驾驶的情形下驾驶小客车,而且案发时,似乎系在短短路程中,一会儿偏右行驶、一会儿偏左行驶而发生连环车祸导致丙、丁、戊、己、庚、辛、壬受伤,如此"不在乎道路安全",横冲直撞,"不顾他人死活"已到极点,对可能危及人命的结果抱持"放任"心态,非不能成立消极不确定杀人的故意。

另外,被告人甲在发生一连串冲(擦)撞之后,如不停车解决,理当逃之夭夭,岂有反而回车朝最初肇事被害人丙、丁停留地点驶去?是不是发生连环车祸之后迁怒于丙、丁,心生报复,企图回头冲撞丙、丁?果真如此,被告人甲基于"希望"的意志下,有意识地通过自己的行为期待实现报复目的,岂有不成立积极的确定杀人故意的道理?

总之,本案检察官起诉"高高举起",而法院"轻轻放下",归根究底,错在"被告人甲为何发生连环车祸的主观犯罪构成要件事实尚未调查清楚"。

2. 贩卖第一级毒品海洛因案[3]

*营利意图的构成要件

海洛因对人身、社会危害巨大,被列为第一级毒品,从持有、施用、转让、贩卖、运输到制造第一级毒品,法律都制订了重罚。而其中"转让"与"贩卖"第一级毒品罪的处罚轻重不同,前者法定刑为一年以上七年以下有期徒刑,后者为死刑或无期徒刑,差别很大,不容混淆。

所谓"转让"第一级毒品罪,指的是无偿或无营利的授受行为,所谓"贩卖"第一级毒品罪,指的是意图营利而授与第一级毒品。[4] 行为人只要意图营利而为贩入或卖出第一级毒品,即构成贩卖第一级毒品毒品罪,实际上有无因而获利,并不影响贩卖第一级毒品毒品罪的成立。[5]

---

〔1〕 公元1929年上字第1309号、公元1930年上字第718号、公元1931年非字第104号判例意旨参照。

〔2〕 "刑事诉讼法"第379条第10款:有左列情形之一者,其判决当然违背法令:一〇、依本法应于审判期日调查之证据而未予调查者。

〔3〕 台湾桃园地方法院公元2011年度诉字第902号刑事判决参照。

〔4〕 公元2009年台上第5541号判决:贩卖第一级、第二级毒品罪,并不以贩入之后复行卖出为要件。祇要以营利为目的,将毒品贩入或卖出,有一于此,仍属犯罪既遂。

〔5〕 公元2010年台上第6007号判决:毒品危害防制条例第四条规定之贩卖毒品罪,系以行为人意图营利而为贩入或卖出毒品之行为,为其要件。至于其是否因而获利,以及所获之利益是否为现金,均非所问。

由于“转让”与“贩卖”第一级毒品二罪的构成同样须要具备毒品授受的基本客观事实,所不同者,仅仅行为人主观上有无营利意图的差别而已,因此,涉嫌贩卖第一级毒品的被告人面临极刑制裁,不会轻易自白,法院对于证明被告人主观上有无营利意图,不得不多费思量,以积极证据认定之。

⋆营利意图的认定

本案判决关于被告人主观上营利意图的认定,关于证据论述,主要有以下两点理由:

a. 政府严厉查禁毒品犯罪,涉及毒品犯罪会遭到重罚,如无营利意图,岂有甘愿冒此高度风险;

b. 毒品本身并无公定价格,它的价格随时依买卖双方关系的深浅、毒品供需情况、品质优劣等因素而决定价格,不能以检察官不能举证证明被告人在个案中买进和卖出间有多少价差即否定被告人有营利意图。

⋆判决分析

a. 从表面上看,以上两点理由似乎合情合理,不违背所谓“经验法则”,或“论理法则”[1]。换句话说,认定理由,似乎合乎一般人生活经验上认知,也合逻辑。但仔细思考之下,会发现:如此认定所凭借的,除了客观毒品授受的事实之外,别无其他证据可作为判断被告人有营利意图的基础,违背了《刑事诉讼法》第 154 条“犯罪事实应依证据认定之,无证据不得认定犯罪事实”无罪推定原则。

b. 假使被告人主观上营利意图的犯罪构成要件事实可以仅仅凭借授受毒品的客观事实来认定,不须要以另外积极存在的证据作基础,关于被告人主观上营利意图的犯罪构成要件岂不成了“事实推定”?[2]而“转让”罪与“贩卖”罪之间,逻辑上岂不成了:原则上一律成立 “贩卖”罪,必须不构成“贩卖”罪的才有适用“转让”罪的余地?

c. 根据“刑事诉讼法”第 161 条第 1 项规定:“检察官对于犯罪事实应负举证责任”,假使检察官对于此项营利意图的主观要件事实不须负举证责任,难道责令被告人负反证责任? 岂不成了“有罪推定”或“重罪推定”?

3. 证券交易犯罪案[3]

⋆证券交易犯罪的特质

股市,美其名为“证券投资”,其实是典型资本主义的“杀戮市场”,最应重视证

---

[1] “刑事诉讼法”第 155 条第 1 项规定:证据之证明力由法院自由判断,但不得违背”经验法则”及”论理法则”。

[2] 民事诉讼所谓”事实推定”,并不适用于刑事诉讼,仅极少数立法例,如新加坡贪污法、移民法的刑事犯罪法律明定有”事实推定”。

[3] 本案例系由台湾高等法院公元 2010 年度重金上更(三)字第 12 号刑事判决改写而成。

券交易秩序,才能发挥它预期的功能,否则“未收其利,先蒙其害”。政府为防止破坏证券交易秩序,维护股市公开、公平交易,制定法律,破除一些妨碍公开、公平证券交易的行为,甚至不惜动用国家刑罚权,祭出刑罚,总是希望消灭祸害而坐享资本与经营权分离的利益。

有道是:“道高一尺,魔高一丈”、商场策略,总是游走在法律边缘,可是呈现在法庭的重要证据讯息,往往只是证券交易的文书证据,除了账面上的数据,还是数据。涉嫌不寻常交易究竟构成证券交易法犯罪与否?如是,究竟构成那一种证券交易法犯罪?例如“证券交易法”第171条第1项第1款、第155条第1项第4款意图操纵股价罪(包括哄抬或压低股价)与第171条第1项第1款、第155条第1项第5款意图造成交易活络表象罪,二罪的差别,仅仅在于行为人主观上不同的动机。因此,唯有从具体个案证券交易的文书数据中去推敲一下。

*起诉事实与历审判决

本案检察官系以:被告人甲为A公司董事长兼总经理,并为B公司董事长兼总经理(A公司为B公司大股东)、C公司董事兼总经理,竟与C公司财务部经理乙(已判罪确定)基于犯意联络,意图抬高A公司的股价,自某年某月某日起至某月某日止,先取得B公司员工丙、丁、戊、己的账户,而组成所谓“A公司股票集团”用以炒作A公司股票,次由已判罪确定的乙以电话联络证券公司营业员下单买卖股票,连续高价买入A公司股票,历时1个月又3天。因而认为被告人甲有犯“证券交易法”第171条第1项第1款、第155条第1项第4款意图哄抬股价罪嫌。

案件判决情形:第一、二审法院判决都认定被告人甲犯“证券交易法”第171条第1项第1款哄抬股价罪,被告人甲上诉于第三审法院,案件经第三审法院两次发回更审,第二审法院两次更审判决中,一次认定被告人甲无罪,一次认定被告人甲犯哄抬股价罪,但是仍然被第三审法院发回更审,在第二审法院第三次更审时,法院才依据证券交易的账面上数据作分析,认定:被告人甲在历时1个月又3天证券交易行为中,一部分系构成“证券交易法”第171条第1项第1款哄抬股价罪,但另一部分系构成同条项第4款造成交易活络表象罪。

*判决剖析

a.集团炒作股票的证券交易犯罪属于白领阶级智能型犯罪型态,犯罪行为人对于自己主观犯罪构成要件的事实,往往有足够智能“合法包装非法”,侦审机关如果企图从“人的证据方法”获得证据,常常会觉得黔驴技穷,力有未逮,不得不从个案与股市的整体交易状况等客观数据作分析、判断。这些客观数据即是证明证券交易犯罪主观构成要件上的“情况证据”。本件被告人甲涉嫌犯哄抬股价罪的交易的行为,前后共计1个月又3天,第二审法院在第三次更审时,从这1个月又3天交易数据作分析,判断其中一部分交易行为系构成哄抬股价罪,但另一部分交易行为则系构成造成交易活络表象罪,属于事实审法院职权行使范围。

b. 本件证券交易数据分析结果为:被告人甲再被诉1个月又3天证券交易犯罪期间,前后10天的各营业日收盘前上午11点50多分至收盘12点之间(即收盘前短短几分钟之间),持续、密集以“高于前一笔委托交易价格高价买入”,而“逐笔垫高”A公司股票价格,显非正常股票买卖,旨在拉高当天收盘价格而已,是足以判断为:被告人主观上具有“哄抬A公司股价”意图。

c. 其余各营业日炒作股票部分,炒作集团时而“大量高价买入”、时而“大量低价卖出”参杂交错进行,而且其中“相对成交”的数量均达当日A公司股票交易量3/1左右。此种作法犹如“A公司的左手卖给A公司的右手”,目的只是在于维持A公司股票在股市的热度,如果目的在于“哄抬股价”,何以同时“大量低价卖出”? 显然在于避免股民对于A公司股票问津度冷却以造成该股票在交易市场活络假象而已。

四、寻求情况证据的必要性(代结语)

1. 从自白到情况证据

有一句形容内心感受的话说:“如人饮水,冷暖自知。”其实不尽然,因为一个人的内心特殊感受,不难从他的表情、反应看出端倪,而杯水或冷或暖,别人摸摸杯子便晓,这些都是发见真实的证据讯息,换句话说,直接凭借人类感官知觉便可获得讯息。

可是被告人犯罪主观要件的事实,被告人内心酝酿的“刺激”—“考虑”—“决定”过程,发端于自我“心理活动”,是潜藏在个人内心深处的高度秘密,除非被告人自白,否则,纵使现代科技也不可能直接探测这种内在“心理活动”的事实,也不可能出现目击证人。

至于被告人对于犯罪主观要件事实的自白,真实性也有问题,理由有二:其一,关于犯罪主观要件事实的自白,涉及对于法律构成要件的认知,一般被告人在不能正确认知的前提下所作的自白是否与事实相符,即有可疑。例如,“被告人持刀刺向被害人、导致被害人急救不治死亡”的客观事实存在时,对于欠缺主观犯意区辨能力的被告人往往会直接承认“你持刀刺死被害人?”的问话,殊不知基于杀人犯意还是伤害犯意对于这个死亡结果在法律上评价大不相同;又如,少年案件常见学生在校园内,为代步而取用别人的自行车后随意弃置,少年因欠缺窃盗罪构成要件的法律认知,会直接自白窃盗,殊不知窃盗罪的构成,法律上须有为自己或第三人不法所有的主观意图,单纯取得他人之物还不构成窃盗罪,因此,刑法不处罚“使用窃盗”。[1] 其二,同一客观行为因主观犯意不同而有法律轻重不同刑罚的规定

---

〔1〕 公元1934年上字第1892号判例:刑法上之窃盗罪,须意图为自己或第三人不法之所有,而取他人所有物,为其成立要件。若行为人因误信该物为自己所有,而取得之,即欠缺意思要件,纵其结果不免有民事上之侵权责任,要难认为构成刑法上之窃盗罪。

时，由此法律认知的被告人极可能避重就轻，争先作成轻罪的自白。从而，就被告人犯罪主观要件的事实而言，被告人的自白并不是确保真实的证据，过度依赖自白可能造成冤错假案，寻求情况证据证明方是发见真实的最佳途径。

2. 证明被告人犯罪主观要件事实的情况证据

*所谓情况证据

一般人对于“情况证据”的概念，虽不陌生，但真正的意义却相当模糊，自18世纪至20世纪，至少有杰米里·边沁（Jeremy Bentham，英国哲学家）、查理士·提尔福特·麦考密克（Charles Tilford McCormick，美国证据法学家）、约翰·亨利·威格穆尔（John Henry Wigmore，美国证据法学家）、道格拉斯·沃尔顿（Douglas Neil Walton，加拿大理则学家）等著名的哲学家或证据法学家企图从不同面向替“情况证据”下定义，并极力与“目击证人的供述证据”或与“间接证据”作区辨[1]。

在刑事诉讼实践上，使用“情况证据”概念，并不作上述专家一般的严格考究，以美国为例，诉讼当事人及辩护人运用它作为攻击、防御武器，俯拾皆是，但不见美国联邦证据法典（Federal Rule of Evidence）或其他州证据法替它下定义，甚至证据法典根本未出现“情况证据”的字眼。

而依台湾地区的刑事诉讼实践经验，判例指出：“认定犯罪事实所凭之证据，固不以直接证据为限，间接证据亦应包含在内，唯采用间接证据时，必其所成立之证据，在直接关系上，虽仅足以证明他项事实，而由此他项事实，本于推理之作用足以证明待证事实者，方为合法，若凭空之推想，并非间接证据。”[2]系采用逻辑的“二分法”，即：“不是直接证据的证据，就是间接证据”，也就是说：“情况证据”与“间接证据”同义。

假使单纯从证据推论到待证事实过程的差异来区别证据种类的话，称须要透过推论中间事实才能间接推论到达待证事实的证据为“间接证据”，这种说法无懈可击，但若欲说明间接证据本身固有的特质或证据寻求的方向，这个名称则仍有不足，须要用“情况证据”代替。

“情况证据”一词，来自英美法，英文称它为“circumstantial evidence”，本文尝试从英文文义作解读，来体认它应有的概念。首先，这种证据既然是用“circumstantial”来形容，它的证据特质必然与“circumstantial”有关，而“circumstantial”的名词叫“circumstance”，意即：事件的周遭环境、状况[3]；其次，“circumstantial”与“detailed”同义，相关的同义字又有“minute”、“particular”，其中“detailed”指的是作为或事件

---

〔1〕 参见道格拉斯·瓦顿（Douglas Walton）：《法律论证与证据》（Legal Argumentation and Evidence），梁庆寅、熊明辉等译，中国政法大学出版社2010年版。

〔2〕 公元1943年上字第67号判例。

〔3〕 参见《牛津当代大辞典》，英英·英汉·彩色·图解版，2000年旺文社股份有限公司出版。

的琐碎细节,“minute”在这方面指的是时间上贴近事件的细节、“particular”在这方面指的是事件细节方面的精确部分。综合以上文义解读,“circumstantial”是用来表示:在时间和空间方面描写某件事精确、琐碎细节的完整性(fullness of detail that fixes something described in time and space),[1]而“circumstantial evidence”进一步用证据法的语言来解释,指的应该是:事件在时间和空间方面周遭的、琐碎的细节上情况,可用来重建过去事实真相的证据。

*情况证据的呈现方式及寻求途径

重建过往事实的“情况证据”存在的时期,可能存在于事件发生当时,也可能存在于事件发生之前或事件发生之后;证据的出处,可能来自行为人或被害人的生理或心理反应,也可能来自事件的遗迹;呈现的证据型态因具体情形差异而不同,可能以人证型态呈现、可能以物证型态呈现,也可能以文书证据型态呈现,但无论如何,它作为推论待证事实的意义并无差异。

攸关待证主观犯罪构成要件事实,本文针对前述酒驾、贩毒及证券交易犯罪三案例,试作寻求情况证据的建议如下:

a. 上述酒驾连环冲撞案例中,如果依据卷宗内交通警察制作的事故现场图、现场照片,透过讯问相关被害人逐一究明被告人在各个阶段系如何行车?行车时速若干?有无超速?如何冲撞前车?冲撞前车后,如何冲撞后车?冲撞前后车时间相隔多久?冲撞与被撞车辆的相关位置如何及车损情形如何?被告人如何、为何回车驶向第一次肇事地点?被害人张丙、杨丁是否因被告人赔偿损害而变更证词袒护被告人?这些点点滴滴的枝节证据即可作为间接论证被告人犯罪主观要件事实的情况证据。

b. 上述贩卖第一级毒品海洛因案例中,假使警察不急于“收网抓人”,[2]耐心等候时机成熟,向法院申请搜索票后实施搜索,不“打草惊蛇”、不“吃紧弄破碗”,[3]一旦搜索到可认定为供买卖毒品使用的账簿或笔记、磅秤、分装工具或分装袋等物证,这些不正是间接推论被告人主观上营利意图的情况证据。

c. 上述证券交易犯罪案例中,案件内呈现的证券交易数据自始存在,历经多次审判并未发现有何新证据,但案件竟然延宕超过8年之久[4]。检讨它迟迟不能定谳的原因无他,唯检审疏于就客观上证券交易的数据的特征作分析而已。在第二

---

[1] 参见 http://www. merriam – webster. com/dictionary/circumatantial,2012/6/29 点阅。

[2] 警察对于监听、监视中的嫌疑犯启动逮捕行动。

[3] 台语俚语,喻:欲速则不达。

[4] “刑事妥速审判法”第7条:“自第一审系属日起已逾八年未能判决确定之案件,除依法应谕知无罪判决者外,经被告声请,法院审酌下列事项,认侵害被告受迅速审判之权利,情节重大,有予适当救济之必要者,得酌量减轻其刑:一、诉讼程序之延滞,是否系因被告之事由。二、案件在法律及事实上之复杂程度与诉讼程序延滞之衡平关系。三、其他与迅速审判有关之事项。”

审法院第2次更审之前，审判的焦点尽集中在“哄抬股价”或“压低股价”的漩涡里，忽略了股市攻城略地的策略“花样百出”，主观上犯罪意图除了“哄抬股价”或“压低股价”之外，证券交易法也处罚“制造股市活络假象”行为，不能一概而论以“哄抬股价”罪。

＊情况证据的证据链与事实链

犯罪被害人提出告诉，对于被告人犯罪行为的指诉，直接到达待证事实的结论，固然是一种直接证据资料，但是他的目的系在于使被告人受到刑事诉追、处罚，其陈述本身即存在凭信性弹劾的事由。[1] 而目击证人直接就待证犯罪事实的证述，无论出自感官知觉先天性瑕疵或障碍，或者出自后天性偏见或虚假，都须要接受严格的凭信性检验，随时有可能通不过凭信性检验。

道格拉斯·瓦顿(Douglas Walton)在《法律论证与证据》(Legal Argumentation and Evidence)所举下面一个犹太法典案例，它严格检验人证的证据价值，固然可贵，但忽视可能存在的情况证据对于帮助事实发现者(fact-finder)究明待证事实的意义，诚属遗憾。

案例：他(法官)对他们说：可能你们看到他追赶一个人进了废墟，你紧跟着他，发现他手中握着一把滴着血的剑，与此同时，被杀害的人在地上痛苦地打滚；如果这是你看到的，那你什么也没看到[2]。

从案例中证人陈述的目击事实，显然没有正面提到“被告人举剑砍或刺杀被害人”的情形，的确无法依凭目击证人的证言直接认定被告人杀人。可是目击证人看到了：(1)被告人追赶一个人进了废墟；(2)被告人紧跟着这个人；(3)被告人手中握着一把滴着血的剑；(4)那个被杀害的人在地上痛苦地打滚等事实。这一连串情况证据至少说明两件事，即：(1)被告人手中握着一把滴着血的剑追赶一个人；(2)有一个人被杀在地上痛苦地打滚。这些情况事实并非无意义，假使进一步查证发现(1)和(2)是同一人，(1)和(2)的血DNA相同，那么被告人杀害被害人的事实不是被证明了吗？

由于情况证据本身不能直接推论到待证的犯罪事实，须透过中间事实再推论到待证的犯罪事实，有时候还须要透过两个以上的中间事实才能达到待证犯罪事实，一般人会认为：情况证据的证据价值微弱，证据价值无法与直接证据相提并论。这个看法未必正确。因为情况证据本身是构成事件的细节或事件附随的周遭环境，或者是事件发生前、发生时或发生后所造成对人、对事或对物影响的各种状况，

[1] 公元1963年台上第1300号判例：告诉人之告诉，系以使被告受刑事诉追为目的，是其陈述是否与事实相符，仍应调查其他证据以资审认。

[2] [美]道格拉斯·瓦顿：《法律论证与证据》(Legal Argumentation and Evidence)，梁庆寅、熊明辉等译，熊明辉校，中国政法大学出版社2010年版。

它是偶然的,不是刻意作成的,证据具有本质固有的可信赖性,证据价值岂会逊于直接证据。值得附带一提的是,"不在场"证据(alibi)也是一种情况证据,一个诉讼进行中,当"不在场"证据出现时,整个案件立刻发生"翻盘"的极度可能,岂有证据价值无法与直接证据相提并论的道理?

一般而言,情况证据在诉讼上的"证明活动"不是证据个体的"单打独斗",相反的,情况证据在诉讼上的"证明活动"往往须要证据与证据相连结,建立起一个"证据链",透过逻辑推论,共同叙说一个完整的故事,达到待证事实的最终结论。[1] 情况证据结合而成为的"证据链",如下图所示:

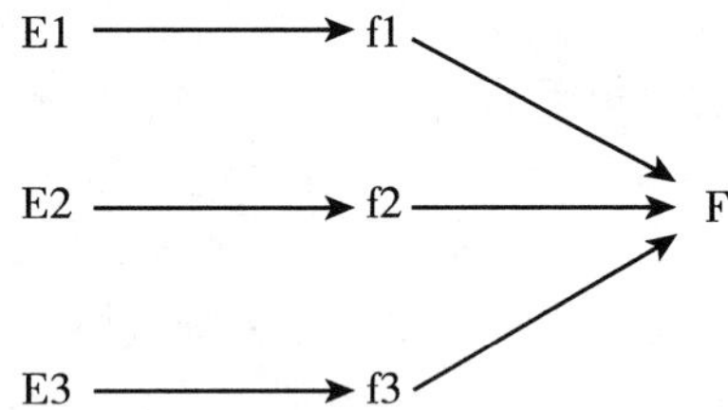

兹解说如下:E1、E2、E3 分别代表不同的情况证据,各推论出 f1、f2、f3 三个中间事实,藉由这三个中间事实共同推论出最终待证事实 F。

而情况证据结合而成为的"证据链"所共同推论的出待证事实,如仍须透过中间事实再作推论者,则中间事实与中间事实之间又形成一个"事实链",如下图所示:

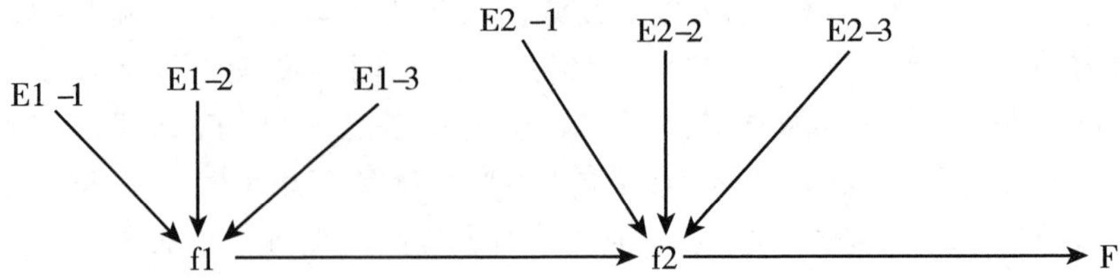

兹再解说如下:E1 - 1、E1 - 2、E1 - 3,E2 - 1、E2 - 2、E2 - 3,E3 - 1、E3 - 2、E3 - 3 分别代表两组不同结合的"证据链",依先后次序推论出 f1、f2 两个中间事实,藉由 f1 中间事实推论出 f2 中间事实,再藉由 f2 中间事实推论出最终的待证事实 F,因此,f1、f2 及 F 结合而成为一个"事实链"。

至于具有证据价值的情况证据须要从事件发生前、发生当时到事件发生后的周遭去搜寻,搜寻情况证据须要依靠人类的智慧;又建立起一个一个"证据链"、一个一个"事实链",也须要依靠人类的智慧;"证据链"与"事实链"掌握着重建事实

---

〔1〕 阮堂辉有所谓"证据锁链"的说法。参见阮堂辉:《间接证据理论的思辨与实证》,人民出版社 2009 年版。

真相的“证明活动”,共同叙说着一个诉讼上待证事实的故事,它凭借的是“人类的智慧”,这个证据资源的真正所在:就在你我的“脑袋”。

本文愿轻松地打个小比喻代替结语:运用情况证据重建事实真相的“证明活动”好比“拼图游戏”——几十、几百片零乱的“小拼片”,从它隐约透露的、支离破碎的画面讯息,凭那“小拼片”与“小拼片”间彼此的讯息关联,一片一片地拼起一幅“完整画面”。

2012年上半年至2013年上半年证据学论文精品摘要

张小敏*

2012年《刑事诉讼法》的再修改中，证据制度无疑是一个重点。证据制度是诉讼程序的核心内容，诉讼全过程便是围绕证据的收集、审查判断、运用以最终确定案件事实而展开，我国证据法律规范过于粗疏，不适应司法实践的需要，引发了较多问题，司法实践中冤假错案的主要原因也是证据存在问题导致的。

本次刑事诉讼法修改涉及证据制度的多个内容：证据的定义和种类的增加、证人、鉴定人制度的完善、非法证据排除规则的建立、证据标准证明责任规范的细化等等。此外，民事诉讼法在证据立法、司法和证据科学理论与实践研究方面都取得了令人瞩目的成绩。

立法领域的积极动态，引起了学界的广泛关注与积极回应，自诉讼法修正案的公布，至新法的出台、实施，出现了大量佳作，仅摘取部分以飨读者。

一、刑事证据制度新发展

（一）总论

1.论我国刑事证据法的转变（中国社会科学院　王敏远）

2012年《刑事诉讼法》关于刑事证据制度的诸多新规定，对于完善我国刑事证据法具有积极意义。为了促进我国刑事证据法更加科学、规范、文明，需要通过司法解释对《刑事诉讼法》关于刑事证据制度的规定予以进一步完善，以继续推动我国刑事证据制度的重心转变。

从注重职权便利的需要向重视权利保障的转变。我国刑事诉讼法以往基于将证据视为公安、司法机关查明案件事实的手段，比较注重从公安、司法机关查明案

---

* 张小敏：中国人民大学法学院博士研究生。

件事实的职能需要的角度设置刑事证据制度。然而，随着权利保障对司法公正的重要意义在《修改决定》中被肯定，刑事证据法需要继续从注重职权便利转向重视权利保障，我们不仅应当对今后的司法解释有所期待，而且对之前的相关司法解释也要予以清理，改变那些不利于促进这个转变的规定。

从注重证据形式向注重证据规则的转变。对我国刑事证据法来说，就证据形式问题而言，重要的不是对证据形式作无一遗漏的列举，而是对不同种类的证据设置相应的证据规则。应当继续推动这个转变，以进一步完善我国的刑事证据法。

从着眼于细化证明标准向重视实现证明要求的程序规则的转变。我国刑事证据法真正需要实现的转变，是从关注证明标准的可操作性，转向完善相关的程序规则，以更有利于实现刑事案件所需要的严格的证明要求。

在《刑事诉讼法》修改之后，，促进刑事证据法进一步完善的努力应集中在制定相关司法解释方面。对司法解释推动我国刑事证据法发展的作用，应予重视。

（摘编自《法学家》2012 年第 3 期）

2. 进步及其局限——由证据制度调整的观察（四川大学教授　龙宗智）

本次刑事诉讼法修改，从证据的定义和分类的调整，到非法证据排除规则直接言词规则的建立，再到证据标准证明责任规范的完善，乃至在侦查和审判程序中，对技术侦查所获证据的使用，以及专家协助质证等，均做了新的规定。而证据问题，在整个刑事诉讼法中，最体现法律技术，而且还常常涉及打击犯罪与保障人权的价值冲突，在某种程度上影响诉讼结构。

调整证据概念与分类有积极意义，但现定义仍然以偏概全，证据法学不注意证据资料与证据方法这组概念，容易忽略证据涵义的多重性、证据形态的多样性、证据的动态性及证据与举证的不可分性。注意证据概念调整对司法实践产生一定影响，我国证据分类体系，采用多标准细分方式，带来划分理由不充分、交叉重叠以及与证据规则关联度低等问题。目前可以采取物证、书证、人证三分法的上层划分和法律确定的细分方法的下层划分结构，今后重新设计分类体系。

确立不被强迫自证其罪的原则有积极意义，必须在中国法的背景下重新阐释这一原则，一方面要与沉默权切割，另一方面要注意进一步禁止和排除刑讯逼供以外的其他强制方法获取的口供以贯彻该原则。

由于对应出庭未出庭人员的书面证言未做限制，直接言词证据规则尚未真正建立，司法解释应当作出弥补性规定。近亲属不被强迫出庭的规定立意虽好，但不符法理，设置欠妥，应当设置被告人同意的前置条件。

行政执法证据直接作为刑事诉讼证据，不符合职权原则，可能影响证据客观性,有悖于传闻排除及其例外使用的法理,为此,应当设置侦查人员对这类证据的程序性审查。

(摘编自《政法论坛》2012 年第 5 期)

3. 刑事证据制度修改的亮点与难点(中国人民大学　陈卫东　柴煜峰)

在刑事诉讼程序中,刑事证据既是诉讼活动的基础,也是认定案件事实的根据,可以说诉讼的全过程都是围绕证据问题进行的,其重要性毋庸置疑,同时刑事证据又涉及收集使用和审查判断等问题具有一定的复杂性。新《刑事诉讼法》对证据一章做了较大调整,增加了新条文、增设了新制度,如何准确地理解和把握该部分的文变化是理论界和实务界目前首要关注的问题。

人权保障:证据制度修改的"亮点"。亮点之一:不得强迫自证其罪原则入法;亮点之二:非法证据排除规则得以明确;亮点之三:证人出庭与证人保护协调一致。

刑事证明:证据制度修改的"难点":"(一)证据规则问题。1. 问题提出:证据、证明与证据规则的关系;2. 他山之石:域外经验的有益启示。(二)证明责任问题。1. 举证责任与证明责任;2. 中国的刑事举证责任分配规则。(三)证明标准问题。1.'证据确实、充分'与'证据充分确实';2.'证据确实、充分'与'排除合理怀疑'。"

新刑事诉讼法有关证据章节的修改体现了两大趋势:一大趋势是本文所论述的亮点问题,反映了立法机关旨在从人权保障和程序公正的角度重塑我国刑事证据制度,与国际公约的基本要求和刑事诉讼的基本规律保持一致;另一大趋势是本文所评析的,难点问题折射出立法机关在总结中国刑事司法经验的基础上,试图努力调和域外先进经验和本土法治资源以制定既能适应实践需要又能引导法治进步的法律条文。

(摘编自《证据科学》2012 年第 2 期)

4. 论刑事证据法规范体系及其合理构建——评刑事诉讼法修正案关于证据制度的修改(西南政法大学　孙长永)

刑诉法修正案对证据制度进行了重大修改和完善。这些修改和完善虽然包含了一定的实体性规范和程序性规范,但并未形成一个足以保证公正审判的证据法规范体系。首先,没有确认无罪推定、证据裁判、自由心证或内心确信等各国公认的证据法基本原则,而这些原则恰恰是实体性证据规范和程序性证据规范的基础;其次,关于举证责任、非法证据排除范围等实体方面的法律规范不够严密,遗漏了大量的真空地带没有规范;再次,证据收集、调查程序等程序性规范明显不足,有的法律规范之间还存在着直接的冲突;最后,缺乏配套的救济性规范,违反实体性规范或者程序性规范时缺乏公平合理的救济。

为了确保修正案的各项规定得到有效实施,为实现公正审判提供充分的证据法保障,有必要采取积极措施,从体系上对法律规定的证据规范进行补充完善,具体包括:在与新法不相冲突的范围内,继续执行"两个证据规定";通过司法解释和指导性案例弥补法律规定的不足;通过地方规则和地方试点,进一步推进证据制度的创新和完善。

(摘编自《政法论坛》2012 年第 5 期)

5. 刑事错案及其纠错制度的证据分析(中国政法大学 张保生)

本文针对我国刑事错案种类泛化的问题,分析了"有错必纠"与无罪推定、证据裁判等法治原则的冲突;运用"证据之镜"原理阐释了刑事错案发生的不可避免性;通过对刑事诉讼证明标准的考察,限定了刑事错案的范围;通过对刑事再审制度和错案追究制度的认识论和价值论考察,强调了坚持证据裁判原则、加强证据制度建设对纠错制度完善的重要意义。

刑事错案种类泛化所产生的众多的刑事错案种类,不仅模糊了人们对刑事错案本质的认识,而且分散了错案救济的重点,在一定程度上浪费了宝贵的再审和司法监督资源。我国的刑事再审程序或审判监督程序,应当确立有利于被定罪人的原则。

证据具有信息表征特性,从某种意义上说,证据是事实发生时留下的"痕迹"。反过来说也是一样,案件事实发生后,总要留下某些痕迹或证据,事实认定者便可以通过"拼合"这些证据,在头脑中重建或再现自己原本不知道的事实。但这同时又意味着,事实认定者具有某种天然局限性,只能"隔着"证据来认定事实,证据就像一面"折射"案件事实的"镜子"。事实认定者通过"证据之镜"所认定的事实,多少有点像"水中月"、"镜中花"。在审判过程中,没有证据这面"镜子",就不可能认定案件事实,这正是证据裁判原则之确立的根据,同时,蕴含着事实认定可能出错的全部危险性!

基于对确信无疑证明标准的分析,我们可以得出一个结论:只有对无罪者治罪的错判,才是真正意义上的、真正需要纠正的刑事错案,如"亡者归来的"佘祥林案、赵作海案。它们的特点是:违反无罪推定原则、证据裁判原则、确信无疑证明标准,在证据不足的情况下对无辜者定罪,侵犯了被告人的基本人权。因此,对于那些未对有罪者治罪的错放,根据 2012 年《刑事诉讼法》第 195 条第 3 款的规定,不应当将其划入刑事错案一类,更不能将其作为纠错的对象,或者司法人员工作考核的内容。

如何完善中国刑事错案的纠错制度? 首先,从改善法律人才知识结构考虑,应加快法学教育内容更新;其次,创新"冤案、错案责任追究制度";最后,加强证据制度建设,克服司法行政化倾向。

(摘编自《中国法学》2013 年第 1 期)

6. 独立没收程序的证据法难题及其破解(四川大学法学院　万毅)

《刑事诉讼法修正案》增设了“犯罪嫌疑人、被告人逃匿、死亡案件违法所得的没收程序”，简称“独立没收程序”。然而，关于独立没收程序的相关证据制度如证明标准、证明对象以及证明责任等重要内容，立法上或付诸阙如或模糊不明，这就导致用意良好的程序设计可能因为忽略了证据制度的技术支持而陷入某种实践困境。

从证据法理上讲，独立没收程序本身是一种民事诉讼程序，因此应当采用“优势证据”的证明标准而非“排除合理怀疑”的证明标准；在证明对象上，检察机关应当举证证明程序上存在一个被追诉的犯罪事实，且申请没收的涉案财物与该犯罪事实之间存在实质联系；在证明对象上，检察机关应当承担举证责任，但在特定情况下，应当实行举证责任倒置，由主张对涉案财物拥有合法权利的利害关系人承担举证责任。

(摘编自《法学》2012 年第 4 期)

7. 刑事证据制度的变革对检察工作的挑战及其应对(北京大学　汪建成　付磊)

本次刑事诉讼法修改对刑事证据制度进行了一系列重大增补或修订，在某种程度上也对检察机关提出了更高的要求，使新形势下的检察工作面临更多的挑战。

其一，严格执行证据种类规范。证据种类的规范化首先要求检察机关应当按照严格的形式要求，以法定的证据种类形式参加法庭举证活动；其次，在“物证”被规定为一种独立的证据种类后，检察机关在收集、固定和运用物证上必须加倍谨慎；再次，对于几种新增加的证据种类，如电子数据、辨认笔录、侦查实验笔录等应当注意采取相应的收集、审查判断和运用这些证据的方法；最后，对于行政执法机关在行政执法过程中收集的物证、书证等实物证据能否使用，仍然存在裁量的空间。

其二，加大对侦查取证行为的监督力度。从本质上说，对侦查取证行为进行监督的实质在于审查取证行为的合法性。作为国家的法律监督机关，检察机关应当进一步强化对侦查取证行为的监督，以确保取证行为的合法性为宗旨，从取证主体、取证方式、取证程序等多方面进行监督。

其三，积极应对非法证据排除规则。对于存在以非法方法收集证据嫌疑的，应当要求侦查机关对证据收集的合法性作出说明；如果确认非法证据是存在的，应当直接决定予以排除。同时，检察机关在审判过程中需要承担证明控方取证合法的证明责任。

其四，准确理解证明标准的内涵。证明标准的细化实际上意味着对检察人员综合运用证据并作出准确判断的能力提出了更高的要求。检察机关应当着力提高检察人员的专业素质，在深入理解新规定的基础上确保公诉工作的准确性。

其五，正确面对辩方提出的证据。检察官应在客观义务的指引下，公正客观地评价来自辩方的证据。

其六，科学把握卷宗移送制度。修改的刑事诉讼法所采取的某些措施既可有效保障法官的中立性，又可对检察工作产生积极的促进作用。如辩护律师阅卷权的扩大和辩护意见附卷制度的确立；非典型证据开示制度的确立；庭前调查制度的取消。

（摘编自《国家检察官学院学报》2012 年第 3 期）

8. 论无罪推定的涵义与刑事诉讼法的完善（清华大学　易延友）

无罪推定在证据法上的含义在于将证明责任分配于控诉方，其诉讼法上的含义在于保障被告人的程序性权利，约束政府权力，体现司法公正。无论是在法学家的著作中，还是在法院的判例中，无罪推定原则最基本、最常用同时也是最为普遍承认的含义，就是其在分配举证责任方面的含义。

无罪推定并非基于事实或经验的推定，而是基于政治法律道德的规范原则，它与有罪推定并非同一个层面的概念，因此不存在非此即彼的关系。其既非对过去事实的总结，亦非对将来事实的判断，因此它并不违反实事求是。

1996 年修正后的刑事诉讼法最终还是确立了无罪推定，只是在表述上与西方通行的原则略有差距，在具体制度设计方面则仍待完善。因此，当此刑事诉讼法再次修改之际，我们应当从立法上重新斟酌无罪推定之表述，从制度上彻底贯彻无罪推定之要求，相应的沉默权规则、律师在场原则、被告人有权获得保释原则、辩护权应获得尊重原则、对质权原则等均应得到确立和完善。

（摘编自《政法论坛》2012 年第 1 期）

9. 中国刑事证据法学理论体系的科学建构（北京师范大学　王超）

以刑事证据制度的发展变化为线索，可以将我国刑事证据法学理论体系的演变分为传统刑事证据法学的萌芽、形成和转型三个时期。尽管我国刑事证据法学已经呈现繁荣的学术景象，但是在长期缺乏科学方法论训练以及过于偏好哲学思维方式的情况下，我国刑事证据法学理论体系仍然处于比较混乱的状态之中。有鉴于此，理论界亟待重构刑事证据法学的理论体系。而科学构建我国刑事证据法学理论体系，应该在回归刑事证据法本质的基础上，打造纯粹的刑事证据法学。

（摘编自《法学评论（双月刊）》2013 年第 1 期）

(二)证据论

10."直接证据"真的存在吗?对直接证据与间接证据分类标准的再思考(中国政法大学　纪格非)

我国学界对于间接证据与直接证据的划分标准及概念的表述过于简单化,不利于研究的深入。通过审视直接证据与案件事实联系的"单独性"、"直接性",可以发现"案件事实"的法律性决定了直接证据不可能不经过涵摄或解释的过程而直接与案件事实发生联系;"案件事实"中的主观状态、意思表示要素,也无法被证据"直接"、"单独"地证明。因此,现有的以证据与案件事实的关联方式不同为标准,区分直接证据与间接证据的思路注定是失败的。直接证据与间接证据的区分必须另辟蹊径。正是基于此种原因,美国学者韦格摩(Wigmore)在一百多年前就抛弃了传统的对直接证据与间接证据的划分方法,取而代之的是言词证据(Testimony Evidence)与情况证据(Circum stanttial Evidence)的分类。

国内外现有理论均无法对直接证据与间接证据的划分标准做出准确的界定,由此导致没有完全符合现有分类标准的"直接证据"。根据笔者分析,造成目前局面的原因主要有两个方面:一方面,"案件事实"的法律性决定了直接证据不可能不经过涵摄或解释的过程而直接与案件事实发生联系;另一方面的原因则在于我们对于证据与案件事实联系的复杂性缺乏深刻的认识。

(摘编自《中外法学》2012年第3期)

11.切实保障刑事诉讼法中司法鉴定条款的实施(中央财经大学　郭华)

2012年修改的《刑事诉讼法》对1996年《刑事诉讼法》涉及鉴定的7个条款中的4个条款进行了修改,并新增加了2个条款,其变化的内容占所有鉴定条款的85.71%。本文对其修改后的鉴定条款在执行中可能会遇到的新问题进行分析并作出预评。

其一,应区分侦查程序中的司法鉴定与作为定案证据的司法鉴定。

侦查中的鉴定与作为证据的司法鉴定的不同,要求刑事诉讼活动对侦查中的鉴定行为与司法鉴定在职能与任务上有所区别,要求鉴定人与侦查人员在身份问题上不被混同。同时还应注意它们之间在技术层面的差异性以及活动公开与否的差别性,尤其是侦查与司法鉴定在职能与任务上的不同,对侦查程序中的鉴定应当从程序的视角进行审视,对作为侦查行为的鉴定与作为证据的司法鉴定进行区分。

其二,着重保障被追诉人在侦查阶段的鉴定权利。

基于当事人鉴定申请权的程序正当性以及实践的必要性,建议在《刑事诉讼法》的适用解释中对当事人申请鉴定权以及保障其权利行使的程序作如下规定:对特殊案件实行强制鉴定规定;当事人申请鉴定权的保障与救济;检察机关对鉴定启动程序的监督。

其三，进一步完善有专门知识的人的出庭程序。

修改后的《刑事诉讼法》没有对这种参与诉讼的、有专门知识的人的出庭等程序问题作出规定，且理论界对此亦存在不同认识，基于这项规定属于本次刑事诉讼法修改的一个创新之处，故不妨可在实践的基础上继续完善。因此，在刑事诉讼法实施中特别需要澄清与明晰以下问题：有专门知识的人出庭的启动条件；有专门知识的人出庭的决定程序；有专门知识的人的出庭程序；有专门知识的人提出意见的效力；有专门知识的人出庭的救济程序。

有关刑事诉讼法中司法鉴定条款的解释或者规定应当依照两个基本规则进行：一是保障当事人在司法鉴定方面的权利，不得克减刑事诉讼法赋予当事人在此方面的权利；同时还应当为便捷、有效地行使权利提供程序性保障，尤其是建立权利受阻的救济程序。二是规范职权机关在司法鉴定上的职权，建立职权的制约机制，确立滥用职权或者违反权利保障的程序性法律后果，以防止职权的不当行使，从而切实保障刑事诉讼法中司法鉴定条款得以正确、有效的实施，维护刑事诉讼法的权威。

（摘编自《法学》2012 年第 6 期）

12. 论技侦手段所获材料的证据使用（中国人民大学　程雷）

2012 年《刑事诉讼法》在侦查章增设专节规定了技术侦查措施，作为侦查程序中的一项主要变动而备受关注。技侦手段的法治化过程中，一个关键性问题就是技侦手段所获材料能否用作证据、如何用作证据的问题？

目前，技侦手段所获材料不用作证据对侦查实践产生的直接影响有二：一是使大部分技侦手段并不以产生证据为主要适用目的，获取相应的办案线索或者情报成为了技侦工作的主要导向性目标；二是在极个别的案件中，在其他证据的匮乏而不得不使用技侦结果作为证据时，设置了证据转化的要求。

针对证据使用这一突出问题，此次新修订的《刑事诉讼法》中单列一条，规定了技侦手段与其他秘密侦查手段所获证据的使用："依照本节规定采取侦查措施收集的材料在刑事诉讼中可以作为证据使用。如果使用该证据可能危及有关人员的人身安全，或者可能产生其他严重后果的，应当采取不暴露有关人员身份、技术方法等保护措施，必要的时候，可以由审判人员在庭外对证据进行核实。"本条的规定至少包含了两层涵义：其一是肯定了技术侦查所获材料的证据效力，有助于解决在个别案件中缺少技侦材料无法定案的困难，提高对极个别疑难、重大案件的打击力度；其二是证据使用过程中不必遵循通常的证据审查、判断规则与程序，应当以不危及人员安全、暴露相关人员身份与技术方法作为使用的前提。

控方对于是否使用技侦获取的材料作为证据指控犯罪享有裁量权。在控方裁量是否使用技侦材料作为指控犯罪的证据时，应当坚持证据最后使用原则。技侦手段的最主要功用在于证据衍生功能或者说发现犯罪线索,同时考虑到技侦材料使用过程中因技侦手段泄密所引发的反侦查、危及侦查人员安全等后果,合理的证据使用策略应当以用作证据作为例外情形,即坚持最后使用原则,能不用时尽量不要使用技侦材料作为证据。

关于技侦所获材料的使用,涉及两个方面的规范:一是在仅衍生证据的情况下,通过确立类似毒树之果的证据规则,即凡是技侦手段自身违法的,其所产生或衍生的后续证据均不具有可采性;二是将技术侦查所获的材料直接用作证据的情况下,也就是说,技侦手段表现为一种取证手段的情况下,使用刑事诉讼中已有的各项证据规则检验技术侦查这种取证行为。两方面的规范是相互联系的,只有确立第一个方面的规范,才能促使技术侦查所获材料更多地被直接用作指控犯罪的证据。

(摘编自《证据科学》2012 年第 5 期)

13. 我国刑事司法鉴定制度的新发展与新展望(中国政法大学　陈光中　北京师范大学　吕泽华)

2012 年《刑事诉讼法修正案》中有关刑事鉴定制度的新发展主要体现在确立了“鉴定意见”的称谓、建立了鉴定人作证的特定保护制度、完善了鉴定人出庭作证制度、取消了省级人民政府指定医院的鉴定权、创建了专家辅助人制度等。

这些新发展在确保鉴定结果的真实性与合法性、保障鉴定人、当事人等的合法权益、促进刑事司法鉴定制度乃至证据法制的现代化发展等方面具有积极意义。

但从长远角度来看,未来还应在立法技术、司法鉴定启动模式、鉴定人出庭作证、强制鉴定以及司法鉴定期间等方面继续推进。改革内容的缺憾集中体现在鉴定人出庭作证制度中,应加以弥补,这也是立法模式的技术问题、当事人的司法鉴定程序启动参与权问题、强制鉴定问题、鉴定人出庭作证问题以及鉴定期间问题。

(摘编自《中国司法鉴定》2012 年第 2 期)

14. 辨认笔录证据能力问题研究——以新《刑事诉讼法》为视角(四川省社会科学院法学研究所　韩旭)

辨认笔录作为新型的证据种类为新《刑事诉讼法》所确认,在辨认程序缺乏立法规制的情况下,如何对其可靠性和合法性进行审查判断成为实践中的难题。

对辨认笔录进行审查具有必要性:其具有传闻证据不可靠的特点;其记载的内容缺乏“真实性的情况保障”;预防和减少刑事冤案的必要性。列队辨认和照片辨认是我国侦查实践中常用的两种辨认方法,由于其使用率较高,司法实践中更容易发生因程序违法或者瑕疵而导致辨认结果失真的问题。

美国对违法辨认结论采取的“可靠性”判断标准以及“总体情况规则”的审查

方法,对我国处理违反辨认规则所获辨认结论的证据能力问题具有一定的启示和借鉴意义。笔者认为,对我国辨认结果(通过辨认笔录的形式反映出来)证据能力的审查应当分为两个方面:一是审查辨认过程(笔录记载内容)的真实性和合法性;二是审查辨认结果的可靠性。

新《刑事诉讼法》实施在即,为配合新法的实施,当前公安部、最高人民法院和最高人民检察院正在着手修订贯彻执行新《刑事诉讼法》的部门规章和司法解释,可考虑以此为契机,通过部门规章和司法解释的修订,增加有关辨认规则的内容,从而弥补我国立法上辨认程序的空白,以此保障辨认笔录记载内容的真实性和辨认结论的可靠性。笔者建议在部门规章和司法解释中至少应当确立以下三项制度:辨认活动全程录像制度、完备的见证人在场见证制度、辨认程序中办案人员回避制度。

(摘编自《证据科学》2012 年第 2 期)

(三)证明论

15. 刑事诉讼中证据调查的实证研究(中国人民大学　何家弘)

证据是司法人员认定案件事实的中介。证据调查是司法裁判的基础。正当合理的证据调查制度是司法公正的保障。

关于刑事错案和刑事庭审的实证研究表明,我国的刑事诉讼中存在审前证据调查的片面性和庭审证据调查的单边化等影响司法公正的问题。一方面,有些本应发现或收集的无罪证据被办案人员忽视了;另一方面,辩护方收集或提供的无罪证据也被办案人员忽视了;法庭证据调查的主线就是公诉方的举证和法官对公诉方证据的确认。诚然,在一些社会影响重大的案件中,法庭证据调查的过程可能更有对抗性和实质性,但是在绝大多数刑事案件的庭审中,辩护方一般都没有进行有效的举证和质证,既不能提出有力的无罪证据,也不能对公诉方的有罪证据进行有力的质疑,于是庭审就变成了对有罪证据的单边确认过程。

在比较两大法系国家的单轨制与双轨制证据调查模式之优劣的基础上,我们在刑事诉讼中迫切需要解决的问题是证据调查的片面性和单边化,以便使有罪证据和无罪证据都能顺畅地进入刑事庭审的"大门",保证司法裁判的客观公正。具体说,我们可以从三个方面入手去改良我国的刑事证据调查制度,包括加强辩护律师进行证据调查的保障、赋予辩护方启动司法鉴定的权利和确保无罪证据获得公开公正的认证。

(摘编自《中外法学》2012 年第 1 期)

16.《刑事诉讼法》修改凸显人权保障———论不得强迫自证有罪和非法证据排除条款(中国政法大学　杨宇冠)

此次我国《刑事诉讼法》修改,规定了不得强迫任何人证实自己有罪,还增加了非法证据排除的规定。这些新增内容之间存在紧密联系,每一项又有各自的意义。非法证据排除是落实不强迫自证其罪的具体措施,通过约束侦查部门取证行为对侵犯个人权利提供了补救措施。

“不强迫自证其罪”条款是“尊重和保障人权”的进一步体现,根据此次修改后的《刑事诉讼法》规定的条文,“不得强迫任何人证实自己有罪”的责任人员是“审判人员、检察人员、侦查人员”,即他们不应当实施强迫手段,根据法理分析,还应当包括相关部门的领导人员,其不能作出违反本条法律的指令或决定;即使没有直接对当事人使用暴力,但以暴力威胁当事人也应当视为“强迫”,因为,强迫的手段是难以完全列举的,为了落实“不得强迫任何人证实自己有罪”的条款,应当从“不强迫”入手,即当事人提供证据的行为应当建立在自愿的基础上;“任何人”的范围主要指犯罪嫌疑人和被告人,但是否包含证人以及受到刑事指控者的亲友或其他人是一个应当明确的问题。“证实有罪”的含义应当指对受刑事追诉人的一切不利陈述,包括供述、承认和认罪。

《刑事诉讼法》修改,增加了非法证据排除规则的内容,这是我国第一次在全国人大的立法层面采纳了非法证据排除规则,包括:“言词证据的排除”(第54条)、“检察院在非法证据排除中的作用”(第55条)、“非法证据排除的法庭调查”(第56条)、“非法证据排除的证明责任”(第57条)和“非法证据排除的判定标准”(第58条),这些构成了我国非法证据排除规则的一整套制度,充分反映了我国刑事司法方面的国情。

(摘编自《法学杂志》2012年第5期)

17. 中美刑事诉讼中口供排除规则之比较(南开大学　杨文革)

可靠性为口供排除规则的法理基础,是我国“重实体、轻程序”诉讼传统在排除规则中的反映,体现了“重打击犯罪、轻人权保障”的思维。这种传统和思维对于提高破案率,尽可能将更多的犯罪分子绳之以法,从而保护社会大众利益,有其有利的一面,但忽视自愿性因素,不仅无助于人权保障目标的实现,还会损害口供的可靠性,进而为冤假错案的发生埋下隐患。

美国完全抛弃可靠性原则,实行彻底的自愿性原则并以米兰达规则为自愿性原则的程序保障,有其“走过头”的一面。许多在大众看来证据确凿的犯罪分子眼睁睁地成为漏网之鱼,引起社会大众的不满,这是我们需要警惕的。因此,在起始阶段,我国口供排除规则的法理基础,宜继续坚持可靠性原则,并适当地、逐步地注入自愿性原则因素,同时应当对可靠性和自愿性的程序保障作出明确而适当的规定。比如,应当废除嫌疑人对于侦查人员的提问“应当如实回答”的规定,赋予嫌疑人沉默权,并进一步完善嫌疑人在侦查阶段获得律师协助的权利。

美国非法口供排除范围的特点是:以自愿性和米兰达规则为基本衡量标准,以若干例外作为补充,在具体操作上,由最高法院在实践中对具体的案例进行解释。

在中国,对非法口供的排除采取违法性标准,即警察是否实施了为刑事诉讼法以及其他有关法规所明确予以禁止的行为。

中美两国的证明责任虽有某些相似性,但其差异性反映了美国排除非法口供规则中的证明责任的设置更加公允。即使我国规定了比美国更高的证明标准,可能也难以产生理想的预期效果。我国口供排除规则证明制度中的关键问题,不是证明标准的高低问题,而是证明责任的设置问题。改革的方向应当是进一步加重检控方的证明责任,减轻甚至取消被告方的证明责任。

（摘编自《比较法研究》2012 年第 3 期）

18. 适用非法证据排除规则需要司法判例(中国人民大学　何家弘)

非法证据是指违反法律规定获取的证据。非法证据排除规则并非排除所有非法证据,为此,法律应明确哪些必须排除,哪些可以不排除,然而,法律规定的语言既有精确性的一面,又有模糊性的一面,人们不能奢望立法者制定出包罗万象且尽善尽美的法律规则,因此只能由司法者在实践中面对具体案件时进行解释性适用,而司法判例就是这种适用的最佳方式。

我国的非法证据排除规则采取了两分法:第一类是法律明确列举应当排除的非法证据,相当于法定必须排除的非法证据,包括采用刑讯方法获得的被告人口供,采用刑讯或威胁方法获得的证人证言和被害人陈述;第二类是可经补正或解释后再决定是否排除的非法证据,类似于自由裁量排除的非法证据,主要包括违反法定程序收集的物证和书证。这样的规定体现了法律规则的灵活性,但是也给该规则的适用带来了难题。

首先,上述规定中的一些语言具有模糊性;其次,上述规定遗漏了一些非法证据,例如,收集证据的主体不符合法律规定的证据,证据形式不符合法律规定的证据,采用威胁、引诱、欺骗等非法方法获得的犯罪嫌疑人、被告人供述等;再次,上述规定中关于某些非法证据的处分方式不够明确,例如不能作为定案根据的含义究竟是不能采纳还是不能采信?

如何让非法证据排除规则更加具体明确?目前,公、检、法机关都在紧锣密鼓地制定《刑事诉讼法》实施细则,但是这种类似法律条文的司法解释很难完全解答非法证据排除规则适用中的困惑。在此,笔者赞成王利明教授的观点:"司法解释应该向具体化方向发展,因为司法解释的任务在于使法律规则更为具体、明确,富有针对性,从而有效地运用于具体案件;同时在法律遇有漏洞时通过解释而填补漏洞,司法解释越具体、越富有针对性,则越能发挥司法解释应有的作用。"一言以蔽之,完善我国的司法判例制度才是统一规范非法证据排除规则适用的上佳路径。

（摘编自《法学家》2013 年第 2 期）

19. 排除非法言词证据的若干问题(北京市京都律师事务所　田文昌　邹佳铭)

2012 年 3 月 14 日修正的《中华人民共和国刑事诉讼法》基本保留了“两个证据规定”的相关内容,并将非法证据排除扩展到侦查和审查起诉阶段,体现出非法证据排除规则的中国特色。但是法律的生命不是制定,而是实施。“两个证据规定”发布实施以来,在司法实践中的适用并不容乐观。本文试图从实践层面出发,对相关问题进行探讨。

其一,重复言词证据的排除问题。

关于重复言词证据应否排除的争论:第一种观点是全部排除说;第二种观点是不排除说;第三种观点是区别对待说。笔者赞同全部排除说的观点,但依据的并不是“毒树之果”理论,而是立足于我国的司法体制和实践。

其二,排除非法言词证据的程序问题。

非法证据排除应定位为独立的审前程序。一方面是为了尽量避免非法证据对法官心证的影响,更为重要的是,只有在独立的审判程序中,才能保证所有的当事人在场,而这是保障非法证据排除程序合法有效进行的关键。

此外,控方对庭前言词证据合法性的证明问题:原始、同步、完整的录音录像才具有证据资格,并有否定讯问笔录的效力、情况说明不具有证据资格,应强制侦查人员出庭作证、公诉人不得审前核实辩方证据、必须保障当事人的在场权。

(摘编自《人民司法(应用)》2013 年第 7 期)

20. 不得强迫自证其罪原则在我国的确立与完善(最高人民检察院检察理论研究所　董坤)

不得强迫自证其罪是刑事司法的一项基本原则,其基本概念是指:任何人对可能使自己受到刑事追诉的事项有权不向当局陈述,不得以强制程序或者强制方法迫使任何人供认自己的罪行或者接受刑事审判时充当不利于自己的证人。

不得强迫自证其罪原则经过长期的历史性发展逐渐厘清了自身的内涵,在诉讼程序中衍生出具体的制度规定和保障规则:被追诉人有权拒绝回答归罪性提问、不得采用强迫性讯问手段、强迫供述下的非法证据排除规则、禁止做出不利评价或推论以及获得律师帮助的权利。

《刑事诉讼法修正案》规定了不得强迫任何人证实自己有罪,但将其放在了证据章节中,限制了其原则性作用的发挥,不利于其精神在整个刑诉法中的贯彻和影响。要更好地推进不得强迫自证其罪原则的适用,应将其放入刑事诉讼法总则的基本原则章节中,确立其原则性地位,根据该原则的基本精神和丰富内涵在刑事诉讼的各个阶段和环节设置相应具体的诉讼规则和权利保障机制,并可以从“程序性强迫”和“方法手段性强迫”两个方面为其规定合理的例外情形,将该项原则真正落到实处,从而推动我国依法治国方略的全面实施,实现人权保障和刑事诉讼的民主文明。

（摘编自《国家检察官学院学报》2012 年第 2 期）

21. 瑕疵证据补正之探析(北京师范大学刑事法律科学研究院　刘广三　马云雪)

2012 年 12 月 25 日最高人民法院发布了《关于适用〈中华人民共和国刑事诉讼法〉的解释》吸收了两个《证据规定中》瑕疵证据的相关内容,对瑕疵证据及其补正等问题进一步予以明确,通过列举的方式对瑕疵证据及其补正作出规定的同时并对非法证据与瑕疵证据进行明确的区分,但是在司法实践中 我们所面对的是千差万别的案件,通过这种列举的方式并不能穷尽刑事诉讼中出现的全部瑕疵证据,那么司法实践中如何去判断一个证据是瑕疵证据还是非法证据就变得尤为重要。

除了法律明确规定属于瑕疵证据的情形外,如何判断一个证据是否属于瑕疵证据往往缺乏明确具体的标准。从我国《新刑事诉讼法》关于非法证据的排除以及瑕疵证据的补正规则来看区分瑕疵证据与非法证据通常情况下主要基于以下几个方面的考量:一是取证手段是否直接侵犯犯罪嫌疑人的重大权益标准;二是取证手段违反了技术性程序标准;三是证据真实性标准。

瑕疵证据补正的具体内容包括,瑕疵证据补正合理性分析:一是瑕疵证据补正有利于发现案件真实;二是瑕疵证据补正可以弥补非法证据排除规则之缺陷,以及瑕疵证据补正之规则,如瑕疵证据补正之程序、瑕疵证据补正之限度等内容。

（摘编自《中国刑事法杂志》2013 年第 3 期）

22. “排除合理怀疑”的中国叙事(中国政法大学　李训虎)

“排除合理怀疑”从被排斥到被推崇,进而演化为司法实践中的潜规则、进入地方证据规定并最终为刑事诉讼法所确认,给我们展现了其发迹、挫折、上升的中国路线图,这是多重缘由叠加、多种因素合力的结果,既是改革者及其支持者主动为之的结果,亦是不得已而为之的被动选择。

改革者认为刑事证明标准存在难以克服的缺陷,事实认定过程中问题百出,甚至冤错案件的出现在相当程度上都可归结于此。提高事实认定准确性的动力、避免冤狱的压力、程序改革以及其他证据制度建设难以真正有所作为等因素,使改革者将去意识形态化、逐渐被认可的“排除合理怀疑”作为改革的选项。尽管改革不乏可指摘之处,成效亦待检验,但作为观察法律移植的样本,“排除合理怀疑”的上升之路亦有可取之处,作为改革共识的渐进改革观可为未来的刑事司法改革提供参照,并促进刑事诉讼法学研究的反省与自觉。

（摘编自《法学家》2012 年第 5 期）

23. 中国法语境中的"排除合理怀疑"(四川大学 龙宗智)

"排除合理怀疑"已成为对中国刑事诉讼证明标准的一种解释,亦即刑事诉讼中认定案件事实的一项辅助性标准。在中国法的语境中,探讨"排除合理怀疑"的涵义及其与"证据确实、充分"的关系,把握其适用方法,具有重要的理论价值和实践意义。

"案件事实清楚、证据确实充分",是长期以来我国刑事诉讼认定案件事实的证明标准,从法律规范用语、司法解释、法理解析以及长期的司法实践看,这个证明标准有以下五个特点:一是以印证为中心;二是以客观性为基点;三是以可知论即认识乐观主义为理论根据;四是以目的为方法,在证明活动中的可操作性不足;五是普遍适用,缺乏区别和细分。

要有效地借鉴、合理地适用"排除合理怀疑",需要对其渊源、涵义及其在外国法中如何适用,作一探讨:用对象看,"排除合理怀疑"既针对证据的确实性,也针对充分性;它应用于证据的综合判断,也可以在证据个别判断中使用。

"排除合理怀疑"与"证据确实充分"作为证明方法的区别,主要体现在积极建构与消极解构,以及客观印证与主观心证的不同语词倾向。二者在证明程度上既有一致性,也有区别,"证据确实充分"是"排除合理怀疑"的充分条件,"排除合理怀疑"是"证据确实充"的必要条件。

在中国刑事诉讼中运用"排除合理怀疑",需要强化疑点审查的"消极思维",以加强防错机制,将其既用作证明标准,也用作证明方法。"排除合理怀疑"可适用于不同类型的案件,以及案件的不同诉讼环节,但根据不同情况,在实际把握上可以有所区别,在运用中应紧扣经验法则,并和"疑点排除"的中国经验结合运用。为便于适用,可作适当的语词性解释,应当以判例解释证明标准并推动其贯彻,能够通过展开心证形成过程等程序要求和证据法制度保障其成为有效的规则。

(摘编自《中外法学》2012 年第 6 期)

24. 刑事错判证明标准的名案解析(中国人民大学 何家弘)

错判的发生具有普遍性和蛰伏性:错判的发生不仅具有空间的普遍性,而且具有时间的普遍性;错判一般都是在司法系统的常规性运转过程中发生的,因此其往往被司法的正当性和正义性所掩盖,混藏在大量的正确裁判之中。

错判的认知具有模糊性和对抗性:对错判的认知就成为了对过去的认知结果的二次逆向认知时过境迁,即使有了新证据或者新发现的证据,这种认知活动的难度也是可想而知的。诚然,有些错判案件中发现的新证据是确实充分的,甚至是可以称为铁证的但是在多数错判案件中,新证据都不能达到的证明程度,因而使认知结果带有不同程度的模糊性。错判的认知具有模糊性,所以我们需要明确的证明标准;错判的认知具有对抗性,所以我们需要统一的证明标准,没有明确统一的证明标准,错判的认知就会因人而异、因事而异、因时而异、因地而异。

通过对美国、英国、德国的错判证明标准的实例解析,我们可以看到,他们在认定错判的时候都不适用刑事诉讼中认定被告人有罪的证明标准,而且认定错判的证明标准都低于认定有罪的证明标准。我们应该重新阐释中国刑事诉讼中错判的证明标准,毋庸讳言,我国现行法律中关于错判证明标准的规定是不够明确的。因此,笔者建议可以借鉴英国那种分层设定标准的做法,把错判的证明标准分为三个层级:第一个层级是启动再审的标准或错判的立案标准,即笔者前面阐释的确有错误的标准,类似于英国刑事案件复查委员会移送上诉法院再审的具有推翻原判的真实可能性的标准;第二个层级是再审认定错判的标准,可以表述为优势证据,即全案证据证明申诉人无罪的可能性大于有罪的可能性;第三个层级是决定国家赔偿的标准,可以表述为证据确实充分,即有可靠的证据充分地证明申诉人确系无辜者。笔者以为,决定国家赔偿的证明标准应高于认定错判的证明标准,这是比较合理的:一方面,认定错判适用较低的证明标准,可以使更多的无辜者获得纠错的机会;另一方面,确定国家赔偿适用较高的证明标准,可以防止国家赔偿成为纠正错判的障碍。

(摘编自《中国法学》2012 年第 1 期)

25. 论辩护方的证明责任(中国政法大学　房保国)

刑事诉讼中一般由控诉方承担证明责任,由于量刑事实和程序性事实逐步纳入法庭裁判范围,程序性裁判机制相继确立,辩护方证明的情形越来越多,可以总结以下五种情况:量刑事实、非法证据排除、程序性事实、积极抗辩的事实和证明责任倒置的事实由辩护方证明。

辩护方特定情形承担证明责任,体现了证明责任转移、倒置和推定的要求,没有违反无罪推定原则和不被强迫自证其罪规则,是对控诉方承担证明责任的有机补充,体现了刑事证明责任分配的公正性、灵活性和利益衡量的要求。

要防止辩护人承担证明责任的两种误区:法院有意无意地将证明责任转移至被告人;全部证明责任由控诉方承担,被告人不承担任何证明责任。我国刑事证明责任的分配要综合考虑上述因素,立法中明确规定无罪推定原则和证明责任转移、倒置的情形,科学设置刑事推定制度,明确辩护方承担证明责任的情形与证明标准,确保辩护方证明责任的正常运作。具体而言:严格落实无罪推定原则和不被强迫自证其罪原则,彻底废除犯罪嫌疑人"如实回答"的义务,这是实行辩护方证明责任的前提;合理确定刑事推定制度,建立分层次的犯罪构成体系;建立多元化的证明标准;建立刑事证据开示制度;完善辩护制度,提高辩护律师的刑事辩护业务水平,严格遵守律师执业道德,维护当事人合法权益。

(摘编自《政法论坛》2012 年第 6 期)

26. 从定罪的“证明标准”到定罪量刑的“证据标准”——新《刑事诉讼法》对定罪证明标准的丰富与发展(中国政法大学 顾永忠)

新《刑事诉讼法》首次对“证据确实、充分”从三个方面作出解释,对现行《刑事诉讼法》关于定罪证明标准的规定在以下两个方面进行了丰富和发展:第一,新标准涉及定罪和量刑两个方面,是第一次在刑事诉讼法的“总则”上从证据的角度提出的定罪量刑的总标准;第二,新标准包括了三个方面的内容即定罪量刑应当具有哪些证据(证明对象)、如何对证据查证属实(查证方式)以及证据应当证明到什么程度(证明标准)。

新《刑事诉讼法》确立的“排除合理怀疑”的证明标准并不是孤立的,而是将其与应当证明什么、如何对证据进行查证密切联系在一起并以前两者为前提而确立的证明标准。在这个三位一体的体系中,“排除合理怀疑”与其他两个方面的要求是分不开的,它存在于前两项要求之后,也产生于前两项要求之中。

笔者认为,它已不再是单一的定罪的证明标准,而被丰富发展为定罪量刑的证据标准:其一,定罪量刑的证据标准用联系的观点,整合并规范了运用证据对被告人定罪量刑的系统思想和方法,可以克服以往脱离证明对象和证明方式,采用孤立的证明标准进行定罪所产生的弊端;其二,定罪量刑的证据标准由于建立在个案的事实基础上,就使一切运用证据定罪量刑的活动落到了实处,必然体现出每一个案的特殊性,更符合每一案件的实际情况,可以避免以往运用不仅孤立而且抽象的证明标准认定案件事实所发生的问题;其三,定罪量刑的证据标准既涉及定罪问题,又涉及量刑问题,弥补了以往定罪的证明标准只涉及定罪问题,不涉及量刑问题的不足;其四,定罪量刑证据标准中的“排除合理怀疑”的证明标准,既高度抽象,又具体可行,具有可供审判人员对案内证据是否达到定罪量刑程度进行审查判断的功能,而以往“案件事实清楚,证据确实、充分”的证明标准,不具有具体指导审查判断的功能。

(摘编自《证据科学》2012 年第 2 期)

27. 量刑事实证明问题研究(西北政法大学 宋志军)

2012 年《刑事诉讼法》将量刑事实和量刑证据纳入法庭审理程序,量刑事实的证明成为量刑程序的核心问题,确立量刑事实的证明规则才能适应量刑程序改革的需要。

量刑证据的可采性规则与定罪证据有所不同,具有盖然性的关联性的材料即可成为量刑证据。对于量刑证据可采性规则的探讨,应当首先承认定罪与量刑都是在事实得以证明的前提下进行裁判的司法活动,两者具有共通之处;其次,定罪和量刑的任务又存在根本性差异,决定了量刑证据有自己的独特性,并不能完全照搬定罪证据的可采性规则的理论和原则。表现在:盖然性的相关性是量刑证据可采性的充分条件;证据排除规则在量刑程序中的有限适用。

对量刑事实中的非犯罪构成的犯罪事实应进行严格证明,而非犯罪事实则适用自由证明法则。非犯罪构成的犯罪事实的举证责任由控方承担,并达到排除合理怀疑的证明标准;非犯罪事实由主张者承担举证责任,只需达到优势证据的证明标准。

此外,量刑事实、量刑证据的法庭证明程序应包括:在庭审会议中量刑证据调查的准备;量刑事实、证据的调查程序;量刑事实、证据的辩论规则。

(摘编自《河南财经政法大学学报》2012 年第 6 期)

28. 我国刑诉法应增设证据保全制度(中央民族大学 张泽涛)

从我国目前的立法现状以及司法实践来看,增设刑事证据保全制度势在必行。其理由主要体现在以下三个方面:第一,证据保全与申请取证存在本质差异,申请取证的制度价值无法替代证据保全,证据保全可以弥补申请取证的内在缺陷;第二,弥补辩护方取证手段的不足,避免关键的涉案证据灭失或者毁损,制衡追诉方取证过程中的随意性;第三,有助于使无罪的犯罪嫌疑人、被告人尽快摆脱涉讼之苦,保障刑事诉讼活动的顺利进行。

在刑事诉讼中,被追诉方申请证据保全与申请取证存在本质差异。增设刑事证据保全制度可以制衡追诉方取证过程中的随意性,避免证明犯罪嫌疑人、被告人无罪和罪轻的关键证据在以后难以取得,又能使无罪的被追诉者尽快摆脱涉讼之苦。同时,增设刑事证据保全制度有助于保持法律体系的完整性和系统性。

应该结合我国的立法与司法现状,适当借鉴其他国家和地区的立法经验,明确规定刑事证据保全制度。具体而言,包括以下六个方面的内容:明确规定人民检察院为证据保全申请的批准机关;申请证据保全的主体;申请证据保全的条件和方式;申请证据保全材料的审查及处理;实施证据保全的措施;证据保全申请人的救济权。

(摘编自《法学研究》2012 年第 3 期)

29. 意见证据规则要义——以美国为视角(中国人民大学 李学军)

意见证据规则是证据规则的重要组成部分,尽管意见证据规则在我国的立法层面已初步确立,但相关的理论研究仍然十分薄弱。

意见证据规则发端于英国并在美国得到了最为广泛的适用及发展。英美法系国家如英国、美国等传统上区分证人为普通证人和专家证人,因此意见证据规则实质上同时调整着普通证人和专家证人作证时所给出的相关意见的证据资格问题,规范或约束着证人作证时的内容。因此根据调整对象的不同,意见证据规则可区分为普通证人意见规则和专家证人意见规则。

决定普通证人意见证据和专家证人意见证据之取舍的根本缘由到底是什么?在笔者看来,决定二者取舍的关键是事实认定者的"能"与"不能"。意见证据规则之所以对普通证人意见证据和专家证人意见证据的可采性通常做出大相径庭的取舍,其根源在于事实认定者面对普通知识和专业知识时,自身能力存在的普遍差异性。准确把握了这一点在构建我国的意见证据规则时,便能较好地根据普通裁判者的一般能力,科学地确定普通意见证据及专家意见证据在可采性方面的一般和例外不能的情况。

意见证据规则下专家意见的可靠性的肯定,只是在证据的资格层面,在证据的可采性层面做了基础的筛查工作并不大涉及具体专家意见本身的真实可靠性,这一点从美国的专家意见证据规则发展史上的两个典型案件即弗莱伊案件和多伯特案特别是后者便可窥得。意见证据规则在英美法系国家,特别是在美国的发展史告诉我们意欲发挥意见证据规则的应有功效,确保普通证人之意见不轻易篡夺事实认定者的职权,确保专家证人之意见能被可靠采纳,我们的诉讼环境应当满足如下基本要求:法官拥有充分的自由裁量权并能自如自觉地行使;质证程序得以充分保障并能有效实施;实践经验总结与理论研究互动促进现有意见证据规则体系逐步科学化、缜密化。

(摘编自《证据科学》2012 年第 5 期)

30. 作证豁免的理论辨正(西北政法大学教授　裴苍龄)

所谓"污点证人",是指涉嫌或被指控犯了罪的人。既然是犯了罪的人,就不应该同时又作为所涉刑事案件的证人。我国司法实践中的作证豁免,是将实体上的"真一案"变为程序上的"假两案"或"假多案",将实体上的犯罪侵害人变为程序上的"证人"。这样的造假是对程序法治原则的违反。作证豁免的司法交易,其实是我国法律严格禁止的诱供,它比通常的诱供危害性更大。据此,我们应该坚决屏弃所谓"污点证人"作证豁免的做法,确立程序不能改变实体的原则。司法实践中有关程序分流改革的制度探索,都应该在不违反这一原则的前提下,具体问题具体解决。

(摘编自《法商研究》2012 年第 5 期)

31. 技术侦查证据使用问题研究(中国青年政治学院　王新清　中国人民大学　姬艳涛)

在技术侦查制度中通过技术手段与其他秘密措施获得的证据,能否最终得到司法机关的认可和采信,即技术侦查证据的资格或能力问题越来越被司法实务界和法学理论界所关注。

为了解决司法实践中出现的上述问题,2012 年《刑事诉讼法》第 152 条专门规定了通过技术侦查措施或其他秘密侦查手段所获证据的使用问题。概括而言本条的规定主要包括以下两方面的内容:立法明确肯定了技侦材料的证据效力、立法明确规定了证据使用的规则和程序。法律明确赋予技侦材料的法律效力,不仅有助于规范技侦证据在诉讼中的具体应用,而且对实现技术侦查措施的自身价值也具有重要意义,最终实现打击犯罪与保障人权两者的平衡。同时确立规范化、制度化的技侦证据使用规则和程序也是推动技术侦查制度法治化进程的必由之路和重要内容。

(摘编自《证据科学》2012 年第 4 期)

32. 中国式沉默权制度之我见——以美国式为参照(中国人民大学 何家弘)

美国人的沉默权不是米兰达规则赋予的,而是宪法第五修正案赋予的,米兰达规则的基本功能是要保障犯罪嫌疑人和被告人的沉默权,并把过去那种默示的沉默权制度转化为明示的沉默权制度。所谓默示沉默权,就是说,相关的法律规定没有明确使用沉默权的字样,但是从法律的有关规定中可以推断出犯罪嫌疑人和被告人应该享有沉默权,例如美国宪法第五修正案中反对强迫性自证其罪的规定,就属于默示沉默权制度;所谓明示沉默权,就是说,相关的法律规定明确使用了沉默权的字眼,并要求司法和执法人员必须事前告知犯罪嫌疑人和被告人依法享有沉默权,美国的米兰达告知规则就是这种制度的代表作,世界上还有一些国家也采用了明示的沉默权制度如英国法国和加拿大。

以米兰达规则为代表的美国式沉默权制度既不是沉默权制度的唯一模式,也未必是最佳模式,中国应该努力在保障人权和打击犯罪的价值冲突中选取适当定位。根据目前的社会状况,笔者认为选择默示的沉默权制度是比较合适的,而新修订的《刑事诉讼法》第 50 条的规定就是这种沉默权制度的法律依据,无论立法者是否自觉,把不能强迫任何人证实自己有罪写进刑事诉讼法,就标志着接受了在当今世界具有普适价值的反对强迫性自证其罪的刑事诉讼规则,也就是确认了犯罪嫌疑人和被告人的沉默权。

中国已然在立法的层面确立了默示的沉默权制度,但要使之从应然的制度转化为实然的制度,国人还有很多事情要做。首先,立法机关和司法机关在关于实施刑事诉讼法的解释性规定中,应该明确犯罪嫌疑人和被告人在被讯问时有权保持沉默,不能强迫任何人证实自己有罪的含义究竟是什么;其次,司法机关要进一步完善与沉默权有关的非法证据排除规则,明确规定何种情况下获得的口供必须排除;再次,法官检察官警察都要转变观念,要从片面强调打击犯罪的执法观转向打击犯罪和保障人权并重的执法观,要从片面强调实体公正的司法观转向实体与程序并重的司法观,要从以侦查为中心的诉讼观转向以审判为中心的诉讼观,要从遵从领导指示的办案观转向遵从法律规则的办案观。

(摘编自《政法论坛》2013年第1期)

33. 论全程录音录像制度的科学构建(最高人民法院　沈德咏　何艳芳)

全程录音录像制度对于规范执法行为,保障犯罪嫌疑人基本权利,促进司法公正具有重要意义。实践证明,侦查讯问实行全程录音录像能够有效遏制违法办案、刑讯逼供现象,提升案件质量,切实保障犯罪嫌疑人人权,而且通过在法庭上出示讯问时的全程录音录像资料,有助于反驳刑事被告人的翻供。

全程录音录像不是单纯意义上的技术性措施,更是与无罪推定原则、不强迫自证其罪原则等刑事诉讼基本原则和国际刑事司法准则密切相连的创新举措,其构建应当放在整个刑事诉讼架构中进行,不仅要考虑规范侦查行为,而且要考虑对审查起诉、审判阶段的影响,并辅以必要的配套措施,明确违反全程录音录像规定的制裁性后果,合力形成完整的制度体系。

当全程录音录像制度尚处于探索阶段时,关注的重点多是进行可行性和必要性分析,当该制度即将在立法上得到正式确立时,其在证据制度中如何定位及运用规则则须引起重视,如侦查讯问全程录音录像具有何种证据属性,与其他的录音录像相比有何特殊之处,违反全程录音录像规定所得供述是否具有证据能力,都是值得研究的新问题。

在当前的社会发展条件下,全程录音录像制度的构建尚难以"一步到位",在《刑事诉讼法》再修改并将明确确立全程录音录像制度的背景下,确有必要通过立法、立法解释或司法解释的形式细化规定全程录音录像的适用范围、操作程序以及相应法律后果等内容,以促进全程录音录像制度体系的科学构建。目前仍需循序渐进推行,并在主客观条件具备之时全面实施,切实发挥制度的应有功能。

(摘编自《法律科学》(西北政法大学学报)2012年第2期)

34. 自白任意性规则的法律价值(清华大学　张建伟)

新《刑事诉讼法》和此前"两高三部"发布的有关刑事证据的规定,确立了非法证据排除规则,但这一进步却因模糊了对威胁、引诱和欺骗取得口供的排除态度而显得不彻底。

自白任意性被忽视,主要归因于过分倚重口供的司法惯性,作为自白任意性法理基础的正当程序观念没有得到普遍认同,对秩序的偏重则是更为深层的原因。自白的证据能力若不以自白的任意性为条件,冤错案件的病灶就不能祛除,司法实践就不可能取得实质的进步。认同自白任意性规则的法律价值,不仅能为发现案件真实提供保障,更是保障刑事司法最终摆脱纠问式特征之所必需。

(摘编自《法学研究》2012年第6期)

35. 鉴定意见的审查与运用规则（中国政法大学　樊崇义　浙江工业大学　吴光升）

鉴定结论改为鉴定意见，对刑事司法规范鉴定意见的审查与运用提出了新要求。这一修改虽然只有两字之差却充分地体现了立法对鉴定人所提供意见的基本态度的改变，不再将其作为理所当然应当采纳的证据而是赋予法官选择权。

这一修改虽然恢复了鉴定人所提供意见的本来面目，符合诉讼规律但也为刑事司法带来一个亟待解决的问题，应当根据什么标准来决定鉴定意见的采纳与否？

英美国家从意见证据的相关性、意见证据所依据科学原理、方法的可靠性等方面规范专家证人意见证据的可采性，对我国规范鉴定意见的审查与运用具有重要借鉴意义。我国应当结合新刑事诉讼法基本框架，借鉴英美国家专家证人意见证据规则，以相关性规则、必要性规则、可靠性规则、合规性规则、充分性规则、适格性规则为内部性规则，以鉴定人出庭作证规则、专家辅助规则、采信理由公开规则为外部性规则，从内外两个方面规范鉴定意见的审查与运用，以确保刑事司法的公正性。

（摘编自《中国刑事法杂志》2013 年第 5 期）

36. 科学证据可采性规则研究（中国人民大学　刘晓丹）

科学证据是运用科学知识和科学方法对证据分析所得的判断意见，因此，科学证据属于意见性证言。为防止不可靠的科学证据对法庭的误导，英美法系国家建立了科学证据可采性规则，包括相关性规则、必要性规则、专家证人资格规则、排除规则、可靠性规则。美国科学证据可靠性规则经历了从 Frye 规则、Daubert 规则到修订后的《联邦证据规则》第 702 条的嬗变。

我国对鉴定意见的审查主要限于相关性和合法性的审查。由于缺少对鉴定意见可靠性审查的指导与限制，导致了错误裁决的风险。本文认为，应将科学证据原理和方法的科学可靠性确立为科学证据采纳标准。鉴定意见是鉴定人以科学原理和方法对专门性问题进行分析判断提出的意见性证言。科学原理和方法是鉴定意见是否正确的基础，因此鉴定意见依据的原理和方式是否科学可靠，即是否具有科学有效性和可重复性，是否经过检验，是鉴定意见是否正确的最基本要求。鉴定原理和方法不具有科学可靠性，鉴定意见必然错误。法庭审查科学证据原理和方法是否具备科学可靠性的标准应当包括：(1) 专家证言依赖的原理、技术和假设是否已被充分、正确地检验；(2) 该原理、方法和技术是否取得同行审查和出版，如果存在同行审查，该原理、方法和技术在科学团体中被认为正确的程度；(3) 该原理、方法和技术适用的错误率。事实上，科学研究的成果即知识的传播靠的是相信、共识，而不是肯定。认识的客观性是通过共识和科学家之间的高度一致得到保证的。因此鉴定意见的科学可靠性的检验标准实际上是同行的检验和审查。

（摘编自《证据科学》2012 年第 1 期）

二、民事诉讼法修改与民事证据制度的完善

37. 民事诉讼法修改与民事证据制度的完善(清华大学　张卫平)

本文结合《民事诉讼法修正案》,就如何修改和完善民事证据制度的几个重要问题进行了探讨。

其一,文章首先论述了民事诉讼法修改中民事证据制度调整的基本视角,认为民事证据制度修正和调整应该立足于对证据制度基本结构的搭建。

其二,关于证据种类主要涉及两个大的问题:增加新的证据种类;证据种类排序的调整。更细的问题涉及证据种类的称谓问题。

其三,对证人制度的完善提出了批评和建设性的意见,关于证人作证的实践问题最为突出的是两个问题:证人伪证的问题;证人出庭作证难的问题。如何防止证人伪证应当是本次民事证据制度修改和完善中的重点问题。不过遗憾的是,在这一点上,民事诉讼法修正案在这方面的作为不大。笔者认为保留单位证人的规定是不合时宜的。

其四,针对修正案,对防止举证迟延的对策提出了不同的观点,认为宽松的举证时限制度应当予以肯定。

其五,文章对必须在民事证据中加以规定的免证事项做了论述。

最后,对有效应对"证据偏在"的法律措施——文书提出命令制度的基本规范予以论证。

民事证据制度是民事诉讼法中最重要,也是最复杂的一项制度,因此,修改和完善民事证据制度将是一项艰巨的工作,本次民事诉讼法修改对于民事证据制度调整还只是一小步。今后,一方面,需要在深入研究域外证据制度和理论的基础上,借鉴域外的证据制度;另一方面,也需要对我国民事证据制度的实践情形进行深入的调查,获得更为充分的实证资料,以便构建完善实用的民事证据制度。

(摘编自《苏州大学学报》2012 年第 3 期)

38. 民事诉讼中的证据共通原则研究(武汉大学　占善刚)

证据共通原则,是指在民事诉讼中,受诉法院对某一证据进行调查的结果能够作为对立当事人之间以及共同诉讼人之间共通的证据资料予以利用。证据共通原则细分为对立当事人间的证据共通原则与共同诉讼人间的证据共通原则两种基本类型。证据共通原则确立之基础是自由心证主义,因为自由心证主义不仅强调受诉法院自由地进行证据评价,也要求受诉法院对于同一事实应形成同一心证。

根据证据共通原则的要求,在民事诉讼中,证据调查程序一旦开始,即不允许当事人随意撤回其证据调查申请。为确保辩论主义所固有的防止突袭裁判之机能

能够充分地实现,证据共通原则尤其是共同诉讼人间的证据共通原则在适用上必须受到一定的限制。只有在当事人的防御利益得到了有效保障的情形下,受诉法院根据证据共通原则认定案件事实才具有正当性。

（摘编自《法学评论(双月刊)》2012年第5期）

39. 民事判决中的非法证据排除规则(南京师范大学 李浩)

在民事诉讼中排除非法取得的证据,是最高人民法院通过司法解释确立的一条新的证据规则,该证据规则实施已近10年。由于该规则本身蕴含着程序公正与实体公正等价值与目的的冲突,审判实务中适用该规则遇到了相当大的困难。

审判实务中较为普遍的做法是,根据规则所确立的"侵害他人合法权益"和"违反法律禁止性规定"这两条非法证据认定标准,采用利益衡量的方法,结合案件中收集证据的具体情形来作出排除与否的决定。法院在适用该规则时,尽管对部分取证方法为非法已经取得了广泛的共识,但对另一部分取证方法合法与否,仍存在较大的分歧。

（摘编自《现代法学》2012年第2期）

40. 民事诉讼上的非法证据排除:理论学说与认定标准(中国政法大学教授毕玉谦)

民事诉讼中的当事人因系平等的私权主体,在调查收集证据上往往不可能动用强有力的公共资源。从民事诉讼发展和演变的历史进程来看,在立法上设置非法证据排除规则以及在司法上对有关当事人在收集和举证上所采取的方式作出否定性的评价,只是进入现代社会条件下近几十年来才开始发生嬗变的。

从理论上讲,至少可以肯认的是,在民事诉讼领域内,对于非法证据的适格性及其排除或许并不具有普遍意义,但不能以此作为否定在特定情形下或者例外情形下明确承认非法证据排除规则所具有的应用空间存在的价值与必要性。除了在证明标准上有较低度的要求以外,为了缓和举证上的压力,有关法律仅在有限范围内采用否定性的表达方式,以尽可能在更为广阔领域范围内承认证据在法律上的合法性,以便尽可能限缩证据排除规则的适用范围。

从比较法的视野来观察,各国有关民事诉讼非法证据排除的认定标准主要表现在如下几个方面:关于收集、获取证据的行为存在显著社会危害性的后果及认定;关于收集、获取证据的行为存在违反宪法所确定的核心价值和权利情形的认定与后果;当事人采取违反法律禁止性规定的方法收集、获取证据的认定与后果;当事人采取严重侵害他人合法权益的手段或方式收集、获取证据的认定与后果。

在民事诉讼证据的合法性及其排除规则的应用上,许多理论学说均从如何处理程序法与实体法之间关系的角度来展开,重要的是,应当在举证人的合法权益与受侵害人的合法权益之间进行利益衡量,以寻求在发现案件事实真相与采用正当程序之间的平衡。

(摘编自《证据科学》2012 年第 4 期)

征稿启事

《证据学论坛》是全国性的证据学学术论著荟萃,现由法律出版社(原为中国检察出版社、中国政法大学出版社)出版,计划每年出版1卷,约35万字。承蒙作者、出版者以及读者的厚爱,《论坛》在学术界和实务界获得了广泛认可。

为了有助于国内外同仁投稿,编委会郑重立稿约如下:

一、《论坛》优先发表证据学领域有创见、高水平的学术论文,字数一般不超过1万,来稿采用与否以学术价值为基本标准。

二、《论坛》也尤为欢迎实证研究、外法资料、对策思考等方面的文章,文章视角不受限制,观点绝对自由,5000字左右的"笔谈式"文章或10000字左右的专文均可。

三、《论坛》注释采用每页重新编号计码制(脚注),所注文献依次注明著(译)者、著作或文章名、出版社或报刊名、出版时间、版次或刊数及页数。引用外文文献的,请按该语种通行注释体例设注。

兹举例如下:

1. 著作引文注释

(1)何家弘、张卫平主编:《外国证据法选译》(下卷),人民法院出版社2000年版,第575页。

(2)[法]孟德斯鸠:《论法的精神》,张雁深译,商务印书馆1961年版,第91页。

(3)H. L. A. Hart, *The Concept of Law*, Oxford: Oxford University Press, 1961, pp. 6-7.

2. 文章引文注释

(1)李贵连:"话说'权利'",载《北大法律评论》(第1卷),法律出版社1998年版,第119页。

(2)[德]哈贝马斯:"法的合法性",许章润译,载郑永流主编:《法哲学与法社会学论丛》(第3辑),中国政法大学出版社2000年版,第5页。

(3)贺卫方:"'契约'与'合同'的辨析",载《法学研究》1992年第2期,第36页。

(4)David Garland, "Durkheim's Theory of Punishment: a Critique", in David Garland and Peter Young (eds.), *The Power to Punish: Contemporary Penality and Social Analysis*, England: Gower Publishing Company, 1989, pp. 37-61.

四、由于人力财力有限,来稿一律不退,请作者自留底稿。文章发表时署名听便,但来稿**务请在文章末尾附上**作者真实姓名、地址、现工作单位、学衔、职称及联系电话。来稿不得一稿多投,请注明"专投贵刊"等字样。5 个月内如未接到采用通知,可另行处理。

五、文章一经采用,由编辑部统一付给稿酬。本刊已加入 CNKI 学术期刊数据库,相关费用已包括在稿酬之内,本刊不再另行支付。翻译稿件原文版权事宜,由译者自行处理并负责,投稿时需附原文。稿件可直接发送电子文件,也可同时寄送打印稿。

稿件寄送联系方式如下:

打印稿寄送地址:谢君泽,北京市海淀区中关村路 59 号中国人民大学法学院,邮编 100872

电子稿寄送邮箱:evidenceforum@ 126. com

咨询电话:(010)82500334

为了更好地承办《论坛》,编委会迫切需要吸收诸位作者与读者的智慧,现面向全国范围诚挚征求对《论坛》设置的意见和建议。请您将有关意见或建议,按上述地址惠寄。致谢!

中国人民大学法学院证据学研究所

《证据学论坛》编委会

2014 年 3 月 5 日

图书在版编目(CIP)数据

证据学论坛. 第18卷 / 李学军主编. —北京:法律出版社, 2014. 3
ISBN 978-7-5118-6179-5

Ⅰ. ①证… Ⅱ. ①李… Ⅲ. ①诉讼—证据—研究
Ⅳ. ①D915. 130. 4

中国版本图书馆CIP数据核字(2014)第051059号

责任编辑/刘 琳　　**装帧设计**/凌点工作室

出版/法律出版社　　**编辑统筹**/法律教育出版分社
总发行/中国法律图书有限公司　　**经销**/新华书店
印刷/三河市兴达印务有限公司　　**责任印制**/沙 磊

开本/720毫米×960毫米 1/16　　**印张**/19.5　**字数**/416千
版本/2014年4月第1版　　**印次**/2014年4月第1次印刷

法律出版社/北京市丰台区莲花池西里7号(100073)
电子邮件/info@lawpress.com.cn　　**销售热线**/010-63939792/9779
网址/www.lawpress.com.cn　　**咨询电话**/010-63939796

中国法律图书有限公司/北京市丰台区莲花池西里7号(100073)
全国各地中法图分、子公司电话:
第一法律书店/010-63939781/9782　**西安分公司**/029-85388843　**重庆公司**/023-65382816/2908
上海公司/021-62071010/1636　**北京分公司**/010-62534456　**深圳公司**/0755-83072995

书号:ISBN 978-7-5118-6179-5　　**定价:**29.00元
(如有缺页或倒装,中国法律图书有限公司负责退换)